中国非洲研究院文库·学术著作系列

中国社会科学院登峰战略优势学科"当代中东研究"

阿拉伯国家
军政关系研究
——以埃及、伊拉克、也门、黎巴嫩等共和制国家为例

CIVIL-MILITARY RELATIONS
IN THE ARAB COUNTRIES
——The Cases of Egypt,Iraq,Yemen and Lebanon

朱泉钢 ◎ 著

社会科学文献出版社
SOCIAL SCIENCES ACADEMIC PRESS (CHINA)

充分发挥智库作用　助力中非友好合作

——"中国非洲研究院文库"总序

当今世界正面临百年未有之大变局。世界多极化、经济全球化、社会信息化、文化多样化深入发展，和平、发展、合作、共赢成为人类社会共同的诉求，构建人类命运共同体成为各国人民共同的愿望。与此同时，大国博弈激烈，地区冲突不断，恐怖主义难除，发展失衡严重，气候变化凸显，单边主义和贸易保护主义抬头，人类面临许多共同挑战。中国是世界上最大的发展中国家，是人类和平与发展事业的建设者、贡献者和维护者。2017 年10 月中共十九大胜利召开，引领中国发展踏上新的伟大征程。在习近平新时代中国特色社会主义思想指引下，中国人民正在为实现"两个一百年"奋斗目标和中华民族伟大复兴的"中国梦"而奋发努力，同时继续努力为人类作出新的更大的贡献。非洲是发展中国家最集中的大陆，是维护世界和平、促进全球发展的重要力量之一。近年来，非洲在自主可持续发展、联合自强道路上取得了可喜进展，从西方眼中"没有希望的大陆"变成了"充满希望的大陆"，成为"奔跑的雄狮"。非洲各国正在积极探索适合自身国情的发展道路，非洲人民正在为实现《2063 年议程》与和平繁荣的"非洲梦"而努力奋斗。

中国与非洲传统友谊源远流长，中非历来是命运共同体。中国高度重视发展中非关系，2013 年 3 月习近平担任国家主席后首次出访就选择了非洲；2018 年 7 月习近平连任国家主席后首次出访仍然选择了非洲；6 年间，习近平主席先后 4 次踏上非洲大陆，访问坦桑尼亚、南非、塞内加尔等 8 国，向世界表明中国对中非传统友谊倍加珍惜，对非洲和中非关系高度重视。2018 年中非合作论坛北京峰会成功召开。习近平主席在此次峰会上，揭示了中非团结合作的本质特征，指明了中非关系发展的前进方向，规划了中非共同发展的具体路径，极大完善并创新了中国对非政策的理论框架和思想体系，这成为习近平新时代中国特色社会主义外交思想的重要理论创新成果，为未来中非关系的发展提供了强大政治遵循和行动指南，这次峰会是中非关系发展史上又一次具有里程碑意义的盛会。

随着中非合作蓬勃发展，国际社会对中非关系的关注度不断提高，出于对中国在非洲影响力不断上升的担忧，西方国家不时泛起一些肆意抹黑、诋毁中非关系的奇谈怪论，诸如"新殖民主义论""资源争夺论""债务陷阱论"等，给中非关系发展带来一定程度的干扰。在此背景下，学术界加强对非洲和中非关系的研究，及时推出相关研究成果，提升国际话语权，展示中非务实合作的丰硕成果，客观积极地反映中非关系良好发展，向世界发出中国声音，显得日益紧迫重要。

中国社会科学院以习近平新时代中国特色社会主义思想为指导，按照习近平主席的要求，努力建设马克思主义理论阵地，发挥为党和国家决策服务的思想库作用，努力为构建中国特色哲学社会科学学科体系、学术体系、话语体系作出新的更大贡献，不断增强我国哲学社会科学的国际影响力。中国社会科学院西亚非洲研究所是当年根据毛泽东主席批示成立的区域性研究机构，长期致力于非洲问题和中非关系研究，基础研究和应用研究并重，出版和发表了大量学术专著和论文，在国内外的影响力不断扩大。以西亚非洲研究所为主体于 2019 年 4 月成立的中国非洲研究院，是习近平主席在中非合作论坛北京峰会上宣布的加强中非人文交流行动的重要举措。

按照习近平主席致中国非洲研究院成立贺信精神，中国非洲研究院的宗旨是：汇聚中非学术智库资源，深化中非文明互鉴，加强治国理政和发展经验交流，为中非和中非同其他各方的合作集思广益、建言献策，增进中非人民相互了解和友谊，为中非共同推进"一带一路"合作，共同建设面向未来的中非全面战略合作伙伴关系，共同构筑更加紧密的中非命运共同体提供智力支持和人才支撑。中国非洲研究院有四大功能。一是发挥交流平台作用，密切中非学术交往。办好"非洲讲坛""中国讲坛"，创办"中非文明对话大会"。二是发挥研究基地作用，聚焦共建"一带一路"。开展中非合作研究，定期发布研究课题及其成果。三是发挥人才高地作用，培养高端专业人才。开展学历学位教育，实施中非学者互访项目。四是发挥传播窗口作用，讲好中非友好故事。办好中英文中国非洲研究院网站，创办多语种《中国非洲学刊》。利用关于非洲政治、经济、国际关系、社会文化、民族宗教、安全等领域的研究优势，以及编辑、图书信息和综合协调实力，以学科建设为基础，加强学术型高端智库建设。

为贯彻落实习近平主席贺信精神，我们要更好汇聚中非学术智库资源，团结非洲学者，引领中国非洲研究工作者提高学术水平和创新能力，推动相关非洲学科融合发展，推出精品力作，同时重视加强学术道德建设。中国非洲研究院面向全国非洲研究学界，坚持立足中国，放眼世界，特设"中国非洲研究院文库"。"中国非洲研究院文库"由中国非洲研究院统一组织出版，下设多个系列丛书："学术著作"系反映非洲发展问题、发展道路及中非合作等系统性专题研究成果；"经典译丛"主要把非洲学者有关非洲问题研究的经典学术著作翻译成中文出版，力图全面反映非洲本土学者的学术水平、学术观点和对自身的认识；"法律译丛"即翻译出版非洲国家的投资法、仲裁法等重要法律法规；"智库报告"以中非关系为研究主线，为新时代中非关系顺利发展提供学术视角和智库建议；"研究论丛"基于国际格局新变化、中国特色社会主义进入新时代，集结中国专家学者对非洲发展重大问题和中非关系研究的创新性学术论文；"年鉴"系统汇集了每年度非洲研究的新观点、新动态、新成果，全面客观地展示了非洲研究的智慧产出。

期待中国的非洲研究和非洲的中国研究在中国非洲研究院成立的新的历史起点上，凝聚国内研究力量，联合非洲各国专家学者，开拓进取，勇于创新，不断推进我国的非洲研究和非洲的中国研究以及中非关系研究，从而更好地服务于中非共建"一带一路"，助力新时代中非友好合作全面深入发展。

中国社会科学院副院长 中国非洲研究院院长

序　一

　　军政关系问题是政治学研究领域普遍关注的议题，也是军事政治学探讨的重要内容。研究军政关系问题，其要义是考察军政之间的互动方式、军队在维护国家安全以及政权运行中的地位和作用。国家的性质塑造并决定着军政关系的属性，军政之间双向互动构成了国家范畴内军政关系的内容。

　　中东地区长期战乱不休，动荡不宁，凸显了军队在维护国家安全和政权稳定方面的关键作用。然而，中东地区国家众多，政权形态差异悬殊，不同国家或同一国家不同时期军政之间的互动复杂多变。因此，军政关系问题一直是中东政治研究的重大课题。

　　朱泉钢博士依据政治发展理论，考察和比较研究中东国家军政关系的变化，经过八年多的扎实积累和艰辛努力，终于完成了《阿拉伯国家军政关系研究》。这部著作的出版，不仅是作者个人的重要学术成就，而且是对中东政治研究方面的重要贡献。这部著作的特色主要表现在如下几个方面。

　　第一，专业性。作者在清晰界定军政关系概念的基础上，多角度考察阿拉伯国家的军政关系问题。在英语中，military（军事）一词具有多重含义，可指军队（一国组织机构）、军方（团体力量代表）、军人（与文官并列）等。正因如此，军政关系的概念和含义是复杂的，可指军队与政府之间的关系、军方与政权之间的关系、军人与文官之间的关系。作者在导论中将军政关系明确为"军队与政府（立法、行政和司法机构）之间的联系和互动，以及在互动基础上形成的有关军政双方权力分配的制度安排。"军政双方权力分配的制度安排涉及政治治理、军队团体事务、安全政策制定、社会经济活动四个领域。这一界定，既厘清军政关系的内涵，使问题探讨更为聚焦，又展现了政治学研究三大"问题域"，即国家政权、政治制度和公共政策，使该项研究更具整体性。本书在讨论阿拉伯国家军政关系的演变问题、阿拉伯国家军队在民众抗议中的行为选择问题时，综合考虑结构因素、制度因素和文化因素，具有明显的比较政治学的方法论特征。

第二，客观性。作者驳斥了部分西方学者在军政关系问题上宣扬"西方经验普世化"等论调，强调应辩证、历史地看待阿拉伯国家军队的作用。一些西方学者在讨论阿拉伯国家军政关系时，往往将西方政治进程中的文官控制军队作为军政关系的"唯一合理模式"，忽视阿拉伯国家军政关系发展的历史性和多样性，从而出现了"军队国家化泛化""文官作用理想化""军队作用消极化""军队作用恒强论"等错误论调，并在一定程度上形成了西方话语霸权等积弊，其实质是"西方中心主义"思维。本书通过深入的案例研究，令人信服地指出，在不同的阿拉伯国家，以及同一阿拉伯国家的不同时期，军队以及军政关系的作用很难一概而论，需要对其进行具体和辩证的评价。

第三，创新性。作者以政治变迁为基线，全面展现阿拉伯国家军政关系演变的历史"画卷"。与此同时，以埃及、伊拉克、也门和黎巴嫩为主要案例，分析阿拉伯国家军政关系演变的轨迹和动力、类型和特征，进而评价军队在阿拉伯国家中的作用，解析军队在阿拉伯剧变中的行为选择。本书的创新点包括：提出衡量一国军政关系类型的方法，避免将军官在政府中任职状况作为单一指标来判断军政关系类型；借鉴并批判西方学界在解释阿拉伯国家军队在民众抗议中行为选择时提出的制度主义、理性主义、文化主义的假说，提出"军官团理性假说"的解释；剖析阿拉伯国家军政关系的多变性和多样性特征，进而探究军政关系对阿拉伯国家政治发展的影响等。

与此同时，作者强调辩证看待军队在国家政治生活中的作用是至关重要的。不同时期或不同情境下民众对军队的期许有所不同。在国家危难之际，民众希望军方是捍卫国家利益的中坚力量；在和平建设时期，民众希望军政权能够减少对社会经济生活的干预，适应经济全球化的竞争，尽快过渡到专家治国和军队专业化路径上来。在民主化进程中，许多民众希望军方不要干预政治，然而，当民主化进程受挫、出现动荡乃至失序时，民众又要求军队力挽狂澜，控制局面。因此，定位军队在国家政治生活中的职能并不是容易的。中东地区的各个国家，内外条件瞬息万变，没有强有力的军队就无法稳定局面。但是，长期的军人政权又导致体制运行僵化。由此可见，在复杂的地区局势下，阿拉伯国家的军政关系实际上是需要达到某种程度的平衡状态，寻求平衡状态对于提升政府和军队的专业化都是有着重要意义的。鉴于阿拉伯国家军队与政治发展之间的紧密关联，解决阿拉伯国家军政关系问题，应当在两个方面着力：一是建立良性的军政关系模式，即符合政府控制军队、军队具有强大战斗力、军政关系具有高效率三个基本规范的军政关系；二是提高阿拉伯国家现代化的政治治理能力，加强治理体系建设，确保国家的和平稳定、繁荣发展、社会团结和公平正义，力争使军队建设与这些目标实现良性互动。

那么，维护政权安全和促进国家建设究竟需要什么样的军政关系架构？这是研究军政关系的核心问题，也是评价一国军政关系的主要依据。

"自古知兵非好战"，国家安全既要依托于强大的军事力量，又不能因为军队强大而使其佣兵自重或破坏政治与社会秩序。因此，在讨论军政关系时，无论是军事集团还是政治集团，其对国家的忠诚度以及其是否维护国家利益是讨论的核心所在。

纵观世界各国军政关系的演进，不同历史条件（外在和内在）和发展阶段对军政关系的构造有不同的客观要求，这就决定了军政关系在不同国家的差异性，进而形成不同类别和属性的军政关系。因此，在讨论军政关系时，西方发达国家与广大发展中国家不能等量齐观。当前，两者的军队处境和地位不同，任务和使命不同。西方发达国家遭受外部侵略的可能性较低，其军队在多数情况下的任务是对外干预而非防范外部干预；对于绝大多数发展中国家而言，其军队面临着防范外部干预和解决内部纷争的重任。可以说，地缘政治环境、外部威胁程度、内部稳定程度、经济发展水平、政治文化传统等因素都是塑造军政关系的变量。这在阿拉伯世界表现得尤为明显。无论何种类型的军政关系，评判军队行为选择的标准应当是：是否有利于维护国家安全，是否有利于政治发展和政治稳定，是否有助于维护国家和人民的根本利益。

由此观之，朱泉钢所著《阿拉伯国家军政关系研究》的出版有着开拓性意义。希望这本著作的面世，能够引起相关领域学者以及广大读者的兴趣，推动中东政治发展问题研究迈向更高水平。

王林聪

中国社会科学院西亚非洲研究所

2020 年 3 月 21 日

序　二

读了朱泉钢同志的《阿拉伯国家军政关系研究》，十分开心，也十分欣慰。作为国内从事军事政治学研究的一名"老兵"，我深知军政关系问题研究一向是国内政治学和社会科学的"稀缺点"和"薄弱点"。在全球范围内，军事政治学诞生于 20 世纪中叶，虽属于一门年轻的学科，但发展势头十分强劲。近二十年来，国内军事政治学研究已有起色，出版了一些有分量的研究成果，军事政治学学科也初步创立。但是，相对于体系庞大、主题多样、错综复杂的军政关系问题来说，这远远不够，仍有很大的发展空间。这本专著是国内研究军政关系问题的力作，所以我向读者郑重推荐。

据我所知，本书是国内研究阿拉伯国家，乃至中东国家军政关系问题的第一部专著。全书内容丰富，结构合理，论证翔实，主要讨论了阿拉伯国家军政关系的类型问题、演变问题、影响问题和作用问题，论述了阿拉伯国家军政关系的重要方面，展示了阿拉伯国家军政关系的概貌和特征，是一部比较系统的著作。受篇幅所限，这里并不打算对上述所有问题进行系统评述，而是择其中某些亮点，结合我自己对军政关系问题的思考，发表一些管见。

一　从现实问题出发，据历史研究求解

阅读本书，能够深刻体会到作者的问题意识。本书作者在后记中指出，推动他思考阿拉伯国家军政关系问题的引子是 2010～2011 年爆发的阿拉伯剧变，以及剧变中不同国家军队的不同行为选择。换句话说，对于现实问题的疑惑是他选择研究阿拉伯国家军政关系问题的最大动力。

回到现实，我们不难发现研究阿拉伯国家军政关系问题的重要意义。军政关系一直是许多发展中国家政治发展中的重大议题，这在阿拉伯国家表现得十分显著。二战结束到 20 世纪 70 年代，是阿拉伯国家军人政治的"黄金岁月"。随后，在阿拉伯世界，军人政变现象逐渐减少，军人政权也逐渐转

型，但军队的政治作用仍然重要，这在阿拉伯剧变中凸显出来。在 2019 年上半年，随着阿尔及利亚和苏丹爆发大规模反体系性的民众抗议运动，这两个国家的军队从幕后走向台前，军人再次上演接管政权的一幕。这些都表明，阿拉伯国家的军队长期以来是政治体系的"压舱石"和"节制阀"，在一国政治生活中具有举足轻重的作用。作者的思考并没有停留在解读阿拉伯国家军队在面对民众抗议时的行为选择上，而是通过历史研究追溯阿拉伯国家军政关系的演变，从中更深刻地剖析阿拉伯国家军队的政治行为。

正如恩格斯在《致约瑟夫·布洛赫》中指出的那样："历史是这样创造的：最终的结果总是从许多单个的意志的相互冲突中产生出来的，而其中每一个意志，又是由于许多特殊的生活条件，才成为它所成为的那样。这样就有无数互相交错的力量，有无数个力的平行四边形，而由此就产生出一个总的结果，即历史事变，这个结果又可以看作一个作为整体的、不自觉地和不自主地起着作用的力量的产物"。① 影响历史事件结果的因素从来都是复杂的，影响阿拉伯国家军政关系演变的因素同样如此。本书作者试图通过多因素的分析来探寻阿拉伯国家军政关系演变的根源。他指出，阿拉伯国家军政关系的演变大体经历了军队强势、政府控军增强、军政关系再造三个阶段，而影响阿拉伯国家军政关系演变的因素包括结构因素（政府合法性、经济发展水平、内外安全状况）、制度因素（军队和政府的内部团结程度）和文化因素（社会对军队的认知和军队的自我认知）。姑且不论其观点是否正确，这种多因素分析法确实有助于研究者避免以偏概全的局限。

二 以经验研究为底色，向理论研究着重墨

在运用历史学方法的同时，本书还使用政治学的方法对军政关系的一些重要问题进行讨论。本书采用案例研究法，对埃及、伊拉克、也门和黎巴嫩的军政关系问题进行了深入的经验研究，但作者使用这些国家作为案例的目的并不单纯是为了让读者了解相关国家军政关系的历史事实，而是试图对阿拉伯国家军政关系的类型、军政关系的演变动力、军政关系的影响，以及军队在面对民众抗议时的行为选择等问题进行理论回答。这里举两例进行说明。

---

① 《马克思恩格斯全集》第 37 卷，人民出版社，1971，第 461 页。

本书对军政关系的概念界定体现了一定的理论思考。军政关系有广义和狭义之分，广义来讲，军政关系是指所有涉及军事与政治之间的关系；狭义来讲，军政关系是指军政特定要素之间的关系。我们向来主张，从广义的角度理解和界定军政关系，同时应侧重研究狭义的军政关系。本书作者在自己的研究中，把军政关系界定为"军队与政府之间的联系和互动，以及互动基础上形成的有关军政双方权力分配的制度安排"，并强调以军队与政府在政治治理、军队团体事务、安全政策制定、社会经济活动四个领域中权限分配的状况，来综合判定军政关系属性。显然，这体现了"从广义理解，从狭义研究军政关系"的理论原则。此外，这种理论思考和概念界定在讨论阿拉伯国家军政府的军政关系时体现出了优势。以纳赛尔时期的埃及为例，这种概念界定不仅能涵盖"纳赛尔时期的埃及政权是军人政权"的传统观点，还能使我们观察到传统研究通常忽略的阿明代表的军队与纳赛尔代表的政府之间的权力斗争问题。

对近年国际学界热议的阿拉伯国家军队在面对大规模民众抗议时的行为选择问题，作者给出了自己的"军官团理性主义"理论解释。该理论有两方面的创见。一是强调应重视阿拉伯国家军队的高异质性特征，即高层军官之间的团结、高层军官与中下层军官和士兵之间的团结问题，这避免了既有理论解释通常把军队作为单一行为体的缺陷。二是认为应考虑时间维度，即军队接到政府平息民众抗议的命令后，我们需要区分出军官层决策阶段的军队行为和中下层执行阶段的军队行为，这突破了既有理论解释往往只从整体上考察阿拉伯国家军队是否忠诚于政权的不足。

三 运用辩证评价标准，批判西方话语霸权

在国内外社会科学研究中，仍广泛存在着"西方中心主义"和"西方话语霸权"的倾向。一些学者有意或无意地通过对比西方与非西方来发现所谓的"非西方的问题"，赋予"西方理论和价值规范"优越性，并将西方的实践作为"历史的终结"和"人类社会的唯一发展方向"。这种违反历史唯物主义和辩证唯物主义的学术观念也渗透在军政关系问题研究中。西方国家的一些学者基于西方历史的独特经验，不顾发展中国家的历史事实，大力鼓吹"军队国家化"、"军队非党化"和"军队非政治化"。本书作者通过深入分析，对阿拉伯国家军政关系问题研究中的"西方中心论"予以了有

力回击。

近年来，一些西方学者依据西方军政关系制度设计的历史经验，批判部分阿拉伯国家军队介入政治的问题。这种"军队非政治化"的观点造成了"文官作用理想化"和"军队作用简单化"问题。评判一国军队介入政治的问题，应当以军队的目的、方式和效果三方面综合评价，而不是"一刀切"地予以否定。大多数阿拉伯共和制国家是通过军人政变推翻了腐朽落后的封建王朝，或者是军队领导的反殖民主义战争建立起来的；共和国建立之后，军人往往领导着国家的现代化进程。可见，阿拉伯国家的军队在那个时期介入政治符合人民的利益，推动了国家的发展。随后，一些阿拉伯国家的军队逐渐转变为既得利益集团，阻碍国家的进步，但是，这些国家的军队在保障国家秩序、防止国家陷入失序灾难方面无疑具有积极的作用。因而，对阿拉伯国家军队介入政治的作用必须要辩证看待。

一些西方学者对阿拉伯国家军政关系评判的另一个"西方中心主义"的表现是，总强调民主政府控制军队的模式是军政关系的最优形式。事实上，这种模式在阿拉伯国家面临着理论和实践的双重挑战。从理论来讲，军政关系制度安排的类型是多元的，任何一种军政关系安排总有可取之处，关键是看其是否符合军情、政情、社情、国情和民情。费孝通先生提出的"各美其美，美人之美，美美与共，天下大同"的箴言同样适用于各国的军政关系制度安排。从现实来看，美国依靠霸权主义强行推翻萨达姆政权，在伊拉克建立民主政治体系和民主政府控制军队制度，不仅未能确保伊拉克的自由、稳定和繁荣，而且将伊拉克从一个地区强国硬生生地摧残成"失败国家"，这并不支持美式军政关系是"永恒的最优答案"的观点。

非常感谢本书作者给我这样一个机会，让我得以就军政关系问题发表一点看法。真诚欢迎更多的青年学者加入军事政治学研究队伍，企盼中国军事政治学研究更加欣欣向荣。

高民政

2020 年 4 月 16 日

目录
CONTENTS

导　论

第一节　研究问题的缘起

军政关系一直是许多发展中国家政治发展中关涉重大现实利益、复杂而敏感的议题。2019 年初，伴随着阿尔及利亚和苏丹民众抗议运动，这两个阿拉伯国家再次上演了军人接管政权的大戏，由此引起各界对军政关系诸问题的重新审视和思考。

早在半个多世纪前，当反法西斯战争取得重大胜利之时，广大亚非拉国家纷纷摆脱列强控制，宣告独立，开启了 20 世纪新的历史进程。其中，最引人瞩目的现象是军人集团成为许多发展中国家政治生活中的关键角色。在这样一个特殊的历史阶段，军事政变频繁发生，军人干政此起彼伏，相继出现了许多军政权，这种状况一直延续到 20 世纪 70 年代，这一时期被西方一些学者称为军人政治的"黄金岁月"。① 阿拉伯国家也不例外，在 1952 年埃及自由军官组织发动军事政变之后，阿拉伯世界出现了显著的军人政治现象，这也确立了军人和军队在这些国家的重要政治地位。

军政关系是政治治理中的一个重要方面，它不仅关系到一国对外军事行动的能力，而且关系到一国内部的政治发展。军队是作为国家进行对外进攻与防御的工具而建立起来的，但它又是一国内部的机构。军队兼具国内和国际政治角色的特征带来了现代军政关系中的两难悖论：为了应对其他群体的威胁，政府需要建立拥有强制能力的机构（即军队）保护自己，但随后政

---

① 陈明明：《所有的子弹都有归宿——发展中国家军人政治研究》，天津人民出版社，2003，第 1 页。

府发现，用来保护自己而创建的强制机构也可能构成对自己的威胁。[1] 因而，如何构建军政关系，保证军队既能有效应对外部威胁，又不对内部政府构成挑战，就成为重要问题。

一战导致奥斯曼帝国被欧洲列强肢解，在它的领土上裂变出许多新的阿拉伯国家，这些国家在英国和法国的主导下开启了民族国家的构建过程。[2] 对于这些国家来说，军政关系成为摆在政治领导人面前的一道难题。显然，大多数阿拉伯国家并未解决好这一问题。20 世纪中叶，军事政变和阿拉伯民族主义、反对殖民主义运动一起成为阿拉伯世界重要的政治现象，[3] 政变带来的重要结果之一是共和制成为阿拉伯世界一种重要的政体形态。根据阿盟官方网站的资料，目前 22 个阿盟成员国中有 14 个共和制国家，包括阿尔及利亚、埃及、巴勒斯坦、吉布提、科摩罗、黎巴嫩、利比亚、毛里塔尼亚、苏丹、索马里、突尼斯、叙利亚、也门、伊拉克。[4] 阿拉伯共和制国家在建立初期，大多由不同形式的军政府领导，军官在国家政治生活中具有主导性地位。随着时间的推移，这些国家的军政关系基本都展现出文官控制军队能力增强的特征。同时，由于各自的历史境况不同，不同国家的军政关系也表现出不同特点。而且，这些国家的军政关系带来了军队战斗力弱、军队团体利益明显、军队专业化程度低等问题。

显然，军政关系这一议题在阿拉伯共和制国家并非"千篇一律"，而是在不同时期展现其差异性和变动性。例如，埃及自共和制度确立以来，军政关系的变化经历了军政府、威权主义文官政府控制军队、"一·二五"革命以来的军队地位提高等阶段；伊拉克共和国经历了军政府时期反复的军事政变到复兴党控制军队，再到伊拉克战争之后民选的文官政府控制军队等阶段；也门共和国经历了军人政权、极短暂的民选政府控制军队、威权政府控制军队，再到军队分裂和多重武装力量崛起等阶段；黎巴嫩建国之后，整体

① Peter D. Feaver, "The Civil – Military Problematique: Huntington, Janowitz and the Question of Civilian Control," *Armed Forces & Society*, Vol. 23, No. 2, Winter 1996, p. 150.

② William L. Cleveland, Martin Bunton, *A History of the Modern Middle East*, fourth edition (Boulder: Westview Press, 2009), pp. 162 – 163.

③ S. Fisher, ed., *The Military in the Middle East* (Columbus: Ohio State University Press), 1963; J. C. Hurewitz, *Middle East Politics: The Military Dimension* (New York: Praeger, 1969); E. Beeri, *Army Officers in Arab Politics and Society* (New York: Praeger, 1970).

④ "Presentation of the Arab League," September 13, 2012, http://www.arableagueonline.org/hello – world/。2011 年 11 月，叙利亚的阿盟成员国资格被中止，截至 2019 年初，仍未恢复。

维持民主的文官政府控制军队的局面。

综观阿拉伯共和制国家军政关系的演变，我们发现：一方面，这些国家的军政关系表现出明显的文官政府控制军队的趋向；另一方面，这些国家的军政关系演变也显示出不同的特征。由此引出一系列值得思考的问题：阿拉伯共和制国家军政关系演变的方向是什么？阿拉伯共和制国家军政关系演变的内在机理是什么？不同国家军政关系演变的模式和影响是什么？本书以埃及、伊拉克、也门和黎巴嫩四国为主要案例，探究阿拉伯共和制国家军政关系演变的历程和特点，概括军政关系的类型和特征，总结军政关系对这些国家政治发展的影响，预测军政关系未来的发展方向。

本书以埃及、伊拉克、也门和黎巴嫩为主要案例来进行研究，主要基于以下三个方面的考虑。

第一，这四个国家军政关系的演变具有典型性和代表性，深度研究四国的军政关系演变有助于我们得出一般性的结论。从整体上看，阿尔及利亚、苏丹等国家的军政关系发展与埃及有较强的相似性；伊拉克的军政关系演变历程和叙利亚等国有不少的相同点；也门的军政关系变化与利比亚等国比较类似；黎巴嫩是相对独特的案例，从建国之初就整体维持民主的文官政府控制军队模式。

第二，这四个国家军政关系的演变除了具有文官控制能力增强的相似性之外，还展现出一定的多样性、差异性和复杂性，有助于我们加深对整个阿拉伯共和制国家军政关系演变的理解。这些国家的军政关系演变原因相对复杂，既包括外部原因，也包括内部原因；既包括物质原因，也包括观念原因。这些国家不同时期的军政关系类型也相对多样，既有军队占据主导地位的类型，也有文官政府控制军队的类型，还有军政协调的类型。这些国家军政关系演变的方式也相对多样，既包括急剧演变，也包括缓慢演变；既包括根本性演变，也包括微调性演变。

第三，这四个国家在阿拉伯世界具有重要地位，对于这四个国家军政关系演变的考察有助于加深对这四个国家的研究。埃及是阿拉伯世界人口最多、综合实力最强的国家，且具有重要的战略地位。此外，埃及的发展模式对其他阿拉伯国家具有重要的示范作用。伊拉克作为阿拉伯世界的核心国家之一，拥有丰富的油气资源，是中东地区族群、教派、地缘矛盾中心，在海湾战争和伊拉克战争之后备受世人关注。也门作为阿拉伯半岛上唯一的共和制国家，长期经受战乱，发展落后，并以其独特的部落社会而著称。黎巴嫩长期被视为阿拉伯世界的"例外国家",主要是因为它高度开放、包容和民主,其也因中东地区的"冲突旋涡"属性而闻名。

毫无疑问,建立一种稳定、有效率、有效力的军政关系是世界上所有国家普遍追求的目标,[①] 阿拉伯共和制国家也不例外。这些国家在军政关系的发展中面临一些问题,有效解决这些问题对于它们的政治发展、社会繁荣、军队高效具有重要的意义。在国际政治和比较政治研究中,政府控制军队(或者缺失)都是重要的研究主题。军政关系对于军队改革和军队战斗力、外交决策、政治发展、民主化和民主巩固、族群冲突的研究都具有重要意义。正因如此,我们观察和探究阿拉伯共和制国家军政关系的演变及其问题,通过对军政关系演变的深入分析,廓清这些国家军政关系演变之路径——演变的方式、演变的类型及相关因素,揭示军政关系演变的影响以及军队在政权建设和政治发展中的作用,等等,不仅有着重要的学术价值,而且具有深刻的现实意义。

第二节 阿拉伯共和制国家军政关系问题的研究现状

20 世纪上半叶,军队在许多国家的作用增加,影响力增强,引发了一些学者对此问题的关注。最初,研究主要以美国军政关系为观察对象。为了应对二战以及冷战的威胁,美国士兵数量急剧增长,对于如何在自由民主制度下维持大规模军队引发了美国学者的思考,亨廷顿和贾纳维茨(Morris Janowitz)都相信文官系统和军队系统属于不同的领域,对于如何使这两个系统合理共处,进而维持整个政治系统的稳定,两位学者从不同的路径给出了答案。亨廷顿认为应当实现军队的专业化,进而保证文官系统对军队的主导,[②] 贾纳维茨则认为军队应当实现社会化,向军队灌输社会主流的价值和期待,进而保证文官系统对军队的控制。[③] 虽然两者都认为军政系统有差

① Florina C. Matei, "A New Conceptualization of Civil-Military Relations," in Tomas C. Bruneau, Florina C. Matei, eds., *The Routledge Handbook of Civil - Military Relations* (London: Routledge, 2013), p. 29.

② Samuel P. Huntington, *The Soldier and the State: The Theory and Politics of Civil - Military Relations* (Cambridge: Belknap Press of Harvard University Press, 1957), p. 83.

③ Morris Janowitz, *The Professional Soldier: A Social and Political Portrait* (Glencoe, Illinois: Free Press, 1960), p. 418.

别，并且承认文官政府控制军队的制度安排相对合理，但亨廷顿试图建立制度以控制军政差异，贾纳维茨则试图建立制度弱化军政差异。英国著名的政治学家塞缪尔·费纳（Samuel E. Finer）摆脱了军政关系研究的美国偏好，他主要研究发展中国家的军政关系，认为不同于发达国家，许多发展中国家的政府并没有足够的行政能力来防止军人获得干预政治的机会。①

　　西方学术界关于阿拉伯国家军政关系的研究取得了大量成果。由于阿拉伯国家在一战之后到20世纪60年代这段时间里军队政变频繁，因而关于阿拉伯世界军政关系的传统研究主要聚焦在军方干政、军队政变和军人政府问题方面，这种研究趋势持续到80年代前后。一些研究关注军人政变的频率及发生的可能性，例如费纳系统研究了军队干政的倾向、程度和结果。他认为，军队进行政治干预主要有两个原因：一是军队的动机和态度，二是军队干政的机会。军队进行政治干预的动机包括四个方面。第一，军方认为干政是军人尊严的显示。第二，军方认为干政是国家利益的要求。第三，军方干政的动机可能是为了阶级利益、地区利益、军队团体利益，或者个人利益。第四，大多数军队干政可能是某些动机的混合产物。军队干政的态度包括军队认为自身在国家的政治生活中极其重要，以及军队强调自身的尊荣。他认为，军队干政的机会在于文官系统对于军队的过分依赖，以及军队在民众和社会中受欢迎程度较高。②

　　关于军队干政对国家发展影响的研究。一种观点认为，军队是阿拉伯国家中的先进力量，军队干政有利于国家的现代化建设。例如，普林斯顿大学著名政治学教授哈尔彭（Manfred Halpern）认为职业军人是新兴阿拉伯国家中的现代化先驱，他们构成了阿拉伯国家的新中产阶级，因而军队干政对于现代化建设具有积极意义。③哥伦比亚大学著名中东问题专家胡雷维茨（J. C. Hurewitz）也认为，军队能够深刻地影响社会结构变化。④另一种观点

①　Samuel E. Finer, *The Man on Horseback：The Role of the Military in Politics* (Boulder, Colorado：Westview Press, 1962), p. 3.

②　Samuel E. Finer, *The Man on Horseback：The Role of the Military in Politics* (Boulder, Colorado：Westview Press, 1962).

③　Manfred Halpern, *The Politics of Social Change in the Middle East and North Africa* (Princeton：Princeton University Press, 1963), p. 253.

④　J. C. Hurewitz, *Middle East Politics：The Military Dimension* (New York：Published for the Council on Foreign Relations, by Praeger, 1969), p. 419.

则认为军队干政造成威权主义，例如，犹太裔美国学者帕尔马特（Amos Perlmutter）指出，军队一旦通过政变掌权，便不会自动放弃权力，返回军营。① 巴勒斯坦裔美国学者巴塔图（Hanna Batatu）则探讨了阿拉伯军队干预政治的历史及军队将社会资源转移到军队中的事实。② 这一时期，西方学界对阿拉伯国家军队政变问题的研究成果众多，但存在两个明显问题：第一，对军队政变原因的分析描述性居多，系统性、理论性论述略显不足；第二，对军队干政的评价相对片面，很少有学者能够辩证地看待军队干政问题。

诚如美国马凯特大学的学者布鲁克斯（Risa Brooks）的观察，20世纪70年代之后，军事政变在中东地区发生的频率越来越低，成功的概率也越来越小。③ 然而，军事政变数量的减少并不意味着中东国家的军队在政治系统中不再重要。从20世纪80年代起，相关研究的学理性开始增强，一方面，一些学者从类型学的角度深化对阿拉伯国家军政关系的分析。美国著名的军政关系学者诺德灵格（Eric A. Nordlinger）根据军队在政府中的作用将政府分为三种类型：军官控制政府，主导政治进程并长期执政的军人统治政权；军官短期内接管政府，保护中产阶级利益并维持现状的军人监护政权；军官拥有对文官政府的否决权，但并不接管政府的军人仲裁政权。④ 费纳试图通过下列标准评估军队在高级别决策中的作用：国家首脑是不是政变的领导，政府是否由革命委员会或军事委员会领导，政党是否被允许存在，国家是否有独立的立法机构。据此，他将政权类型区分为军人集团政权、立法机构和政党作为辅助的军人集团政权、拥有个人魅力的总统制政权、威权主义政权。⑤ 美国乔治城大学教授卡姆拉瓦（Mehran Kamrava）将军官影响与军队专业化结合起来，认为中东地区共有四种类型的政权：形式上的民主国家，即文官主导，但允许军队在政治系统中发挥重要作用，例如土耳其和

① Amos Perlmutter, *Political Roles and Military Rulers* (London；Totowa N. J.：F. Cass, 1981).

② Hanna Batatu, *The Egyptians, Syrian and Iraqi Revolutions：Some Observations on Their Underlying Causes and Social Character* (Washington D. C.：Center for Contemporary Arab Studies, 1983).

③ Risa Brooks, *Political – Military Relations and the Stability of Arab Regimes* (Adelphi Paper 324, Oxford & New York：Oxford University Press, 1998), p. 11.

④ Eric A. Nordlinger, *Soldiers in Politics* (Engelwood Cliffs：Prentice – Hall, 1977), p. 22.

⑤ Samuel E. Finer, "The Morphology of Military Regimes," in Kolkowicz Roman, Andrzej Korbonski, eds., *Soldiers, Peasants and Bureacrats：Civil – Military Relations in Communist and Modernizing Societies* (London, Boston, Sydney：George Allen and Unwin, 1982), p. 284.

以色列；威权主义的军官政权，即曾经的军官依旧掌权，但将其自身文官化，成为文官独裁者，例如埃及、也门、叙利亚、突尼斯等；双重军队政权，即国家军队的政治欲望被存在的平行军所遏制，例如伊朗、伊拉克（萨达姆统治时期）、利比亚（卡扎菲统治时期）；君主国政权，或者依赖雇佣军，例如巴林、阿曼和卡塔尔，或者依赖忠诚于国王的部落军队，例如约旦、摩洛哥和沙特。① 对于军政关系的类型考察，有助于我们深入理解军队在阿拉伯国家国内政治中的作用。然而，西方学者对于军政关系的分类往往关注军官在政府中的作用，而忽略了军官在军队团体事务、国家内外安全政策制定、经济社会事务诸多议题中的作用，因而显得分析不完整。

　　另一方面，部分学者开始关注阿拉伯军队在政府中支持稳定的作用。第三波民主化浪潮中，民主制度在南欧、非洲、拉美、独立的苏联加盟共和国和东欧、东南亚的土地上扎下根来，但是中东地区依旧面临民主缺失，至少是民主推进迟缓的问题。20 世纪 90 年代之后，一些学者开始关注阿拉伯国家军政关系与民主化问题。中东地区的领导人更迭主要通过以下方式：王位继承、宫廷政变、军队政变、选举、人民革命。阿拉伯国家总体表现出威权主义的政治特征，但政治稳定，这种现象不支持西方学者设想的非民主政权意味着不稳定的观点，进而引出两个问题：什么要素使威权主义政府如此具有活力？什么条件下威权主义政府将倒塌？在政治科学和政治社会学的研究中，军队在政治中的作用是一个古老的话题，军队在维持威权主义政权稳定中是关键的因素。一些学者认为，由于军队对于秩序的偏好，其对于不稳定的厌恶超过了任何考虑，军队往往并不真正支持民主化，即使军队支持自由化，也是为了提高政权合法性，掩盖威权主义的实质。② 还有一些学者认为，军人内部发生分裂，一部分军官试图维系统治权力，另一部分军官则认为继续维持权力将损害军队机构的利益，最终，军队中的核心领导决定退出政权组织，以保证军队的团体利益，继而实现政治民主化。③ 美国布兰代斯

① Mehran Kamrava, "Military Professionalization and Civil – Military Relations in the Middle East," *Political Science Quarterly*, Vol. 115, No. 1, Spring 2000, p. 68.

② Steven Cook, *Ruling But Not Governing: The Military and Political Development in Egypt, Algeria, and Turkey* (Baltimore: Johns Hopkins University Press, 2007), pp. 1 – 2.

③ Alfred Stepan, *Rethinking Military Politics: Brazil and the Southern Cone* (Princeton: Princeton University Press, 1988).

大学教授贝林（Eva Bellin）认为，在没有外部干预的情况下，军队对现政权的支持是中东威权主义政府得以生存的重要保障。[1] 长期以来，军队支持是阿拉伯共和制国家政权生存的重要条件。然而，这些国家的军队在阿拉伯变局中表现出复杂的行为，并不符合这些研究者的假设和预期，因而需要重新审视军队与政权的关系。

阿拉伯剧变中，军队对于政权生存和政治走向极其重要，但是阿拉伯军政关系问题研究的长期"赤字"导致对这一问题回应乏力，这引发了对该问题的新一轮研究热潮。起初，相关研究主要关注军队在阿拉伯剧变中的行为选择问题，并形成了制度主义、结构主义和理性主义的三大解释范式。制度主义解释强调军队制度化特征（军队作为官僚机构的理性导向）的作用，并认为低制度化的军队比高制度化的军队更倾向忠诚于政权。[2] 结构主义范式认为结构而非行为体本身（军队）影响军队的行为选择，如军队与政府关系结构、军队与社会关系结构、外部的国际结构的作用。[3] 理性主义解释认为，军队的行为选择取决于军方对自身利益的理性评估。如果政权生存有助于自身利益，军方往往选择忠诚于政权；如果政权生存不利于自身利益，军方往往选择背叛政权。[4]

近年来，一些研究从更宽广的视角观察阿拉伯国家的军政关系问题。例如，英国中东军政关系史专家克洛宁（Stephanie Cronin）历史地考察了中东地区一些国家军队的组织架构和政治行为，并分析了军政关系对民族国家构建的功能。[5] 意大利著名中东军政关系问题研究学者弗洛伦斯·葛布（Flor-

---

[1] Eva Bellin, "The Robustness of Authoritarianism in the Middle East: Exceptionalism in Comparative Perspective," *Comparative Politics*, Vol. 36, No. 2, January 2004, p. 144.

[2] Eva Bellin, "Reconsidering the Robustness of Authoritarianism in the Middle East: Lessons from the Arab Spring," *Comparative Politics*, Vol. 44, No. 2, January 2012, pp. 131 – 135; Derek Lutterbeck, "Arab Uprisings, Armed Forces, and Civil – Military Relations," *Armed Forces & Society*, Vol. 39, No. 1, 2013, pp. 28 – 52.

[3] Holger Albrecht, "Does Coup – Proofing Work? Political – Military Relations in Authoritarian Regimes Amid the Arab Uprisings," *Mediterranean Politics*, Vol. 20, No. 1, January 2015, pp. 36 – 54; Zoltan Barany, *How Armies Respond to Revolutions and Why* (Princeton: Princeton University Press, 2016).

[4] William C. Taylor, *Military Responses to the Arab Uprisings and the Future of Civil – Military Relations in the Middle East* (New York: Palgrave, 2014); Holger Albrecht, Aurel Croissant, Fred H. Lawson, eds., *Armies and Insurgencies in the Arab Spring* (Philadelphia, Pennsylvania: University of Pennsylvania Press, 2016).

[5] Stephanie Cronin, *Armies and State – Building in the Modern Middle East: Politics, Nationalism and Military Reform* (London: I. B. Tauris, 2014).

ence Gaub）分析了阿拉伯国家的军队缘何成为高影响力的政治行为体，她认为军队的高组织能力、清晰的军队制度利益、民众对军队的认可和脆弱的文官控制是主要的因素。[①] 艾克·格拉维特（lke Grawert）和泽纳布·阿布尔－马季德（Zeinab Abul－Magd）则从军队与经济的关系入手，考察了中东国家的军队经济、军官的经济特权、军官的经济收入等内容，[②] 深化了对中东国家军政关系问题的研究。肯尼斯·波拉克（Kenneth M. Pollack）专注于解释阿拉伯国家军队战斗力弱的问题，他认为虽然军队政治化和阿拉伯国家经济发展落后是重要原因，但最主要的因素是阿拉伯主导性的政治文化不适应现代战争的要求。[③]

其间，来自阿拉伯世界的学者也在深入探究阿拉伯国家的军政关系问题，并呈现不同于西方学界的两个特征。一是更重视从国别入手，研究军政关系问题，如 Kandil 深入研究了埃及的军政关系问题。[④] 二是主要运用历史学的方法，考察阿拉伯国家军政关系"是什么"的问题，而不像一些西方学者纠结于军政关系"应该是什么"的问题。[⑤]

综合来看，二战以来，西方学界对阿拉伯共和制国家军政关系的研究取得了一定的成果，但也存在如下缺陷。

第一，阿拉伯共和制国家军政关系的研究与地区安全、阿拉伯国家民主化进程、伊斯兰政治参与等议题相比，明显处于研究不足的境地。尤其到了20世纪70年代之后，随着军政府的逐渐转型，军政关系这一主题的研究进一步萎缩。巴拉克（Oren Barak）和戴维（Assaf David）通过对《军队与社会》《国际安全》《安全对话》《安全研究》《国际中东研究杂志》《中东杂志》《中东研究》《阿拉伯研究季刊》《中东季刊》这九本杂志 1990～2005年发表的文献进行梳理之后发现，无论是对阿拉伯安全部门的整体研究，还是对阿拉伯单个国家的安全部门的专门研究都极其有限；关于阿拉伯国家安

---

① Florence Gaub, *Guardians of the Arab States*: *When Militaries Intervene in Politics*, *from Iraq to Mauritania* (New York: Oxford University Press, 2017).

② lke Grawert, Zeinab Abul－Magd, eds., *Businessmen in Arms*: *How the Military and Other Armed Groups Profit in the MENA Region* (Lanham, Maryland: Rowman & Littlefield Publishers, 2016).

③ Kenneth M. Pollack, *Armies of Sand*: *The Past*, *Present*, *and Future of Arab Military Effectiveness* (New York: Oxford University Press, 2019).

④ Hazem Kandil, *Soldiers*, *Spies and Statesmen*: *Egypt's Road to Revolt* (London: Verso, 2012).

⑤ Azmi Bishara, *The Army and Political Power in the Arab Context*: *Theoretical Problems* (Research Paper, Arab Center for Research and Policy Studies, 2017).

全部门在全球层面、地区层面、国家间关系层面的研究远多于对其国内层面的研究。就研究议题而言，对地区国家的军政关系的研究更为稀少。①

第二，综观关于阿拉伯共和制国家军政关系的既有研究，缺乏对军政关系动态发展进行全面的考察。20 世纪 90 年代之前的研究仅仅关注 20 世纪 40~60 年代军事政变频发时期的军政关系，90 年代之后的研究主要关注文官政府如何加强对军队的控制，阿拉伯剧变之后的研究主要考察军队对政府的忠诚或背叛问题。既有研究并没有以一种动态的视角纵向考察整个阿拉伯共和制国家的军政关系演变问题，因而显得不够系统，也无法准确解释军队在阿拉伯剧变中的行为选择。② 本书试图弥补这一空白，分析阿拉伯共和制国家从建立之初到阿拉伯剧变以来的军政关系演变进程。

第三，绝大多数西方学者往往依据欧美国家军政关系的特性，判断和评价发展中国家尤其是阿拉伯国家军政关系，从而简单地否定了阿拉伯国家军队以及军人对于维护国家和社会稳定、促进民族国家建构和发展曾经发挥了重要的积极作用。西方学者通常不顾阿拉伯国家独特的历史发展状况，片面地从规范角度否定阿拉伯国家的军政关系发展模式。由于发展中国家独特的发展路径，这些国家的军政关系和西方国家存在显著差别，军队往往参与和专业技能并不相关的活动，例如政治活动和经济活动。诚然，这些国家的军队广泛参与军事事务之外的活动对于国家的长远发展具有消极作用，但是，军官在这些国家独立和建设中所发挥的积极作用不容忽视。

第四，从理论上看，阿拉伯共和制国家军政关系的研究缺乏合适的分析框架。随着阿拉伯世界军事政变发生的频率和成功的频率越来越低，学者们普遍认为这些国家的军政关系发生了变化，他们也因此认为文官政府控制军队的能力增强。然而，文官在政府职位中的比例提高，军官在政治治理中的作用减小是否涵盖了军政关系变化的所有面向？显然，如果只观察这一方面，就会忽视军政关系的复杂内涵。此外，关于这些国家军政关系演变的动力更是鲜有系统的论证。作为研究人类行动的社会科学，理论总是试图对社

---

① Oren Barak, Assaf David, "The Arab Security Sector: A New Research Agenda for a Neglected Topic," *Armed Forces & Society*, Vol. 36, No. 5, 2010, pp. 807 – 811.

② 〔美〕F. 格里高利·高斯三世:《中东研究缘何错失阿拉伯之春》，闫伟译，《国外理论动态》2012 年第 7 期，第 85 页。

会现象给出描述性、解释性或预测性的说明。① 如果不能对这些国家军政关系的演变给出令人信服的描述、解释和预测，则无疑是一件令人遗憾的事。

近年来，中东国家军政关系的问题也引起了中国学者的关注，他们关于这一问题的思考集中在中东国家民主化进程、政治制度建设和政治发展的研究中，一些研究不乏真知灼见，如王林聪的《中东国家民主化问题研究》，毕健康的《埃及现代化与政治稳定》，王彤主编的《当代中东政治制度》，哈全安的《中东国家的现代化历程》，刘竞、安维华的《现代海湾国家政治体制研究》，王京烈主编的《动荡中东多视角分析》，以及陈明明的《所有的子弹都有归宿——发展中国家军人政治研究》等。就中东国别而言，土耳其和埃及的军政关系研究相对较多。在土耳其研究中，黄维民分析了土耳其军队崇高的社会地位、军队的政治监国作用，以及军队干政的原因和影响。② 魏本立认为土耳其军队在国家生活中具有重要地位和积极作用。范若兰将土耳其军队干预政治的原因归纳为政治危机、经济危机、社会暴力，以及军队的性质。刘云则认为土耳其军队干政对于政治现代化具有正反两方面作用。③ 在埃及研究中，杨灏城、江淳对纳赛尔军政府的形成、政策、作用进行了详细分析，毕健康、王林聪等学者指出，埃及政府从萨达特后期开始，军人政权的色彩逐渐退化，文官在政治事务中的作用逐渐增加。④ 阿拉伯剧变之后，埃及军队在国家事务中作用增加，这引起了一些学者对埃及军政关系问题进行研究的兴趣。⑤ 此外，一些学者对于伊拉克、阿尔及利亚、

① Gary King, Robert Keohane, Sidney Verba, *Designing Social Inquiry: Scientific Inference in Qualitative Research* (Princeton: Princeton University Press, 1994), p. 7.

② 黄维民：《中东国家通史·土耳其卷》，商务印书馆，2002，第280～294页。

③ 魏本立：《试论土耳其军队在国家政治和社会经济生活中的地位与作用》，《西亚非洲》1989年第6期；范若兰：《试论土耳其军队干预政治的原因》，《西亚非洲》1991年第3期；刘云：《土耳其的军队与政治现代化的关系》，《宁夏社会科学》2002年第3期。

④ 杨灏城、江淳：《纳赛尔和萨达特时代的埃及》，商务印书馆，1997；毕健康：《埃及现代化与政治稳定》，社会科学文献出版社，2005；王林聪：《中东国家民主化问题研究》，中国社会科学出版社，2007。

⑤ 黄前明、李荣建：《当代埃及军队的职能演变与军政关系调整》，《武汉大学学报》（人文科学版）2014年第1期；朱泉钢、王林聪：《论军队在埃及变局及其政治转型中的作用》，《西亚非洲》2014年第3期；李睿恒：《普力夺社会视角下的当代埃及军人干政》，《亚非纵横》2015年第2期；王建：《军队在埃及政治和经济秩序重建中的作用》，《阿拉伯世界研究》2016年第6期；詹晋洁：《埃及现代化进程中的军人干政与政治稳定》，《陕西师范大学学报》（哲学社会科学版）2018年第6期。

叙利亚等国的军政关系问题也进行了相关研究。① 另外，我国非洲问题专家吴期扬撰写的《非洲军队、军事政变与军政权》② 深入分析了军事政变和军政权对于非洲政治发展的深远影响，对于我们观察和研究北非阿拉伯国家军政关系有着重要的帮助。

整体来看，国内学者对于阿拉伯国家军政关系的研究尚处于起步阶段，专项研究尚不多见。因而，我们需要深入研究阿拉伯共和制国家军政关系的演变历程、影响军政关系演变的有关因素，以及军政关系对于政治发展的影响等。

第三节　军政关系诸概念的界定及其衡量指标

为了更好地理解阿拉伯共和制国家军政关系的演变情况，本书试图构建系统地理解阿拉伯共和制国家军政关系演变的分析框架。

一　军队、武装力量、安全部门

军队的概念很容易和安全部门、武装力量这两个概念混淆，虽然这三个概念具有重叠的内涵，但严格来说，三者存在差别。

军队（military）是国家或政治集团为准备和实施战争而建立的正规武装组织，显然，参与战争是其核心功能，因而军队具有确保、威慑、胁迫三大作用。③

武装力量（armed forces）包含的范围更广，游击队、恐怖分子、保安部队等拥有武器与兵力的组织都属于武装力量，国家制度内的武装力量应当包括军队、警察、情报机构等。

---

① 关于伊拉克的军政关系研究可参见黄民兴《中东国家通史：伊拉克卷》，商务印书馆，2002；韩志斌《伊拉克复兴党民族主义理论和实践研究》，中国社会科学出版社，2011；刘月琴《伊拉克共和制的建立及其特点》，《西亚非洲》1992 年第 4 期；朱泉钢《论伊拉克国家重建中的军队问题》，《阿拉伯世界研究》2016 年第 4 期。关于阿尔及利亚的军政关系研究可参见慈志刚《浅析阿尔及利亚的军政体制》，《内蒙古民族大学学报》（社会科学版）2006 年第 3 期。关于叙利亚的军政关系研究可参见王新刚、颜鹏《叙利亚军人政治的历史演变、成因及特点》，《中东问题研究》2015 年第 2 期。

② 吴期扬：《非洲军队、军事政变与军政权》，《西亚非洲资料》1995 年第 2 期。

③ Jorn Brommelhorster, Wolf - Christian Paes, eds., *The Military as an Economic Actor*: *Soldiers in Business* (New York: Palgrave Macmillan, 2003), p. 8.

一国的安全部门（security sector）可以被定义为能够合法使用强制力的组织及控制这些组织的机构。[①] 安全部门用以保护国家及人民的安全，使其免遭暴力和强制，包括一国制度内的武装力量及其控制机构，例如军队、警察、宪兵、准军事力量、情报和秘密机构、海关警卫，以及相关司法部门等。[②]

二　军政关系、文军关系、文武关系

在西方学者的相关研究中，军政关系、文军关系、文武关系通常都会使用 "civil – military relation" 一词，这显示出三个概念之间具有明显的联系性，但三个概念也有一些区别。《布莱克维尔政治学百科全书》指出：就广义来说，该术语（civil – military relation）涉及社会上的一般公众和武装力量成员相互间所持有的态度和行为，其狭隘的政治含义意味着武装力量和合法建立的国家公共权威之间所存在的主从关系和上下级关系。[③] 显然，该术语必须进行更加准确的界定。

笔者认为，军政关系是指军队与政府（立法、行政和司法机构）之间的联系和互动，以及在互动基础上形成的有关军政双方权力分配的制度安排。互动主体主要包括军队和政府，政策主要关注国内政治和对外安全。这是运用最广泛的含义，几乎所有军事政治学的相关研究都会涉及此定义所包含的内容。

文武关系，是指一国的武装力量和该国社会力量、政府之间的联系和互动，以及在互动基础上形成的有关社会、政府、军队之间权力分配的制度安排。显然，这组关系范围大于军政关系。因为这里的"文"不仅包括文官政府，还包括范围更广的文官体系。例如，斯希夫（Rebecca L. Schiff）将此概念界定为武装力量、政治精英和整个社会、国家机构之间的相关联系。[④] 文军关系特指武装力量中的军队与该国社会力量、政府之间的联系和

---

① Mark Beeson, Alex J. Bellamy, *Securing Southeast Asia: The Politics of Security Sector Reform* (New York: Routledge, 2007), p. 23.

② Heiner Hänggi, "Conceptualising Security Sector Reform and Reconstruction," in Alan Bryden, Heiner Hänggi, eds., *Reform and Reconstruction of the Security Sector* (Münster: Lit, 2004), pp. 5 – 6.

③ 〔英〕戴维·米勒、韦农·波格丹诺编《布莱克维尔政治学百科全书》，邓正来等译，中国政法大学出版社，1992，第 122 页。

④ Rebecca L. Schiff, *The Military and Domestic Politics: A Concordance Theory of Civil – Military Relation* (New York: Routledge, 2009), p. 2; 高民政：《军政现象与军政关系探微——兼论军事政治学的研究对象与核心问题》，《军事历史研究》2009 年第 1 期，第 154～156 页。

互动，以及有关各方权力分配的相关制度安排。

在确定完这些核心概念之后，我们需要知晓什么状况下，军政关系发生了变化，因而有必要明确军政关系演变的衡量方法。

三　衡量军政关系演变的诸要素

在国际政治的结构主义理论中，国家往往被视为单一和同质的行为体。在国内政治和比较政治研究中，大多数学者往往强调由于主权和治权的分离，国家并不是铁板一块的统一行为体。各组织之间是分立的，在保持一定程度的一致目标和利益的同时，通常也会发生冲突。各个组织的领导人根据组织职能和组织能力界定自身利益，致力于维护组织的自主性和利益。不同组织之间的领导人相互协商谈判，决定内外政策。① 在国内政治当中，军队往往被看成自利的政治行为体，是国内政治中的重要组织机构，具有强大的政治影响力，影响一国内部的政治运转。② 因此，本书将军队视为不同于政府、具有团体利益的独立国家机构。

由于本书把军政关系视为军队与政府机构之间的联系和互动，及其构成的制度安排，因而观察其联系方式、互动模式及相关制度安排就显得尤为重要。军政关系的演变，本质上就是军队与政府机构之间关系的有关制度安排变化，本书接下来对此进行具体分析。

军政关系主要在两个方面表现出差异：军政行为体的活动领域（scope）和权限（jurisdiction）。活动领域主要界定政府和军队参与相关事务的范围，包括军队团体相关的事务、安全事务、社会经济事务、政治事务。③ 而权限主要指军队和政府在这些事务中的决策制定权。

（一）权限的变动

权限主要显示政策制定和执行的权威，因而权限从性质上界定了一国军

---

① 关于官僚组织理论的经典研究可参见 Graham T. Allison，"Conceptual Models and the Cuban Missile Crisis," *American Political Science Review*，Vol. 63，No. 3，September 1969，pp. 707 – 715。

② 〔英〕安德鲁·海伍德：《政治学》（第 2 版），张立鹏译，中国人民大学出版社，2006，第441 页。

③ 关于军队在一国活动的范围的研究可参见 Alfred Stepan，"The New Professionalism of Internal Warfare and Military Role Expansion," in Alfred Stepan, ed.，*Authoritarian Brazil：Origins，Policies and Future*（New Haven：Yale University Press，1973）。

政关系，也是观察军政关系的起点。根据权限的归属状况，有学者将军政关系中的权限区分为绝对权限（ultimate jurisdiction）和分割权限（divided jurisdiction）。①

在相关议题的政策制定中，拥有绝对权限的机构具有完全的责任，是决策的最终权威，它可能将特定议题的决策权授予其他机构，但它决定授权的原则和监督其他机构的程序。在大多数情况下，绝对权限意味着排外的决策。② 在分割权限中，决策权根据不同议题被赋予不同机构，甚至不同机构共同享有某一议题的决策权，在特定领域中，不同机构享有最终的权威。根据此划分，军政关系依据权限可以区分为三类：军队绝对控制、共享的权限和政府绝对控制。

一国军政机构的权限差别主要表现在不同历史时期和不同的议题领域，通常来看，权限的变化主要发生在以下场景。第一，一国发生政治剧变或经济转型的时候，军政机构的权限可能发生变化。例如，发生军事政变之后，通常迅速建立起军队绝对控制的权限模式。在后威权主义国家，文官政府的权威最初通常仅仅限定在政治治理领域，军队除了在专业议题中具有决策权外，还维持对内部安全的控制，并承担其他非专业职能。③ 第二，在军政机构在动员支持和权力累积中获得胜利后，社会对于政治治理，包括对军队作用的规范信念发生变化，使军政机构的权限可能因此发生变化。第三，国家即使没经历政权变更，军政机构权限也可能伴随特殊情境或军队任务变化而变化。在一些一党制或一党主导制的国家，领导人更替时期可能提高军队的政治重要性，当政治权力巩固后，军队的政治重要性会下降。在民主国家，内部混乱的增加可能导致军队负责维持内部法律和秩序，军队对内部安全政策的权限增加。

因此，军政关系的演变需要关注权限的变化。一旦权限特征确定，我们需要具体分析变化发生在哪些领域。

---

① Muthiah Alagappa, *Coercion and Governance*: *The Declining Political Role of the Military in Asia* (Stanford: Stanford University Press, 2001), p. 32.

② Aurel Croissant, David Kuehn, Paul W. Chambers, Siegfried O. Wolf, "Beyond the Fallacy of Coupism: Conceptualizing Civilian Control of the Military in Emerging Democracies," *Democratization*, Vol. 12, No. 5, October 2010, p. 955.

③ 〔美〕吉列尔莫·奥康奈、〔意〕菲利普·施密特：《威权统治的转型：关于不确定民主的试探性结论》，景威、柴绍锦译，新星出版社，2012，第 46 页。

（二） 活动领域的变动

活动领域主要显示军队参与国家事务的范围，即卷入相关活动的宽广度。根据军队自身功能可能产生的与政治相关的组织利益，有四个领域值得注意：军官在政府中的地位，对军队作为团体的控制、组织和管理，国家安全政策制定，军队的社会经济作用。接下来具体分析这四个领域的含义，及其评估方法。

第一，军官在政府中的地位。政治是行为体使用权力和影响来主导政府和做出决定的过程，[1] 军官在政府中的地位和作用至关重要。军官在政府中的地位，也即军官参与政治的程度可以视为一个谱系，从完全的文官控制到完全的军队主导。军队卷入政治的连续谱可以概括为军队影响（文官控制）—军队参与—军队弱控制（与合作伙伴一道）—军队强控制（不与合作伙伴一道）。[2] 军队参与政策制定的形式包括提出专业建议、游说、与特定政治力量结盟、胁迫（包括不再提供政治支持）、威胁使用武力，这些方式依赖军官在政府中的地位。

第二，对军队作为团体的控制、组织和管理。由于军队参与战争的独特任务和作用，因而其具有强制性，国家应当对其团体事务进行有效的管理、控制和约束。然而，军队经常寻求机构自主性，因而对军队的控制、组织和管理是军政关系的一个重要方面。[3] 所以，军政双方在军队规模、组织、招募和装备方面的权限争夺十分明显。就这一主题而言，需要仔细考察的是军队的指挥系统、高级军官的任命和提拔、国防预算、军队法律和普通法律体系之间的关系。

第三，国家安全政策制定。对于政府来说，保证民众安全是存在的重要理由，[4] 保护国家安全是军队的基本职能。虽然"战争是政治通过另一种手

---

① 王浦劬主编《政治学基础》，北京大学出版社，1995，第4页。

② Claude E. Welch, "Civilian Control of the Military: Myth and Reality," in Claude E. Welch, ed., Civilian Control of the Military: Theory and Cases from Developing Countries (Albany: State University of New York Press, 1976), p. 3.

③ 组织过程理论认为，政府将权力授予不同组织，为实现目标，相对于高层领导具有自主性，许多组织之间产生不确定的冲突。参见 Graham T. Allison, "Conceptual Models and the Cuban Missile Crisis," American Political Science Review, Vol. 63, No. 3, September 1969, pp. 669 – 707。

④ 〔英〕霍布斯：《利维坦》，黎思复、黎廷弼译，商务印书馆，1985，第137~138页。

段的继续"，① 但一些国家的军队将安全事务视为独立的排他性领地，因而积极参与安全政策制定。安全事务中的权限是军政关系的重要内容，稳定和持续的政府控制安全政策制定，是军队附属于政府的重要标志。

在外部安全政策制定中，需要考察以下几个方面：谁来确定国家安全问题，即确定哪些问题属于国家的安全问题；谁决定安全威胁评估，即确定国家安全中的威胁是什么；谁是国家安全政策、原则和战略制定中的最终决定者。此外，军队的内部安全作用也需要考虑。在后发国家中，由于国家制度建设的时间滞后性和过程压缩性，警察等内部安全机构相对无力，军队通常不仅承担国家的外部防御职能，而且在国家的内部安全事务中承担责任。② 这方面的变化需要观察以下几个问题：谁决定军队维护内部安全的任务；军队履行国内安全任务时，与政府的关系怎样；政府是否有权撤销其作用。

第四，军队的社会经济作用。在发展中国家，由于资源的相对稀缺，军队通常参与经济社会活动，包括经济建设和社会发展。现代性涉及制度和精神两个层面，在制度层面，军队是公民学习现代技术和管理能力的重要场所；在精神层面，军队能够传播民族主义等现代意识形态，进而能够促进和维持国家共同体。③ 总之，这些国家的军队通常参与一国的民族融合和现代化建设。通常，军队的经济活动涉及内容广泛，包括管理国防工业，生产商业物品，经营电台、报纸等媒体，管理航运，甚至参与农业发展。军队还广泛参与社会服务，包括健康、教育和社会保障事务等。军队在这些活动中的参与力度越大，参与范围越广泛，其相对权力越大。

通过观察军队和政府在政府机构、军队团体事务、国家安全政策制定、社会经济领域活动中的权限分配，可以理解一国特定时期的军政关系状况。

（三）军政关系演变的衡量

根据对权限和活动领域的分析，我们可以清楚地观察和衡量军政关系模式（见表 0 - 1），并可以将其与先前的军政关系模式进行比较，观察其演变。

① 〔德〕克劳塞维茨：《战争论》（第一卷），中国人民解放军军事科学院译，商务印书馆，1978，第 43 页。
② Barry Rubin, "The Military in Contemporary Middle East Politics," in Barry Rubin, Thomas Keaney, eds., *Armed Forces in the Middle East: Politics and Strategy* (London: Frank Cass Publishers, 2001), p. 11.
③ Bassam Tibi, *Islam's Predicament with Modernity: Religious Reform and Culture Change* (New York: Routledge, 2009), p. 6.

表 0 - 1　军政关系示意

权　限	政治治理	军队团体事务	安全政策制定	社会经济活动
政府享有绝对权限	A1	A2	A3	A4
政军共同享有权限	B1	B2	B3	B4
军队享有绝对权限	C1	C2	C3	C4

第一，通常来说，军政关系研究把政府在政治治理中享有绝对权限（A1）视为政府控制。[①] 然而，这并未观察到军政关系的全貌。当然，政治治理由谁来控制极其重要，但对其他事务控制的权限同样重要。从严格意义上讲，政府控制包含政府在整个国家政治议题中的决策及执行方面享有排他的权威，[②] 即包含 A1 + A2 + A3 + A4。

第二，不同时期，政府和军队在不同议题中的权限并不相同。例如，在政治治理议题中，政府享有绝对权限（A1）、政军共同享有权限（B1）、军队享有绝对权限（C1）三者相互之间可能发生变化，我们有必要对单个议题的军政权限分配状况进行分析。

第三，除了军事政变后建立军政府等极端的情形之外，军队和政府在不同的议题中享有的权限通常并不是一同变化的。某一时期政治治理中的权限分配发生变化，并不意味着军队团体事务、安全政策制定、社会经济活动中的权限也随之发生变化。显然，军政关系的演变需要综合考察政府和军队在不同活动领域中的权限变化。

第四，在活动领域中，如果政府享有的绝对权限越多，则其相对军队的权力越大；军队在活动领域中的绝对权限越多，其相对政府的权力越大。因而，可以用军队占优、政府占优，或者军政共治来形容一国整体的军政关系。如果一国军政关系在这三种情形之间发生了变化，那么我们可以认为该国的军政关系发生了整体的变动。

但是，究竟哪种军政关系更符合该国不同发展阶段的实际情况，则需要具体分析和评价。

[①] Martin Edmonds, *Armed Services and Society* (Leicester: Leicester University Press, 1988), p. 93.

[②] Aurel Croissant, David Kuehn, Paul Chambers, Siegfried O. Wolf, "Beyond the Fallacy of Coupism: Conceptualizing Civilian Control of the Military in Emerging Democracies," *Democratization*, Vol. 17, No. 5, October 2010, p. 955.

第四节 研究方法和结构安排

一 研究方法

探究复杂的社会现象，发现和理解人类活动的属性和动机，需要合适的研究方法予以支撑。本书整体上属于定性研究，在研究中，主要运用了文献分析法、比较分析法、案例研究法。

（一）文献分析法

本书通过总结、整理、分析国内外的期刊、著作以及网络资源等中关于第三世界、中东、阿拉伯国家军政关系研究的成果，了解国内外既有研究的现状。然后，详尽归纳与梳理既有阿拉伯共和制国家军政关系研究成果的成就和不足，为后续研究的展开奠定坚实的基础。

（二）比较分析法

比较的方法有助于增强我们的描述能力，通过聚焦案例之间的相似性和相异性，加强我们对核心概念的确定和假设的检验，进而促进新假设的提出和理论构建。① 因而，比较分析对于探讨相关社会问题具有重要的价值。

由于不同阿拉伯共和制国家的军政关系，阿拉伯国家与世界上其他地区国家的军政关系，以及单个阿拉伯国家不同时期的军政关系，既存在一般性，也存在差异性，因此，本书在处理这三个方面问题的时候，试图运用比较分析法，理解阿拉伯共和制国家军政关系演变的普遍性和特殊性。

（三）案例研究法

案例研究法是本书最主要的方法，本书选取埃及、伊拉克、也门、黎巴嫩四国作为案例。② 案例研究面临理论检验的普适性较弱、选择具有偏好等

---

① 戴维·科列尔：《比较的方法》，载〔美〕尼考劳斯·扎哈里亚迪斯主编《比较政治学：理论、案例与方法》，宁骚等译，北京大学出版社，2008，第 42 页。

② 关于案例研究方法的详细介绍可参见 Robert K. Yin, *Case Study Research：Design and Methods*, 3rd edition（Thousand Oaks：Sage, 2003）。

困难，但是，案例研究也具有比大样本容易操作、能够提出细致而整体的逻辑关系等优点。案例研究法通常采用过程追踪、一致性检验、反事实分析和跨案例比较几种方案。本书主要运用过程追踪方案，这种方案的好处在于避免遗漏关键要素，增强解释的说服力。由于阿拉伯共和制国家的复杂性，详细分析不同国家军政关系演变的逻辑和过程，厘清其中的规律和特征是必要的，因而过程追踪就显得特别有用。总之，案例研究既有助于我们理解单一阿拉伯共和制国家军政关系演变，又有助于我们把握阿拉伯共和制国家军政关系演变的整体情况。

二　结构安排

本书共分为八章。第一章对阿拉伯共和制国家军政关系的形成和演变做出概览。大多数共和制国家军政关系的演变大体经历了三个阶段：军人政权阶段、20 世纪 70 年代之后威权主义政府控制军队的阶段、阿拉伯剧变后的新阶段。本部分概述了军政府建立的原因及其军政关系状况、威权主义政府时期军政关系的变动及其驱动因素、中东变局以来的军政关系新变化。

第二章探讨埃及军政关系的演变。共和国建立之后，纳赛尔时期，尤其是第三次中东战争之前，军队在国家政治生活中具有主导地位。萨达特和穆巴拉克政府时期，埃及在政治层面实现了文官控制军队的目标，但是军队保有大量的团体利益和自主性。穆巴拉克政府垮台之后，军队在国家事务中的地位显著提高，引起学者的普遍关注，本章也会对此进行分析、考察。

第三章论述伊拉克军政关系的演变。伊拉克共和国建立之后，并未形成稳定的军政关系，军事政变依旧经常发生，军政府是普遍的政府组织形态，军队在政治中作用巨大。直到巴克尔确立依赖复兴党的统治，并将复兴党的组织建立到军队中，才彻底实现了文官对军队的控制。然而，在两伊战争中，萨达姆出于战争胜利的需要，有限放松了文官对军队事务的干预。2003 年美国领导盟军推翻萨达姆政权之后，美国向伊拉克强行移植军政关系制度，伊拉克开启了西方模式的军政关系建设进程，然而目前来看，重建并不成功。

第四章研究也门军政关系的演变。也门伊玛目王朝最终没能避免军政关系的"悖论"，政权增强武装能力的举动最终导致军官在 1962 年发动政变，推翻封建国家并建立共和国。内战期间，也门军政关系依赖埃及。军官执政效果不佳导致文官埃里亚尼在 1967 年担任总统，但 1974 年军方再次成为主导者，也门之后的总统均出身军官，显示出军队在军政关系中的优势地位。然而，也门军政关系具有深厚的"部落烙印"，也门一直没有建立起一支强大的现代军队，这导致 2011 年之后也门呈现多重武装力量崛起的态势。

第五章考察黎巴嫩军政关系的演变。黎巴嫩不同于大多数阿拉伯国家，它的共和体制建立于法国托管时期。独立之后，由于独特的客观条件、制度和观念原因，黎巴嫩军政关系确立了文官控制军队的模式。虽然其间也有军队在政治生活中作用增加的时候，但整体上维持了"文官强，军队弱"的模式。黎巴嫩内战之后，军政关系也有一些新的变化，但不足以改变文官控制军队的特征。

第六章对阿拉伯共和制国家军政关系的演变方式、军政关系的类型和特征、军政关系的演变主体和政府控制军队的方式进行总结。本书将这些国家军政关系的演变方式区分为急剧演变和缓慢演变、根本性演变和微调式演变。阿拉伯共和制国家的军政关系包括军队统治、军队仲裁、军队监管、威权主义政府控制军队、民主政府控制军队五种类型。军官、文官或外部大国构成军政关系的演变主体，政府主要利用权力、合法化和补偿机制控制军队。

第七章通过详细分析军队在阿拉伯剧变中的行为选择，增强人们对阿拉伯剧变、阿拉伯国家军政关系、军队政治行为等议题的理解。同时，本书认为，军队利益对于政权的依赖程度，以及军队内部的团结程度是影响军队行为及其结果的重要变量。

最后是结论部分，通过对前文的总结，提出阿拉伯共和制国家军政关系演变的特征及机理，探讨阿拉伯共和制国家的军政关系对于政治发展的作用和影响，分析阿拉伯共和制国家未来军政关系的走向。

三　创新之处

第一，提出衡量一国特定时期军政关系形式的整体方法。通常，人们总是通过观察军官在政府中任职状况来理解政权的军政关系性质。这种理解存在两个缺陷。一是军政关系是多方面的，远比军官在政府中任职复杂得多，例如军方在经济事务、安全外交事务、军队组织事务中的权限都体现军政关系的性质。二是如果仅仅考察军官在政治中的权限，则往往会忽略作为制度的军队与政府的关系，即使是军政府，作为国家制度的政府依旧面临军队的挑战。本书认为，应从作为国家制度的军队与政府之间的联系和互动的角度理解军政关系，并以军队与政府在政治治理、军队团体事务、安全政策制定、社会经济活动四个领域中权限分配的状况，综合判定军政关系属性，从而避免仅从军官在政府中任职的单一维度判断军政关系性质的局限。

第二，提出阿拉伯国家军政关系的多样性和差异性。一些学者过分强调军队在阿拉伯国家的重要性，这种"军队恒强论"的观点忽视了阿拉伯国家军政关系的演进特征，也没有注意到不同阿拉伯国家军政关系的差异性。本书通过考察埃及、伊拉克、黎巴嫩和也门的军政关系演变情况，指出阿拉伯国家的军政关系具有明显的多样性和差异性，即便是同一国家的军政关系在不同历史时期也表现出明显的变化性。大多数国家经历了三个阶段：军事政变频发和军政府（含变体）时期、威权主义政府控制军队加强时期、国家再安全化的新时期。军官、政治家或外部力量在客观条件、制度因素和主观因素的限制和支持下，改变既有的军政关系制度安排，确立新的军政关系制度是演变的内在机理。混合性、双重性和复杂性是演变的基本特征，急剧演变和缓慢演变、根本性演变和微调式演变是演变的基本方式。

第三，发展了有关阿拉伯剧变中军队行为选择的理性主义解释。阿拉伯剧变之后，关于阿拉伯国家军政关系主题的研究主要集中在军队在大规模民众抗议中的行为选择问题上。围绕该问题，形成了制度主义、结构主义和理性主义解释的三大范式。然而，既有研究往往存在理论体系不严谨和无法准确解释现实的双重问题。本书以突尼斯、埃及、利比亚、叙利亚、也门、巴林、阿尔及利亚和苏丹为案例，提出了"军官团理性主义"的假说。当阿拉伯国家统治者深陷"统治者残局"时，政府会命令军队镇压大规模民众抗议运动。核心军官团不得不通过评估自身利益来选择行动：如果军方利益依赖政权，军方往往选择忠诚于政权和镇压抗议；如果军方利益不依赖政权，军方往往选择观望等待。此时，军队团结度因素开始起作用。在军方选择镇压时，如果军队团结度高，军队往往能成功镇压抗议（巴林）；如果军队团结度低，部分军官团会选择背叛政权，军队发生分裂，国家陷入内战（利比亚、叙利亚、也门）。在军队选择观望时，往往意味着军队团结度高，若民众抗议运动渐趋平息，军方将选择支持政权；若民众抗议运动未被平息，军方往往发动政变并主导政治转型（埃及、阿尔及利亚、苏丹）。

第四，对西方学者有关阿拉伯国家军政关系问题研究的一些反思。一些西方学者的相关论述往往存在两类问题。一是以西方国家军政关系为标准评价阿拉伯国家的军政关系，产生了"西方经验普世化"和"军队国家化泛化"的问题。二是强调西方的经验，忽略阿拉伯国家的历史和特性，产生了"文官作用理想化"和"军队作用简单化"的问题。本书指出，西方学者脱离历史情境来评价阿拉伯国家的军政关系问题，本质上反映了西方的学术霸权。这里仅举两例予以反驳。一是关于军政府的评价问题。西方学者往往强调军人政变的非法性和军人政权的腐败性。但 20 世纪 50～70 年代阿拉伯军人通过政变推翻封建王权、建立军人共和国无疑具有历史的进步性。二是关于军政关系的形式问题。欧美学者往往从规范层面，强调民主政府控制军队的模式是军政关系的最终归宿和最优形式，而本书中黎巴嫩和伊拉克的案例表明，仅仅强调民主制度的形式有其内在缺陷。事实上，评价一国军政关系的标准应当是能否解决军政关系的难题，以及能否解决影响国家稳定和发展的难题。

第一章

阿拉伯共和制国家军政关系的形成和演变

阿拉伯共和制国家的建立主要有两种形式：一是进步军官发动军事政变，推翻先前君主制国家，建立共和制国家；二是继承法国殖民时期的共和制度。第一种模式占多数，因而军官在新建立的政治体系中具有决定性的影响。军人政府成为阿拉伯世界 20 世纪中叶的普遍政权形态，军官占据政府要职，在国家内外决策中发挥主导作用，军队广泛参与国家经济和社会建设。进入 20 世纪 70 年代以后，由于埃及、叙利亚等阿拉伯国家在第三次中东战争中一败涂地，军政府国内治理绩效乏善可陈，政府建立起强有力的控制军队的策略等原因，这些国家的军队虽然仍享有诸多特权，但军人在政治事务中作用减小。长期以来，许多学者认为军队是阿拉伯威权国家的重要统治支柱。然而，阿拉伯变局中，许多国家的军队并未完全支持威权主义政府，一些长期当政且有着军人身份背景的总统相继下台，展现了军政关系的许多新变化。本章拟对阿拉伯共和制国家军政关系的演变情况进行整体梳理，明晰这些国家军政关系发展脉络。

第一节　军事政变及军政府的建立

在 20 世纪中间 30 年时间里，阿拉伯军官夺取或试图夺取国家政权是阿拉伯世界的一个普遍现象。本节主要探讨阿拉伯国家频发的军事政变现象，对其原因进行详细分析。

一　关于"政变"与"军事政变"

二战之后，包括阿拉伯国家在内的众多新独立的亚非拉国家普遍面临军事政变问题。虽然政变现象频频发生，但是学界对于政变的准确概念并未形成统一认识。政变和军事政变的主要区别表现在行为主体上，前者不限于军人，后者则以军人为主。确定政变的概念，是我们讨论 20 世纪中期（二战之后到 20 世纪 60 年代末）阿拉伯世界军事政变频发现象的前提。

关于政变概念的混乱问题主要表现在两个方面。第一，一些学者在描述政变现象时并未给出确切的定义，这很容易将那些不属于政变范畴的现象也纳入政变研究中来。例如，研究军政关系的著名学者韦尔奇（Claude Welch）认为政变是一个急剧的、清晰的事件，能够被回溯，如果成功，则往往有迹可循。[①] 显然，这种描述无法将政变与内战、战争、革命等现象区分开来。第二，不同学者对于政变往往给出不同定义，学界对于政变的理解仍然缺乏共识，因而造成了很多混乱。鲍威尔（Jonathan Powell）和塞恩（Clayton Thyne）从政变的对象、政变的发动主体和政变的策略三个方面梳理了既有研究对政变的界定。他们发现，学者们在这些方面存在严重分歧。就政变的对象而言，学者们大都承认政变的对象是具有行政能力的机构和个人，但具体是哪些机构和个人则缺乏一致看法。归纳起来，学者们认为政变的对象包括特定政权、政府机制、国家首脑、政府首脑等一国最高权力机构或最高领导人。学者们对于政变的发动主体看法差异更大，包括革命人群，小规模的军人联盟，士兵、政治家和雇佣兵，武装力量，有组织的派系，常备军，军队或安全力量，国家机构，统治集团或政治精英，军队、警察，军队领导、行政官员，文官或军队，小团体、派系、阴谋集团、政党，常规武装力量等。政变的策略主要是指以何种方式推翻政府，学者们认为政变的策略包括强制改变、支持或威胁、使用或威胁使用武装力量、密谋、强力攫取政权、（可能被忽视的）暴力、威胁或使用暴力、威胁或使用强制手段。[②] 虽然学者们对于政变的理解差别很大，但是我们可以借鉴并综合既有研究成

---

① Claude Welch, *Soldiers and State in Africa* (Evanston: Northwestern University Press, 1970), p. 1.

② Jonathan Powell, Clayton Thyne, "Global Instances of Coups from 1950 to 2010: A New Dataset," *Journal of Peace Research*, Vol. 48, No. 2, March 2011, p. 250.

果，提出能够区别于其他政治现象的政变概念。

之所以政变概念出现混乱，主要是因为政变和革命、内战和外部力量发动的政权更迭等现象有不少相似之处，人们很容易将之混淆。再加上不同学者出于意识形态或知识局限，对于政变的观察着眼点存在差别，这引起他们对政变的对象、发动主体和策略理解不一致。最后，政变者及其支持者为了提高合法性，往往试图将政变描述为革命等行为，这进一步增加了人们理解政变问题的困难。

笔者通过比较不同学者对政变的对象、发动主体和行动策略的界定，来给出政变的定义。总体来看，大多数学者认为政变的对象是政府的主要领导者，笔者将之界定为推翻国家的最高行政长官（绝对君主制的国王、总统制的总统、议会制的总理），这能够使政变与其他针对某些政府部门和人员的行动区别开来。就政变的发动主体来看，存在的争议较大，一些学者认为只有武装力量是政变的发动主体，另一些学者则将范围扩大到非军事精英、社会群体和雇佣军，笔者认为政变的发动主体是属于某一国家机构的精英，因而同时包括武装力量成员和文官政府人士。这可以把政变和其他推翻政府的行动区别开来，例如内战反对派往往与政府部门没有联系；革命从广义上来说主要由国家机构之外的民众执行；[①] 外部力量主导的政权更迭则是由外部国家作为发动主体的。这一发动主体的范围界定既考虑武装力量，又包含文官部门，因而适用性更强。就行动策略而言，有两点极其重要：第一，行动不符合常规法律程序，这排除了由政治压力导致的行政首脑辞职；第二，行动并不必然包括暴力行为。

综合来看，政变可以被定义为由军队或其他国家机构的精英发动的、试图推翻当前行政长官的不合法律程序的行动。军事政变可以被视为政变的一种特定类型，它在政变对象和政变策略方面具有政变的基本特征，但是其政变行为的发动主体被限定为军队及军人。

接下来，笔者试图根据这个标准，简要描述阿拉伯世界在 1936～1970 年军事政变的情况。

---

① 关于革命的定义详见 Jeff Goodwin, *No Other Way out: States and Revolutionary Movements, 1945 - 1991* (Cambridge: Cambridge University Press, 2001), p. 9。

二　阿拉伯世界军事政变概览

1936 年，阿拉伯世界近现代史上的第一次军事政变发生在伊拉克。据艾利泽·贝利（Eliezer Be'eri）统计，1936 ~1980 年，阿拉伯国家共发生政变 62 次。[①] 可见，军事政变是阿拉伯地区这一时期最重要的政治现象之一。

根据不同国家军事政变的发动主体的领导、政变对象和政变策略，贝利汇总了发生在 1936 ~1970 年的阿拉伯世界的军事政变（见表 1 - 1）。

表 1 - 1　阿拉伯世界军事政变一览（1936 ~1970 年）

时间	国别	政变对象	发动主体的领导	政变策略
1936 年 10 月	伊拉克	国王	西德基	军队行动
1937 年 8 月	伊拉克	独裁军政府首脑	亚穆基	军队行动
1938 年 12 月	伊拉克	国王	七人军官团体	警告和威胁
1939 年 4 月	伊拉克	国王	七人军官团体	施压和威胁
1940 年 2 月	伊拉克	国王	四人军官团体	威胁
1941 年 2 月	伊拉克	国王	四人军官团体	威胁
1941 年 4 月	伊拉克	国王	四人军官团体和凯拉尼	军队行动
1949 年 3 月	叙利亚	总统	扎伊姆	军队行动
1949 年 8 月	叙利亚	独裁军政府首脑	辛纳维	军队行动
1949 年 12 月	叙利亚	依赖军队的议会政府首脑	什舍克里	军队行动
1951 年 11 月	叙利亚	独裁军政府首脑	什舍克里	逮捕
1952 年 7 月	埃及	国王	自由军官组织	军队行动
1954 年 2 月	叙利亚	独裁军政府首脑	阿塔希、贾迪德等	军队行动
1954 年 2 月	埃及	革命指挥委员会	穆尔丁	谈判和威胁
1954 年 3 月	埃及	纳吉布	纳赛尔和阿明	军官抗议
1957 年 4 月	约旦	国王	努瓦尔	军队行动

[①] Eliezer Be'eri, *Army Officers in Arab Politics and Society* (New York：Praeger, 1970), pp. 246 - 250；Eliezer Be'eri, "The Waning of the Military Coup in Arab Politics," *Middle East Studies*, Vol. 18, No. 1, Jan. 1982, p. 70.

续表

时间	国别	政变对象	发动主体的领导	政变策略
1958 年 7 月	伊拉克	国王	卡西姆和阿里夫	军队行动
1958 年 11 月	苏丹	总统	阿布德	军队行动
1959 年 3 月	伊拉克	卡西姆	沙瓦夫	军队行动
1959 年 5 月	苏丹	阿布德	希南和哈米德	威胁
1959 年 11 月	苏丹	阿布德	哈米德	军队行动
1961 年 9 月	叙利亚	在叙利亚的埃及统治者	库兹巴里等	军队政变
1961 年 12 月	黎巴嫩	总统	阿瓦德和肖基	军队行动
1962 年 3 月	叙利亚	总统	扎赫儿·阿丁等	逮捕
1962 年 3 月	叙利亚	军政府	贾西姆·阿尔万	军队行动
1962 年 9 月	也门	伊玛目国王	萨拉勒	军队行动
1963 年 2 月	伊拉克	卡西姆	阿里夫	军队行动
1963 年 3 月	叙利亚	军政府	阿塔希	军队行动
1963 年 7 月	叙利亚	军政府	贾西姆·阿尔万	军队行动
1963 年 11 月	伊拉克	军政府	温达维	抗议
1963 年 11 月	伊拉克	复兴党和国民卫队	阿里夫	军队行动
1965 年 9 月	伊拉克	阿里夫	拉扎克	军队行动
1966 年 2 月	叙利亚	哈菲兹、比塔尔、阿弗拉克	贾迪德和哈提姆	军队行动
1966 年 6 月	伊拉克	阿里夫	拉扎克	军队行动
1966 年 9 月	叙利亚	激进复兴党政权	哈提姆	军队行动
1966 年 2 月	苏丹	共和国政府首脑	乌塞曼	军队行动
1967 年 11 月	也门	努曼和乌塞曼	萨拉勒	军队行动
1967 年 12 月	阿尔及利亚	布迈丁	祖拜里	军队行动
1968 年 3 月	南也门	沙比	阿市夏勒	军队行动
1968 年 7 月	伊拉克	阿里夫	巴克尔	军队行动
1968 年 7 月	伊拉克	纳伊夫和达乌德	巴克尔	清洗
1968 年 8 月	也门	萨拉勒	瓦哈卜	军队行动
1969 年 2 月	叙利亚	贾迪德	阿萨德	军队行动
1969 年 5 月	苏丹	议会政府总理马哈吉布	尼迈里	军队行动
1969 年 9 月	利比亚	国王	卡扎菲	军队行动
1970 年 11 月	叙利亚	贾迪德	阿萨德	逮捕

资料来源：Eliezer Be'eri, *Army Officers in Arab Politics and Society* (New York：Praeger, 1970), pp. 246 - 250；Eliezer Be'eri, "The Waning of the Military Coup in Arab Politics," *Middle East Studies*, Vol. 18, No. 1, January 1982, p. 70。

无疑，军队是 20 世纪中期阿拉伯政治舞台上的关键力量，因而军政关系是观察阿拉伯国家独立以来政治发展的重要视角。罗斯托（Dankwart Rostow）早在 1963 年便指出，中东是世界上少有的军队在政治生活中发挥重要作用的地区之一，军队和军官在国内政治进程中干预频繁、行动激烈和影响深远。[①] 接下来探讨这些国家政变频发的原因。

三　阿拉伯国家政变频发的原因

阿拉伯国家独立之前，大多处于英国和法国的统治之下，这一时期并无明显的军人干政现象。殖民国家通过宏观和微观两个层面确保殖民地的政治稳定，以及殖民地政府对军队的控制。英法殖民者努力与新建国家内部的地主和贵族建立联盟，确保其对新国家的影响；殖民者利用新国家内部的宗派、族群和部落分歧，实行"分而治之"的策略；殖民者通过在殖民地的获益平衡国内收支，并迫使殖民地国家政府主要考虑宗主国的安全议题。[②] 这些措施确保了殖民者在宏观上对新独立国家的掌控，减少了这些国家发生军事政变的风险。此外，殖民国家还通过有利于自己的军队指挥系统建设和军队招募政策确保对这些国家军队的控制，以防止发生军事政变。英国对于中东殖民地的军事制度建设深受其对印度殖民地建设的影响，英国通常在殖民地实行英国军官负责指挥命令，在当地招募士兵进行战斗的模式。[③] 法国在北非地区试图招募当地民众加入法国军队，为法国的殖民战争服务。[④] 而在诸如黎巴嫩这样的托管地，法国殖民当局主要以信奉基督教的马龙派群体构建军队，并且，当某一群体发动叛乱时，增加对其他群体兵员的招募量。[⑤] 殖民国家运用这些手段成功地控制了殖民地军队，在它们统治期间并

① Dankwart Rostow, "The Military in Middle Eastern Society and Politics," in Sydney Fisher, ed., *The Military in the Middle East: Problems in Society and Government* (Columbus: Ohio State University Press, 1963), p. 3.

② Roger Owen, *State, Power and Politics in the Making of the Modern Middle East* (third edition) (London: Routledge, 2006), pp. 12 – 14.

③ J. C. Hurewitz, *Middle East Politics: The Military Dimension* (New York: Praeger Publishers, 1969), pp. 50 – 54.

④ J. C. Hurewitz, *Middle East Politics: The Military Dimension* (New York: Praeger Publishers, 1969), pp. 54 – 56.

⑤ Oren Barak, *The Lebanese Army: A National Institution in a Divided Society* (New York: State University of New York Press, 2009), p. 25.

未出现频繁的军事政变现象。

大多数阿拉伯国家获得独立后不久，便广泛出现军事政变。整体来看，第一次中东战争之后，阿拉伯国家的部分军官对于封建政府不满增加，试图通过政变推翻政府。既有的研究表明，军队发动政变主要受到客观条件、制度原因和观念原因的影响，这些因素总体上有利于军队。

第一，政变的客观条件。客观条件包括政府合法性状况、社会经济现代化程度、内部安全环境和国际政治结构。在内部，这些国家的文官政府普遍面临经济发展落后、国家局势混乱、合法性较低等问题，这不仅不利于政府在面临威胁时获取支持，而且增加了军官干预政治的机会和动机。[1] 在外部，英、法等国对阿拉伯民族的长期剥削和压迫激起了军官的不满，他们认为只有推翻外部支持的封建王朝，才能开启新的国家历史纪元。阿拉伯国家在第一次中东战争中遭遇失败，军官普遍憎恶腐朽的封建统治集团，[2] 认为只有建立新的国家才能避免对以色列战争的失败，捍卫阿拉伯民族的利益。二战之后，美国成为全球范围内最有权力的西方阵营国家，它对于阿拉伯君主国的政策十分重要。美国认为，中东地区是英、法的传统势力范围，而封建国家多是两国的盟友，打击英、法在中东的存在是其重要战略之一，因而并不倾力支持王朝国家。此外，封建政府可能导致民众发动革命，使共产主义得利，为了防止共产主义扩散，美国对于脆弱的封建王朝并没有提供足够的支持。[3]

第二，政变的制度原因。制度因素主要是指军官团体的聚合度，及其与之并行的文官精英的团结程度。相较初建的政党团体，军人有更强的组织性。国家建立初期，文官机构相对脆弱，且不同政治力量之间矛盾冲突显著，而军队实力较强，且军官统一度较高，因而在军政关系中处于优势地位。[4] 殖民统治时期，大多数阿拉伯国家建立了现代官僚体系，包括军事、教育、行政管理等国家制度体系，试图把传统混杂的管理模式改为西方式的责权相对明确的现代管理模式。这样，阿拉伯国家不仅能与西方的压力和要

---

① Samuel E. Finer, *The Man on Horseback*: *The Role of the Military in Politics* (Boulder, Colorado: Westview Press, 1962), pp. 23 – 85.

② 王彤主编《当代中东政治制度》，中国社会科学出版社，2005，第 362 页。

③ Miles Copeland, *The Game of Nations*: *The Amorality of Power Politics* (London: Weidenfeld and Nicolson, 1970), pp. 48 – 49.

④ Roger Owen, *State*, *Power and Politics in the Making of the Modern Middle East* (third edition) (London: Routledge, 2006), pp. 23 – 24.

求对接，而且能够促进提高政府机构的效率、维持国内秩序（这对于贸易和外国人的安全来说至关重要）和管理对外关系。国家垄断合法使用暴力的权力是现代民族国家的重要特征，阿拉伯国家在这一时期将整个财政支出的 2/3 用于与安全有关的事务，包括创建和发展警察力量、创建农村的宪兵、建立一支具有一定规模并配备新式武器装备的军队。[1] 显然，军队的团结度和所掌控的资源远远高于和多于文官政府，这有助于军事政变的成功。

第三，政变的观念原因。在独立初期，军人无疑是阿拉伯国家进步力量的代表。一方面，阿拉伯军官普遍视自己为社会的先进力量，参与政治的动机较大。阿拉伯军官并非具有统一观念和意识形态的团体，但其具有显著的共性。整体来说，阿拉伯军官通常是坚定的民族主义者，偏好社会改革、国家独立和民族尊严。当代阿拉伯军官有时称自己为"武装的知识分子"，军官将其在社会中的身份界定为"穿军装的知识分子"，这意味着他们认为自己和知识分子一样，在民族觉醒和社会/精神的先进性方面居于国家前列。[2] 他们认为自己是国家进步的推动力量，理应在政治中发挥作用。另一方面，在民众眼中，军队比国王更具民族主义代表性，他们也支持军队参与政治。阿拉伯民族主义觉醒于 19 世纪，在 20 世纪 40 年代前后，该思潮对民众具有强大的吸引力。阿拉伯世界军事政变的主导性意识形态既不是伊斯兰主义，也不是左翼社会主义和右翼法西斯主义，而是民族主义，这种民族主义既包含泛阿拉伯民族主义，也包含国家民族主义，军官通常把后者隐藏在前者当中。相较文官政府，军队是民族主义的更强代表，[3] 民众认同军官的民族主义代表身份，这在一定程度上促使军官发动政变。

四　军政府的建立及其军政关系

军事政变并不必然导致军人政权的出现，政变后也可能建立文官政府。[4] 但是，政变之后建立军人统治机制在阿拉伯世界是一个普遍现象。在

---

[1] Roger Owen, *State, Power and Politics in the Making of the Modern Middle East* (third edition) (London: Routledge, 2006), p. 10.

[2] Eliezer Be'eri, *Army Officers in Arab Politics and Society* (New York: Praeger, 1970), p. 360.

[3] Martin Kramer, "Arab Nationalism: Mistaken Identity," *Daedalu*, Summer 1993, pp. 174 – 177.

[4] 例如，19 世纪 60 年代拿破仑三世政变后建立第二帝国；1924 年和 1960 年，土耳其政变后维持文官共和国，1946 年，政变后的墨西哥也维持了文官统治。

1949～1967 年的 30 次军事政变中，仅有叙利亚在 1954 年和 1961 年发生了两次军队政变后将权力直接移交给文官政府的现象。通常来看，政变之后，军队会建立由政变领导军官组成的革命委员会，军官占据政府要职，主导国家的内外事务。此外，这些国家的国防预算会显著增加，军队广泛参与经济社会活动。

军事政变最直观和激烈的影响是政权更迭，伴随军事政变发生的往往是旧政府的倒台，随后，或者是由军队愿意接受的文官人物出任行政领导，或者是军队中有影响力的军官直接出任行政领导。与之紧密联系的是新政府以激烈的革命或改革，变更之前的政府政策。

首先，政变之后，军官在相当长一段时间中主导国家政府机构。政变之后的一段时间里，军队与文官的协作会增加。与革命委员会平行，相关文官政府也会开始建立，这种双重权力中心模式通常包含军政双方冲突的"种子"。革命委员会将军人安插在行政部门，出任部长，开始对政府进行指导。如果文官政府服从，它就变得附属于军官集团，在国家事务中的影响力减弱，军官广泛占据关键的政府职位。如果文官政府反对，则军官可能将其解散，政府中文官地位严重下降，甚至短期内被排除出政府。政变通常是军人统治的开始，军官承诺返回军营的声明很快被抛之脑后。

在 1949 年的叙利亚，辛纳维（Sami Hilmy al – Hinnawi）上校发动政变之后，建立了最高战争委员会。自此之后，革命领导委员会、军人领导委员会、革命委员会等由政变军官组成的此类组织就变成了阿拉伯世界发生军事政变之后，军官进行政治统治的普遍机构。这种机构最大的特点在于将立法、行政、司法权力全都集中在军官手中，军官完全掌握国家权力。[①] 在 1963 年伊拉克和叙利亚发生军事政变之后，代表复兴党的文官被首次包括进来，参与政府管理和政治统治。1963 年 11 月，阿里夫发动政变，再次使军官与文官协作终结。整体来看，委员会的成员组成通常是秘密的，并且不时地进行调整，以确保军官中有权势和影响力成员的利益。这些委员会代表了制度化的最终权力机构，它们是连接人民和军队之间的桥梁，既承担掌握军事事务的责任，又具有行使国家政治职能的作用。但是这种统治不对任何人负责，并且缺乏必要的监督和制衡，因而往往显示出威权主义的特征。

---

① Ibrahim Al – Marashi, Sammy Salama, *Iraq's Armed Forces: An Analytical History* (New York: Routledge, 2008), p. 78.

其次，军政府成立后，军费通常会显著增加。国防预算是有关军队团体议题的重要内容之一。通常来说，军事政变之后，国防预算在新国家中的投入比例将显著上升，[①] 阿拉伯共和制国家也不例外。埃及在 1952 年革命初期的军费投入仅占国民生产总值（GDP）的 5.3%，到 1955～1956 年迅速增长到 9.3%，之后的军费投入一直维持在较高水平。伊拉克在 1958 年建立军政府，国防开支占 GDP 的比例从 1953～1956 年的 5.8% 增长到 1959～1960 年的 8.8%，到第三次中东战争之前（1966～1967 年）更是高达 12.7%。叙利亚在 1953～1954 年的国防开支占 GDP 的比例仅为 1.9%，到 1955～1956 年增长到 6.0%，1966～1967 年更是达到 8.8%（见表 1-2）。可见，阿拉伯国家军政府成立后，军费开支普遍增加。

表 1-2　阿拉伯共和制国家（埃及、伊拉克、叙利亚）国防预算占国民生产总值的比例

单位:%

国　　家	1953～1954 年	1955～1956 年	1959～1960 年	1963～1964 年	1966～1967 年
埃　　及	5.5	9.3	7.0	11.3	9.0
伊拉克	6.9	5.8	8.8	10.4	12.7
叙利亚	1.9	6.0	10.8	8.6	8.8

资料来源：J. C. Hurewitz, *Middle East Politics: The Military Dimension* (New York: Praeger Publishers, 1969), pp. 136, 159, 160。

最后，军政府时期的军队广泛参与经济和社会事务。西方国家现代军队的专业化特征包括专业技术、责任感和团体意识三个方面。[②] 由于第三世界国家建立和发展的独特路径，虽然这些国家的军队也具有与西方国家军队类似的专业技术和责任感，但两者在团体意识方面存在显著差别。这些国家的军队往往参与和专业技能并不相关的活动，例如政治活动和经济活动，[③] 阿拉伯国家也不例外。为了集中利用稀缺的财政资源，建立完善的工业体系，保证士兵和军官的生活条件，加强士兵的服从，这些国家的军队普遍卷入经

[①] Eric A. Nordlinger, *Soldiers in Politics* (Engelwood Cliffs: Prentice-Hall, 1977), p. 65.

[②] 关于西方国家军队专业化的经典研究可参见 Samuel P. Huntington, *The Soldier and the State: The Theory and Politics of Civil-Military Relations* (Cambridge: Belknap Press of Harvard University Press, 1957), pp. 8-10。

[③] Alfred Stepan, "The New Professionalism of Internal Warfare and Military Role Expansion," in Alfred Stepan, ed., *Authoritarian Brazil: Origins, Policies and Future* (New Haven: Yale University Press, 1973).

济生产活动和社会事务。[①]

整体来看，阿拉伯共和制国家在 20 世纪 50 年代和 60 年代，军政关系的模式主要是政军共同享有权限或军队享有绝对权限的模式，突出表现在军队在政治治理、军队团体事务、安全政策制定和社会经济活动中享有重要地位（见表 1 - 3）。

表 1 - 3　军政府时期阿拉伯国家军政府的军政关系示意

权　　限	政治治理	军队团体事务	安全政策制定	社会经济活动
政府享有绝对权限				
政军共同享有权限	+	+	+	+
军队享有绝对权限	+	+	+	+

注：＋表示阿拉伯共和制国家的军政关系表现。

第二节　政府控制军队能力的增强及其驱动因素

20 世纪 70 年代之前，阿拉伯世界政变频繁，军队在政治生活中具有重要地位。进入 20 世纪 70 年代之后，军队在政府中的角色和作用逐渐改变和削弱，文官的地位相对上升。对于任何政府来说，保持政权生存都是首要问题。对于阿拉伯共和制国家来说，最重要的是阻止军队像 20 世纪 50 ~ 70 年代那样通过政变推翻政府。政府赋予军队特权，同时弱化它们，促使军队将兴趣远离政治。本节主要探讨 20 世纪 70 年代之后，阿拉伯共和制国家的军队在政府中作用减弱这一现象。本节主要回答以下两个问题：阿拉伯共和制国家军政关系的变化和延续体现在哪些方面；影响军政关系发生变化的因素有哪些。

一　政府控制军队的能力增强

进入 20 世纪 70 年代之后，阿拉伯共和制国家的军政关系发生了显著变

---

① Jorn Brommelhorster, Wolf - Christian Paes, eds. , *The Military as an Economic Actor*: *Soldiers in Business* (New York: Palgrave Macmillan, 2003), pp. 13 - 15.

化。集中表现在军事政变发生的频率逐渐降低，成功的概率更是微乎其微；军官在政府中不再发挥主导作用，即使先前的军官出任总统，也选择"脱下军装，穿上西装"，政府的文官色彩增加；军官在国家内外安全事务中的作用减小，总统主导国家政策制定。然而，阿拉伯国家军政关系仍有一定的延续性，集中体现在军费在国防开支中的比例依旧很高；军队仍然深深卷入国家经济事务；在警察不足以处理内部政权威胁时，军队仍然负责维护内部安全。

先来观察军政关系的变化。相较之前，20世纪70年代之后，阿拉伯国家政变数量和频率减少和下降，政变成功的比例更低。到20世纪70年代，在主要的阿拉伯国家中，政变已经变得很少。根据贝利的观察，1969~1972年，阿拉伯国家发生8次政变，成功了6次。而1973~1976年，这些国家仅发生3次政变，1次成功；1977~1980年，这些国家仅发生4次政变，2次成功。显然，阿拉伯国家的政变数量、频率、成功率显著减少和降低。此外，发生政变的阿拉伯国家数量减少，从侧面显示出军队在阿拉伯世界中政治作用的降低。1969~1972年、1973~1976年和1977~1980年，发生政变的阿拉伯国家分别是4个、3个、2个。[1] 显然，军队作为阿拉伯世界政权更迭者的角色在弱化。

在职军官担任国家最高领导人的国家逐渐减少，军官在国家政府部门任职的比例也极大降低。在阿拉伯剧变中，主要的阿拉伯国家中只有埃及和利比亚是前军官出任总统。即使在这两个国家中，穆巴拉克和卡扎菲也脱下军装。两个边缘的、较不发达的国家也门和苏丹，也是军官担任总统，苏丹和其他阿盟成员国差别较大，分别在1958年、1969年、1985年和1989年发生政变。在也门，萨利赫于1978年接替被政变刺杀的卡西姆出任总统。这两个国家相较其他阿拉伯国家，缺乏替代性的政治机构。[2] 此外，大多数阿拉伯国家的政府文官色彩在增加，例如萨达特时期的埃及，军官在内阁、政府机关、国有部门、服务业中担任领导的数量和比重极大减少和降低。[3] 复兴党统治伊拉克之后，党的文官成员在革命委员会中逐渐占据多数，军官作

① Eliezer Be'eri, "The Waning of the Military Coup in Arab Politics," *Middle East Studies*, Vol. 18, No. 1, January 1982, p. 70.

② Barry Rubin, "The Military in Contemporary Middle East Politics," in Barry Rubin, Thomas Keaney, eds., *Armed Forces in the Middle East: Politics and Strategy* (London: Frank Cass Publishers, 2001), p. 3.

③ 王林聪：《中东国家民主化问题研究》，中国社会科学出版社，2007，第65页。

用相对减小。

在军队在政治治理中作用减小的同时，军队在团体事务和安全政策制定方面的作用整体上也在减小。在军队团体事务方面，总统对军队高级将领的任命和调动权力在增加，例如，纳赛尔时期，阿明长期控制军队的内部事务。萨达特时期可以经常轻易更换国防部长，每位国防部长的任期平均为18个月，并且他更换国防部长的主要原因是安全政策出现分歧。[①] 此外，军队总参谋长的职位也经常更换。就伊拉克来说，萨达姆控制了对军官的任命和提拔权，主要依赖复兴党和族群联系，加强对军队团体事务的控制。在安全政策制定方面，萨达特垄断了内外安全政策的制定，例如，第四次中东战争之后，在关系到埃及未来安全局势的美埃谈判接触中，萨达特在没有充分征求军队政策建议的情况下，为了获得美国的支持，对以色列做出了巨大妥协，军方只能无奈接受，[②] 这显示出文官政府对国家安全政策制定具有最终的决定权。萨达姆更是如此，在两伊战争期间，萨达姆长期垄断安全政策制定权，由于萨达姆的战略判断失误，伊拉克军队付出了惨痛代价，萨达姆最终不得不增加和提高军队在安全事务决策中的权力和自主性。但是，战争一结束，总统立马又恢复了对安全政策制定的垄断权。

然而，这些国家的军政关系在某些方面也表现出延续性。阿拉伯共和制国家的国防经费依旧居高不下，大多数国家的国防预算占GDP的比例仍然很高。为了保证军队的忠诚，军队依旧在国防预算开支方面享有特权。埃及军队的国防开支不受政府机构的监督，伊拉克等国维持了较高的国防预算。[③] 二战之后，中东一直是第三世界国家进口武器数量最多的地区，军费开支也一直维持在很高水平。据统计，中东地区的军费开支在1962年是47亿美元，到1980年增长到467亿美元，增长了将近9倍。此外，军费在国民生产总值中的比例也较高。1982年，伊拉克的军费开支占国民生产总值的29.7%，是其教育经费投入的9.2倍。[④] 国防预算居高不下和阿拉伯国家面临的外部威胁有关，但也体现出军队作为利益集团，从国家获取更多资源

---

① Kirk Beattie, *Egypt During the Sadat Years* (New York: Palgrave, 2000), p. 126.

② Risa A. Brooks, *Shaping Strategy: The Civil - Military Politics of Strategic Assessment* (Princeton: Princeton University Press, 2008), p. 136.

③ Roger Owen, *State, Power and Politics in the Making of the Modern Middle East* (third edition) (London: Routledge, 2006), p. 182.

④ Nazih N. Ayubi, *Over - Stating the Arab State: Politics and Society in the Middle East* (London: I. B. Tauris, 1995), p. 258.

的企图。

阿拉伯共和制国家的军队普遍参与社会经济活动，主要表现在参与国家工业、农业、服务业等部门的活动。由于国家经济资源相对有限，为了提高效率和集中资源利用率，这些国家通常会鼓励军队建立工厂，生产军用和民用物资，开发农村等偏远地区，建立军队下属的医院、学校等基础服务设施。埃及是军队卷入经济活动程度最高的阿拉伯国家，国防部和军队生产部管理庞大的经济帝国，军队的公司广泛涉足工业、农业、建筑、通信及服务领域。此外，军官在国家经济事务中享有大量好处。许多军官，主要是退休军官利用他们与政权的联系，获得国有企业的管理职位，或者组建公司获得政府合同。军队主导的经济既不受立法机构和行政部门的审查，也不受包括媒体在内的公民社会的监督。对于政府来说，军队经济为确保军官忠诚提供了足够的庇护资源。① 叙利亚在 1972 年和 1975 年建立了军队建筑执行企业（Establishment for the Execution of Military Construction）和军队住房建筑企业（Military Housing Establishment），在 20 世纪 80 年代中期，它们变成叙利亚较大的两个商业公司。② 总之，大多数阿拉伯共和制国家的军队具有广泛卷入经济社会活动的特征。

此外，军队在国家内部安全事务中依旧发挥着重要作用。一方面，阿拉伯剧变之前，当警察等内部安全力量无法有效应对威胁政权的民众抗议时，军队将采取行动。贝林认为，阿拉伯国家的强制机构（尤其是军队）对于政府的生存具有重要意义。在面临相对严重的民众抗议时，政治领导人经常使用军队恢复秩序，军队也遵守该命令。这主要是由于以下几个因素：虽然这些国家往往面临财政紧缺的问题，但是对于军队的投入一直维持在较高水平，这有助于使军队忠诚；长期以来，美国出于战略利益考虑，并不强烈要求这些国家进行民主自由改革，军队行动时面临的外部压力较小；阿拉伯国家的军队机构具有父系主义文化特征，军官职位任命主要基于裙带关系，公私任务的区分相对模糊，腐败和渎职现象严重，纪律的维持主要通过平衡不同族群/派系之间的敌对，这些使军队支持政府的意愿强烈；阿拉伯剧变之

---

① Robert Springborg, "Economic Involvements of Militaries," *International Journal of Middle East Studies*, Vol. 43, No. 3, 2011, p. 397.

② Volke Perthes, *The Political Economy of Syria under Asad* (London: I. B. Tauris, 1995), pp. 31 – 32.

前，这些国家民众的政治动员相对有限，军队进行镇压的代价并不高昂。①
另一方面，大多数阿拉伯国家面临内部族群分裂和激进主义问题，军队往往
支持反对分裂国家的活动。由于阿拉伯国家的族群分裂力量通常处于边远地
区，它们往往有自己的组织和武装，需要军队进行应对。例如，伊拉克军队
需要长期应对库尔德分裂力量，苏丹军队则要打击达尔富尔分裂运动。20
世纪80年代之后，政治伊斯兰复兴是中东地区重要的现象，该思潮和行动
的出现主要是为了应对现代世俗国家无法解决的阿拉伯世界的危机。它们当
中的一部分选择激进主义，试图通过暴力手段推翻政权，建立伊斯兰国家。
20世纪80年代以来，叙利亚、埃及、阿尔及利亚等国的军队都对激进主义
进行了严酷镇压。

整体来看，20世纪70年代以来，阿拉伯共和制国家军政关系的模式主
要是政军共同享有权限或政府享有绝对权限的模式。这主要表现为在这些国
家，文官在政治治理中占据主导地位；在军队的团体事务、安全政策制定中
的权威在增加，即使军队依旧享有重要的权力；军队依旧广泛参与社会经济
活动是一个显著特征（见表1-4）。

表1-4　20世纪70年代以来阿拉伯国家军政府的军政关系示意

权　　限	政治治理	军队团体事务	安全政策制定	社会经济活动
政府享有绝对权限	+	+	+	
政军共同享有权限	+	+	+	+
军队享有绝对权限				+

注：+表示阿拉伯共和制国家的军政关系表现。

二　政府控制军队能力增强的原因

整体来看，进入20世纪70年代，阿拉伯共和制国家的文官政府实力相
对增强，军队地位相对下降。通常来说，军政关系演变主要受到客观条件、
制度和观念因素的影响，接下来具体分析这一时期的这些要素。

首先考察客观条件。外部方面，第三次中东战争对于军队在国家中地位
下降具有重要影响。一方面，阿拉伯国家在这次战争中惨败使军官声誉下

---

① Eva Bellin, "The Robustness of Authoritarianism in the Middle East: Exceptionalism in Compara-
tive Perspective," *Comparative Politics*, Vol. 36, No. 2, 2004, pp. 147-151.

降，民众对其不满和不信任感加剧，[①] 领导人逐渐意识到需要摆脱政府的军人色彩。另一方面，这次惨败使军队与政府讨价还价的能力降低，他们很难再以国家最终保卫者的姿态在政府中占据重要地位。而且，惨败使军官试图参与政治活动来解决安全问题的信念受到挑战，文官政府试图提高军队专业化水平和加强对军队的控制。此外，随着美苏冷战推进，为了保证地区盟友的追随，两国纷纷向阿拉伯政府统治者提供支持，这使军政双方的实力对比产生了有利于文官政府的变化。[②] 就内部而言，这些国家的军人政权并没有有效解决经济发展、政治参与和社会进步等问题，其合法性下降，民众不愿意继续支持军官色彩浓厚的政府，文官政府拥有更多资源加强对军队的控制。20 世纪 70 年代以来，随着中东战争硝烟逐渐消散，阿拉伯国家社会经济建设提上日程（例如埃及与以色列媾和之后，国家任务从军事斗争转向经济建设），迫切需要大批专业技术人才，而非军人。因此，一大批具有专业素质的经济社会管理人才脱颖而出，其地位逐渐提高，作用进一步增加，由此，军人的地位相对下降。此外，随着社会经济条件的变化，政府建立了新的统治联盟，降低了对军队的依赖程度，提高了管理军队的能力。经济发展为军人提供了新的机会，减少了军队冒险发动政变的意愿。例如，萨达特培育了商业寡头，叙利亚也利用国家资本主义和商业资本主义，培育统治联盟。像阿尔及利亚、伊拉克等国，可以利用石油美元增强政府能力，并赢得民众信赖。

其次看制度因素。随着国家建设的逐渐推进，总统的控制能力不断增强。[③] 这些国家的文官政府逐渐制定出控制军队的措施，如果政变的本质是国家机构中的力量夺取国家权力，那么防止政变的本质就是创造条件，降低国家机构中的力量进行政权更迭的可能性。简言之，预防军事政变就是政权采取一系列策略阻止军事政变。[④]

总体来看，阿拉伯共和制国家的文官政府预防政变的措施主要包括以下

---

① Mehran Kamrava, "Military Professionalization and Civil – Military Relations in the Middle East," *Political Science Quarterly*, Vol. 115, No. 1, Spring 2000, p. 78.

② 这一时期美国在全球与苏联竞争的研究可参见〔美〕孔华润主编《剑桥美国对外关系史》（下），王琛等译，新华出版社，2004，第 369～404 页。

③ Roger Owen, *The Rise and Fall of Arab Presidents for Life* (Cambridge: Harvard University Press, 2012), p. 37.

④ James T. Quinlivan, "Coup – proofing: Its Practice and Consequences in the Middle East," *International Security*, Vol. 24, No. 2, 1999, p. 133.

几个方面。第一，任命和总统具有归属性（ascribed）联系的人出任高级军官，军官任命主要依据家族、部落、族群和教派因素，并将这些忠诚力量部署在影响政权的关键位置。部落因素在阿拉伯共和制国家控制军队中具有重要影响，也门萨利赫政府的军官招募主要来自哈希德部落联盟（tribal confederation），军官可能来自不同氏族。与也门类似，利比亚卡扎菲政权的军官招募主要来自他所在的卡达法部落及其所属部落联盟。教派因素是军官任命的重要考虑，萨达姆政权的军队广泛招募提克里特地区的逊尼派，并且任命其部落成员担任高级军官。此外，叙利亚的中上层军官主要来自阿拉维教派。总之，在大多数同质性相对较低的阿拉伯共和制国家，利用归属性因素加强对军队的控制是重要策略。第二，在常规军队之外创建平行的武装力量，发展多重安全机构，任命家族成员或忠诚于自己的人担任领导，使这些机构相互制衡，监督军队，防止这些机构独立联系。例如，伊拉克建立了平衡常规军队的准军事力量共和国卫队、共和国特别卫队等伊拉克的精英武装力量，防止军事政变是其重要责任。此外，情报安全部门是萨达姆进行政权控制和军队控制的重要机构，它主要包括五个相互制衡的机构，1982年建立的特别安全机构（Special Security）是伊拉克最强大的情报机构，在2003年之前一直由萨达姆的次子库赛主管；总安全机构（General Security）是伊拉克最早的安全机构，成立于1921年，是负责国内政治安全的警察力量；复兴党情报局（The Iraqi Intelligence Service）分为国内和国际两个部门，负责监督内外政治力量；军事情报局（The General Military Intelligence Directorate）成立于伊拉克独立的1932年，监督军队是其重要职责之一，该机构的最高领导并不是萨达姆的亲属，但通常是支持萨达姆政权的逊尼派部落成员；伊拉克军事安全和秘密警察。它们作为独立的情报和安全部门，与共和国卫队一道，保护总统和政权，并渗透到社会的各部分。同时，这些机构相互独立，除了承担相应的监督军队、民众、外部力量的职能外，还彼此进行监督，共同对总统负责。[①] 第三，运用资金支持等物质激励措施加强军官的忠诚。阿拉伯共和制国家的政府总体上采取两种物质激励方式赢得军队的支持，对军官个人和整个军事机构进行物质激励。这些国家的国防预算

---

① Ibrahim Al-Marashi, "The Family, Clan, and Tribal Dynamics of Saddam's Security and Intelligence Network," *International Journal of Intelligence and CounterIntelligence*, Vol. 12, No. 2, 2003, p. 202.

一直居高不下，这些国家不仅购买大量的武器装备，而且向士兵提供高工资和高福利。① 政治领导人运用收买军官人心的方式，加强军队对政府的忠诚。

最后看观念因素。军政府的严密控制理念越来越不受欢迎，民主自由的观念更加深入民心，民众对于军队参与政治的不满加剧，这有助于文官控制军队。随着阿拉伯民族主义思潮的退却，政府已经成功塑造起国家民族主义的观念，② 阿拉伯民族主义帮助军政府获取合法性的作用在减小。军方团体性被亨廷顿界定为军官具有的团体特征，作为团体，军官拥有凝聚一体的意识，这种意识将军官与行外人区别开来，既禁止团体成员将专业技能运用到不相干的领域，又避免外行人干预军官的专业行动。③ 虽然大多数阿拉伯共和制国家的总统仍会干预军队事务，但是军队卷入内部事务的作用在显著降低，主要国家军队自身的专业主义理念在加强，军官卷入政治的意愿在下降。无疑，这些观念因素有助于文官政府控制军队。

第三节 中东变局以来阿拉伯共和制国家军政关系新变化

2011 年是阿拉伯世界发生剧变的一年，突尼斯本·阿里总统下台的外溢效应在阿拉伯地区凸显，埃及总统穆巴拉克、利比亚领袖卡扎菲、也门总统萨利赫纷纷下台，海湾地区的君主制国家遭受不同程度的冲击，叙利亚巴沙尔政权一度处于岌岌可危的状态。显然，阿拉伯共和制国家在这场剧变中经受的冲击更大，四位总统下台，多位领导人承诺进行变革。本节主要分析共和制国家的军队在中东剧变中的表现及其原因，以及中东变局以来这些国家军政关系的新变化。

---

① Barry Rubin, "The Military in Contemporary Middle East Politics," in Barry Rubin, Thomas Keaney, eds., *Armed Forces in the Middle East: Politics and Strategy* (London: Frank Cass Publishers, 2001), pp. 3 – 5.

② Michael Barnett, *Dialogues in Arab Politics: Negotiations in Regional Order* (New York: Columbia University Press, 1998), p. 164.

③ Samuel P. Huntington, *The Soldier and the State: The Theory and Politics of Civil – Military Relations* (Cambridge: Belknap Press of Harvard University Press, 1957), p. 10.

一 军队在中东变局中的表现

虽然阿拉伯国家普遍存在威权主义、经济发展乏力或不平衡、社会不公正等深层问题，但面对 2010～2011 年的这场民众风暴，一些政权轰然倒塌，而另一些政权依旧挺立。政府能否垄断暴力使用权，以及一国的军政关系尤其是军队对现政权的支持状况极大影响阿拉伯国家的政权生存情况。利比亚民众抗议成功主要由于外部力量的军事干预，以及政府不能有效垄断暴力使用权；军队的分裂，以及反总统的部落武装的抗议是也门萨利赫总统下台的重要原因；军方不再支持穆巴拉克总统下达的镇压民众抗议的命令，是埃及政权更迭的关键。而叙利亚、海湾国家、约旦等阿拉伯国家能够在中东变局中挺立的重要原因之一恰恰是军方对现政府的支持。

面对持续的民众抗议，一些阿拉伯共和制国家的总统选择对民众要求做出妥协，并成功平息民众的不满。大多数总统最终不得不选择动用军队平息抗议，一些国家的军方拒绝执行总统命令，总统被迫下台；另一些国家的军方接受总统指令，军队或成功平息抗议，或发生内部分裂，或被击败。[①] 在苏丹、伊拉克等国，政治领导人选择向抗议民众做出妥协，民众停止抗议活动，政治领导人依旧执政，政治体系并未显著变化。军队和警察被部署在抗议地区，但主要作用是保卫政府机构，威慑民众的暴力违法行为，维护国家秩序。这种模式中，政治领导人能够运用和平的方式管理危机，军队发挥了保护社会的职能。在苏丹，巴希尔总统从 1989 年开始执政，长期运用军队平息民众抗议活动。然而在 2011 年的民众抗议中，他没有选择动用军队，而是选择妥协，宣布不会参加 2015 年的总统选举，此举平息了民众抗议活动。面对 2011 年 2 月 10 日爆发的民众抗议，伊拉克总理马利基宣布将不谋求再次连任，民众抗议很快结束。在这两个案例中，政府并未大规模动用军队，政治领导人通过政治改革承诺便平息了民众抗议活动。

在埃及和突尼斯两国，总统在面临强大的民众抗议活动时，最终选择动用军队平息民众示威。突尼斯军队在国家事务中的作用相对有限，军队在 1962 年发动针对布尔吉巴的政变未成功，许多军官遭到清洗。本·阿里政

---

① Glen Segell, "The Arab Spring and Civil – Military Relations: A Preliminary Assessment," *Scientia Militaria: South African Journal of Military Studies*, Vol. 41, No. 2, 2013, p. 47.

府大量裁减军队，减少军队预算，延迟军官提升年限，逮捕与伊斯兰力量有关的军官，因此本·阿里总统并不信任军队，他直到下台也没有大规模动用军队镇压民众抗议。然而，埃及的军队状况和突尼斯并不一样。埃及军队规模庞大，具有广泛的政治利益和经济利益。军官基于军队团体利益行动，拒绝执行总统命令，但也不支持抗议者。[①] 突尼斯军队在本·阿里政府倒台后，迅速回归军营。埃及军队在穆巴拉克下台后积极介入政治，主导政治转型进程。

在也门、利比亚和叙利亚，政治领导人选择动用军队平息民众抗议运动，最终军队发生分裂。一方面，这些国家的军队是政治军，倾向于参与国内事务；另一方面，由于多元性和碎片化的社会结构，这些国家的军队具有显著的教派、部落、地区特征。[②] 在这三国中，军方在叛乱一开始选择接受总统命令，试图以行动来平息国内混乱。随着时间推移，外部干预刺激了与政府联系有限的机会主义军官和士兵加入抗议阵营。军队发生分裂，一些士兵选择加入反对群体，国家进入内战状态。最终，卡扎菲政权垮台，萨利赫出走沙特，巴沙尔一度深陷生存危机。值得注意的是，叙利亚的反对力量无力推翻巴沙尔政权，除伊朗和俄罗斯因素外，阿拉维军官的强力支持也发挥了重要作用。

阿拉伯变局中，共和制国家普遍面临民众抗议运动，不同国家采取了不同的应对措施。苏丹和伊拉克的政治领导人选择了政治妥协，军队也表现出不干预国内政治的姿态。埃及和突尼斯的总统命令军队平息抗议活动，由于本·阿里不信任军队而并未大规模动员军队，突尼斯军队在其逃亡后回归军营。而埃及军队拒绝武力镇压民众，在穆巴拉克倒台后接管政权，主导政治转型进程。也门、利比亚和叙利亚军队遵循政府命令，试图运用武力击败反对派，然而由于其军队具有内部异质性特征，军队最终分裂，国家陷入内战。

---

① Derek Lutterbeck, "Arab Uprisings, Armed Forces, and Civil – Military Relations," *Armed Forces & Society*, Vol. 39, No. 1, 2013, p. 45.

② Sharon Erickson Nepstad, "Mutiny and Nonviolence in the Arab Spring: Exploring Military Defections and Loyalty in Egypt, Bahrain, and Syria," *Journal of Peace Research*, Vol. 50, No. 3, 2013, p. 346.

二 中东变局以来军政关系的新变化

中东变局之后，大多数阿拉伯共和制国家开启艰难的转型之路。一些国家开始举行竞争性的议会和总统选举，颁布新的宪法，民众积极参与政治生活。转型意味着新的国家权力分配，军队往往是重要的政治行为体，如何界定其权力、确保稳定的政府和军队关系是新的政治精英面临的重要问题。另一些国家转型陷入混乱或失败，国家安全形势急剧恶化，民众面临严峻的安全威胁，军队等武装力量的作用增加。[①] 在这些国家，政治和社会逐渐军事化，影响着国家政治发展进程。

阿拉伯剧变增加了埃及军队在国家政治事务中的作用，文官地位下降。在阿拉伯剧变的影响下，2011 年 1 月 25 日，大量埃及抗议者涌上街头，表达对穆巴拉克政府的不满，要求他立即下台。政府动用警察平息民众抗议，然而效果不佳，最终于 1 月 28 日出动军队协助警察维持秩序。军队的介入并未恢复国家秩序，穆巴拉克政府最终垮台，埃及进入新的政治转型时期。后穆巴拉克时期的埃及政治变局可以分为最高军事委员会主导的埃及政治过渡时期、穆尔西政府时期、军方支持的临时政府时期、塞西政府时期四个阶段，军队一直发挥重要作用，但不同时期军队的作用并不完全一样。在埃及的政治发展进程中，军队的重要地位仍在延续。

也门的萨利赫政府倒台后，哈迪出任总统，建立新的军政关系是其重要的议题之一。萨利赫统治时期，亲萨利赫的力量占据高级军官职位，增强新政府的权力必须加强对军队的控制。2012 年 4 月，哈迪发布总统令，解除了 20 位亲萨利赫的军队高官的职务。同年 8 月，他宣布减少萨利赫家族控制的共和国卫队的士兵数量，降低前政权势力在军队中的影响。此外，哈迪建立由他直接控制的总统保卫部队（Presidential Protective Forces），负责保卫自身安全。[②] 事实上，也门军政关系仍然保留着显著的部落特征，军队中的军官多是一些部落显赫的家族成员，严重影响了政府对军队施加影响的能力。2014 年胡塞武装崛起之后，也门国家权威进一步减弱，政府的暴力垄

---

① Joshua Stacher, "Fragmenting States, New Regimes: Militarized State Violence and Transition in the Middle East," *Democratization*, Vol. 22, No. 2, 2015, p. 260.

② Khaled Fattah, "Ensuring the Success of Yemen's Military Reforms," December 13, 2012, http://carnegie-mec.org/publications/? fa=50349.

断能力进一步丧失。当前，也门呈现多重武装力量崛起的态势，国家军队的重建仍遥遥无期。

在推翻卡扎菲的过程中，利比亚的反叛军队和部落民兵在外部势力的支持下，实力显著上升。卡扎菲下台之后，利比亚陷入了多重武装力量参与的内战，它们彼此竞争权力和资源。利比亚面临国家无法垄断合法暴力使用权的严重问题，其未来的军政关系将受到政府控制武装力量的能力，以及收编民兵状况的影响。[①] 可以预见的是，利比亚的军政关系不太可能重回卡扎菲时期的模式。战争结束之后，在相当长一段时间内，利比亚面临的首要问题将是军队重建，即建立一支统一、专业、具有高战斗力的军队，但这很可能受到其他武装力量的反对和制约。

此外，突尼斯军队可能进一步巩固其专业主义特征。长期以来，突尼斯军队就是具有西方模式的专业主义武装力量。随着国家转型的进一步深入，突尼斯的军政关系很可能会进一步朝着欧美国家的军政关系模式发展。由于常年内战，叙利亚军政关系可能会呈现新的特征。就目前来看，由于阿拉维军官对于政权生存的依赖，其支持政权的整体立场不会变，短期内军政关系不会发生大的变化，但是由于战争的洗礼，军方在未来国家中的作用将增加。此外，内战产生了许多非国家武装力量，这对于国家暴力使用的垄断权构成挑战。

阿拉伯剧变冲击了多数阿拉伯共和制国家，它们经历了"再安全化"的过程。军队在新政治体系中的作用和地位仍处在过渡当中，其最终地位有待观察。整体来看，不同国家具有不同特征。在军队具有较强政治作用传统的国家，如埃及、阿尔及利亚、苏丹等国，军队的作用进一步增加；在叙利亚、也门、利比亚、伊拉克等陷入内战的国家，混合性武装力量（国家军队与非国家武装力量并存）成为重要现象；突尼斯的军政关系出现与西方接近的民选政府控制军队的模式。

---

① Florence Gaub, "The Libyan Armed Forces between Coup – proofing and Repression," *Journal of Strategic Studies*, Vol. 36, No. 2, 2013, p. 241.

第二章

埃及共和国军政关系的演变

在现代阿拉伯世界中，埃及是一个举足轻重的大国。当代阿拉伯世界的政治思想很多都发端于埃及，例如阿拉伯自由主义、伊斯兰主义（穆斯林兄弟会）和阿拉伯社会主义。在政治实践中，埃及是阿拉伯世界第一个在形式上出现现代意义政党制度和代议制度的国家，尤其是纳赛尔领导的自由军官推翻封建王朝之后，埃及的共和制度和泛阿拉伯民族主义迅速在阿拉伯世界扩散。综观埃及共和国的发展历史，我们发现军队在埃及国内政治发展和外部安全事务中都发挥着至关重要的作用。

早在王朝时期，军队对于决定谁来统治尼罗河谷地就具有重要的作用。[①] 穆罕默德·阿里统治时期，埃及现代军队制度开始建立。到 1830 年，埃及军队拥有 10 万名步兵和 2.5 万名海军士兵，成为中东地区重要的军事强国。然而，英法等西方国家并不愿意看到强大的埃及，它们极力限制埃及的军队发展进程。再加上占据高级军官阶层的突厥 - 希尔克斯人（Turco - Circassians）也不愿意招募过多的阿拉伯人进入军队，因而，埃及军队整体发展有限。[②] 1881 年，爱国军官奥拉比向埃及总督提出具有民族主义的政治要求后，英法对埃及进行威胁，并导致英国在 1882 年占领埃及。[③] 英国的

---

① Toby Wilkinson, "The Army and Politics in Ancient Egypt," *Historically Speaking*, Vol. 12, No. 3, June 2011, p. 35.

② Ahmed Hashim, "The Egyptian Military, Part One: From the Ottomans through Sadat," *Middle East Policy*, Vol. XVIII, No. 3, Fall 2011, p. 64.

③ 〔美〕詹森·汤普森：《埃及史：从原初时代至当下》，郭子林译，商务印书馆，2012，第 252～254 页。

占领对军队在埃及政治事务中具有两方面重要影响。第一，短期来看，埃及军队无力在政治生活中施加重要影响。士兵数量在 1882 年从之前的 8 万人急剧减少到 6000 人，同时，英国军官控制军队训练和行动，使得军队无力参与国内政治事务。第二，长期来看，对于英国主导埃及军队的不满，激发了埃及中下层军官日益高涨的民族主义情绪，为推翻亲英国的封建王朝埋下了伏笔。1936 年《英埃条约》签订之后，虽然英国军官依旧在埃及军队中发挥重要作用，但是军队中阿拉伯军官和士兵数量开始显著增加。埃及社会中的中下阶层开始进入军队，由于深知普通民众的疾苦，并且对王朝腐败和英国主导严重不满，他们对政治事务具有积极的兴趣。这种政治热情伴随着 1948 年埃及在第一次中东战争中的惨败达到顶峰，并最终在 1952 年爆发军事政变。

本章考察埃及共和国的军政关系演变历史，厘清埃及军政关系演变的动力。法鲁克国王统治末期，中下层军官对于埃及既有的军政关系制度安排并不满意，他们通过建立秘密的自由军官组织，发动政变推翻封建统治，建立起共和国。革命胜利之后，以纳吉布为首的力量和纳赛尔及其追随者产生分歧，军队在政治事务中的地位是争论焦点之一。最终，纳赛尔一方赢得胜利，确立军队在政治事务中的崇高地位。在这种模式中，军队在国家政治治理、军队团体事务、安全政策制定、社会经济活动中都具有重要作用。第三次中东战争之后，纳赛尔清洗了军队中的阿明集团，建立起新的军政关系模式，军队在团体自主性和安全政策制定中的作用被限制，但军队的社会经济活动更加显著，这种模式经过萨达特的统治得以强化，并延续到穆巴拉克时期。然而，2011 年阿拉伯剧变以来，埃及军队重新积极参与政治事务，逆转了之前的军政关系。

第一节　纳赛尔时期的军政关系

一　军政府的建立与军队控制

1952 年 7 月，由 80 名中层军官组成的自由军官组织发动政变，逮捕高层军官，夺取军队领导权，随即推翻法鲁克国王。紧接着，他们成立了由 14 名军官组成的革命委员会（简称革委会），其在新政府产生之前行使国家的立法权和行政权。① 为了确保军队忠诚，革委会涵盖了各军种成员，但占主导地位的是步兵。国家未来的总统纳赛尔、军队总司令阿明、国家内部安全机构领导穆希丁都来自步兵。

然而，埃及革命和大多数政变之后出现的情况相同，政变军官内部出现争论，一些人希望回归军营，继续其专业职能；另一些人希望建立军政府，自上而下领导埃及社会的革命。② 基于这两种思想，形成了以纳吉布为首的阵营和以纳赛尔领导的力量。为了增加军队高层的支持，纳赛尔在革命的最后时刻将纳吉布拉进自由军官组织。然而，纳赛尔对其并不信任。当纳吉布出任总统之后，纳赛尔实际是内阁首长，并任命其挚友阿布·努尔（Abd al-Muhsen Abu al-Nur）出任负责保卫总统的共和国卫队总司令。纳赛尔每周在纳吉布之前，召集革委会成员举行非正式会议，协调他们的立场，他在革委会中享有最高权威。纳赛尔积极建立内部安全机构，加强对军队和社会的监督，并且通过建立民众动员机构加强自身权力，最终在与纳吉布的权力斗争中获得胜利，确立了埃及军人统治的模式。

纳吉布并非没有努力建立其支持基础，但由于斗争方法问题，以及更深层次的阶级代表性原因而收效甚微。③ 纳吉布认为国家治理应当遵守法律，承认旧政治力量的合法性，尊重民主，承认民众的重要性。他通过重用律师，与旧的政治精英谈判，前往全国各地演讲来增加民众支持。然而，他并未在军队中建立起有力的支持基础。纳吉布的民主观念在军队内部有一定影响力，但是他并不愿意协调忠诚于他的军官的行动，他更喜欢利用正式的制度命令，而非建立忠诚的网络。1952年8月，炮兵和装甲兵的军官建议纳吉布在军队中建立忠诚网络，但是被纳吉布拒绝，他害怕那种举措可能造成军队的内部分裂。他的考虑是，由于自身的最高级别军官身份、总统地位和革委会主席身份，所有人员应当对其无条件服从。此外，他的军队专业化思想对于不建立政治化的军队支持基础也具有重要影响。最后，他低估了纳赛尔在军队中的影响力。埃及的炮兵和装甲兵在1953年1月和1954年3月两次发生哗变，其主要目的是反对纳赛尔，支持纳吉布。然而，他们的行动被

---

① 哈全安：《中东史：610-2000》（下），天津人民出版社，2010，第535页。
② Hazem Kandil, *Soldiers, Spies and Statesmen: Egypt's Road to Revolt* (London: Verso, 2012), p. 16.
③ Hazem Kandil, *Soldiers, Spies and Statesmen: Egypt's Road to Revolt* (London: Verso, 2012), p. 28.

纳赛尔化解，最终遭到清洗。

　　从阶级观点看，纳吉布代表了上层，而纳赛尔代表着中下层，因而，纳赛尔能够获得更多支持。相较纳吉布通过声誉获得民众支持，纳赛尔积极建立政治机构动员民众，显然，这种支持模式更加有效。在长期的封建压迫之后，民众更加喜欢强力的领导人进行改革。1952 年 11 月，纳赛尔建立审查和宣传部，部长萨利姆（Salah Salem）有意提高纳赛尔的形象，降低纳吉布的声誉。1953 年初，纳赛尔在解散政党之后，建立松散的大众支持组织——解放联盟。该组织不仅可以动员政治机会主义者、农村贵族和资本家等力量，而且可以监督社会中主要的思想观念和政治趋势，还能够有效制衡伊斯兰主义和共产主义力量的动员能力。此外，纳赛尔还借助安全机构的支持加强权力，这主要表现在政府控制军队的措施中。

　　第一，军政府并不意味着对军队的自然控制，军队依旧是政府的威胁。革委会利用多种措施迅速加强对军队的控制，避免新的军事政变风险。首先，纳赛尔命令纳斯尔（Salah Nasr）对军官进行调查，尤其对具有独立思想的军官和自由军官分子进行清查。前者中，一部分被辞退，大多数转而担任军队中的文职，还有一部分进入政府。后者中，大多被要求离开军队，并且受到严密监控。为了对他们进行安抚，纳赛尔鼓励他们进入政府部门，要求他们在官僚机构中继续革命。这种方式有两种好处：一是减少自由军官在军队中的作用；二是增强纳赛尔对政府部门的影响。其次，为了应对军队可能的政治威胁，革委会在 1953 年 6 月创立共和国卫队，其主要作用之一是应对军事政变。最后，1955 年颁布的 505 号法，增加了士兵招募数量，并且降低了军官晋升标准，毕竟军队规模越大，政变遇到的困难越多。通过这些举动，军队发动政变的可能性大大降低。

　　第二，纳赛尔在政府中建立多元的安全部门，加强对国内民众及官员的监视，并通过分而治之的手段加强对安全机构的控制，防止强制能力聚集在某一武装力量之手。纳赛尔在政变之后，迅速加强对内政部门的控制。内政部门在封建时期便已存在，并且规模庞大，到 20 世纪 50 年代前期，该部门人数高达 2.5 万人，承担大量的国内监视任务。[①] 纳赛尔认为，既有的内政

---

① Anthony Gorman, "Confining Political Dissent in Egypt Before 1952," in Laleh Khalili, Jillian Schwedler, eds., *Politics and Prisons in the Middle East: Formations of Coercion* (New York: Columbia University Press, 2010), pp. 158 – 169.

部门设置并不能彻底解决统治问题，1953 年 10 月，他命令亲信扎卡利亚·穆希丁（Zakaria Muhi al - Din）重组安全部门。上台之后，穆希丁迅速清洗警察队伍，提拔支持革命的警察来担任要职。完善军队的情报系统，建立总调查部（General Investigations Department），该部门在 1971 年更名为国家安全调查部。穆希丁兼任军事情报部首脑，并将该机构的职责从搜集国外情报扩展到监察内部安全事务。1953 年 12 月，他组建了埃及第一个文官情报部门——总情报机构（General Intelligence Service）。在纳赛尔的要求下，他建立了负责总统日常情报需求的总统情报局（President's Bureau of Information）。[1] 总体来看，埃及数年内建立起了功能完善、职责明确、相互制衡的内部安全部门，对于维持政权稳定至关重要。

第三，除了在内部安全领域积极采取行动之外，纳赛尔还在军队内部培植亲信势力。1953 年，纳赛尔要求纳吉布将其密友阿明任命为军队总司令，由于阿明曾经在第一次中东战争中跟随纳吉布，并且其低调的性格看起来并无威胁，纳吉布接受了这一要求。阿明的任务主要是防止军队政变，这主要通过总司令政治指导办公室（Office of the Commander - in - Chief for Political Guidance）执行，该机构名义上是对军官进行政治指导，实际上是监督军官的行动，主要搜寻有政治图谋的军官的信息，同时通过庇护来确保军官忠诚。[2] 整体来看，该机构长期监督军队内部的政治观念和行动，向军队宣传政治意识形态，决定军官任命情况。

纳赛尔通过在军队和政治领域建立强大的支持基础，获得了相对纳吉布的优势地位，1954 年，纳吉布总统被罢黜。自此以后，纳赛尔确定的军人参政模式在埃及正式确立起来。

二 军队权力的增强及军政府对军队的控制

像大多数政变的军官团体一样，埃及自由军官群体在政变后寻求社会支持。[3] 政变成功后，政变军官积极建立支持统治的社会基础。早些时候，他

---

① Panayiotis J. Vatikiotis, *Nasser and His Generation* (London: Croom Helm, 1978), pp. 164 - 165.

② Anthony McDermott, *Egypt from Nasser to Mubarak: A Flawed Revolution* (London: Croom Helm, 1988), p. 16.

③ Eric A. Nordlinger, *Soldiers in Politics* (Engelwood Cliffs: Prentice - Hall, 1977), p. 114.

们通过不同的政策和方法，试图拉拢不同的支持者，包括旧政党、穆兄会等力量。到 20 世纪 60 年代早期，纳赛尔通过示好城市工人阶级和中产阶级，以及农村的中产阶级，培育了支持他的社会基础。

纳赛尔政权通过一系列改革措施，发展统治联盟，增强社会对政权的认同感。其中，农村力量和城市工人是庞大的支持者。[1] 一方面，政府采取整体的社会和经济政策确保他们的支持。政府建立房屋租赁制度，调节食品、食用油、汽油和电力价格，确保民众的日常生活成本不能太高。同时，政权加强社会福利保障，补贴地方运输，提供免费教育和医疗服务。显然，这对于农村力量和城市工人更加有利。另一方面，政府采取特定的政策确保农村中产阶级和城市工人的利益。政府采取温和的土地改革，并且修正了有关土地占有年限的法律，这使农村中产阶级和普通农民获益。同时，政府通过发展相关政策来满足工人利益，包括制定最低工资法和劳工福利法。[2] 最终，政府政策使得农村中产阶级和工人阶级获益，农民也倾向于支持纳赛尔。

在现代化起步阶段，知识分子和中产阶级对于政权生存至关重要，纳赛尔致力于确保受教育者和城市中产阶级对政权的支持。1962 年，他颁布命令，规定所有中学生可以进入大学，从 20 世纪 50 年代到 70 年代，大学生数量增加了 7 倍。此外，埃及法律规定，所有大学毕业生可以在官僚机构或公共部门谋得一份工作，这些机构的人数从 1952 年的 35 万人激增到 1962年的 77 万人，再到 1965 年的 100 万人，到 1970 年，数目已经高达 120 万人，这种增长率远远超过人口和就业增长率。[3] 而且，高校培养的工程师和科技人员几乎都直接为国家服务。这波国有化浪潮和纳赛尔的社会主义政策为技术精英提供了丰厚的待遇，纳赛尔获得了大量受教育中产阶级的支持。

总之，纳赛尔的政策获得了广大社会力量的支持。同时，军队也是纳赛尔政府的重要支持力量。军队不仅在意识形态上支持"革命政权"的合法性，而且是国内重要的政治行为体。纳赛尔逐渐建立了稳定的社会支持基础，政权逐渐累积起高程度的大众合法性，军队为政权提供重要支持。

作为自由军官组织的核心领导，纳赛尔在与纳吉布的权力斗争中获胜。

---

① Ali Abdel Rahman Rahmy, *The Egyptian Policy in the Arab World: Intervention in Yemen, 1962 – 1967* (Washington D. C.: University Press of America, 1983), p. 104.

② 戴晓琦：《阿拉伯社会分层研究——以埃及为例》，宁夏人民出版社，2013，第 74 ~ 79 页。

③ Risa A. Brooks, *Shaping Strategy: The Civil – Military Politics of Strategic Assessment* (Princeton: Princeton University Press, 2008), p. 72.

到 1954 年，他成为毫无争议的国家领袖。然而，纳赛尔发现，他需要应对的是实力逐渐增强的军队领导人的挑战。20 世纪 60 年代之前，纳赛尔和阿明是关系密切的朋友。"七月革命"中，二人都是计划者和执行者，具有相似的政治观点，致力于在法鲁克国王下台后，在军队领导下重建国家。此外，阿明是除纳赛尔之外唯一知道所有政变参与者的军官，这显示出二人的亲密性。在纳赛尔与纳吉布的权力斗争中，纳赛尔积极拉拢阿明，赋予其重要地位和权力。

然而，代表政府的纳赛尔和代表军队的阿明却在 20 世纪 60 年代之后逐渐走向分裂，叙利亚 1961 年从阿联中分离出来激化了二人的矛盾。[①] 1958 年阿联成立后，阿明被派往叙利亚监管叙利亚的军事和政治事务。然而，他并未平息叙利亚逐渐增强的混乱，反而加剧了叙利亚的紧张局势，他容忍埃及军官和士兵在叙利亚军队中肆意妄为。虽然叙利亚国内因素重要，但是他对叙利亚武装力量的压迫加速了 1961 年政变，导致叙利亚从阿联分裂出去。政变后，阿明狼狈地从叙利亚返回埃及，显示出叙利亚人对其强烈的厌恶情绪。

阿联的分裂加剧了纳赛尔和阿明的相互不满，双方的关系加速恶化。[②] 受到阿明在叙利亚行动的影响，埃及政府领导人愈发不满军队的行动模式，并对其团体自主性提出质疑。阿明通过奖励对他个人忠诚的军官来扩展其在军队中的影响，牺牲了军队的专业能力。纳赛尔认为，这种行动将损害军队的战斗力和竞争力。阿明也试图增强军队在国家政治事务中的影响，集中表现在以下几个方面：军官在政府中的比例居高不下，高级军官兼任文官职位；阿明垄断军队团体事务；军队在国家安全政策制定和执行中并不处于附属地位。

第一，军官高度政治化，他们兼任文官职位的现象十分普遍。首先，在职或退役军官占据重要的行政职位。纳赛尔统治期间，所有的副总统都由军官担任。军官占据重要部门的领导职位，诸如战争部、战争生产部、内政部等部门的部长通常由军官担任。在外交部中，军官占据主导地位，1962 年的 100 名高级外交职位中，军官占据 72 人，在埃及驻欧洲的大使中只有 3

---

① Imad Harb, "The Egyptian Military in Politics: Disengagement or Accommodation," *Middle East Journal*, Vol. 57, No. 2, Spring 2003, p. 280.

② Abdel Majid Farid, *Nasser: The First Years* (Reading: Ithaca Press, 1994), p. 72.

人不是军官。① 其次，军队总司令阿明兼任多个文官职务，显示出明显的军官政治化的特征。整个 20 世纪 60 年代，阿明和纳赛尔都致力于扩展各自的权力基础，阿明努力将其影响力扩展到军队之外，积极涉足一些文官部门。到 1967 年，阿明成为第一副总统、高级经济委员会主席、大坝主席、封建主义清算委员会主席、足球联盟专员、渔业和交通工业专员。这些职位增加了阿明进行庇护活动的资源，也允许他塑造关键组织和进行相关活动，在军队内外建立小团体。② 这些活动将权力集中在军队手中，实际是集中在阿明手中。再次，阿明并不满足于仅仅依赖军队的支持，他也致力于寻求文官支持，通过影响一些官僚和公共部门，为其盟友寻求庇护。例如，1961 年，他被任命为公共组织高级委员会主席，他利用该机构为其盟友谋得好职位。此外，他利用土地开垦项目为其盟友提供大量职位。依靠这些手段，他可以获得一定程度的非军队支持基础。最后，阿明影响纳赛尔的人事任命。纳赛尔除了讨好普通民众和左翼联盟之外，还试图与右翼保持联系，尤其是内政部长穆希丁在 1965 年被任命为总理，但在阿明的压力下，纳赛尔很快撤换了他。

第二，阿明主导军队的团体事务，军队成为他的"封地"。这一时期，军队高级军官聚集在阿明麾下。作为一个具有政治雄心和充满个人魅力的人物，阿明从一开始就试图在军官中建立忠诚于他的支持基础。他在军队中悉心经营，到 20 世纪 60 年代，军队逐渐统一在他的领导下。阿明对于军队几乎实现了绝对控制，将军队发展成他的独立领地。此外，他还积极寻求某些文官部门的支持。

阿明通过制度方式加强军官对他的支持，首先，为军官提供大量的特权和补贴。他利用国家赋予军队的优先购买权，可以不受汇率管制的影响，低价为军官进口汽车和冰箱等奢侈品。此外，为军官建造高质量的房子和俱乐部，军官大多过着比文官同僚舒适的生活。③ 其次，阿明通过增加军官数量，确保其追随者的忠诚。越级提拔虽然不常发生，但是军官的升职速度明显加快，这客观上增加和提高了整个军官的收入和社会地位。20 世纪初出

---

① Imad Harb, "The Egyptian Military in Politics: Disengagement or Accommodation," *Middle East Journal*, Vol. 57, No. 2, Spring 2003, p. 279.

② Michael Oren, *Six Days of War: June 1967 and the Making of the Modern Middle East* (New York: Oxford University Press, 2002), p. 41.

③ Kirk Beattie, *Egypt During the Nasser Years* (Boulder: Westview Press, 1994), p. 125.

生的军官，往往服役 26 年后才能升至上校，而纳赛尔他们这批一战之后出生的军官往往服役 20 年之内便能升至上校。① 显然，军官以较快的速度提拔增加了他们对阿明的感激和支持。

除了制度化的控制方式之外，阿明还积极在军队中发展非正式的庇护网络。作为国防部长的巴德兰（Shams Badran）是阿明的铁杆盟友，他负责军队中阿明庇护网络的建设。他帮助军官获取贷款，为他们提供别墅和其他住宅，保证他们在退休时享有更多好处。军官明显感觉到，作为阿明的代理人，巴德兰能为他们提供很多想要的东西，这增强了阿明在军队中的权力。庇护网络的主要受益者是巴德兰在战争学院的同学，阿明虽然和纳赛尔一同毕业，但更喜欢任命年轻的毕业生出任军官，而不是和他年龄相仿的军官，因为年轻军官更容易控制。② 这些努力的结果便是阿明在军官中建立起稳定的支持基础，因为他们的利益跟阿明联系紧密。

第三，军队领导多次质疑纳赛尔的安全政策，军队在战争中不能有效执行政府的命令。军队与政府在安全事务中的态度并不完全一致，表现在对待联合国力量驻扎在西奈半岛的态度，以及第三次中东战争中的战略选择中。第二次中东战争之后，联合国紧急部队驻扎在西奈半岛，作为埃及和以色列之间的缓冲，阿明认为这是对埃及军队的侮辱，损害了埃及的主权，因此一直耿耿于怀。阿明反复要求纳赛尔敦促联合国力量撤离。1966 年 12 月，阿明访问巴基斯坦期间，电告纳赛尔驱逐维和部队。在 1967 年 5 月和 6 月的危机中，他还反复强调联合国力量的撤离。当然，纳赛尔也不喜欢联合国维和部队的存在。但是，作为政治家，与军事领导人相比，他更加知晓军事行动的外交和政治影响。当形势稳定后，他也期待着维和部队撤离，但他担心在不充分进行外交尝试的情况下，此举会刺激以色列，进而刺激美国，客观上造成埃及的安全压力增加。

危机中，军队和政府的领导人在军事战略和行动计划上也有分歧。作为军队领导，阿明的组织偏好加剧了领导人之间的冲突，这集中体现在二者对于安全目标的确立和与以色列的冲突方式中。1967 年危机期间，阿明更倾向于采取进攻性的战争计划，反复要求先发制人。他在 5 月 14 日进行战争

---

① Eliezer Be'eri, *Army Officers in Arab Politics and Society* (New York: Praeger, 1970), p. 323.

② Kirk Beattie, *Egypt During the Nasser Years* (Boulder: Westview Press, 1994), p. 126.

动员，要求军官做好进攻准备，在 5 月 25 日进行大规模的行动。① 从组织理论上讲，军队往往偏好进攻性的战争计划和先发制人的打击，因为这能使得军队主动塑造战场和最小化不确定性。而且，进攻战略也是对大多数军官意见的回应。阿明及其下属认为，追求进攻是合理的，因为这和军队的利益相符。此外，埃及的军官也渴望主动出击，由于也门内战中的行动挫折，埃及士兵希望借助苏联的新式装备，在对以色列的常规战争中证明自身。然而，纳赛尔抵制进攻性的行动计划，倾向于缓和该议题，因为他担心国际社会对于埃及袭击以色列的谴责和反制。②

作为对军队权力增长的回应，纳赛尔加强政府的支持基础。1962 年，埃及组建阿拉伯社会主义联盟，该组织主要由支持政权的代表构成，包括工人、农民、知识分子、国有资本家、士兵。虽然不是政党，但该组织发挥着类似政党的功能，它动员民众，加强社会与政权的联系。除了具备大众动员能力之外，该机构还为纳赛尔的左翼盟友提供反对其保守敌人的平台。在联盟内部，纳赛尔于 1964 年创建了先锋组织，其主要由纳赛尔的支持者组成。作为支持政权意识形态的力量，该组织能够为纳赛尔应对阿明依托军队的权力提供竞争支持，并且能够增强纳赛尔应对军队所具有的其他政治权力的能力。1965 年，左翼代表人物萨布里控制该组织，联盟建立了军事化的青年组织，试图在军队外建立强制机构，作为新的政权武装支持基础。青年组织的存在能对军队的保卫作用提供替代，并能作为重要力量制衡军队。1966 年和 1967 年，有 22 万人在青年组织接受训练，1967 年该组织达到 25 万人。③ 值得注意的是，组织的行动之一是演练如何应对军事政变，显示出总统对军队领导的担心。阿明怀疑该组织，将其视为对其权威的挑战，他拒绝士兵加入该组织，因为这可能使他们受到纳赛尔及其盟友的影响，降低对自己的忠诚度。

到 20 世纪 60 年代中期，作为军政领域领导的阿明和纳赛尔都有着强大的支持基础。阿明在军队中具有广泛且有影响力的支持派系，纳赛尔的支持则来自由中产阶级、农村小土地所有者、城市工人构成的左翼力量，他也得到一定程度的右翼支持。他们各自拥有独立但又竞争的权力基础。虽然起初

---

① Michael Oren, *Six Days of War: June 1967 and the Making of the Modern Middle East* (New York: Oxford University Press, 2002), pp. 57 – 58.

② 朱泉钢:《埃及军政分歧与第三次中东战争》,《军事政治学研究》2015 年第 1 期, 第 38 页。

③ Kirk Beattie, *Egypt during the Nasser Years* (Boulder: Westview Press, 1994), p. 179.

二人同属军官阵营，但是双方的权力和利益之争在第三次中东战争之前已十分明显。

这种军政关系具有强烈的共享权力的特征，整体来看，军队和政府在职位、军队团体事务、安全决策、经济社会事务上共享权力。值得注意的是，军队在团体事务和安全决策上占优，政府在职位和经济社会事务上占优。总的来讲，纳赛尔比阿明拥有更加广泛的支持基础，因而政府相对军队拥有一定的优势。

三　阿明集团被清洗和军队地位的下降

1967 年战争之后的事件，以及纳赛尔与阿明之间权力斗争的解决极大影响了埃及军政关系的塑造。这次战争对埃及造成了灾难性的后果，6 月 9 日，纳赛尔宣布辞职，阿明也随即效仿。埃及民众表达了对纳赛尔的支持，纷纷涌上街头，但对于阿明的支持并不明显，示威者对其表示沉默。纳赛尔在宣布下台 16 个小时之后，承认自己仍然是国家的政治领导人。这些事件显示出民众对于纳赛尔作为国家政治首脑的忠诚，而非对军队的忠诚，这使纳赛尔知晓他在民众中的地位，他发现自己比军队领导拥有更高的支持度。

阿明随后试图恢复自己及其追随者在政权中的职位，纳赛尔在大众支持的鼓舞下，主动解决阿明集团的问题。阿明被逮捕，随后自杀，纳赛尔随即清除阿明在军队中的小集团。最终，超过 1000 名军官辞职，这也是 20 世纪 70 年代军队不再成为政治统一整体的重要原因。① 纳赛尔趁机加强了政府对军队的控制，尤其是减小了军队在政治治理中的作用，弱化了军队的团体自主性。

纳赛尔时期的最后几年，社会领域发生了重大变化，社会精英开始争论埃及的社会主义政策和 1967 年战争失败的原因。战败也引起了学生和工人关于战争的焦虑，他们在 1968 年 2 月发动大规模示威游行，反对轻判在战争中不称职的军官。作为回应，纳赛尔开启了政治和经济自由化。纳赛尔建议对社盟的高级成员进行选举，同时，政府释放了 1000 多名穆兄会成员，他们之前因为被怀疑参与暗杀总统的行动而被捕。作为对社会主义模式的修正，他鼓励对私有资本和外国资本减少限制，为了赢得中产阶级的支持，他

---

① Kirk Beattie, *Egypt during the Nasser Years* (Boulder: Westview Press, 1994), p. 212.

于 1968 年颁布自由化的进口政策。尽管有限，但这些改革显示出政权转变的迹象。① 从纯粹的经济意义上来说，这些政策作用有限，但是具有重大的政治意义，这意味着纳赛尔政权的主要社会支持基础逐渐转变为中产阶级。然而，纳赛尔并未放弃长期实行的国家主义政策。纳赛尔依旧寻求加强工人、农民和左翼对他的支持。例如，他在 1969 年 7 月颁布了第三部土地改革法。显然，纳赛尔通过稳固先前的支持基础和示好新的力量，寻求促进建立政治联盟。

这一时期，军队获得的社会支持显著下降。军队成为民众公开反对的目标，他们谴责军官在 1967 年战争中的糟糕表现。据报道，民众憎恨军官，出租车司机甚至拒载他们。② 战争之后，埃及媒体公开发文谴责军官的特权、腐败及战斗不力，这种抨击在战争之前是不可能的。

总之，纳赛尔统治的最后几年见证了埃及军政关系的变化：政府政治联盟进一步扩展；阿明自杀身亡，他的军官盟友被大规模清洗；军队在民众中的声誉下降，这些变化明显有助于政府对于军队的权力优势，最终为萨达特建立新的统治联盟，削弱军队影响奠定了基础。

1952～1970 年，纳赛尔执掌埃及政权期间，埃及军政关系经历了一些变化。从整体来看，军队实力相对较强。军官控制政府和政治进程，长期把持权力，制定政治、经济和社会发展政策。埃及军队试图保护政权，并且参与政府管理，在议会中，部长以及重要内阁职位中，军人都占据重要位置，主要原因有二：军队相信自己具有管理国家事务的官僚组织能力；确信自己能够控制传统的官僚机构。纳赛尔与阿明的权力之争贯穿 20 世纪 60 年代，纳赛尔试图维持两人表面上的和平，但坚决制止阿明在政府中的权力及社会支持基础扩张。1967 年战争的惨败为纳赛尔清理阿明的势力提供了充足的理由。纳赛尔在 6 月 11 日任命法瓦兹（Fawzi）为军队总司令，并对军队中反对自己的力量进行了清洗，任命新的军官担任要职。除了法瓦兹之外，新上任的军官大多是没有参加 1952 年革命的第二代军官，他们与那场革命几乎没有直接的联系。

---

① Risa A. Brooks, *Shaping Strategy: The Civil – Military Politics of Strategic Assessment* (Princeton: Princeton University Press, 2008), p. 113.

② Eliezer Be'eri, *Army Officers in Arab Politics and Society* (New York: Praeger, 1970), p. 325.

第二节　萨达特—穆巴拉克时期的军政关系

一　萨达特时期军政关系变化的原因

萨达特时期的军政关系模式在纳赛尔统治后期已经初现端倪，纳赛尔后期的军政关系奠定了萨达特时期军政关系的基础。在萨达特担任总统时期，影响军政关系的客观条件、制度因素和主观因素发生了重大改变，最终促成了军政关系的新变化。

第一，客观条件的变化。通常来说，一国经济社会发展状况越好，合法性程度越高，可供文官政府利用的资源越多。[①] 萨达特政府通过建立新的统治基础，增强自身政治合法性，减少军队干预政治的动机和机会。外部威胁对于军政双方的实力对比影响相对复杂，但是不少案例表明，外部威胁可能提高军队的专业化程度，[②] 因而减少军队参与政治的诉求，进而使得文官政府拥有对军队的相对优势。因而，结构变化有利于文官政府。

在 1970 年 10 月出任总统的时候，萨达特缺乏独立的权力基础，很多人认为他不过是一个过渡人物。然而，他通过迅速建立起支持基础，获得强大和持续的支持。萨达特追寻纳赛尔后期的政策，满足中产阶级的利益诉求。他选取中产阶级作为统治基础十分自然，因为他们是埃及最重要的战略力量，在国家生活中具有重大作用。[③] 此外，他们的主流观念和萨达特所持有的保守意识形态相一致。萨达特随后采取了一系列经济和政治改革政策，这也有助于加强中产阶级对于他的支持。

为了实现经济发展，萨达特采取一系列自由化政策，包括放松政府对国内和外国资本的控制。1971 年政府颁布法律鼓励外国投资和私人投资，实行针对外国人的税收优惠政策。政府对劳工法进行了修正，1971 年废除了

---

① Muthiah Alagappa, *Coercion and Governance: The Declining Political Role of the Military in Asia* (Stanford: Stanford University Press, 2001), p. 57.

② Michael C. Desch, *Civilian Control of the Military: The Changing Security Environment* (Baltimore: The Johns Hopkins University Press, 2001), p. 14.

③ Raymond A. Hinnebusch, *Egyptian Politics under Sadat: The Post – Populist Development of an Authoritarian – Modernizing State* (Cambridge: Cambridge University Press, 1985), p. 50.

工厂雇工不得多于 200 人的规定。此外，萨达特也开始重新考虑前政府充公地主阶级土地的政策。① 在这些新政策中，最显著的还是 1974 年颁布新法律，开启国家的自由化改革进程，这对埃及国家发展产生重大影响。

根据对这一时期政治和经济的分析，萨达特的政策造就了一批从自由化经济中获益的力量，主要是商人集团和服务业部门人士，包括承包商、地产投机商、进口商、外国公司的代理人、旅游经营者和律师等。然而，改革中获益最多的是连接政府部门和外国公司的中间人。因为政府部门仍然是最主要的经济行为体，是最重要的消费者、服务者和管理者。经济开放产生了一些中间人，他们在转包和黑市中相当活跃。作为外国商人的官方联络人，他们往往参与腐败活动。

除了创建新的支持基础之外，萨达特也积极示好其他群体，例如，他继续保证在国家官僚机构中雇用大学毕业生和专业人士。虽然他更加偏爱自由主义理念，但是整个 20 世纪 70 年代官僚机构的扩张极其明显，1971～1980年，官僚部门的公务员数量增长了 70%。1978 年，服务业和公共部门雇用的人员超过 320 万人。② 萨达特利用国家雇佣政策将中产阶级和政权紧密联系起来，此外，他加强了政权与农村中产阶级和农村精英的联系，其实这些力量在 20 世纪 60 年代末已经成为农村的主导力量。大地主阶层在纳赛尔时期受到镇压，此时通过与公共部门的联系，以及充公补偿政策也重新崛起。

作为对经济改革措施的补充，萨达特开启了有限的政治体系自由化过程，赢得了中产阶级中自由派的支持，并且满足了普通民众的政治参与要求。为了制衡左翼力量，萨达特释放了纳赛尔时期长期被关押的穆兄会领导，并且拉拢伊斯兰政治力量。此外，埃及社会的自由程度也在提高。政府逐渐允许民众更自由地流动，媒体舆论环境也更加自由。由于解除了进口限制，对于中产阶级来说，消费品变得更加容易获得。整体来说，这些自由化措施有助于增加民众对政府的支持。

在 1973 年战争和开放之后，资源流动和投资增长有助于经济繁荣，这加强了那些从中获益群体（主要是资产阶级）对政权的支持。这使私有部门重新焕发活力，创造了新的政权支持基础。然而，并不是所有人都从自由

---

① 〔美〕詹森·汤普森：《埃及史：从原初时代到当下》，郭子林译，商务印书馆，2012，第326 页。
② Nazih N. Ayubi, *Over - Stating the Arab State: Politics and Society in the Middle East* (London: I. B. Tauris, 1995), p. 300.

化中得益，由于采取竞争机制，之前从国家主义中获益的工人等中下层民众面临更大压力。[①] 1975～1976 年，工人开始抗议一些政策，尽管规模有限。1977 年，为了满足国际货币基金组织要求的缩减国家预算的政策，政府取消了对基本生活用品的补贴，导致食用油和面包价格上涨。这导致大量工人参与示威游行，要求萨达特继续维持这些补贴。尽管示威者从来不是政权的严重威胁，但萨达特还是恢复了补贴，指出政府会逐渐取消这些补贴。显然，萨达特并没有废除纳赛尔时期的国家资本主义政策，之前受益的阶级整体上依旧支持政府。

总之，20 世纪 70 年代早期，萨达特获得了稳定的政治支持基础，主要是自由主义政策的受益者，包括农村和城市的中产阶级、国有部门和官僚机构的雇员、商人，以及政府与外国公司之间的中间人。此外，他继承了纳赛尔实施的部分国家主义政策。通过这种混合的经济社会政策，他获得了国内民众的广泛支持，尤其是掌握重要国家资源的中产阶级的支持。因而，他能利用这种合法性减少军队干预政治的动机和机会，[②] 增强文官政府对军队的相对权力。

除了经济发展和合法性提高有助于获得应对军队的更多资源之外，外部结构因素也有利于政府对军队的控制。军官在第四次中东战争之前，面临以色列这一严重的外部威胁。由于第三次中东战争的惨败，具有政治野心的军官被大量清洗，并且军官意识到过分政治化的军队战斗力明显减弱，因而埃及军队寻求进行专业化改革，以增强战斗力。[③] 此外，埃及面临的战争威胁减少，也有助于文官政府对军队的控制。在埃及和以色列签订停战协定之后，尤其是埃以和约签订之后，埃及外部威胁进一步减少，政府有理由限制军队对国防预算、军队团体利益的要求。[④] 整体来看，萨达特时期，外部的体系结构有助于文官对于军队的控制。

第二，制度因素的变化。影响军政关系的制度因素主要集中在萨达特对

---

① Raymond A. Hinnebusch, *Egyptian Politics under Sadat: The Post – Populist Development of an Au-thoritarian – modernizing State* (Cambridge: Cambridge University Press, 1985), p. 70.

② Samuel E. Finer, *The Man on Horseback: The Role of the Military in Politics* (Boulder, Colorado: Westview Press, 1962), p. 75.

③ Imad Harb, "The Egyptian Military in Politics: Disengagement or Accommodation," *Middle East Journal*, Vol. 57, No. 2, Spring 2003, p. 283.

④ Robert Springborg, "The President and the Field Marshall: Civil – Military Relations in Egypt To-day," *Middle East Report*, Vol. 17, No. 4, July 1987, p. 5.

于政权的控制能力增强，导致文官政府相对统一，而军队不再具有纳赛尔时期的阿明那种领导核心。整体来看，制度变化有助于维护文官政府对军队的相对权力。

由于不具备纳赛尔的个人魅力，出任总统之初，萨达特在军队与政府中都不具备绝对权威，在政府中很难控制局面。萨达特在 1971 年发动了"纠偏运动"，清洗了一批不服从自己的政敌，并在军队中提拔了一批忠诚于自己的军官。总体来看，1971 年 5 月，埃及确定了萨达特的领导地位，并且埃及军队宣誓效忠于新的领导人。

由于纳赛尔执政晚期对阿明群体在军队中的清洗，军队的派系问题已经极大减少。阿明群体被肃清，使得军队不再具有主导核心。到 20 世纪 70 年代，军队内部并没有形成新的力量填补阿明之后的权力真空，军队领导的聚合度降低，因而军队内部不能形成应对萨达特的阵线。

军方高层内部并不团结，这在萨达特出任总统之后的一系列事件中显现。在获取权力 6 个月之后，萨达特面临来自社盟内部左翼力量的挑战。由于左翼是纳赛尔的坚定同盟，他们在政权中声望很高，此外，他们对于萨达特获取权力具有重大影响，因而这个群体期待萨达特屈服于他们，允许他们主导政策倡议。1971 年 4 月 25 日，左翼的领导之一萨布里挑战萨达特制定外交政策的权威。一周之后，萨达特取消了萨布里在社盟中的职位。

埃及的战争部长法瓦兹同情萨布里集团，试图组织针对萨达特的军事行动。由于军队内部缺乏统一性，他最终并未成功。5 月 10 日晚些时候，萨达特从情报机构得到法瓦兹试图政变的消息。两天以后，萨达特视察了苏伊士运河的军事基地，军队的总参谋长萨迪克告诉萨达特，他知道有关针对总统的密谋，并且将支持总统。在此之前，萨达特和萨迪克已经建立起了联系，1971 年 3 月和 4 月，萨达特会见过他，由此双方具有相互的理解，进而保证军队在萨达特和萨布里集团的冲突中支持总统。总统卫队总司令也拒绝追随法瓦兹，总统卫队积极执行反政变计划，控制开罗，保卫总统。① 法瓦兹被迫向其同僚承认，他不能调动哪怕一辆坦克支持其武装夺权。5 月 14 日，萨达特逮捕了整个密谋集团，那些与法瓦兹和萨布里一道准备发动政变的军官被清洗。这次事件主要显示出埃及军官缺乏统一性，军官并不完全追随战争部长，法瓦兹高估了他控制军队的能力。此外，这次事件也使得左翼

---

① Kirk Beattie, *Egypt During the Sadat Years* (New York: Palgrave, 2000), p.68.

附属于萨达特的领导，提高了文官政府的统一性，使得文官机构具有相较军队的优势。

第三，主观因素的变化。第三次中东战争之后，国内的政治文化不利于军队过多卷入政治。"七月革命"之后，军政府采取一系列有利于民众生活进步和国家发展的政策，获得大多数民众的支持，这种支持蕴含着对军队在国家政治生活中作用的承认。然而，军政府长期缺乏民主自由，奉行过度扩张政策，经济发展乏力，[①] 导致民众不满加剧，第三次中东战争的惨败彻底激发了民众对军队参与政治的不满。埃及国内政治文化发生了转变，促使政府弱化军官参政的情况，增加政府的文官色彩。

此外，以色列的威胁在一定程度上鼓励了军队增强其能力和效力，避免过分政治化。在1967年战争惨败之后，埃及军官强烈意识到需要加强和增强军队纪律和行动能力，即提高军队的专业化水平。[②] 并不是所有军官都具有专业思维，但军官整体的共识是武装力量卷入政治活动和文官机构损害了军队在1967年战争中的表现，他们认识到卷入文官事务影响了军队对战争的准备。紧迫的地区威胁有助于促使军队反思其战斗力较弱的原因，因而军队努力增强其战争能力，这与萨达特准备发动和以色列的战争相吻合。

萨达特时期的军政关系在受到纳赛尔时代军政关系遗产影响的基础上，军政双方的行为体在新的结构、制度、观念层面进行互动，最终塑造了新的军政关系。结构层面，萨达特政府建立了新的统治基础，收复西奈半岛任务的外部因素也有助于文官政府控制军队；制度层面，文官政府领导层相对统一，军队内部缺乏强有力的统一领导；观念层面，由于在第三次中东战争中的惨败，军队专业化的观念在增强，民众对于军队的支持率在下降。

二 萨达特时期军政关系的变化

由于影响军政关系的诸多因素发生了有利于文官政府的变化，因而文官政府控制军队的能力在增强，集中表现在军官在政府治理中的作用显著减小，在内外安全政策中遵从文官政府，但是，其专业自主性和参与经济社会

① 王彤主编《当代中东政治制度》，中国社会科学出版社，2005，第 401~406 页。
② George W. Gawrych, "Egyptian Military Defeat of 1967," *Journal of Contemporary History*, Vol. 26, No. 2, 1991, p. 285.

活动的特征依旧明显。

第一，埃及政权对军队的依托有所减少。军官在政府中的比例急剧下降，1967 年 6 月，军官在内阁中占有 2/3 的席位，1968 年 3 月，该数据下降到 39%。由于萨达特和萨布里的权力斗争，1971 年 9 月，军人部长比例回升至 41.7%，但是 1972 年 1 月就下降到低于 25% 的水平。[①] 而且，在萨达特的军官—技术官僚联盟中，军官聚集在民事领域的比例更小，这显示出军官在非专业技能领域中的作用基本被消除，军官在专业技能之外的领域影响在下降，也意味着，其在政治中的整体影响下降。到 1977 年 10 月，军官占据海洋、交通、通信、战争、生产部门的领导职位，这些职位能够运用军官在军队中掌握的技能。此外，在职军官担任文官职务的现象明显减少。

第二，军队在内外安全政策制定中的地位下降。明显的例子是第四次中东战争的战略运用，以及之后的外交政策制定方面，双方存在显著分歧，但萨达特的意志明显占据上风。第三次中东战争之后，埃及的军政领导都具有收回西奈半岛的强烈意愿，并发展了相关能力，但双方也存在巨大的分歧，这种分歧延续很久。从战争中奉行有限战争的战略，到战后做出明显有利于以色列的安排，这些无疑都反映了萨达特的政策要求，军队并未进行明显的反制。

第三次中东战争后，以色列对埃及的安全威胁加剧，这造成了军政领导人关于军事战略上的冲突。显然，军政领导人的重大关切都是确保收回 1967 年丢失的领土，然而双方在如何实现这一目标方面意见并不一致，这些差异根植于组织利益和军事领导人的思维模式。萨达特试图发动有限战争，进而促进争端的谈判解决。然而，军队试图通过消耗性质的全面战争收回领土。[②] 对于许多军官，尤其是战争部长萨迪克来说，使用军事权力实现外交目的的政治战略具有更大的主动性。[③] 显然，军官更加倾向于以武力方式解决问题，而萨达特更加青睐通过谈判来实现埃及的国家利益。

1973 年战争中埃及虽然取得了有限胜利，但萨达特凭借对战争进程和

---

① Risa A. Brooks, *Shaping Strategy: The Civil - Military Politics of Strategic Assessment* (Princeton: Princeton University Press, 2008), p. 119.

② Mahmoud Riad, *The Struggle for Peace in the Middle East* (London: Quartet Books, 1981), p. 211.

③ Amr Yossef, "Sadat as Supreme Commander," *Journal of Strategic Studies*, Vol. 37, No. 4, 2014.

高级军官小心翼翼地控制，使军队作用并未因战争而显著增加。1973 年战争之后，萨达特和军队领导继续在军事战略和行动上具有分歧，虽然团体利益的争议也很明显。例如，与萨达特以战促和的总战略考虑不同，许多军官并不赞成在战争的最后阶段与以色列实现停火，他们想利用埃及早期的胜利扩大战争的目标。随后，争议进一步显示出来，军方担心萨达特想要与以色列在西奈半岛驻军和装备部署方面实现妥协。这个议题显示在 1974 年和 1975 年的《军队脱离协议》，以及 1978 年的《戴维营协议》中。1974 年 3 月，埃及第三军团的士兵叛乱，反对萨达特决定减少西奈半岛的驻军数量，他们要求结束停火，准备继续与以色列敌对。[①] 在军官来看，萨达特想要单独妥协，放弃军队在 1973 年战争中来之不易的收益，这是不尊重军队的表现。

萨达特的新外交战略也是冲突的根源之一。萨达特试图与美国和西方其他国家结盟，而非在超级大国之间保持中立，进而谋求更多利益，这对于军队的战略导向和团体利益具有重要影响。因为这意味着倾向于稳定的军队必须调整其长期的主要关注目标，不再将以色列视为战略敌人。许多军官害怕和平可能损害军队的团体利益，包括由于与以色列敌对带来的大量军队预算、国家给予军官的大量补贴，以及军队的团体自主性。而且，与西方结盟，将改变军队在地区事务中发挥的作用。[②] 由于美国对共产主义的防范，作为盟友的埃及军队可能从地区革命的保卫者转变为维持地区现状的力量，被派往扎伊尔、阿曼和利比亚，与右翼力量一起战斗，严重损害军队的尊荣。

随着埃及逐渐走向西方阵营，长期为埃及军队提供武器和装备零部件的苏联不再对埃及进行成本相对低廉的军事援助。这意味着军队面临迅速清偿军事贷款、装备维修困难和整体技术落后等问题，军队对此表示严重不满。早在 1974 年，埃及和以色列谈判脱离协议的时候，萨达特便收到基辛格的保证，美国将为埃及提供军援。但是，大量的美国军援在 5 年之后的埃以和约签订之后才执行。1974～1977 年，军队领导人意识到由于美以特殊关系的存在，美国在政治和军事领域支持埃及的可信度存在问题。他们敦促萨达

---

① Risa A. Brooks, *Shaping Strategy: The Civil - Military Politics of Strategic Assessment* (Princeton: Princeton University Press, 2008), p. 121.

② Jon B. Alterman, *Sadat and His Legacy: Egypt and the World, 1977 - 1997* (Washington D. C.: Washington Institute for Near East Policy, 1998), p. 47.

特继续与苏联保持关系，进而保证稳定可靠的武器装备来源。由于缺乏装备补给和更新，到1977年，埃及军队的军事能力下降到1973年战争之前的9成，以色列则达到了战前的1.6倍，军官对此严重不满。因此，埃以和平条约签署之前的谈判中，萨达特极其关注军队担忧的武器供应问题，由于美国对埃及空军的武器要求一直保持沉默，谈判几近失败，直到美国政府最终做出让步，和约才得以签订。① 总之，萨达特的外交政策迫使军队传统作用发生重大变化，并对其专业利益产生消极影响，然而，军队默认了这种变化。

第三，军队的团体利益减少，但并未造成军队过度不满。政府长期坚持自由主义的改革政策，再加上与以色列和平条约的签订，外部威胁减少，军队的团体利益削减。第四次中东战争之后，美国国家安全事务助理基辛格在中东进行穿梭外交，努力促成埃及与以色列之间的"冷和平"。与以色列的和平虽然让埃及付出了在阿拉伯世界遭到孤立的代价，但是为国家收复失地、发展经济和社会进步创造了条件，与以色列的和平使得军队地位有所下降。在20世纪70年代后期，军队经历了大量的军备和预算削减，每年的削减比例高达20%。② 军队整体上接受了自己作为文官政府附属的角色，更加专注于外部防御责任，在政治事务中服从总统。

萨达特统治时期，埃及政府的意识形态和相关政策发生了重大变化，但是军事准备、军队专业化、军官不干预政治依旧是萨达特及其同僚重要的考虑。虽然纳赛尔和萨达特都试图将军队视为自己权力和合法性的基础，但其运用不同的管理方式，纳赛尔害怕阿明的权力过大，试图限制阿明，但在许多场合给予其尊荣。萨达特试图操纵整个军官队伍，并运用他们彼此间的矛盾。而且，他利用宪法赋予的总统权力对军官予以控制。③ 这种策略使得埃及军队彻底服从于文官领导，军队在招募、装备获取、训练中的专业化程度提高。

萨达特通过几年的经营，自身合法性逐渐巩固，1976年他开启多党制的时候，军队并未反对。1977年1月，国际货币基金组织建议埃及减少政府开支，政府宣布减少对某些生活必需品的补贴，开罗以及其他一些地方发

---

①　Anthony McDermott, *Egypt from Nasser to Mubarak*: *A Flawed Revolution* (London: Croom Helm, 1988), p. 161.

②　Ehud Ya'ari, "Sadat's Pyramid of Power," *Jerusalem Quarterly*, No. 14, Winter 1980, p. 115.

③　Walter J. Boyne, *The Two O'clock War*: *The 1973 Yom Kippur Conflict and the Airlift that Saved Israel* (New York: Thomas Dunne Books, St. Martin Press, 2002), p. 45.

生了示威游行。警察不能有效控制局面，萨达特宣布军队介入，军队成功地镇压骚乱并恢复秩序，数日之后，军队返回军营。该事件显示，军队的专业化程度显著提高，政治意识下降，并且遵从于文官政府的命令。

总体来看，不同力量的互动产生了 20 世纪 70 年代有利于文官政府的军政关系结构，主要原因是萨达特巩固了政权的社会基础，军队领导的内部聚合度较低，军队的社会尊严水平下降。总之，萨达特统治期间，军队在政权中的地位变化，从 20 世纪 60 年代中期的显著影响到 60 年代末和 70 年代的文官控制/军队合作。① 军官从团结有力的政治力量转变为更小、更弱的精英团体。彼时，军队是一个附属于政府权威的专业力量，其在政策制定，甚至国防议题中的作用受限。自此，军政均衡显著有利于萨达特。由于影响军政关系的诸多因素发生了有利于文官政府的变化，因而文官政府控制军队的能力在增强，集中表现在军官在政府治理中的作用显著减小，在内外安全政策中遵从文官政府，但是，其专业自主性和参与经济社会活动的特征依旧明显。

三 穆巴拉克时期的军政关系

由于影响军政关系的诸多因素没有发生根本性变化，穆巴拉克时期的埃及军政关系沿袭了萨达特时期的整体特征。穆巴拉克上台的时候，军队的政治影响力已经极大下降。20 世纪 50 年代和 60 年代的清洗将众多具有政治意愿的军官驱逐出军队，70 年代之后，那些获得大众支持和对政治领导人缺乏忠诚的军官也被清除出军队。因此，穆巴拉克时期的军政关系表现为文官政府优先的特征，具体如下。

第一，文官政府延续了在政治事务中的主导地位，军官并未表现出明显的参与政治治理的意向。加扎拉（Abu Ghazala）是一位职业军人，倾向于避免军队卷入政治，并不在军队中刻意寻求增强自身的支持力量，因而起初并不被穆巴拉克视为威胁。1980 年他被穆巴拉克任命为总参谋长，1981 年担任国防部长。加扎拉对军人进行加薪，改造军队的工厂和设备，提高军人的经济待遇。士兵对其极为尊重，他被士兵视为拯救军队的救星。此外，加

---

① 詹晋洁：《埃及现代化进程中的军人干政与政治稳定》，《陕西师范大学学报》（哲学社会科学版）2018 年第 6 期，第 156 页。

扎拉显示出宗教虔诚，他对宗教的态度赢得了民众对他的好感。他不仅表示埃及的军事原则受到《古兰经》的启迪，而且批评警察对穆斯林兄弟会等伊斯兰力量的暴行。[1] 他也获得了美国的支持，这主要基于他坚定的反共主义立场，他多次向美国表达强大的埃及军队能够防止共产主义在中东扩张的观点。[2] 然而，这引起了穆巴拉克的怀疑和警觉。

穆巴拉克逐渐将他视为威胁，但是国防部长并未对总统表现出不满。1983 年，穆巴拉克在没有征求他的意见的情况下对高级军官进行重新调整，加扎拉并未表示反对。1984 年，穆巴拉克以军官不得参与政治为由，取消了他的民族民主党党员资格，他也没有表达不满。1986 年 2 月，埃及中央安全部队由于对其待遇不满而发动骚乱，内政部门无力镇压，总统命令军队解决骚乱。在加扎拉的领导下，军队迅速平定骚乱。此后，军队很快退回军营，并未表现出趁机干政的倾向，展现出埃及军队的专业化程度提高的特征。1988 年，以色列媒体报道，埃及国防部长可能与伊拉克、阿根廷进行三方导弹合作计划，并且与朝鲜签署导弹协议。加扎拉的这些举动使其丧失了美国对他的支持，穆巴拉克趁机采取行动。1989 年 4 月，他被降级为总统助手。1993 年，法院指控其有犯罪行为，政府将其革职。[3] 显然，政府领导人穆巴拉克相对军方代表加扎拉处在明显的优势地位。

1989 年，穆巴拉克任命塔拉勒继任国防部长，已经担任数年开罗省长的塔拉勒多次对加扎拉表示不满，他上任后积极清除前任的权力网络，并致力于推动军队终止导弹项目。1991 年，总统任命坦塔维出任国防部长，直到 2011 年政权倒台。在此期间，坦塔维一直忠诚于穆巴拉克，军队并未表现出明显干政的倾向。

第二，穆巴拉克时期，军队的团体利益有所减少。其一，军队的预算依旧相对较多，但是主要用于士兵的工资，以及购买军用物资和装备。由于萨达特和穆巴拉克政府时期严重的通货膨胀，事实上士兵的工资减少了。由于埃及军费开支的不透明性，得到准确的数据并不容易。但据相关专家分析，

---

① Robert Springborg, *Mubarak's Egypt: Fragmentation of the Political Order* (Boulder, C.O.: Westview Press, 1989), p. 100.

② Steven Cook, *Ruling But Not Governing: The Military and Political Development in Egypt, Algeria, and Turkey* (Baltimore: Johns Hopkins University Press, 2007), p. 81.

③ Hazem Kandil, *Soldiers, Spies and Statesmen: Egypt's Road to Revolt* (London: Verso, 2012), pp. 177 – 181.

国防开支占国民生产总值的比例从 1973 年的 31.4% 下降到穆巴拉克上台时（1981 年）的 10.5%，四年后，该数据下降到 5.8%，之后就再也没有超过 8%。国防开支占国民生产总值的比例在 1990 ~ 2000 年一直维持在 3.2% ~ 4.7%，[①] 2010 年更是只有 2.2%。显然，军费开支呈现明显的大规模下降的趋势。就数值而言，穆巴拉克统治埃及 30 年间，不考虑通胀和成本增加等因素，国防开支为 24 亿 ~ 42 亿美元。然而，埃及的国民生产总值几乎增长了 10 倍，从 1980 年的 178 亿美元到 2010 年的 1880 亿美元。其二，军工产业水平也下降显著。埃及和以色列签订和约之前，阿拉伯国家积极支持埃及的军工产业建设。然而，萨达特并未因为外部支持的减少加大对埃及军工产业的投入力度。纳赛尔时期，他试图将埃及建设为具有独立武器生产能力的重要武器出口国，而到了穆巴拉克时期，埃及成为重要的武器进口国。其三，文官政府控制着埃及的武器交易。萨达特时期，他便开始任命文官亲信掌管埃及的军工企业。穆巴拉克时期，前情报官员萨利姆（Hussein Salem）和总统的女婿积极卷入武器交易。在制度层面，1971 年宪法规定总统对国防协议具有最终的批准权力。显然，这些都表明军队在团体事务中的权限和能力在减少和下降。

第三，文官政府在安全政策领域具有主导地位。埃及实行总统共和制，外交和安全政策的决策权直接掌握在总统本人手中，虽然有时一些部门会僭越这种制度安排，例如 1967 年之前的军方代表阿明，但多数时候这种制度安排得以有效执行。这种决策机制的结果是总统主导相关政策，外交部、军队、情报部门等不同机构的关键领导人承担咨询和建议的功能，他们所起的作用取决于他们与总统的私人关系，由此形成了总统的安全思想—安全决策—安全战略选择与实施之间的贯通性，这在穆巴拉克时期表现得比较明显。

军方高层参与国家安全政策制定，但决策权掌握在总统手中。总统回应军方的关注，但是一旦总统做出决定，军方即便对于不满意的安全政策，仍竭力遵循。例如，军方对埃及的国防政策，尤其是政府过分依赖美国援助的政策并不满意，但是，军方接受了政府的政策选择。军方认为，依赖美国的军事援助事实上损害了埃及的安全利益。一方面，美国在提供军事援助的时候总是更多考虑以色列的战略诉求。这导致美国提供的武器在数量上总是少

---

① Latif Wahid, *Military Expenditure and Economic Growth in the Middle East* (VA: Palgrave Macmillan, 2009), pp. 137, 138, 140.

于对以色列提供的武器，并且美国囿于以色列的压力，总是不愿对埃及提供某些先进的武器装备，例如克林顿时期，美国国防部拒绝了埃及采购先进的空对空导弹的请求。[①] 由于埃及军队仍将以色列视为重要威胁，因而埃及军方对美国向埃及提供军事装备在数量和质量上的"双重限制"的做法十分不满。另一方面，依赖美国军事援助的经济成本巨大。虽然埃及的资本主义力量从与美国的合作中获利甚多，但是美国的军事援助相当昂贵。在苏联军事援助期间，埃及准备和参与第二次中东战争、也门内战、第三次中东战争、消耗战和第四次中东战争总共才花费 17 亿美元。然而，与美国结盟的第一个五年期间，埃及便对美国负债 66 亿美元。[②] 因此，军队虽然从美国军事援助中受益颇丰，但仍对政府完全依赖美国的安全政策持保留态度。

此外，穆巴拉克为了制衡军队，积极扩展其他安全部门的作用和功能，这改变了军队在国家安全事务中的角色。2008 年，隶属于内政部的中央安全部队人数为 30 万~40 万人。此外，其他安全机构，如情报总局、国家安全调查局、总统卫队和军事情报局等也都增大了影响。20 世纪 80~90 年代，埃及深受伊斯兰武装力量的恐怖主义威胁，造成 1300 多名平民和警察死亡。政府依赖安全力量打击恐怖主义，主要是内政部而不是国防部在总统的监督下直接指挥反恐行动。此外，当政府在某些即将失去控制的时刻命令军队采取行动时，军队总是积极执行，例如在 1981 年萨达特遇刺后的伊斯兰主义者暴动中、在 1986 年中央安全机构的骚乱中，以及在 20 世纪 90 年代一些伊斯兰武装袭击政府的行动中，军队总是积极回应总统的命令。[③]

最后，军队对于经济和社会事务的卷入程度依旧很深。埃及军队卷入军事装备的生产，以及农业及基础设施中日常生活用品的生产。它生产众多武器装备，包括装甲车、坦克、直升机、飞机及其发动机、电子设备和雷达等。埃及的国防工业雇用 10 万人，每年创造 5 亿美元产值，而且埃及每年

---

① Anthony H. Cordesman, *Arab - Israeli Military Forces in an Era of Asymmetric Wars* (Westpoint: Praeger Security International, 2006), p. 200.

② Heba Handoussa, "Fifteen Years of US Aid to Egypt—A Critical Review," in Ibrahim M. Oweiss, ed., *The Political Economy of Contemporary Egypt* (Washington D. C.: Center for Contemporary Arab Studies, 1990), pp. 109 - 124.

③ Philippe Droz - Vincent, "The Security Sector in Egypt: Manangement, Coercion and External Allaiance under the Dynamics of Change," in Laura Guazzone, Daniela Pioppi, eds., *The Arab State and Neo - liberal Globalization: The Restructuring of State Power in the Middle East* (Reading: Ithaca Press, 2009), pp. 222 - 223.

向其他阿拉伯国家及发展中国家出口武器。军队的民用生产物品包括洗衣机、加热器、衣服、门窗、常备军物品、药品和显微镜，军队设定了粮食农产品100%自足的目标，避免出现粮食生产和分配问题。军队有自己进行公共项目建设的公司，负责修桥建路、修建学校和其他基础设施。1979年的相关法令给予军队独立于政府预算的经济和财政特权，并允许军队从商业银行获取贷款。① 面对持续的经济私有化，军队的经济活动有助于缓解军人生活质量下降的窘况。

军队的经济作用不仅局限在公司利益，也体现在私人方面，军队官员不仅具有高收入，而且享有良好的住房及交通条件，以及良好的医疗及获取稀缺物品的条件。② 他们的获益除了自己经营公司之外，还从国外的武器进口中获得报偿。埃及军队在经济中的作用受到许多批评，其低成本的劳动力、免税优惠以及轻易获得许可证使得其阻碍了埃及私有经济的正常发展。此外，埃及军队的经济独立与自治较少受到监督和控制。

总之，穆巴拉克统治期间，文官威权政府能够有效控制军队。埃及军队发现作为专业团体自身面临严重的困境，军官普遍存在心理失衡问题，军队的状况越来越不符合其设立的原初目标。士兵接受战争训练，但政府并不打算进行战争；军队被要求捍卫国家，但是其装备、资金和训练不足以完成该使命；他们依赖一个坚定支持以色列相对军事优势的盟友；他们服务一个要求其专业化，但减少其团体利益的政权；他们被许诺具有制度独立的权力，并享有较好的经济权益，但同时受到国内安全机构的严密监视。我们发现，这种文官对军队的控制显然具有明显的脆弱性，最终导致"阿拉伯之春"中军队并未全力保卫政权。

---

① Zeinab Abul - Magd, "Egypt's Adaptable Officers: Business, Nationalism, and Discontent," in Elke Grawert, Zeinab Abul - Magd, eds., *Businessmen in Arms: How the Military and Other Armed Groups Profit in the MENA Region* (Lanham, Maryland: Rowman & Littlefield Publishers, 2016), p. 28.

② Hicham Bou Nassif, "Wedded to Mubarak: The Second Careers and Financial Rewards of Egypt's Military Elite, 1981 - 2011," *Middle East Journal*, Vol. 67, No. 4, Autumn 2013, pp. 515 - 528.

第三节 后穆巴拉克时期的军政关系

在 2011 年 "一·二五运动" 中，埃及军方迫使穆巴拉克总统下台，进而走向政治前台，促使人们对埃及军队行为方式进行思考。2013 年 7 月 3 日，国防部长、武装部队总司令阿卜杜勒-法塔赫·塞西宣布中止宪法 (2012 年)，解散议会，罢黜民选总统穆尔西，提前举行总统选举。2014 年 6 月，国防部前部长塞西通过全国大选出任埃及总统，由此引起人们对军队作用的关注，同时也彰显军队在埃及变局和政治转型进程中的作用。

一 军队的团体性特征

1952 年自由军官领导的 "七月革命" 胜利之后，埃及军政关系发展进程最终形塑了军方独特的团体化特征，其表现为团体意识明确化、团体利益特殊化、团体行动自主化。

埃及军方的团体意识体现在军方将自己视为埃及民族主义的代表，军队是埃及共和国的创立者、建设者和保卫者。[1] 长久以来，埃及军队的民族主义形象主要表现在以下两个方面：国内方面，实现应征士兵的社会化，通过军事教育促进社会发展，加强民众对国家的认同，促进技术扩散及工业化，消化剩余劳动力，发挥经济作用，保护社会秩序及政权机构；国外方面，遏制、防御或击败外部敌人，必要时对敌人发动先发制人的进攻性袭击。[2] 现代埃及的奠基人阿里是军人，反抗英国殖民统治的民族主义者奥拉比是军人，共和国的缔造者纳赛尔也是军人。军队领导埃及人民推翻君主制，建立共和制度，引领埃及走向独立和发展之路，并且在埃及的国家建设中承担重要角色。[3] 军队参加了四次中东战争，有力捍卫了国家独立、领土完整和民

---

① Audie Cornish Talks to Steven Cook, "Egypt's Military 'A Builder, A Liberator And Savior'," July 10, 2013, http://www.npr.org/templates/story/story.php? storyId = 200823438.

② Birthe Hansen, Carsten Jensen, "Challenges to the Role of Arab Militaries," in Carsten, Jensen ed., *Developments in Civil - Military Relations in the Middle East* (Copenhagen: Royal Danish Defence College, 2008), pp. 29 - 30.

③ 王铁铮主编《世界现代化历程：中东卷》，江苏人民出版社，2010，第 48 页。

族尊严。而且在历次埃及国内动荡中，军队都是维护国内秩序的最终力量，这些凸显了军队作为国家主权、安全和尊严象征符号的地位，强化了军队的团体意识。

埃及军方具有特殊的团体利益，作为一个利益集团，军方具有两种类型的利益：核心利益和次要利益。具体而言，军方的核心利益体现在维护军方的经济利益，参与国家的外交和安全政策制定，影响政府机构设置。次要利益包括这样一些议题，它们虽然对军官重要，但军方不至于采取激进的行动进行保护，例如对军队有影响但并不必然损伤军队利益的特定制度创制或修订。[1] 当军方认为特定情形威胁到军方的核心利益时，军方必定做出反应。埃及军方的经济利益涉及国家生活的方方面面，从工业生产部门到服务业部门，从基础设施建设到日常生活用品生产，从企业到医院和教育机构，埃及军队无处不在。长期研究军队与埃及经济关系的开罗大学教授哈姆扎维（Amr Hamzawy）表示，军队控制着埃及整个国民经济的1/3，数额高达60亿美元。[2] 作为中东地区最大的阿拉伯国家，埃及一直视自己为现代阿拉伯世界的盟主，军队在埃及外交与安全政策的实施中具有重要作用，从之前的阿以冲突到如今的反恐、防扩散，埃及军队都处在前线。埃及军方希望政府能够提供条件，确保军队在中东地区保持影响力。作为具有独特利益的专业化群体，军方希望能够影响埃及政治制度，包括能够影响军队的预算、与军队利益密切相关的政府机构领导任命，以及关键部门的政策决策，进而更好地维护自身利益。

由于特殊的国家发展历史，埃及军方在经济和政治领域具有独立于文官政治系统的自主性，军方有机会和能力根据自身利益判断，自主采取行动。在经济方面，埃及军队通过军事生产部、埃及阿拉伯工业化组织和国家服务产品组织大量卷入经济生活，生产军用和民用物品。埃及军工企业招募大量劳动力，军官退休之后往往进入政府或经济管理部门，商人与军工部门保持紧密联系，军工企业向贫苦民众低价甚至免费提供面包等生活必需品。埃及

---

① Steven Cook, *Ruling But Not Governing: The Military and Political Development in Egypt, Algeria, and Turkey* (Baltimore: Johns Hopkins University Press, 2007), pp. 17 – 18.

② Carl Finamore, "Revolution & Counter Revolution in Egypt: Military Power vs. Protest," February 6, 2012, http://www.beyondchron.org/news/index.php? itemid = 9871.

军队的经济活动并不在国家预算之内，而且不受议会的监督和质询。① 在政治方面，埃及军队并不像西方国家那样完全处于文官系统的控制之下。西方国家的军政关系中，文官系统和军队之间存在明确的命令链条，国家行政长官做出相关决定，下达给文官控制的国防部，然后军队领导人负责执行。埃及军队并不是一个完全附属于文官政府的机构，它有强大的自主性。用库克（Steven Cook）的话来说，埃及军队就是一块独立的"飞地"。② 军方往往凭借自身资源对埃及的内政外交施加影响，而且能够根据自身利益决定军方的行动选择。

穆巴拉克政府倒台之前，埃及军方虽然在共和国的历史上整体显示出对威权统治支持的姿态，但是埃及军方明显意识到军队作为政权的一部分和军队作为国家机构的一部分并不相同。军方将自己描述为国家的象征及其捍卫者，表现出强烈的民族主义情绪，并且随时准备应对紧急状态。③ 同时，军方是一个具有特殊利益的封闭和秘密团体，它与日常的威权统治保持适度距离，并且表现出严格的专业控制能力和强大的自主性。

埃及军方的团体化特征是我们理解军方在政治和社会变革时期决策倾向和行为方式的重要依据，这些特征也反映在军队在埃及变局中的作用中。

二　军队在埃及政治变局中的表现

在阿拉伯剧变的影响下，2011 年 1 月 25 日，大量埃及抗议者涌上街头，表达对穆巴拉克政府的不满，进而要求他立即下台。政府动用警察平息民众抗议，未能奏效，被迫于 1 月 28 日出动军队协助警察维持秩序。但是，军队介入并未恢复国家秩序，最终迫使穆巴拉克下台，埃及进入政治转型时期。后穆巴拉克时期的政治过渡经历了最高军事委员会主导时期、穆尔西当政时期、军方支持下的临时政府时期 3 个阶段，其中，军队一直发挥着重要作用，但不同时期表现不尽相同。

---

① Robert Springborg, "Learning From Failure: Egypt," in Tomas C. Bruneau, Florina C. Matei, eds., *The Routledge Handbook of Civil – Military Relations* (London: Routledge, 2013), p. 95.

② Steven Cook, *Ruling But Not Governing: The Military and Political Development in Egypt, Algeria, and Turkey* (Baltimore: Johns Hopkins University Press, 2007), p. 14.

③ Philippe Droz – Vincent, "The Role of the Military in Arab Transition," *IEMed*, 2012, http://www.iemed.org/observatori – en/arees – danalisi/arxius – adjunts/anuari/med.2012/droz – vincent_ en. pdf.

（一）最高军事委员会主导下的埃及政治过渡

2011 年 2 月 11 日，统治埃及 30 年的穆巴拉克总统在军方压力下黯然下台，由高级军官组成的埃及最高军事委员会（下面简称军委会）接管政权，开启了军方主导的埃及政治过渡时期。在这一时期，埃及进行了人民议会和协商会议选举，确定了修宪程序，举行了总统选举和组建新政府等政治活动。2012 年 7 月 1 日，军方最终向民选的穆尔西政府移交权力，这标志着军委会监管下的埃及政治过渡时期结束。在这一年半时间当中，军队在政治生活中表现出以下特点。

第一，军方被迫探索军队与国家权力的新型关系。长期以来，军队在埃及政治体系中表现出强烈的独立性，它不同于拉美国家、巴基斯坦等的军队与特定的政治团体、官僚部门、宗教势力或宗教政党进行对话和结盟，进而保障军方利益。[①] 库克在研究埃及、阿尔及利亚和土耳其三国军队在政治中的作用时指出：这些国家的军方通过影响国家的制度设计，确保其在政治系统中的重要作用，对国家的政治发展施加影响，实现了"统而不治"的地位。[②] 在埃及的政治系统运转中，总统居于中心地位，总统通常都有军人背景，即"脱下军装的将军总统"。一方面，总统赋予军队相当大的特权；另一方面，军队支持总统的权力和统治。但是，穆巴拉克下台之后，埃及面临新的权力结构安排，特别是随着民选总统身份的变化——不一定具有军人背景，军方不得不重新考虑军队在政治权力中的定位问题。

第二，埃及军方利用其实力，影响新的政治制度和法律体系建构，保证军方的团体利益。在"一·二五运动"之后，军方发现在新的政治体系中，不能再依靠总统维护自身利益，转而寻求通过影响新的政治制度和法律体系安排，来保证军方的团体利益。无论是对议会选举和总统选举的重视，还是努力对司法部门施加影响，都显示出军方看重国家制度建设，并努力通过影响制度安排为自身行动寻求合法性，从而竭力对埃及新宪法的制定施加影响，要求新宪法尊重军方的意愿，反映军方的利益。综观埃及过渡时期的政治进程，军方依靠自身资源，通过影响新宪法的制定、司法部门的工作、过

① Yezid Sayigh, "Egypt's Unfinished Revolution?" January 28, 2012, http：//carnegie - mec. org/2012/01/28/egypt - s - unfinished - revolution/axnb.

② Steven Cook, *Ruling But Not Governing*：*The Military and Political Development in Egypt*, *Algeria*, *and Turkey* (Baltimore：Johns Hopkins University Press, 2007), p. 8.

渡时期的制度安排等方式，影响埃及政治事务，进而保证军方的团体利益。这集中表现在：军方希望继续保有对外宣战的权力，确保埃及与以色列的"冷和平"状态，进而保证美国继续向埃及提供大量的军事援助；军方希望维持独立控制国防预算的权力，而不愿意将此权力让予议会部门，因为控制国防预算能够充分保障军队的财政利益；军方希望文官政府保证军队团体及高级军官的经济利益，包括保证军队经营公司的收入和利润，军方对自身控制的资本和财产具有自由支配的权力。[①] 考察 2012 年年底颁布的埃及新宪法，军方的这些要求基本得到了满足。

第三，埃及军方和伊斯兰主义者（穆斯林兄弟会，以下简称"穆兄会"）之间互不信任，双方在过渡时期既有斗争，也有妥协。有学者指出，"一·二五运动"之后的埃及政治生态主要由自由主义力量、军队、伊斯兰主义者三方之间的合作与斗争，以及分化组合所决定，[②] 但真正决定埃及政治进程的是军队和穆兄会之间的关系。作为埃及世俗主义力量的重要代表，军方一直对伊斯兰主义者不信任，伊斯兰主义者也不信任军队。穆兄会指责国家经济对外依存度过高，对以色列过于友善，外交政策过于亲西方，而军方恰恰是这些政策的受益者。军方认为，如果激进的伊斯兰主义者上台执政，军方的某些利益就将受到严重损害。军方担心伊斯兰主义者可能撕毁埃以和约，破坏埃及的世俗主义传统，对西方世界保持敌对姿态，这些是军方不能容忍的。

穆巴拉克下台之后的首次埃及总统选举可以视为军方和穆兄会既竞争又合作的一个缩影。2012 年 4 月，埃及最高总统选举委员会宣布禁止穆兄会代表沙特尔等人的总统候选人资格，这是军方限制穆兄会的一个重要举措。当年 5 月举行的第一轮总统选举中，呼声很高的持中间立场的自由派代表穆萨和福图赫未入围第二轮对决，反倒是穆兄会的穆尔西和军方代表沙菲克在第一轮竞选中得票分居前两位，显示出穆兄会和军队在埃及民众中的巨大影响力。但是，两人得票率未超过一半，说明埃及民众至少有一半并不热衷于穆兄会和军方代表。鉴于第二轮总统选举中穆尔西获胜的呼声很高，为防止

---

①　Chérine Chams E - Dine, "The Military and Egypt's Transformation Process: Preservation of the Military's Reserve Domains," *SWP Comments*, February 2013, http://www.swp - berlin.org/fileadmin/contents/products/comments/2013C06_ ced. pdf.

②　Eric Trager, "Egypt after Mubarak: A Triangular Power Struggle Emerges," July 24, 2011, http://www.thecuttingedgenews.com/index. php? article = 52441.

穆兄会在埃及政治舞台上一家独大，军方在第二轮大选之前采取未雨绸缪的举措，借助司法部门，宣布穆兄会代表占多数的人民议会非法。与此同时，当穆兄会候选人在总统选举中获胜，军方表现出足够的克制和妥协，最终接受了穆尔西的胜选。

实际上，由于军方判断自身无法有效解决埃及的棘手问题，民众对军方主导政治过渡愈加反感，西方国家对军方退出政治施加更大压力，新的制度安排能够保障军队团体利益，军方最终决定还政于民选政府。

（二）军队在穆尔西政府时期的表现

穆尔西执政期间，利用自由正义党在立法和行政部门中的多数派地位，积极扩展穆兄会在国家权力机构中的作用，加强政府对军队的控制和影响，一方面，整体上保证军方团体利益；另一方面，寻求机会削弱军方权力。而军方虽对穆尔西亲伊斯兰政策并不满意，但整体上保持谨慎与克制。

穆尔西上台初期，对军方表现出示好的姿态，尊重军方的团体利益和自主性；军方则在多数场合显示出对总统的支持。[①] 例如，穆尔西胜选的首次全国讲话就表达了对军队的感谢。穆兄会主导下的立法和行政部门，并未公开削弱军方权力，军队的预算依旧不受议会和公众监督，商业领域的特权地位得以维持，由军官主导的国防委员会依旧主导军队的相关事务。同时，军方也表达对穆尔西总统的支持。国防部长塞西多次邀请穆尔西出席军方组织的活动，包括军方的纪念活动和军事项目的启动仪式等。塞西还多次表示，军队不会干预政治，主要致力于保卫国家的内外安全。

与此同时，穆尔西总统力图加强对军队的控制。2012 年 7 月 8 日，穆尔西下令伊斯兰主义者占优势的人民议会复会，这显示出穆兄会并不甘愿在军方主导的政治生活中充当配角的决心。但是，支持军方的埃及最高宪法法院于 7 月 10 日裁定，中止执行穆尔西 8 日发布的重启人民议会工作的总统令，这表明军方仍然会通过司法等制度途径影响埃及政治生活，应对总统削弱军方的举动。8 月初，穆尔西利用"西奈袭击事件"果断更换军方高层，坦塔维和阿南等穆巴拉克时期的前高级别军官被礼节性地解职。少壮派军官塞西和苏卜希上位，由于这两人也是军委会成员，穆尔西的举动既能增强文

---

① Zeinab Abul‑Magb, "The Egyptian Military in Politics and the Economy: Recent History and Current Transition Status," *CMI Insight*, No. 2, 2013, p. 3.

官政府对军队的影响，又能保证不严重伤害军方的利益，[1] 这一事件显示出埃及军方与文官政府斗而不破的特征。

然而，随着时间的推移，军方与穆尔西总统的分歧逐渐增加。军方认为穆兄会和哈马斯应对西奈半岛安全形势的恶化负责，并计划进行大规模的反恐行动，但穆尔西制止了军队针对极端力量的强硬政策，军方对此并不满意。2013 年 6 月中旬，穆尔西在并未征求军方意见的情况下，宣布埃及人民和军队打算通过支持反叛力量推翻叙利亚的巴沙尔政权，塞西等高级军官对此十分不满。最后，面对民众的持续抗议，穆尔西命令军队采取更严厉的措施，塞西拒绝了该命令，并指出民众有自身的要求，双方的相互谴责逐渐增加。[2] 鉴于军方将自身定位为国家的最终监护者，这些分歧促使军方考虑在穆尔西政府无力维持埃及政治稳定时进行干预。穆尔西政府在执政的一年多时间里，经济发展成效不彰、政治安排缺乏宽容、社会思潮分歧严重，这些问题引起了大规模的民众不满和抗议，并最终导致军队进行政治干预。

2013 年 4 月，埃及一群年轻人发起了"反叛运动"，要求穆尔西下台和提前进行总统选举。这个运动经过数周的签名活动，获得了 2000 万名民众的支持。穆尔西错判了形势，他认为反对派不过是乌合之众，不会对政府构成严重挑战，因而一直没有表示进行实质性的谈判。反对派在 6 月 30 日组织大规模的示威游行，宣称如果总统不立即辞职，就将进行民众暴动。穆尔西拒绝了这些要求，穆兄会组织了支持穆尔西的示威活动，国家陷入冲突状态。面对埃及的混乱局面，埃及军方于 7 月 1 日向穆尔西和反对派领导人发出最后通牒，并在 7 月 3 日罢黜穆尔西的总统职务，将他关押在一个秘密地点。

（三）军方表现之比较："一·二五运动"与"七三事件"

仅仅从"七三事件"并不足以使我们充分理解埃及军队。通过比较军方在这次事件与"一·二五运动"中的表现，有助于我们加深对埃及军方决策倾向和行动方式的理解和认识。

在这两次事件中，埃及军方的行事方式展现出一定的相同点。第一，军

---

[1] 唐继赞：《穆尔西复兴埃及的举措及其面临的挑战》，《当代世界》2012 年第 10 期，第 24 页。

[2] Hamza Hendawi, "Disputes between Morsi, Military Led to Egypt Coup," http：//www.denverp ost. com/rawnews/ci_ 23679782/disputes－between－morsi－military－led－egypt－coup.

方展现出对秩序的偏好，显示出军队是埃及稳定的最终维护者。埃及军方通常会对政治失序局面做出回应，政治秩序稳定对于军方的利益具有重大好处。[1] 埃及军官偏爱秩序，军方在埃及历史上的行动显示了军官对于无止境的示威活动并没有太大耐心。[2] 在"一·二五运动"中，军方的表现不仅反映了对待抗议民众与穆巴拉克政权的矛盾心态，而且反映出军队作为埃及国内秩序维护者的角色。2011 年 2 月初，军方发言人在一份声明中表示："军队会保持中立而不偏袒，如果军队保护任何一方，我们就将被另一方视为偏颇……我们的作用是通过使对立集团分开，防止冲突和混乱。"[3] 同样，2013 年 6 月 23 日，塞西的声明显示出军队希望国内秩序保持稳定，他警告说："军队是有道德感和充满爱国情感的群体，我们有责任避免埃及滑向内部混乱、派系冲突、国家崩溃的深渊。"[4] 在两次事件当中，军队都被部署在抗议活动激烈的地区，以阻止可能出现的暴力冲突。埃及军队和装甲车辆还驻扎在开罗及其他地区一些重要设施周围，如火车站、博物馆、主要政府建筑物和银行，以维持正常的社会秩序。总之，军方将自身定位为埃及国内秩序的最终维护者，当社会冲突加剧的时候，军方通常会做出回应，保证国家回归正常秩序。

第二，军方表现出从观望、中立到积极干预的转变。在"一·二五运动"中，军方起初并没有表现出明确不支持穆巴拉克政府的姿态，军队反复敦促民众尽快返回家中，恢复正常生产，军方将确保政权依照宪法程序实现民主转型。然而，面对民众的持续抗议，军方在 2011 年 2 月初表明了不会以武力镇压示威民众的立场。这显示出军方的犹豫，既想要说服民众停止要求穆巴拉克下台的抗议活动，又不愿意采取强力举措镇压民众。随着抗议活动的进一步升级，军方最终出手干预，迫使穆巴拉克下台。在 2013 年的"七三事件"中，塞西出席 6 月 26 日穆尔西对埃及民众的讲话，对于军方来说，这证明其仍旧将自己视为统治集团的一部分，至少显示出军方对穆尔

① Steven Cook, *Ruling But Not Governing: The Military and Political Development in Egypt, Algeria, and Turkey* (Baltimore: Johns Hopkins University Press, 2007), p. 18.

② Steven Cook, *The Struggle for Egypt: From Nasser to Tahrir Square* (Oxford: Oxford University Press, 2011), p. 299.

③ Wire Staff, "Key Members of Egypt's Ruling Party Resign," *CNN*, February 5, 2011, http://edition. cnn. com/2011/WORLD/africa/02/05/egypt. protests/index. html? hpt = T1.

④ Jeffrey Martini, "The Egyptian Military's Playbookby," http://www. rand. org/blog/2013/07/the - egyptian - militarys - playbook. html.

西政府的部分支持。面对民众的持续抗议，军方于 7 月 1 日呼吁政治各方在 48 小时内解决政治危机，满足人民的意愿，否则军队将设定埃及未来政治路线图。遭穆尔西拒绝后，军方最终在 7 月 3 日进行干预，罢黜穆尔西总统。显然，埃及军队干预行动并非如持"阴谋论"观点的学者所称，具有打压穆兄会的详细战略。两次事件中，埃及军方起初都半心半意地支持现政府，因为这些政权基本保证了军方的团体利益，[①] 当军方发现政权面临倒台的重大风险时，军方便选择主动干预，试图以维护埃及国家和人民利益为旗号，影响未来的政治转型，保证军方的团体利益。

另外，埃及军方在"一·二五运动"和"七三事件"中的表现也有明显不同之处。第一，军方干预的对象及其策略方式不同。2011 年 2 月 11 日，军方迫使世俗威权统治者穆巴拉克总统辞职，并组建军委会管理国家事务。穆巴拉克总统时期，军方与政府是一种互惠关系，政府尊重军方的团体利益和高级军官的私人利益，军方也利用自身地位和权力支持穆巴拉克政权，埃及军方接受军队相对于文官政府的附属地位，在确保军方利益的同时远离政治。[②]"一·二五运动"时期，军方以温和方式切割与穆巴拉克政权的关系以保证军方的团体利益。相反，"七三事件"中，军方则采取强制方式，从废黜穆尔西到武力清场行动，造成重大的人员伤亡。

第二，军方进行干预之后建立的统治模式不尽相同。"一·二五运动"之后，军方建立军委会，进行直接统治；"七三事件"之后，军方迅速将权力移交给文官政府，进行间接统治。"一·二五运动"之后，埃及成立由高级军官组成的军委会，主导埃及政治转型，军队在过渡时期整体上维护了埃及社会的稳定，但恶化了军队形象。为了维护秩序，过渡政府加强了对媒体舆论的控制，强化了对示威活动的监管，迟迟不废除紧急状态法，拖延对穆巴拉克政府时期官员的审判，一些埃及民众认为军方从埃及革命的英雄变为埃及革命的敌人。2011 年 11 月的一项调查显示，43% 的埃及民众认为，军方逆转了埃及革命的成果。[③] 相比之下，军方在 2013 年表现得更加谨慎，

---

① Sharon Erickson Nepstad, "Mutiny and Nonviolence in the Arab Spring: Exploring Military Defections and Loyalty in Egypt, Bahrain, and Syria," *Journal of Peace Research*, Vol. 50, No. 3, 2013, p. 338.

② Imad Harb, "The Egyptian Military in Politics: Disengagement or Accommodation," *Middle East Journal*, Vol. 57, No. 2, Spring 2003, pp. 285 – 286.

③ "43 Percent of Egyptians Say SCAF Working to Slow or Reverse Revolution," http://english. ahram. org. eg/News/27472. aspx.

军方首先发布了最后通牒，然后才采取行动。此外，干预之后，军方迅速拉拢支持者，包括爱资哈尔谢赫、萨拉菲派、科普特人、自由主义者、青年群体等政治力量，提高军队行动的合法性。同时，军方迅速将国家最高权力移交给埃及宪法委员会主席曼苏尔，并由后者出任总统，军方退居幕后，试图与文官政府保持距离。①这样既能保证军方对埃及政治局势的发展产生影响，又能减少民众对军方直接主导政治进程的不满。

通过比较埃及军方在"一·二五运动"和"七三事件"中的表现，可以看到，军方在面临紧急状态时，往往根据自身利益需要自主采取行动，这进一步揭示了埃及军方的团体性特征。

三 军队在埃及变局和政治转型中的作用

如前所述，"一·二五运动"以来，军队在埃及变局及其政治转型中扮演着重要角色。军方的行为既体现其团体性特征，又反映了国内各种力量对比及其变化。"一·二五运动"以来各种力量较量及其结果表明，军方在转型期实际上决定着埃及变局和政治转型的走向，并且在一定程度上充当埃及政治生活的"总节制阀"。②

首先，军方干预行动在一定程度上改变了埃及政治力量的格局。"七三事件"标志着军方重新回归政治权力中心，军队干预改变了埃及的政治生态，教俗力量对比状况发生新的变化。穆尔西总统被军方废黜后，军方果断采取行动打压穆兄会，关闭其媒体宣传机构，逮捕其核心成员，冻结其资产，威慑其支持者，解散其注册的非政府组织。面对军队的强制行动，虽然穆兄会的中低层成员表现出极大的愤怒，但其领导层依旧坚持非暴力的抗议活动，显示出和平的意愿，这也为其参与未来政治进程留下了空间。即便如此，穆兄会的组织和动员能力被削弱，社会形象恶化，领导力量分散，其政治影响力大大降低。

在"七三事件"中，萨拉菲主义的第一大党光明党选择站在反对穆尔西阵营一方，作为同是伊斯兰力量的萨拉菲是否会抢占穆兄会的民众支持基

---

① Shibley Telhami, "What Just Happened in Egypt?" http://blogs.reuters.com/great - debate/2013/07/04/what - has - just - happened - in - egypt.
② 王猛：《后威权时代的埃及民主政治建构：回顾、反思与展望》，《西亚非洲》2013 年第 3 期，第 63 页。

础尚不确定。萨拉菲成员在 2012 年议会选举中，令人惊奇地获得了 25% 的选票，显示了其不容忽视的社会支持度。① 其保守的意识形态对民众的吸引力仍然有限，更为重要的是，萨拉菲面临内部分裂。2013 年初，光明党党魁加福尔（Imad Abdul Ghafour）辞职，组建新的政党祖国党，显示出组织内部的不团结。

就世俗主义者来说，穆巴拉克时期的政治联盟重新回归埃及政治舞台，但自由主义者的影响力仍然有限。穆巴拉克下台之后，其统治联盟参与政治活动受到限制，执政党民族民主党被解散。然而，这些力量并未被彻底清算，其仍有强大的政治资源。"七三事件"后，2013 年 8 月，过渡政府任命的新省长中，大多与穆巴拉克政府有着千丝万缕的联系，此举意味着穆巴拉克时期政治力量重新被纳入统治系统。相反，自由主义者虽然在政权变更中发挥了重要作用，但他们在埃及社会中的实际影响力微弱，其批判能力大于建设能力，尤其是不能将民主、自由、人权等政治信条与国内现实密切结合起来。因此，对于埃及这样一个贫困的国家来说，大多数民众更加需要的是解决生存问题。事实上，自由主义者多为接受西方教育的知识精英，但他们与埃及社会联系有限，民众基础薄弱，因而无法建立有效的宣传动员组织。此外，自由主义者分散，无法形成有效合力，从而影响埃及政治生态。可见，埃及政局在经历了数年的较量之后，伊斯兰政治力量遭受重创，自由主义力量并没有形成强有力的阵营，以军方为代表的世俗集团"一枝独大"，重新控制埃及政局。

其次，新宪法的制定进一步明确了军方地位的特殊性，从而赋予军方施加其影响的合法途径。衡量军方地位状况的重要指标乃是宪法中关于军队地位和作用的规定。有鉴于此，埃及变局与政治转型期间，军方通过影响国家制宪、立法、行政和预算诸权力来保证其既得利益。即使在穆尔西总统强行推动的 2012 年宪法中，军队的地位仍然得到充分的保障。

穆尔西总统被罢黜后，经过新一轮的政治斗争，军方利益在立法和司法领域进一步得到保证。2014 年 1 月，埃及新宪法经全民公投获得通过，宪法中关于军队在国家中地位和作用的条款进行了修订，不仅军方的团体利益

---

① Mona Alami, " The Salafi Choice, " http：//carnegieendowment. org/sada/2013/06/04/salafi -choice/g89d.

得以维护，而且其自主地位得到进一步提高。① 其特点主要表现如下。第一，保障军队地位的独特性。2014 年宪法第 234 条规定，在宪法通过后的两届总统任期（8 年）内，军委会负责任命埃及国防部长。显然，这一规定显示出军方在国防事务中对总统的优先地位。第二，军队权力的独特性。在争议较大的军事法庭权力方面，2014 年宪法最终规定军队有权通过军事法庭审判平民，而不必通过必要的司法程序，这无疑增强了军队的司法特权。第三，确保军方利益的独特性。2014 年宪法再次规定了军队预算的秘密性。由此可见，在军方主导下，2014 年宪法制定和实施从根本上维护了军方在政治、司法乃至经济等领域的独特地位。

最后，埃及军方对政权的再度介入，反映了军政关系的新变化。穆巴拉克总统执政时期，随着技术官僚在社会经济发展中的作用日益突出，埃及军政关系的变化趋势是文官政府的特点明显增强，军人在政治权力中的核心地位有所弱化。因此，穆巴拉克时期的威权政权不能简单地视其为军人政权，而是具有"半文官政权"性质。但是，"七三事件"以来，这一趋势发生了一定程度的扭转，军方的地位和作用提升和增加，在政治转型中的影响力逐渐增强。除了宪法赋予的权力外，其典型事例反映在：一是行政领域，许多退休将领纷纷出任省市地方高官；二是最高权力职位上，军方前领导人塞西当选埃及总统。塞西出任总统，对埃及政治转型产生深远影响。第一，军方重新回归埃及权力主导者地位，埃及军政关系的砝码明显偏向了军方。第二，埃及教俗关系格局呈现重大变化，以军方为代表的世俗主义力量占据优势，并主导埃及政治转型；② 而伊斯兰主义力量随着穆斯林兄弟会遭受打击和非法化，目前已受重挫并陷入低迷。第三，从中东变局的整体态势看，埃及军方干预行动在一定程度上影响中东变局的走向，伊斯兰政治力量在中东地区问鼎权坛的势头受到遏制。

然而，这是否意味着埃及重返威权政权统治或者军人政权？答案是否定的。一方面，从"一·二五运动"以来，埃及民众权利意识迅速觉醒，很难想象经过"一·二五运动"洗礼的埃及民众愿意重新回归威权政权治下。目前，埃及民众寄希望于塞西，表达对军方的支持，其实质上是期盼稳定和

---

① Nathan J. Brown, Michele Dunne, "Egypt's Draft Constitution Rewards the Military and Judiciary," http：//carnegieendowment. org/2013/12/04/egypt－s－draft－constitution－rewards－military－and－judiciary/gvc8.

② 王林聪：《埃及政治转型的困境和出路》，《当代世界》2013 年第 11 期，第 35～38 页。

发展。换言之，民众的选择是为了稳定和发展，而非独裁。另一方面，即使有军方背景的领导人重新主宰埃及政坛，摆在他面前的任务仍然是最紧迫、最艰巨的民生问题。这一问题盘根错节，积重难返，很难一蹴而就。因此，埃及能否走出当前的困境，绝非一日之功，更非通过选举就可以改变。

从目前埃及国内各种力量格局看，军方的强势地位不容置疑。塞西总统虽然获得广泛的民众支持，但仍很难满足民众对改善民生困境的期许，执政前景受到诸多因素制约。第一，由于军方和穆兄会的尖锐矛盾，双方都未表现出和解的姿态，未来的教俗关系将制约塞西的执政。埃及民主实践中最重要的问题不是选举，而是主要政治力量学会如何共处，协商解决争议，达成共识。在一个缺乏共识的国度中，选举可能进一步加剧社会分化，造成民主乱象。[1] 穆兄会虽然受到严厉限制，但这个有着80多年发展史的组织很难被驱逐出埃及政治舞台，穆兄会依旧具有广泛的民众基础、组织资源和社会资源，因此，埃及政权仍面临来自穆兄会的挑战。第二，能否与其他国家机构保持良好的关系，对塞西仍是考验。目前来看，军队对塞西的支持是明确的，但是，由于军队独特的团体性特征，未来总统和军队的关系究竟如何仍有待观察。此外，埃及司法机构具有相对独立性，得到司法机构的支持是总统合法行使职权的重要环节。因此，塞西政权稳定与否还取决于其他重要机构的支持。第三，伴随着中东剧变，民众的政治诉求被激发出来，民众政治参与愿望空前高涨，民众诉求一旦未得到满足，就会诉诸街头抗议，"重回广场政治"。[2] 因此，如果埃及新政府仍无法有效解决民众关注的问题，塞西的支持率可能会急剧下降，民众或许仍将诉诸街头抗议，要求政府改变现状或迫使政府下台。

由此观之，埃及军方地位上升是一回事，能否解决当前埃及困局则是另一回事。而后者决定军方的前途和命运，否则，埃及就会重蹈穆巴拉克执政后期的覆辙。

综观埃及军政关系的演变历史，我们发现军队在埃及整体上地位较高，但不同时期的军政关系表现出明显的差异性。长期以来，对于埃及军政关系

---

① John Judis, "Egyptian Roulette: How Should U. S. Policymakers Respond to Cairo's Worsening Violence?" July 9, 2013, http: //carnegieendowment. org/2013/07/09/egyptian – roulette – how – should – u. s. – policymakers – respond – to – cairo – s – worsening – violence/ge1w.

② 哈全安、张楚楚:《从选举政治到广场政治:埃及穆巴拉克时代的民众政治参与》,《西亚非洲》2013年第3期,第31页。

的观察有一个很大的误区，即以埃及历任总统（除穆尔西外）均出自军官证明埃及军队在埃及政治事务中具有持续的主导性。这显然存在问题，一方面，埃及军政关系展现出明显的变化性，而不是简单的持续性。埃及军政关系大体经历了纳赛尔时期的军人政权、萨达特和穆巴拉克时期的威权主义政府控制军队、后穆巴拉克时期的军队作用重新增强。显然，军队在国家中的作用整体上经历了高、低、高的转变。另一方面，军政关系的性质是复杂的，不能仅从军官担任政府部门职位（尤其是国家最高领导人）的状况进行评估。正如纳赛尔时期的埃及常被视为军人政权，这无可厚非，但这显然没有反映埃及军队与政府之间权力斗争的一面，也没能体现军政双方在军队团体事务、国家安全决策、经济社会事务中的活动和权限。

埃及军政关系的变化体现了战争、全球新自由主义经济的冲击、政权更迭等多重动力的作用。埃及共和国的建立可以说与第一次中东战争有直接关系，它也对纳赛尔时期的军政关系有着重要影响，而埃及在第三次中东战争中的惨败，是政府最终获得对军队权力优势的最重要原因，也是威权主义政府控制军队模式确立的主要动力。穆巴拉克时期，军队的地位有所回升，尤其是新自由主义经济政策促进了军队对经济事务的介入。2011年之后，埃及两次政权更迭塑造了军队新的主导地位。综观军人在埃及变局和政治转型时期的表现，可以看出，军队依旧享有埃及政治体系中的"总节制阀"地位，军方直接或间接主导埃及变局和政治转型进程。

军队在埃及政治发展和社会经济中的作用呈现双重性，既有其维护国家稳定与秩序的积极的一面，又有在一定程度上强化威权统治，阻碍变革的消极的一面。军方作为具有特殊利益的团体，其行动逻辑明显具有维护军方特权地位的特征，从长远来看，很可能阻碍埃及的民主转型。与此同时，军方对穆兄会的全面打压将使埃及的政治转型进程更加复杂，军人能否担负埃及政治发展的主导力量，掀开新埃及的一页，仍然是未知数。

第三章

伊拉克共和国军政关系的演变

第一次世界大战之后，圣雷默会议于 1920 年召开，与会方签署了《色佛尔条约》，该条约规定了战胜国对奥斯曼帝国的处置方案。协约国根据利益考量，将奥斯曼帝国的大部分领土划分为新殖民地，英国托管伊拉克和巴勒斯坦，其中伊拉克是由奥斯曼的巴士拉、巴格达、摩苏尔三个没有太多相似性的省份合并而成的。[①] 英国设立英国高级专员（British High Commissioner），以作为管理伊拉克的最高当局，该机构与 2003 年伊拉克战争之后，美国主导建立的伊拉克临时管理委员会（Coalition Provisional Authority，简称临管会）极为相似，它们都是战后管理伊拉克的机构，并对伊拉克的政治事务具有最终决定权 。

1921～1936 年是伊拉克历史上的英国托管时期。托管是托管当局对托管地实施间接控制的制度，在托管制度下，英国对伊拉克军队的发展具有最终的决定权。韦伯将国家定义为"在一个既定的疆域之内肯定了自身对武力之正当使用的垄断权利的人类共同体"，[②] 因而，军队的建立对于现代民族国家意义重大。托管统治时期，伊拉克创立了现代性的国家政治机构，其中包括 1921 年建立的伊拉克军队。军队自产生之日起，除了负责保卫领土和具有外部防御的职责之外，更是担负着保证国内安全、应对部落起义、教

---

① William L. Cleveland, Martin Bunton, *A History of the Modern Middle East: Fourth Edition* (Boulder: Westview Press, 2009), pp. 162 – 163.

② 〔德〕马克斯·韦伯：《学术与政治》，钱永祥等译，广西师范大学出版社，2010，第 197 页。

派暴动、库尔德分离主义等威胁的重任。[①] 此外，该时期实行的是全国范围内的军队招募政策，伊拉克的政治精英试图将军队作为促进民族融合的工具，但是，由于特殊的历史社会原因，逊尼派主导伊拉克军官群体，并最终导致逊尼派在伊拉克政治事务中长期居于主导地位。

1936～1958 年，伊拉克政府相对脆弱，军队在政治事务中发挥主导作用。1932 年伊拉克摆脱英国托管，获得独立，军队相较其他国家机构，具有强大的能力，能够主导国家政治事务。西德基将军在 1936 年发动了阿拉伯国家现代历史上的第一场军事政变，但他没有推翻君主制政权，而是建立了军事仲裁型政权。发动政变的这批具有泛阿拉伯主义理念的军官选择在幕后影响政治，他们对自己不满意的文官政府决策进行否决。1941 年英伊战争之后，英国军队推翻伊拉克军方支持的亲德国政府，清洗了主导伊拉克政治事务的军官。但是，反对君主制的呼声在伊拉克军队内部以及整个社会依旧强烈，并最终导致 1958 年卡西姆将军领导的推翻君主制军事政变。随后，卡西姆建立了军人直接统治的伊拉克共和国。

第一节　军事政变与军政府时期的军政关系

1958 年之前，伊拉克军队是具有政治功能的压力集团，军队对于政府的更迭具有重要影响，并承担监护作用，但军队并未直接进行政治统治。军官在 1958 年发动政变，推翻伊拉克王国，建立共和体制，军官直接主导政府，控制伊拉克的政治、经济和社会生活。

一　卡西姆军政府的建立及军政关系

1958 年政变成功之后，参与政变的文官希望建立革命委员会，并由他们进行统治。起初，政变军官也设想在过渡时期建立一个军官监护的人民政府，他们设定政治进程，设计新政府结构，执行改革并最终退回军营。但是，军官一旦处于控制地位，并且发现其他政治力量可能并未按照军方期待

---

① Ahmed Hashim, "Saddam Husayn and Civil – Military Relations in Iraq: The Quest for Legitimacy and Power," *Middle East Journal*, Vol. 57, No. 1, Winter 2003, pp. 12 – 13.

的方式治理国家，他们的观点就发生了变化。军官逐渐确信自己能够管理国家，并试图一直掌握权力。[①] 最终，伊拉克过渡时期转变为卡西姆统治下的军政府。

（一）卡西姆军政府的建立

之所以说卡西姆治下的伊拉克是军政府，主要基于以下两个原因。第一，自由军官占据了重要的政府行政职位，并出任政府高层领导。卡西姆出任总理和国防部长，阿里夫担任副总理和内政部长。在军队中，卡西姆和阿里夫分别是军队总司令和副总司令。此外，其他的政变军官也广泛出任政府高级别行政职位。

政府首要的还是解决发展问题，起用王朝时期的文官进行管理在技术层面上是最优选择。然而，由于对前朝官员的不信任，再加上一些前朝官僚对军官的不满，军官只能退而求其次，在支持政变的政党中选择一些人进入内阁。但是，他们主要担任民事专业技能要求较高，且对国家政治和安全政策影响较小的部长职位，例如民族民主党的哈迪德（Muhammad Hadid）出任财政部长，复兴党的里卡比（Fuad Rikabi）担任发展部长，马克思主义者库巴（Ibrahim Kubba）主管经济发展事务。[②] 显然，军官主导国家政治体系。

第二，军队中的士兵和军官虽然是一些政治力量的追随者，但他们更加看重自身的军人身份和军队归属。政变中，基于反对国王这一目标，军队和支持它的政党团结在一起。夺权成功之后，军方并没有详尽的计划团结这些力量。军官遵循的意识形态并不是铁板一块的，伊拉克民族主义、泛阿拉伯主义、复兴党和共产党在军官中都有不少的追随者。究竟是选择服从军队，还是选择支持自身信奉的政治意识形态就显得特别重要。

社会学的身份理论认为，个人和社会往往同时具有多种身份，在特定条件下，这些身份可能存在冲突。[③] 毫无疑问，军官也具有多重身份。伊拉克的一些军官虽然属于某一政党，或者是某一意识形态的追随者，但他们大多

---

① Majid Khadduri, *Republican Iraq: A Study in Iraqi Politics Since the Revolution of 1958* (London: Oxford University Press, 1969), p. 64.

② Eliezer Beeri, *Army Officers in Arab Politics and Society* (New York: Praeger, 1970), p. 177.

③ Shibley Telhami, Michael Barnett, eds., *National Identity and Foreign Policy in the Middle East* (Ithaca: Cornell University Press, 2002), p. 6.

选择服从军队，而那些显示出不忠诚于军队的军官往往被清洗。[①] 可见，在大多军官眼中，军人身份还是优先于其他社会身份的。

（二）军政府对军队的控制

军政府的政体类型并不意味着政府对军队具有天然的控制。由于军政府的高官往往对于军队影响政治系统的能力具有切身的体会和担心，因而，军官政治家往往会格外重视军队，伊拉克军政府也不例外。卡西姆军政府主要采取以下措施加强对军队的控制。

第一，净化军队组成人员，确保军队对新政府的支持。狭义来讲，革命不仅包括大众动员和政权变更，而且包括在革命过程之中或之后很短的时间内进行的或多或少的政治、经济和文化领域的根本和迅速的转变。[②] 革命试图对旧政权进行根本性变革，这也反映在军队中。新政府迅速清洗军队中可能的前朝支持者，大多数高级军官被解职，并由自由军官填补他们的空缺。此外，王朝时期那些被国王解职的军官被重新任命。

第二，建立新的机构和组织，加强对军队和国家的控制。卡西姆宣布戒严令，加强军方对伊拉克的掌控。1958 年 8 月，卡西姆建立特别军事法庭（即后来的人民法院），由他的侄子马赫达维（Fadhil Abbas Al - Mahdawi）领导，负责审判可能对共和国造成威胁的王朝忠诚者。随后，该机构权力进一步加强，被用来监督军队，审判那些被怀疑反对卡西姆的军官。此外，他还建立了人民抵抗力量，该组织被用来训练普通民众，增强他们维持国内秩序的能力，降低政府对军队维持秩序的依赖程度。随后，该机构发展成为消灭敌对力量的工具。[③] 显然，卡西姆试图通过建立新的机构，来加强对军官的监督和减少政府对军队的依赖。

第三，通过非正式制度加强对军队的控制。共和国初期，伊拉克并未摆脱传统社会的影响，由于伊拉克是一个多族群、多宗教和多教派的国家，卡西姆试图通过非正式制度加强对军队的影响。出于职业上的共同经历，他提拔那些跟他一起在第一次中东战争中战斗过的军官。出于血缘关系，他提拔一些亲属出任军队要职，例如掌管新成立的第五师的师长贾瓦德（Abd Al -

① Eliezer Beeri, *Army Officers in Arab Politics and Society* (New York: Praeger, 1970), p. 178.

② Jeff Goodwin, *No Other Way out: States and Revolutionary Movements, 1945 - 1991* (Cambridge: Cambridge University Press, 2001), p. 9.

③ 黄民兴：《中东国家通史：伊拉克卷》，商务印书馆，2002，第 229~230 页。

Jabbar Jawad）是其亲戚。出于共同的意识形态信仰，他重用那些信奉"伊拉克第一"的军官。但是，卡西姆没能在军官团体中建立基于意识形态、部落、氏族和地域归属的稳定而持久的庇护网络。

第四，寻找新的外部军事支持者，加强军队建设。对于新建立的阿拉伯共和国来说，建立一支强大的军队一般都是新政府的重要目标。由于缺乏独立的军工能力，外部援助是伊拉克发展军备的重要途径。费萨尔王朝时期，英国在伊拉克具有诸多特权，政变后的军政府采取的一系列政策损害了英国的利益，导致与英国的关系紧张，但是伊拉克整体上遵循中立主义的外交政策。政变之前，英国是伊拉克武器装备的最大来源国，但是英式装备成本很高，而且使用英式装备象征着伊拉克对英国的依附地位，再加上军政府对双边关系恶化的担心，伊拉克转向苏联购买武器。随着伊拉克退出巴格达条约组织，苏联成为伊拉克最重要的武器供应国。同时，苏联还向伊拉克派出500名军事顾问人员，指导伊拉克进行军队建设，伊拉克也派遣军官前往莫斯科接受军事训练。① 此外，军政府还加强国防部门建设，例如，新组建了精锐的第五师。

卡西姆政府虽然努力加强对军队的控制，但是当时的伊拉克社会思潮混乱，缺乏共识，囿于自身未能发展出稳定且广泛的支持基础，其政权最终被1963年的军事政变推翻。

（三）卡西姆的统治危机

军政双方的权力平衡和偏好异同是影响军政关系的重要因素，② 在军政双方缺乏高程度偏好一致的情况下，文官政府想要实现对军队的权力对比优势，必须获得其他政治力量和社会群体的支持。但是，卡西姆面临逐渐减少的政治支持和社会支持的局面，并最终导致1963年爆发军事政变。

第一，政府的社会支持度下降，合法性降低。卡西姆上台伊始，像大多数革命政府一样，颁布了一系列雄心勃勃的改革方案，试图加强政府的社会支持基础。政府积极发展基础设施和公共服务，主要是为穷人提供房子和修路。1958年9月30日，政府颁布的《土地改革法》是国内改革的重要措

---

① Ibrahim Al - Marashi, Sammy Salama, *Iraq's Armed Forces: An Analytical History* (New York: Routledge, 2008), p. 79.

② Risa A. Brooks, *Shaping Strategy: The Civil - Military Politics of Strategic Assessment* (Princeton: Princeton University Press, 2008), p. 23.

施，其目的是限制地主阶级，保证无地的贫苦民众的利益。但是，这些改革步伐缓慢，尤其是土地改革，由于管理不当，效果并不显著。

此外，卡西姆政府并没有对社会发展和改革项目投入足够的资金。对于军政府来说，保证政权生存是其首要目标。上台之后，卡西姆最关注的是反对那些对自身统治构成威胁的内外敌人。军队的支持是政权得以维系的重要基础，因而，军政府把大量的石油收入投入军队建设，试图以此收买军队的忠诚和抚平军官的不满，因而，并没有把足够的资金投入改革和发展项目。

政府试图通过改革加强社会支持的努力并不特别成功。随着卡西姆政府改革进程的乏力，其获得的社会支持逐渐减少，政府的合法性在降低。

第二，未能创建统一的政治支持基础，其政治能力相对有限。卡西姆上台之初，并未致力于组建一个支持自己的政党，而是试图通过在伊拉克的既有政党中采取分而治之的政策，实现对主要政治力量的控制。

在现代政治体系中，政党基于其组织性、纪律性和政治性，具有强烈的动员功能，因而在民主或非民主的社会中，政党都会以某种特殊的形式存在。[①] 作为将政府和公民连接起来的重要组织，政党在与家族、部落、宗教等传统动员机制竞争的过程中，无疑具有更强大的竞争力。由于卡西姆未能发展出直接支持自身统治的政党，因而在面临复兴党和共产党等组织能力强大的力量反对时，政府缺乏足够的能力来应对。

卡西姆没能成功发展出忠诚于自己的政党，也没能创建一个独立的政党体系。为了巩固自身统治，卡西姆并没有特别依赖既有的某一或数个政党，而是采取平衡各政党的策略，在不同时期显示出对复兴党和共产党不同程度的支持。显然，身为自由军官的他没能成功转型为现代政治家。他在1959年曾表示，革命之后，军队和人民融合为统一整体，因而他的党就是人民的党。[②] 这一观点的悖论在于，资产阶级政府不可能代表所有人民，况且，一旦有利于广大民众的改革方案失败，政府的支持度将严重下降，卡西姆没能摆脱该困境。

由于卡西姆未能发展出一个忠诚于自己的政党基础，政权表现出一定程度的脆弱性。卡西姆执政时期，政权受到共产主义者和复兴党斗争的严重威

---

① 〔美〕迈克尔·罗斯金等：《政治科学（第9版）》，林震等译，中国人民大学出版社，2009，第222页。
② Ibrahim Al-Marashi, Sammy Salama, *Iraq's Armed Forces: An Analytical History* (New York: Routledge, 2008), p. 82.

胁，起初，卡西姆同情前者，因为他意识到共产党对低级军官和士兵具有更强烈的影响力，并且有助于抵挡军队中的泛阿拉伯主义思潮，此时，他认为泛阿拉伯主义是其最大威胁。1959 年，卡西姆意识到共产主义者的力量上升。1959 年 6 月，他发表讲话称，不希望军队被任何政党渗透，他开始在军队中清除共产主义的同情者。7 月在基尔库克爆发了库尔德人和土库曼人之间的冲突，共产主义者和军队加入其中，并且表现残暴，几十名土库曼人被杀害。卡西姆利用该事件来削弱共产党，共产党在军队的同情者被大规模清洗。① 共产党控制的武装力量——人民抵抗力量被解散，它的解散标志着伊拉克早期党控制军的实践以失败告终。

随着共产党力量的减弱，复兴党的实力又开始增强。1959 年 8 月，那些具有亲阿拉伯民族主义意识形态的军官被允许回归军队任职，亲复兴党的军官被重新纳入军队中。但是，这并不意味着他依赖泛阿拉伯主义者。复兴党力量在军队中的地位上升，是促成 1963 年政变成功的重要原因。

第三，军队内部分裂增大，政权不稳定因素增加。卡西姆虽然通过一系列措施加强对军队的控制，但是从深层次来讲，军队内部依旧存在严重分歧，集中表现在他和阿里夫的权力之争、军队内部深受复兴党的影响等方面。

自由军官不是具有统一意识形态的组织，他们对于政府应当采取的政策和看法并不一致，卡西姆和阿里夫成为主要的竞争者。除了个人权力之争之外，他们更大的争论在于不同的政策偏好。卡西姆信奉"伊拉克第一"，强调伊拉克民族主义，倡导伊拉克各族群的团结，支持阿拉伯人和库尔德人的合作，显然他是国家民族主义者。而阿里夫支持泛阿拉伯主义，他虽然不是复兴党党员，但深受复兴党意识形态的影响。他期待着伊拉克加入埃及和叙利亚组成的阿联，对于卡西姆忽视泛阿拉伯主义深感不满。② 1958 年政变后，阿里夫积极与军队内部的泛阿拉伯主义者联络，试图成为军政府的权力中心。

卡西姆意识到阿里夫的威胁，并采取措施将阿里夫清除出政治领域。1958 年 9 月 12 日，卡西姆解除阿里夫军队副总司令的职务，并将忠诚于阿

---

① 黄民兴：《中东国家通史：伊拉克卷》，商务印书馆，2002，第 233 页。

② Shibley Telhami, Michael Barnett, eds., *National Identity and Foreign Policy in the Middle East* (Ithaca: Cornell University Press, 2002), pp. 126 - 127.

里夫的一些军官调离巴格达。两周后，又解除阿里夫副总理和内政部长的职务，同时将他指挥的部队调往边远地区，减小忠诚于他的力量发动军事政变的风险。随后，阿里夫被任命为伊拉克驻联邦德国大使，虽然起初他对此并不同意，但最终接受任命，前往欧洲。11 月 4 日，阿里夫回国，遭到政府逮捕，并被判处死刑，但并未执行。① 同时，卡西姆还逮捕了一些复兴党军官，并宣布复兴党是非法的。

虽然清除了阿里夫，但是卡西姆并没有在军队中发展出忠诚于自己的统一军官层。军队内部的泛阿拉伯主义军官依旧具有强大的影响力，他们试图通过军事政变推翻卡西姆政权。1959 年 3 月 8 日，驻守在摩苏尔的第二师第五旅军官沙瓦夫试图发动政变，除了泛阿拉伯主义的意识形态的影响外，驱动他的还有对于身为自由军官，却并未在政变后被赋予重要权力的不满。由于卡西姆的土地改革政策侵犯了地主阶级的利益，作为地主阶级代表的夏马尔（Shammar）等部落的谢赫支持沙瓦夫的政变行动。此外，军队情报总长西里（Al – Hajj Sirri）也卷入政变。然而，中心地区的军队仍然忠诚于卡西姆，空军轰炸沙瓦夫的据点，政府军队包围了摩苏尔，最终，沙瓦夫被杀。② 随后，军队中的泛阿拉伯主义者被大规模清洗。

摩苏尔发生的事件使卡西姆意识到，政权最大的威胁还是来自军队。复兴党也意识到，要想夺取政权，必须消灭卡西姆。复兴党从 1959 年 4 月起，开始准备暗杀卡西姆。同时，政党领袖里卡比（Fuad Al – Rikabi）与军队中的复兴党军官联系，让他们做好准备，确保暗杀成功后，共产党不会趁机攫取国家权力。10 月 7 日，暗杀卡西姆的行动失败，大量的复兴党成员逃往叙利亚和埃及。③

在任何一个政治体系中，获得政治权威都是重要的目标，获得大多数社会民众的支持，至少是他们的认可至关重要。④ 然而，卡西姆政权并没有发展出一套能够涵盖大多数民众利益的制度，政权的社会支持基础相对有限，再加上军队内部的分歧增加，最终导致卡西姆政府垮台。

---

① 黄民兴：《中东国家通史：伊拉克卷》，商务印书馆，2002，第 230 页。
② Ibrahim Al – Marashi, Sammy Salama, *Iraq's Armed Forces: An Analytical History* (New York: Routledge, 2008), p. 86.
③ Majid Khadduri, *Republican Iraq: A Study in Iraqi Politics Since the Revolution of 1958* (Oxford: Oxford University Press, 1969), pp. 128 – 130.
④ 〔美〕弗朗西斯·福山：《政治秩序的起源：从前人类时代到法国大革命》，毛俊杰译，广西师范大学出版社，2012，第 16 页。

（四）军人不满加剧和军事政变

1961 年 6 月，科威特独立，卡西姆对其邻国提出主权要求。伊拉克在两国边境部署军队，但英国军队迅速援助科威特，威慑伊拉克，卡西姆只得作罢。卡西姆的这一军事行动不仅加剧了伊拉克在阿拉伯世界的孤立，而且由于战略退缩，加剧了伊拉克军队的不满，因为这一举动使军队感到受侮辱，这进一步降低了其在军队中的支持程度。

库尔德民主党（简称库民党）领导人巴尔扎尼于 1958 年从苏联回国，卡西姆起初为了压制泛阿拉伯主义而拉拢他，但随后开始对库尔德人分而治之。[1] 巴尔扎尼对卡西姆示好敌对的泽巴里（Zebari）部落表示不满，而且军队在 1961 年库尔德内战期间，袭击亲巴尔扎尼的村落，库民党旋即和政府爆发冲突。由于恶劣的地理条件，军队无法取得决定性的胜利。为了彻底结束库尔德人的武装叛乱，政府将 2/3 的军队部署在北部，远离中心地区增加了前线军队对卡西姆的不满。军政双方在战略选择上存在显著冲突，前线军官倾向于对库民党发动进攻性的攻击，彻底歼灭库民党；卡西姆则倾向于防御战略，认为只要实行对库民党的食品和武器禁运，库尔德人的叛乱会自动终结。[2] 卡西姆的战略并不成功，库尔德民兵反而利用游击战略，阻碍政府对前线军队的食品和装备补给，造成军方的更大不满。最终，北部边境的军官越来越多地谴责卡西姆不能镇压叛乱。巴格达之外的军队大量在北部地区会聚，加强了军官之间的沟通和协调，最终导致民族主义者和复兴党派系在 1963 年成功发动政变。

政府和库尔德人之间的战争导致军队内部阿拉伯人和库尔德人关系紧张，但是，冲突并不是以族群之间的差别来划界的。那些来自巴尔扎尼敌对部落的库尔德士兵并不同情库民党，他们与政府的阿拉伯士兵一起，严厉打击库民党的叛乱。同时，国家严格监视那些被怀疑存在忠诚问题的库尔德军官。这一时期，军队中库尔德高级军官的数量减少，什叶派军官的数量大体维持。但是，逊尼派军官对什叶派军官歧视严重，什叶派军官往往被派遣到北部的库尔德地区执行任务，而极少安排他们前往南部什叶派聚居区或巴格

---

① 唐志超：《中东库尔德民族问题透视》，社会科学文献出版社，2013，第 138～139 页。

② Kenneth M. Pollack, *Arabs at War: Military Effectiveness, 1948–1991* (Lincoln and London: University of Nebraska Press, 2002), pp. 158–159.

达周边驻扎。这一时期，70%的军事院校毕业生是逊尼派，大多来自摩苏尔，20%是什叶派，10%来自库尔德人、土库曼人、雅兹迪人和基督徒。[①]逊尼派在军队中的势力上升是不争的事实，这加剧了军官内部的族群分裂。

卡西姆试图加强他在军官内部的支持，在其任期内，军队的财政预算高达国家总预算的40%。同时，他还提高军官的待遇，包括增加工资，为军官建造设施良好的住宅。然而，他上台之后大量清洗军官，并在下一次清洗中将之前清洗的军官召回，导致其在军队内部的敌对力量众多。再加上此时大多数伊拉克军官是不同政治意识形态的追随者，因此，他们对卡西姆的不满十分严重。卡西姆并未变更伊拉克军队的升迁原则，即四年晋升一级的制度，他于1959年成为团长，在其被处决一个月之前的1963年才成为旅长。但是，为了保持军队的忠诚，他任命了三个未毕业于军官院校的军官出任师长，这严重违背了军官法，导致其他军官不满。[②]

真正对卡西姆构成实际威胁的还是军队内部的复兴党势力，尤其是军队内部复兴党秘密网络。1958年，卡西姆开始释放一些复兴党军官，1961年11月，复兴党的重要支持者阿里夫出狱。1961年，这些人开始秘密发布、宣传其思想的地下报纸，这在军队中有众多的读者。1962年复兴党伊拉克区领导会议召开后，复兴党开始在巴格达和其他地方建立秘密网络，等待暴动时机。复兴党意识到，平民暴动很难推翻卡西姆，因此他们需要动员军官。1962年，复兴党形成六人军事局，其中包括一个文官。他们努力在军队中扩展网络，其发展军官的策略很明确：主要寻求那些能迅速攻击首都的中上层军官的支持，而非像共产党那样努力发动中下层士兵和军官；他们并不仅动员复兴党成员，而且努力拉拢那些对卡西姆不满，同时同情复兴党的军官。

1962年12月，复兴党军事局开始计划政变。他们认为，要想成功发动政变，需要占领阿布·格莱布的电台，控制国防部，攻击拉希德军营。他们打算利用支持他们的阿布格莱布第四坦克团、第八步兵旅、第六空军中队，并打算在周五主麻日早上发起进攻，提高突然性。情报机构获取了可能发生军事政变的信息，但是并未获取完整的密谋政变人员的名单。1963年2月3

① Ahmed Hashim, "Military Power and State Formation in Modern Iraq," *Middle East Policy*, Vol. 10, No. 4, 2003, p. 32.

② Ibrahim Al - Marashi, Sammy Salama, *Iraq's Armed Forces: An Analytical History* (New York: Routledge, 2008), p. 90.

日，政府逮捕军事局的阿玛什（Salih Mahdi Ammash），随后，文官领导萨迪也遭逮捕。军事局首脑巴克尔决定和包括阿里夫、亲纳赛尔主义者的军官在 2 月 8 日发动政变，防止卡西姆彻底摧毁复兴党的高层力量。政变按先前的计划成功进行，复兴党的秘密组织自称国民卫队，涌上街头支持卷入政变的军队。[①] 虽然共产党和卡西姆在军队中的支持者也进行了一定程度的抵抗，但是由于政变者具有详尽的军事计划，卡西姆的军队支持者无法组织有效的抵抗，最终只得在当天下午承认失败，卡西姆投降后被执行死刑。

共产党和复兴党的冲突继续，政变者将共产党描述为外部力量的代理人和卡西姆的同谋，要求军队和国民卫队消灭那些和平的破坏者。由于共产党是唯一有完备组织的政党，因此其具有最大的威胁。为了加强复兴党的控制，共产党军官被迅速清洗。

二　阿里夫兄弟统治时期的军政关系

1963 年政变成功后，阿里夫出任总统，亲复兴党的巴克尔成为总理，阿玛什出任国防部长。此外，在军队中，阿里夫获得元帅这一伊拉克最高军衔，巴克尔和阿玛什也分别晋升为准将和中将，其他参与政变的军官也都获得了越级提拔。这在伊拉克历史上第一次大规模破坏军官晋升制度，军官的提拔不再单纯需要军事资质和经历，可以凭借政治考虑任意提拔，破坏了军队的制度化。

（一）萨拉姆·阿里夫对军队的控制加强

新政权是军官、纳赛尔主义者和复兴党的联盟，阿里夫不是复兴党成员，也不是复兴党的铁杆支持者。在统治前期，他利用该党巩固权力，宣传复兴党的"统一、自由、社会主义"原则，复兴党也利用阿里夫的支持积极增强实力。除了积极在社会中加强自身的民兵力量——国民卫队之外，复兴党还在军队中建立起广泛的支持网络，众多军官和士兵追随。为了加强对军队的影响，复兴党在 1963 年 5 月借机清洗了军队中的纳赛尔主义者。借助政治信仰，复兴党的军官迅速获得提拔，这引起其他非复兴党军官的不

---

① 韩志斌：《伊拉克复兴党民族主义理论和实践研究》，中国社会科学出版社，2011，第 44～45 页。

满。随后，复兴党在军队中建立了制衡阿里夫的网络，国防部长阿玛什和内政部长马哈穆德等都是复兴党党员，此外，复兴党在空军和陆军中也有高级军官支持。① 阿里夫并未坐视复兴党在军队中做大，他也利用以下方式加强对军队的控制。

第一，阿里夫利用复兴党内部的权力斗争，减弱复兴党对军队的影响。1963 年 9 月，复兴党内部出现危机，文官萨迪代表的激进左翼和军官巴克尔代表的温和力量矛盾加剧。前者要求实现激进的国有化，建立基于民主集中制的党组织，创立较少依赖军队的政治结构；后者反对国有化，并且强调军队的重要性。② 温和派大多是军官，他们最为担心的是复兴党文官人员将其排除出权力中心。双方矛盾不断加剧，这被阿里夫用来减少复兴党的作用。

政变之后的半年，复兴党文官领导的国民卫队人员数量从 5000 人增长到 3.4 万人，他们主要负责清剿共产党、亲卡西姆的力量和对新政府的威胁者。他们缺乏纪律和专业性，过度使用暴力引起民众和职业军人的不满。阿里夫不满国民卫队力量的增强，并要求解散该组织，萨迪也被流放到西班牙。但是，萨迪在 11 月指挥国民卫队领导发动政变。由于复兴党温和派军官和萨迪的矛盾，他们在萨迪与阿里夫发生直接冲突的时候，并未基于党的信仰支持萨迪，而是站在阿里夫一边，打压萨迪的力量。支持总统的第五师开往巴格达，并在两个小时内重创国民卫队的军营。③

在此之后，阿里夫赋予复兴党温和派军官更高的文官职位，减少他们和军队的联系，借机削弱复兴党在军队中的影响。反政变胜利之后，复兴党军官巴克尔被升职为副总统，亚赫雅出任总理，哈单担任国防部长，穆斯利成为内政部长。他们四人在军队有广泛的支持网络，并且都是军事局成员和提克里特人，因而阿里夫担心他们的威胁。事实上，提拔他们是阿里夫计划在军队内部一劳永逸地应对复兴党影响的策略。1964 年初，巴克尔和哈单被派往国外使馆工作，进一步削弱其影响。

---

① Ibrahim Al – Marashi, Sammy Salama, *Iraq's Armed Forces: An Analytical History* (New York: Routledge, 2008), p. 94.

② Majid Khadduri, *Republican Iraq : A Study in Iraqi Politics Since the Revolution of 1958* (London: Oxford University Press, 1969), p. 204.

③ George M. Haddad, *Revolutions and Military Rule in the Middle East: The Arab states* (New York: Robert Speller and Sons, 1971), p. 136.

第二，利用法律和行政制度、规定来控制军队对政治的影响。1964 年 5 月，阿里夫颁布新的临时宪法，这一宪法可以视为对 1958 年军政府政策的彻底修正。该宪法显示出政府对军队进行有意识的控制，包括明确规定禁止军队参与政治活动，军队在形式上不再被视为政府机构的一部分。

1965 年 9 月，阿里夫任命文官巴扎兹（Al‐Rahman Al‐Bazzaz）作为总理，他是 1958 年政变之后第一个担任该职位的文官。虽然大多数政府部门职位仍被军官占据，但是，这一举动显示出军政府开始向文官移交一些权力，同时也是减少军队在政治中影响的举措。

第三，阿里夫在军队之外组建忠诚的准军事力量，用来制约军队和巩固政权。在复兴党的民兵组织——国民卫队叛乱之后，他组建共和国卫队，成员主要是他信任的军团中的士兵。共和国卫队的总指挥官苏莱比（Said Sulaybi）是阿里夫的亲戚，该任命主要是出于庇护关系，苏莱比并无卓越的军事成就，他担任军事警察首脑时镇压国民卫队的表现并不值得称道。此外，阿里夫还将自己部落的成员填充在卫队的各个层级中，增强卫队的忠诚。显然，他在革命卫队中建立了家族和部落庇护网络，加强了对忠诚于自己的准军事力量的控制。

第四，阿里夫利用非正式制度加强对军队的控制。他积极发展自己嫡系部队的力量，增强自己曾指挥的第 12 步兵旅的军事实力。他通过家族纽带来加强统治，有意识地提拔一些亲属出任军官，例如，其兄弟拉赫曼·阿里夫被越级进阶为准将，以保证能指挥战斗力强的第五师。他还利用部落和氏族的联系，提拔本部落的军官出任要职，例如，同样来自居麦拉（Al‐Jumayla）部落的一些军官被赋予要职。[1] 最后，除了第四师的总指挥官由复兴党成员担任外，其余四个师都是由忠诚于他的人来领导。

阿里夫通过培植在军队中的权力网络，加强了对军队的控制。他成功瓦解了针对他的数次军事政变，一直执政到他去世。巴克尔失去权力后，1964 年 9 月，他准备在阿里夫飞往开罗参加阿盟峰会时发动政变，但消息泄露，政变最终失败。阿里夫再次在军队清洗复兴党成员，巴克尔被捕。除了复兴党成员外，军队面临的另一个威胁是纳赛尔主义者，这些军官致力于和埃及

① Keiko Sakai, "Tribalization as a Tool of State Control in Iraq: Observations on the Army, the Cabinets and the National Assembly," in Faleh Abdul‐Jabar, Hosham Dawod, eds., *Tribes and Power: Nationalism and Ethnicity in the Middle East* (London: Saqi, 2002), p. 140.

进行联合。1965 年 9 月，阿里夫前往摩洛哥参加阿盟峰会时，纳赛尔主义者开始谋划政变，由于军事情报机构的首脑是纳赛尔主义者，因而这次密谋计划没被挫败。但是，当巴格达卫戍司令意识到政变密谋时，他阻止了开往巴格达的坦克部队，政变被瓦解。

阿里夫统治时期的军政关系清楚地证明了军队对于政治权力的重要性，政府领导人加强对军队的控制，以维护自身权力。而复兴党和纳赛尔主义者也试图通过渗透军队完成政权更迭，进而实现政治目标。对于这两股政治力量的清洗，进一步加强了居麦拉部落在军队中的权力。阿里夫控制了军队，维持了统治，直到 1966 年他在伊拉克南部的沙漠风暴中机毁身亡。

（二）拉赫曼·阿里夫对军队控制的减弱和 1968 年政变

阿里夫统治时期，军队并不直接由内阁控制，而是由 12 名军官组成的国防委员会（National Defense Council）领导。在阿里夫逝世之后，国防委员会试图在阿里夫的哥哥——军队的参谋长拉赫曼·阿里夫和国防部长乌卡伊利（Abd Al - Aziz Uqayli）之间选择继任者。后者在军官中拥有更广泛的支持，但他在库尔德议题上的立场降低了其支持度。他执意对库尔德力量进行强力进攻，大多数军官已经厌倦了在北部的战争，而是试图和库民党进行谈判。① 再加上派系和家族原因，最终，拉赫曼当选总统。

拉赫曼没有像阿里夫那样在军队中发展出稳定的支持网络，这降低了他对军队的控制程度，影响了其统治权威。拉赫曼主要的统治支柱是共和国卫队，这主要基于居麦拉部落的支持，但是指挥官苏莱比认为拉赫曼的脆弱是自己加强控制卫队的机会。拉赫曼认为卫队的忠诚理所当然，因而没有采取充分的举措控制卫队中的军官，使他们最终倒向复兴党。他也没能解决军政之间的分裂问题，军官试图联合起来反对文官总理巴扎兹。

起初，军官不满巴扎兹政府的库尔德政策。1965 年 3 月起，伊拉克将 5 万名士兵部署在北部，以应对库尔德问题。然而，库尔德人对军队造成重创。6 月底，为了结束战争，巴扎兹试图给予库尔德人自治权。然而，军队反对该计划，主要是因为军队认为这种妥协表明军队失败。② 拥有专业身份

---

① J. C. Hurewitz, *Middle East Politics: The Military Dimension* (New York: Praeger, 1969), p. 149.

② Charles Tripp, *A History of Iraq* (Cambridge: Cambridge University Press, 2000), p. 187.

的军官认为这种失败不仅损害军队保卫国家统一的合法性，而且削弱军官统治的正当性。与库民党在此时谈判，不仅损害军官的个人荣耀，而且损害整个军队的尊严。使军官感到不满的另一举动是巴扎兹试图缩减国防预算，而将更多的石油收入转向经济发展。作为文官，他在军队中的支持极其有限，巴扎兹的权力基础源自阿里夫的支持，随着阿里夫的去世，他失去了强大的政治庇护。最终，他在军官的压力下于 1966 年 8 月辞职。① 1966 年 8 月 6 日，什叶派的塔利布（Naji Talib）出任总理，组建新政府，他参加了 1958 年的自由军官组织，在阿拉伯统一问题上立场相对温和。1967 年 5 月，拉赫曼将他解职，因为他在与叙利亚石油管道收入分配谈判中做出了有利于叙利亚的让步。

巴扎兹的辞职使得军队消灭了威胁其对政府施加影响的政治家，但是军官的分裂依旧严重，纳赛尔主义、复兴党和伊拉克民族主义的意识形态在军队中都有广泛的追随者。1966 年 6 月，前总理纳赛尔主义者拉扎克潜回伊拉克，并和同样是纳赛尔主义者的摩苏尔第四师军官巴沙（Yunis Attar - Basha）建立联系，试图再次发动政变。这一次，共和国卫队有效反制了政变，政变宣告失败。

民众对于政府的不满加剧，促使复兴党试图再次发动政变夺权。1967 年第三次中东战争爆发，由于战争迅速结束，伊拉克没有派遣军队到前线。战后，军队领导对政府不作为的举动进行了严厉谴责，民众也反对政府。伊拉克作为军官统治的国家，没能积极参加战争，民众对于军官统治的厌恶不仅限于未参战，而且延展到军队多次卷入政治活动和由此带来的政治不稳定中。具有讽刺意味的是，掌握权力的军官反而削弱了军队本身。在大多数伊拉克民众眼中，军政府和先前的君主国一样，成为排外的军事精英主导的政权，军官致力于增加寻租机会，关注自身福利而远离公众。商人也批评军官，认为他们仅关注出售进口许可和通过贪污公款来为自身谋私利。② 随后，商业联盟和学生领导民众进行抗议，要求实行宪法民主和自由选举，被释放的复兴党人巴克尔向总统致信，要求两年内组建联合内阁和举行议会选举。复兴党致力于重新获取权力，他们认为通过军

---

① 韩志斌：《伊拉克复兴党民族主义理论和实践研究》，中国社会科学出版社，2011，第 57 页。

② Ibrahim Al - Marashi, Sammy Salama, *Iraq's Armed Forces: An Analytical History* (New York: Routledge, 2008), p. 102.

队是唯一可能夺权的方式，因为政府的生存依赖军官的支持。虽然复兴党将自身设想为革命党，要求激进的社会和经济变革，但他们意识到不可能通过教唆激进的民众暴动夺取政权，因为军队最终决定伊拉克政府的权力获取和权力维持。

苏莱比利用拉赫曼统治基础薄弱的机会，努力发展自己在军队中的支持网络，亲复兴党的力量利用这一机会发动政变。他任命纳逸夫（Abd Al - Razzaq Al - Nayif）掌管军事情报机构，达德（Ibrahim Al - Daud）出任共和国卫队指挥官，嘉怡丹（Saadun Ghaydan）指挥一个坦克团。这三人和巴克尔有联系，他们参与政变密谋并非赞同复兴党的意识形态，他们都有背叛拉赫曼的动机。纳逸夫被复兴党收买，达德憎恨纳赛尔主义者。同时，他俩也有自己的政治野心，认为拉赫曼下台后自己可能成为总统。1968 年 7 月 17 日，政变发生。政变当天，政权的强力支持者苏莱比在英国，因而不能对政权反制政变提供足够的援助。嘉怡丹命令自己领导的共和国卫队的坦克团发动叛乱，纳逸夫控制国防部，达德占领电台。① 由于拉赫曼并未对政变进行严厉抵抗，因而他被允许流亡出走。

政变之后，参与政变的核心军官占据政府和军队要职。巴克尔成为总统和武装部队总司令，并成为复兴党指挥委员会的领导。纳逸夫出任总理，达德成为国防部长，嘉怡丹升职为共和国卫队指挥官。这次政变意味着复兴党开始真正主导伊拉克的政治事务，伊拉克以后的军政关系也深深打上了复兴党的烙印。

第二节　复兴党时期的军政关系

伊拉克共和国建立的前十年，军官一直在政治事务中居于主导地位，军队多次发动政变，军政关系显示出军队优先的特点。然而，1968 年政变成功后的复兴党对传统的军政关系制度安排不满，决定建立党控制军的模式。在动员有利的结构、制度、观念资源后，复兴党实现了文官政府控制军队。

---

① Marion Farouk - Sluglett, Peter Sluglett, *Iraq since 1958: From Dictatorship to Revolution*（London and New York: I. B. Taurus, 1987），p. 112.

一　复兴党控制军队模式的确立

尽管 1963 年阿里夫消除了复兴党的权力，但该党维持了在军队中的网络。作为地下党的他们有三点计划：向军队渗透、运用军队夺权、夺权后确保复兴党控制军队。复兴党是一个有着强烈意识形态的政党，知晓军队是伊拉克政权生存与稳定的关键力量，并认为军队应当服从党的领导和指挥。复兴党文官在政变中没有发挥实际作用，担心军官可能像 1963 年那样，在政变成功后不久便将他们驱逐出权力中心。随着复兴党文官和军官关系越发紧张，复兴党文官开始清洗政变的军官联盟、非复兴党和复兴党军官。经过一番努力，最终实现了复兴党对军队的控制。

（一）文官控制军队的表现

复兴党政府的军政关系安排，显示出文官优先的特征。[1] 执政之后，伊拉克没有再发生成功的军事政变，复兴党文官在决策体系中占据主导地位，文官在内外安全事务决策，以及军队的团体事务中具有最终权威。

第一，复兴党加强对政变的提防，阻止政变发生，执政之后，再无成功的军事政变出现。整体来看，复兴党政权的政变预防与政变化解策略相对成功。20 世纪 70 年代，伊拉克特别担心外部力量（尤其是伊朗）支持反对政府的政变。因为伊朗沙王奉行亲西方的政策，而伊拉克和苏联亲近，再加上双方存在阿拉伯河争端，所以伊拉克怀疑伊朗试图支持反对复兴党政权的政变。

1970 年，政权挫败了拉韦和萨马莱伊的政变企图，拉韦逃亡伊朗。复兴党认为伊朗支持政变，因而更担心伊朗颠覆其政权。政府警惕与外国有联系的军官，他们甚至担心前往盟国苏联学习的军官成为共产主义者。美国支持的智利反阿连德政变后，伊拉克政府领导更加担心美国和伊朗联合发动政变的企图。什叶派的情报长官卡扎（Kazzar）害怕巴克尔和萨达姆，对其发展独立的权力基础表示担忧，他在 1973 年 6 月底发动政变，但失败了。这次政变提醒总统不仅制衡军队，还要制衡军事情报部门，总统随即成立了总

---

[1]　Joseph Sassoon, *Saddam Hussein's Ba'th Party: Inside an Authoritarian Regime* (New York: Cambridge University Press, 2012), p. 129.

情报部和政治指导部用来监督军队。① 这些机构加强了政党领袖对常规军的管制，并确保他对武装力量的最终控制。

为了阻止进一步的政变，巴克尔掌管国防部，并修改临时宪法，规定总统可以担任军队总司令。在伊拉克，能够获取弹药的只有总统的"禁卫军"——共和国卫队，复兴党阻止常规军轻易获取弹药。此外，复兴党严防大规模的军队调动，尤其是前往首都巴格达的军队。而且，复兴党成员占据首都的关键军事机构和战略要地的职位。无疑，军队的复兴党化是一个持续的进程。

第二，实现革命指挥委员会（革委会）成员的文官化，减小军官的政治作用。阿拉伯国家在军事政变之后通常都会建立革委会之类的组织，它通常具有政治和军事两重功能。军官创立这一机构来主导政府事务，用来阻止其他政治化的军官夺取权力。此外，该组织作为军事机构控制和消灭政府、军队和社会中的反对派。② 伊拉克的革委会产生于军政府时期，首先出现在卡西姆政府，阿里夫时期也有。1968 年政变之后，革委会是伊拉克的实际统治者，该机构由 5 名军官构成，享有最高的行政和司法权力。复兴党文官深感军官主导革委会的威胁，试图用文官代替其中的军官。

1969 年 11 月，革委会扩展到 15 人，第一次包括像萨达姆这样的文官。1971 年，萨达姆成为革委会副主席，该组织中 15 名成员中只有 5 人是军官。显然，复兴党文官在革委会中占据主导地位。③ 巴克尔在 1971 年底称：只有革委会肩负领导军队的责任，只有复兴党能够在军队中执行政治和组织活动。④ 显然，复兴党减少了军官在政府中的作用。

第三，复兴党文官在国家的内外安全事务和军队的团体事务中享有最高权威。1970 年伊拉克临时宪法明确规定，革委会享有法律制定权、最终决议权、批准权；宣布战争及停战的权利；批准包括国防预算在内的所有国家

---

① Ofra Bengio, *Saddam's Word: Political Discourse in Iraq* (Oxford: Oxford University Press, 1998), p. 149.

② Amos Perlmutter, *The Military and Politics in Modern Times: On Professionals, Praetorians, and Revolutionary Soldiers* (New Haven CT: Yale University Press, 1977), p. 136.

③ Faleh Jabar, "The Iraqi Army and Anti-army: Some Reflections on the Role of the Military," in Toby Dodge, Steven Simon, eds., *Iraq at the Crossroads: State and Society in the Shadow of Regime Change* (Oxford: Oxford University Press, 2003), p. 117.

④ Marion Farouk-Sluglett, Peter Sluglett, *Iraq since 1958: From Dictatorship to Revolution* (London and New York: I. B. Taurus, 1987), p. 157.

决算。① 由于革委会的成员主要是复兴党文官，因而国内外安全事务的最终决定权掌握在文官手中。在具体实践中，通过观察伊拉克进行的内外战争，文官都在战争决策中具有主导地位。此外，复兴党文官也最终决定军队的相关团体事务，例如军队人员的招募、军队的组织结构、军队的作战原则等。

（二）文官控制军队实现的原因

复兴党文官充分利用客观条件、制度因素和主观因素中有利于文官控制军队的资源，最终实现党对军队的控制。

1. 客观条件

复兴党上台之后，通过进行一系列社会改革，宣扬其阿拉伯民族主义信条，提高合法性，获得相对军队的有利地位。复兴党通过在社会领域的一系列改革，提高了在民众中的合法性。复兴党上台之后，积极推进土地改革，收回石油主权，奉行平民主义政策，利用石油美元增加民众的福利，增加了民众的支持。② 第三次中东战争中，军政府并未积极参与，因而没有迎合民众的阿拉伯民族主义情绪，而复兴党的阿拉伯民族主义信条对于普通民众具有极大的吸引力。阿拉伯复兴社会党作为阿拉伯民族主义的典型组织，其创建者将民族主义与有组织的政治统一相联系。1947 年复兴党的党章开篇便指出：阿拉伯人构成一个民族，该民族有权生活在一个单一国家之中，正如曾经的阿拉伯国家构成一个不可分割的政治和经济统一体一样。该党的创建者哲学家阿弗拉克在他的多本著作中指出，该党的民族主义信条便是使阿拉伯民族复兴，恢复他们固有的由于阿拉伯分裂所潜伏的人性和创造力。这种复兴的实现需要统一那些人造的和伪造的诸国，使之成为一个统一的民族国家。只有这样，阿拉伯人才能恢复自我的杰出精神、清晰的观念和政治的道德，并且产生自我的精神。③ 复兴党的阿拉伯民族主义理念在民众中拥有强大的支持，有利于提高其合法性和增强对军队的控制。

2. 制度因素

制度因素主要涉及文官政府内部的团结和军官内部的一致性，复兴党夺权之后，文官领导迅速利用党的组织能力加强对军队的控制。同时，他们还

---

①　姜士林等主编《世界宪法全书》，青岛出版社，1997，第 556 页。

②　黄民兴：《中东国家通史：伊拉克卷》，商务印书馆，2002，第 270 页。

③　Adeed Dawisha, *Arab Nationalism in the Twentieth Century: From Triumph to Despair*（Princeton: Princeton University Press, 2003), pp. 2 – 3.

利用复兴党军官和其他军官的矛盾，以及复兴党军官的内部分裂，实现复兴党文官控制军队的目标。

第一，运用复兴党的组织力量，加强对军队的渗透和监督。1970 年底，3000 名复兴党员被任命为军官，在军队的各级别建制中都设立有党的政治委员会。而且，军事院校也积极培养复兴党军官。① 这些策略导致军队中形成了复兴党领导的非正式指挥系统，党最终决定军队行动。

政治委员会作为党的内部监察机构，负责监督军队，并向军人传播复兴党的意识形态。忠诚于复兴党的军人被指派负责保卫弹药库和空军基地，以此阻止政变。政治委员会还有举荐军官晋升的功能，主要基于对党的忠诚向政府建议军官晋升。而且，复兴党的军事局发展为由文官主导的组织，这有利于确保党对军队的控制。在没有军事局批准的情况下，军官的命令不能执行。② 很明显，复兴党利用组织优势，增加了对军队的权威。

第二，在军队内部清洗非复兴党的军官，并任命复兴党成员补任这些职位。巴克尔作为军官和复兴党成员，能够凭借权威协调政府中的文官和军官。政变之后，拥有最强实力的巴克尔站在复兴党文官一边，试图通过向武装部门任命更多复兴党军官，加强对军队的控制。政变成功两周之后，巴克尔和达德、纳逸夫发生激烈冲突，后者公开反对党的社会主义原则。复兴党着手罢黜他们，积极寻求在军队的支持者，并赢得了巴格达卫戍司令希哈布（Hammad Shihab Al - Takriti）的支持。7 月 30 日，复兴党趁达德前往约旦视察伊拉克军队的机会，逮捕纳逸夫，并要求达德不要再回国。至此，复兴党文官初步消除了非复兴党军官的威胁，巴克尔成为总统兼总理，并任命了26 人组成的内阁。

随着罢黜非复兴党高级军官的行动，复兴党着手轮换和解职那些被认为对政权有威胁的中下层军官，主要是纳赛尔主义者、叙利亚主义者和共产党的同情者。这一时期，军队内部清洗了约 2000 名军官，并由复兴党成员填补空缺，而不论他们的军事能力。③ 巴克尔甚至还担心参与政变的复兴党军

---

① Marion Farouk – Sluglett, Peter Sluglett, *Iraq since 1958: From Dictatorship to Revolution* (London and New York: I. B. Taurus, 1987), p. 120.

② Mark Hller, "Iraq's Army: Military Weakness, Political Utility," in Amatzia Baram, Barry Rubin, eds., *Iraq's Road to War* (New York: St. Martins Press, 1994), p. 44.

③ Amatzia Baram, *Culture, History and Ideology in the Formation of Ba'thist Iraq, 1968 – 89* (London: MacMillan, 1991), p. 16.

官阿玛什和哈单，这显示出其对他们的严重不信任。

第三，利用复兴党军官内部的分裂，削减具有政治声望和野心的军官权力，提高复兴党文官的地位。复兴党军官阿玛什和哈单在陆军和空军中拥有广泛的支持网络，巴克尔害怕他们二人寻求最高政治权力，因而对其并不信任。

复兴党军官如果能够保持统一，他们就仍是伊拉克最强大的政治力量。但是，他们并非铁板一块，尤其是哈单和阿玛什存在激烈冲突，这种分裂被文官利用。文官在哈单和阿玛什的斗争中支持后者，因为哈单更像是名义上的复兴党党员，因而具有更大的威胁。巴克尔在1970年4月任命二人为毫无实权的副总统，这一举动其实是有意切断二人与军队之间的联系，哈单不再担任国防部长，阿玛什也不再担任内政部长。[1]

1970年9月，约旦国王侯赛因命令军队对巴勒斯坦解放组织（巴解组织）发动攻击，史称"黑九月事件"。伊拉克在约旦部署1.25万名士兵和100辆坦克，哈单认为，由于政府和北部的库尔德人之间的冲突，伊拉克不能和约旦发生战争。但是，伊拉克民众对于军队不援助巴解组织的行动表示不满。文官趁机将哈单作为替罪羊解职，其追随者也被驱逐出军队。最后，阿玛什也在1971年被派往国外。[2] 至此，伊拉克的复兴党文官赢得了对军官的胜利，由于军官内部的分裂，复兴党文官最终实现了对军队的控制。

到1971年，巴克尔成为伊拉克国家行政机构中的唯一军官。尽管他和军官保持紧密联系，但他并不通过军队进行统治，也没有建立军政府。他运用革委会主席的身份，与复兴党文官领导协调，确保党的统一，并利用复兴党的组织机构实现统治。

3. 主观因素

1958～1968年十年军人政权的历史表明，军官既不能带领民众实现国家现代化，又不能确保国家和平和稳定。民众对于军官参政愈发不满，再加上大量具有政治倾向的军官被解职，形成了有利于复兴党控制军队的主观条件。

一方面，复兴党通过对政治军官的清洗，弱化了军官参与政治的倾向。

① Ibrahim Al‑Marashi, Sammy Salama, *Iraq's Armed Forces: An Analytical History* (New York: Routledge, 2008), p.117.
② Majid Khadduri, *Socialist Iraq: A Study in Iraqi Politics since 1968* (Washington D.C.: Middle East Institute, 1978), pp.59‑61.

复兴党文官高层认为军官应当回到军营，保证文官对于伊拉克政治进程的主导，并且信奉军队附属于文官的原则。通过在军队内部实现复兴党化，他们试图阻止军事政变和统一具有严重分歧的军官。他们致力于创建一支受到复兴党意识形态指导的军队，减少军队的政治活动，通过政治化军队，使其和复兴党原则一致。有规定称，任何参与政治活动或加入政党（除了复兴党外）的军官将被处以死刑。[①] 借助这种方式，军官的政治倾向严重减少。

另一方面，复兴党利用第四次中东战争的参战，赢得了民众对政府控制军队的认同。伊拉克事先并不知晓埃及和叙利亚要在 1973 年对以色列发动袭击，它的参战缺乏充分准备和协调，虽然伊拉克往叙利亚战线派出 6 万人和 700 辆坦克，但没有足够的运输工具将坦克运往戈兰高地。当戈兰高地沦陷后，伊拉克军队协防大马士革。10 月 13 日，伊拉克的装甲旅在以色列的攻击下损失惨重，而由于缺乏协调，它和叙利亚的反袭击并不成功。11 月，战争结束后，伊拉克撤离，损失 480 人、111 辆坦克和装甲车、26 架战机。[②] 第四次中东战争对于伊拉克来说，在战术层面无疑是失败的，但从政治层面来看，复兴党可以夸耀自己的阿拉伯主义统一信条，并且证明自身承诺的对以色列战斗的真实性。泛阿拉伯民族主义在阿拉伯民众当中的持久影响力，再加上政府的承诺兑现带来的可信性，有助于民众对复兴党的认同，便利他们对军队的控制。

（三）文官控制军队的策略

第一，除了加强对常规军的控制外，还设立其他安全力量对军队制衡。共和国卫队作为平行于常规军的精英武装力量逐渐演变为总统的"禁卫军"，其军官主要从提克里特地区的逊尼派部落招募。1970 年，建立复兴党领导的准军队力量——人民军。该武装力量独立于国防部控制，被用来武装普通国民，捍卫政党，使民众与党在军事层面联系起来。

建立这些制衡军队的武装力量，能够威慑军队的政变企图，使他们意识到发动政变具有重大的风险。军官政变若想获得成功，必须与其他武装力量领导进行协调，这将增加政变密谋被发现的可能性。增强其他武装力量的实

---

① Ibrahim Al – Marashi, Sammy Salama, *Iraq's Armed Forces: An Analytical History* (New York: Routledge, 2008), p. 113.

② Kenneth M. Pollack, *Arabs at War: Military Effectiveness, 1948 – 1991* (Lincoln and London: University of Nebraska Press, 2002), p. 167.

力，不仅能够有效制衡军队的政治影响，而且是创建新的政权统治支柱的手段。通过加强平行性武装力量的忠诚，作为文官的复兴党领导在一定程度上具有了"军人"的色彩。虽然人民军的军官教育机构独立于军事院校，但人民军学校的课程与专业的军事院校类似，包括政治意识形态传播和武器使用。

第二，巴克尔还利用氏族和家族网络来加强对军队的控制，进而巩固自身统治。王朝时期，逊尼派地区的提克里特、拉瓦、费卢杰的男士大量进入军事院校，1968年时，他们大多已经成为高级军官。在1968年政变中，五人革命委员会中有三人是提克里特人。

同为逊尼派和提克里特人，巴克尔和大多数军官之间具有天然的亲密感，并且他还刻意提拔相同地域、族群和教派的士兵出任军官。此外，巴克尔还扩展支持基础，他试图通过强大的庇护网络，培育摩苏尔、萨马拉和拉马迪等地氏族的忠诚。萨达姆通往最高权力之路也得益于巴克尔的提携，萨达姆不是军官，但作为巴克尔的外甥，被总统视为可靠的盟友。起初，萨达姆负责管理复兴党的内部安全事务，清除党内外的政治敌人。

第三，保证军队的武器装备和福利，确保他们的忠诚。伊拉克军队在1973年阿以战争中表现拙劣，应对库尔德叛乱也一直乏善可陈，再加上伊朗和以色列的威胁逐渐增加，促使伊拉克政府寻求提升军队能力。尤其是伊朗的崛起，导致它与伊拉克试图在海湾和阿拉伯地区提高霸权地位的设想发生冲突。1973年石油危机带来国际油价上涨，这为伊拉克带来大量财政收入，使得复兴党政府有能力扩展军备，其武器主要来自苏联和法国（1976年后），还有巴西和意大利。[①] 当然，这种扩展主要基于复兴党有信心控制军队。考虑到文官主导军队，军备扩展有助于抚平军队的不满情绪。长期以来，伊拉克军队的主要职责并不是参与阿以冲突，而是应对北部的库尔德人叛乱。扩展军队，增强军队的战斗能力，不仅能提升军队应对库尔德叛乱的能力，减少军队在库尔德议题中的不满，而且能够提高伊拉克的地区地位，增强军队的荣誉感。

总之，复兴党获得统治地位之后，确立了党控制军队的模式，党的文官在军政关系中居于主导地位。

---

① Marion Farouk - Sluglett, Peter Sluglett, *Iraq since 1958: From Dictatorship to Revolution* (London and New York: I. B. Taurus, 1987), p. 181.

二 萨达姆时期的军政关系

萨达姆上台之后，继承并深化了巴克尔时期复兴党对军队控制的传统，加强了萨达姆个人对军队的控制。1979 年 7 月，巴克尔由于"健康原因"辞职，萨达姆继任总统，兼任共和国卫队总司令，革委会主席和武装部队总司令，并被授予陆军大元帅军衔。此后，萨达姆实现了对军队的控制。

1976 年，为了凸显自己与军队的联系，萨达姆在军事院校获得荣誉学位，未在军队服役过的萨达姆被授予中将军衔。巴克尔的女婿、萨达姆的表兄和儿时玩伴塔尔法也被越级提拔为陆军参谋长，同时兼任国防部长，塔尔法帮助萨达姆在军队中建立支持网络。通过对军队的清洗，萨达姆赢得了大多数军官的忠诚。军官的提拔主要基于忠诚，而非军事能力。出任总统伊始，萨达姆便在 1979 年 8 月为军队加薪，此举是为了收买军心。同时，他继续确保没有军官进入革委会。最终，萨达姆延续了复兴党控制军队的历史。整体上，萨达姆统治伊拉克的主要策略是利诱和恫吓，即"胡萝卜加大棒"。这既是他的政权生存战略，也是他对待军队的战略。利诱包括运用持续的宣传战维持派系和族群忠诚，强调伊拉克团结和伊朗的威胁；满足军人的物质需要，包括解决他们的升职、加薪、住房等问题。恫吓包括反对政府的军人将遭受严厉打压，萨达姆通过持续和制度化的镇压来消灭反对派；逮捕和处死那些从事煽动性或颠覆性活动的士兵和军官。

扩充军队是萨达姆加强权力的方式，不仅向阿拉伯世界显示伊拉克作为地区领导的角色，而且向伊拉克民众证明政府进行发展和现代化的雄心。然而，军队快速现代化和军队扩展产生一个困境：军队的力量只有在使用时才能显示。[①] 此时，霍梅尼领导的伊朗为其显示权力提供了绝好的机会。霍梅尼领导伊朗伊斯兰革命胜利后，表现出对伊拉克世俗复兴党政权的敌意。萨达姆试图入侵伊朗来抵制这种威胁，其核心战略目标是控制阿拉伯河和显示伊拉克的地区霸权地位。两伊战争的走向显示出萨达姆并不追求对伊朗彻底的摧毁性胜利，伊朗显然也并未屈从于萨达姆的战略设想。在伊朗没有做充分准备的情况下，伊拉克取得了战略攻势，但是由于萨达姆过度追寻军事事

---

① Shahram Chubin, Charles Tripp, *Iran and Iraq at War* (Boulder: Westview, 1988), p. 243.

务政治化，其战略优势并未彻底转化为胜势。[①] 当伊朗军队逐渐占据战场主动的时候，前线的伊拉克军官对萨达姆事无巨细的主导军事事务严重不满。出于战争胜利的需要，萨达姆最终策略性地赋予前线军官行动自主性，军政关系在军队团体事务领域发生变化，虽然这种变化更多是策略性的调整。

（一）　两伊战争前期萨达姆控制军队的策略

通常来说，第三世界国家的军队会因为战争增强自身实力，并对文官政府构成威胁，加剧军队干预政治甚至政变的风险。[②] 萨达姆在两伊战争期间极其重视对军队的控制，确保政权生存是其核心关注。起初，伊拉克扩充军备，提高军队的福利水平，同时严格控制军队的行动自主性，防止军队政治干预是其首要考虑。

战争前期，复兴党控制军队的主要策略包括以下几个方面。第一，确保前方军队的士气，保证军队对于政府的忠诚。一方面，政府借助大量的石油美元，以及海湾国家的财政支持购买先进的武器武装军队，增强军队的战斗能力。另一方面，提高前线士兵及其家属的待遇和福利水平，培育军队为国尽忠的风气。为了减少民众对战争的反对，萨达姆在战争初期并未要求民众为了战争而降低生活水平，这可以确保国民士气和士兵家属的生活状况。此外，国家进行大量的公共投入，促进教育和医疗事业发展，大规模建造住宅，尤其是照顾前线士兵的家庭。就前线官兵来讲，国家不仅在工资上照顾军官，而且给予他们获取手机等紧缺物品的优先权利。在前线，他们的住所条件良好，拥有彩电、空调和电话等基础设施。另外，国家还为军烈家属提供汽车和土地进行补偿。

第二，运用多种手段，确保萨达姆对军队的控制。一是，萨达姆运用复兴党的政治机构加强对军队的控制，确保军队不会发生反叛。军队的训练手册中明确提出军人要对复兴党忠诚，并且将此规定为军人的基本义务。前线军队的各个级别都充斥着复兴党的政治军官，监督军官是其主要作用之一，军官任何不忠诚的迹象都将招致解雇、监禁和处死的命运。他们审议军队的行动计划，有时甚至推翻军官的决定。政治机构经常向前线士兵传播要忠诚

---

① Caitlin Talmadge, "The Puzzle of Personalist Performance: Iraqi Battlefield Effectiveness in the Iran‐Iraq War," *Security Studies*, Vol. 22, No. 2, 2013, pp. 200 – 215.

② Samuel E. Finer, *The Man on Horseback: The Role of the Military in Politics* (Boulder, Colorado: Westview Press, 1962), p. 72.

于复兴党的观念，鼓励不同群体的士兵在战争中团结一致保卫国家。无所不在的党委会的确能够加强军队对党的服从，而且，复兴党有意识地强调民族主义信条，将自己宣传为民族主义的代表，借此获得更多军人支持。然而，复兴党在前线的优先地位有时会伤害军官的尊严，而且使战场形势更加复杂。这种做法不仅显示党对军队的持续不信任，而且加剧了职业军官和复兴党的紧张关系。

二是，萨达姆运用内部安全机构加强对军队的控制。复兴党运用复杂的情报网络确保军队忠诚，情报网络的中心是总统。此外，政权通常轮转、解职、处死那些被怀疑存在忠诚问题的军官。[1] 情报机构被用来监督军队和打击异议分子，其主要方式是恫吓和制造恐怖氛围。作为重要的情报机构，总军事情报部和特别安全机构都由亲近总统的人把持。安全机构被用来调查军队的政治威胁，导致他们相互竞争来显示忠诚，而非搜集军事情报。由于情报机构的政治化，他们经常为了取悦萨达姆而扭曲情报，包括吹嘘伊拉克军队的胜利，夸大伊朗力量强大来证明伊拉克军队失败的合理。同时，政治领导也限制情报机构向前线官兵传达信息，造成前线军官没法获得关于伊朗军队的准确情况。一些军官甚至发现，他们从媒体得到的信息反而更加准确。

三是，部落、族群和派系庇护提供了另一种控制军队的方式，与萨达姆有这些联系的军官升职迅速。战争前期，军官的任命和升职主要基于忠诚于复兴党，以及与萨达姆有联系，而非军事成就。这些军官的生存依赖萨达姆政权的生存，因而不愿意政变发生和萨达姆倒台。家族和地区联系使提克里特的逊尼派，尤其是萨达姆所在的阿布·纳赛尔部落的军官在军队中担任要职。[2] 这种庇护网络不仅在军队中存在，在政治和社会中也广泛存在。

四是，利用平行的武装力量参战，减少政权对军队的依赖。为了制衡常规军的政治干预，阿拉伯共和制国家的政府通常建立平行的武装力量，伊拉克也不例外。这些武装力量通常并不是在全国范围内普遍招募，而是基于意识形态或族群关系进行招募，因而他们对于政府的忠诚程度相对较高。他们直接对政治领导负责，其指挥体系不是传统的军队等级制。他们往往获得先

---

[1] Ibrahim Al – Marashi, "The Family, Clan, and Tribal Dynamics of Saddam's Security and Intelligence Network," *International Journal of Intelligence and CounterIntelligence*, Vol. 12, No. 2, 2003, p. 202.

[2] Amatzia Baram, "Neo – Tribalism in Iraq: Saddam Hussein's Tribal Policies, 1991 – 96," *International Journal of Middle East Studies*, Vol. 29, No. 1, 1997, p. 5.

进的武器装备、特殊的福利保障，并且时常被政府注入一旦和常规军发生冲突，能获胜的优越感和信心。[①] 人民军起初是用来培训复兴党成员军事能力的准军事组织，战争爆发后，该机构向所有 18~45 岁伊拉克人开放，战争开始时有 25 万人，而 1982 年达到 40 万人，但其战斗力低下。战争的第一年，它主要承担社会防御支持功能，包括关卡检查、护送复兴党高官、帮助民众在空袭中进入防空洞、保护战略要地等。1981 年，他们开始被派往战场来抵抗伊朗的步兵。[②] 然而，其战斗力极差。由于经常被部署在常规军之间，他们成为最弱的攻击对象，战败后也不能有效撤离，他们的空当有助于伊朗军队包围常规军，他们沦为战俘，还严重伤害军队士气，军官憎恨政治家将他们安排在关键地区。

第三，萨达姆努力在国内加强声誉，增加民众对他的支持。政府积极进行战争动员，为进攻伊朗创造积极的条件。萨达姆发展了一种"战争民粹主义"策略，即将军队与战斗精神和整个社会连接起来，克服伊拉克的社会分裂，塑造政府捍卫阿拉伯民族利益的形象。复兴党政府意识到，冲突不仅要在战场上获胜，还要在意识形态领域获胜。[③] 萨达姆运用"战争民粹主义"策略激励伊拉克所有社会群体奋勇战斗，什叶派和库尔德人也被大量招募。因而，这有助于动员全国资源参与战争。

此外，萨达姆将自己描述为有能力的军事领袖，能够领导国家走向胜利。在媒体中，他经常穿军装，视察前线，发布战斗命令和被军官环绕。战争期间，革委会文官露面时都穿军装，显示出对军官的优先地位。媒体吹嘘萨达姆的战略视野和发展新的军事原则的能力。在宣传中，媒体有意识地减少对军官的赞扬，防止他们成为战争英雄，挑战萨达姆军队统帅的形象。显然，这些显示出战争初期复兴党实施主观控制军队的策略。

战争前期，萨达姆的优先考虑是维持军队的支持，阻止军队趁机发动政变。他在保证前线军官利益的同时，运用多种限制手段控制军队，包括利用复兴党的政治组织监督前线军队、动用情报机构监督军官的行动、创建平行

---

①　James T. Quinlivan, "Coup - proofing: Its Practice and Consequences in the Middle East," *International Security*, Vol. 24, No. 2, 1999, p. 135.

②　Mehran Kamrava, "Military Professionalization and Civil - Military Relations in the Middle East," *Political Science Quarterly*, Vol. 115, No. 1, 2000, p. 85.

③　Ibrahim Al - Marashi, Sammy Salama, *Iraq's Armed Forces: An Analytical History* (New York: Routledge, 2008), p. 135.

的武装力量参与战争、构建逊尼派和提克里特军官组成的忠诚网络。然而，这种过分控制军队的做法损害了军队的战斗能力，这种消极影响随着战争推进愈发明显。

（二）文官过度干预军事事务的影响

一项成功的战略行动需要在战略评估、战略决策、战略动员和战略执行四个阶段基本都是成功的，并且所实行的不同战略之间不存在大的矛盾，且对环境变化有准确的把握。[①] 然而，伊拉克的军政关系对于战略行动具有消极影响，集中表现在复兴党高层，尤其是萨达姆主导战略评估和决策，军官的意见不能有效表达；在战略执行中，文官对军队的过分限制影响了军队的行动效率和效力。

首先，复兴党控制军队，以及萨达姆的个人领导模式导致军官在政策评估和决策中没有参与权，影响战略制定的合理性。萨达姆并无军事经验，但总是把自己描述为战略家，设想伊拉克能够运用先进武器迅速赢得对伊朗的胜利。他没有意识到入侵可能激起波斯人的民族主义感情，这将为霍梅尼带来巨大的民众支持，使伊拉克不能速胜。战争不仅没能迅速推翻霍梅尼政府，还使后者借伊拉克入侵之机宣扬革命。在没有征求军方意见的前提下，伊拉克的政治领导人期待能在数周内击败伊朗，并在优势地位下迫使伊朗谈判，获取阿拉伯河的主权和伊朗的一些领土。然而，伊朗对这些要求坚决拒绝。当军官意识到，军队冒死进攻外国领土，仅仅是为了获得伊朗不干预伊拉克事务的保证，他们对于文官政府的决定相当不满。[②] 伊拉克起初的胜利在于军事情报和军队的突然袭击，并不在于萨达姆的英明决策。

其次，军政权力结构降低了政治领导人战略决策的效率。1980 年 9 月 21 日，伊拉克军队在没有遇到多大抵抗的情况下进入伊朗，并且在起初的战斗中获得了巨大成功。但是，军队没能在策略性的胜利之后乘胜追击，因为伊拉克的政治领导人规定，军官必须根据政治命令行动，不允许军队自主行动。伊拉克军队的最终指挥系统在巴格达，由政治机构（其实是萨达姆

---

① 左希迎、唐世平：《理解战略行为：一个初步的分析框架》，《中国社会科学》2012 年第 11 期，第 188 页。

② Stephen C. Pelletiere, *The Iran - Iraq War: Chaos in a Vacuum* (New York: Praeger, 1992), p. 65.

本人）做出战略决定。[1] 限制前线军官的自主性虽然能够阻止他们发动政变等威胁政权的行动，但是很容易贻误战机，因而降低了决策的效率。

最后，军政权力结构影响军队在前线的任务执行，严重损害了军队在战场上的战斗力。一方面，由于害怕军事政变，萨达姆不鼓励军队的各军种之间进行联合行动，各军种之间缺乏协调。由于空军在伊拉克的历次政变中都发挥重要作用，因而萨达姆十分提防空军，严格限制其作用。此外，大量的空军将领并非来自萨达姆的庇护网络，因而加剧了他对空军的政治不信任。由于萨达姆并不鼓励不同军种之间的合作，因而空军大多数时候，没能实现对伊朗的空中优势，更没有对伊拉克军队提供足够的空中支持。

另一方面，伊拉克军队受到政治限制影响了他们在前线的战略行动。由于前方的战事要汇报给巴格达的政治领导，等待他们下达新的指挥命令之后才能行动，因而，伊拉克军队在缺乏明确命令的时候，即使攻打下来某一要塞后也不得不退出和放弃，需等待后方政治领导人的决定。除了时间的迟滞之外，前方战场的信息瞬息万变，有时命令再次下达时战场情形已经发生了变化，因而，政治领导人的这种严格控制严重损害了军队的战斗能力。

伊拉克政府对空军的控制和调配，显示军政关系对军队执行战略的消极影响。空军的行动需要政治家批准，而这往往延误数小时乃至数天的战机，对于空军的指挥凸显了巴格达的中央集权和复兴党的主导性。在最初伊朗缺乏防备的时期，伊拉克空军没有袭击伊朗的飞机，因为政治领导人的命令是打击跑道。当伊朗跑道修复后，伊朗空军飞行员由于训练更好，因而在战斗中占优。[2] 再加上没有事先通知苏联发动战争，苏联对伊拉克进行武器禁运，飞机不能得到有效补充，降低了其战斗力。此外，因为担心伊朗空袭可能严重伤害空军，出于保留实力的考虑，萨达姆将飞机布置在沙特等盟国，降低了空军在战争中的利用率。由于政治压力，飞行员经常夸大战果，空军领导人则进一步夸大成就来取悦政治领导。最终，决策者被虚幻的胜利所迷惑，低估了取胜所需的战略资源，而且不利于其从错误中吸取教训。

萨达姆在战争的前几年决定整体战略制定，甚至前线的策略制定，决策程序复杂、低效、灵活性差。1982 年 3 月，伊朗开始进行反攻。萨达姆由

---

[1] Kevin Woods et al. , *Saddam's Generals: Perspectives of the Iran – Iraq War* (Alexandria, VA: Institute for Defense Analyses, 2011), p. 183.

[2] Anthony Cordesman, Abraham Wagnerand Wagner, *The Lessons of Modern War, Volume Ⅱ: The Iran – Iraq War* (Boulder CO. : Westview, 1990), p. 84.

于不知晓前线的形势，起初命令官兵死守，五天后才意识到伊朗的攻击规模十分庞大。当他命令军队撤退时，为时已晚，伊朗军队已经包围了大量的伊拉克军队。此外，伊朗人利用熟悉地形的优势，在夜间发动突袭，并运用自杀式袭击行动，极大震慑了伊拉克官兵。伊拉克军队意识到自身已经转向防御性地位，虽然萨达姆继续通过舆论提升士气，但是前线军官明白萨达姆的过分控制损害了军队行动，影响了军队的战斗力，造成了军队不必要的伤亡。

两伊战争中起初的胜利，并未导致军官对萨达姆过分主导军事事务的严重不满，也没迫使萨达姆反思对军事事务的干预。随着伊朗的大规模反攻和伊拉克军队的失败，军队去政治化显得越发重要。萨达姆开始谨慎地重新思考军政关系，并且部分地转变控制军队的策略，尤其是赋予军官在战场上自由行动的权力。

（三） 两伊战争期间伊拉克军政关系的调整

战场的失败导致前线军官对政治家主导军队不满的加剧，萨达姆也不得不反思既有的军政关系安排。为了实现战场的胜利，萨达姆开始逐渐变更控制军队的方式，但是这些变更并非根本性的，而是策略性的。随着消耗战的来临，军官试图使政治领导意识到他们需要被赋予战场上的行动自由，他们的行动应当基于军事考虑而非政治领导。进入战略僵持之后，相较于萨达姆执行的防御战略，他们更愿意采取进攻性的战略击败伊朗。萨达姆最终对军队专业化的考虑超越了政治忠诚。但是，军队去政治化不是一蹴而就的，而是一个渐进的过程，一直持续到战争结束。

萨达姆控制军队的策略调整主要包括以下几个方面。第一，政府着手鼓励军官的专业技能，美化军队形象，进而提升和增强军队保卫国家的自豪感和自信心。萨达姆不再像之前那样，努力将自己塑造为战争领袖和军事天才。为了战争胜利和政权生存，他开始推进军队专业化。他着手对战场上的军事专业技能进行奖赏，对战场上的成就超过了对政治忠诚和血缘关系的考量，不称职的军官遭到清洗。[①] 他宣布国家和复兴党尊重军队，将军队描述为具有悠久历史的机构，并且对国家的政治、经济和社会发展做出了巨大贡献。国内媒体开始更多报道前线军官，赞扬他们为国牺牲、勇敢无畏、坚定

---

① Shahram Chubin, Charles Tripp, *Iran and Iraq at War* (Boulder: Westview, 1988), p. 118.

团结的精神。另有，政府制订作战计划时开始允许军官出席国防委员会，提供咨询建议。① 此外，政府废除了前线的复兴党政治委员会，提高军队行动的自主性。显然，文官过度干预军队事务的倾向在减少，军队的专业能力在增强。

第二，减小人民军对于常规军队的制衡作用，增加更具战斗力的共和国卫队的作用。萨达姆起初设想人民军能作为平行军在战场上发挥作用，但是由于人民军在战场上的拙劣表现，政治领导只能寻求弱化人民军的作用，对其领导层进行改革。复兴党革职人民军中缺乏经验的指挥官，用有经验的军官代替，而不再仅仅考虑政治忠诚。② 人民军不再承担战场行动的责任，但仍承担社会防御任务。随着战争推进，政府强迫伊拉克民众加入人民军，并称在人民军中服务是公民应尽的义务。虽然减小了人民军的作用，但政府开始大规模动用共和国卫队参战，这既能获得战场上的军事优势，又能保持对常规军的制衡。

第三，政府加强对空军的信任和运用，军队的协同作战能力增强。1984年之后，战争计划增加了对空军、远程导弹和化学武器的使用，试图凭借强大的攻势迫使伊朗停火。虽然空军在战斗中作用不明显，但它对伊朗石油基地的空袭损害了其经济基础。更加积极地使用空军，显示出政府对于战争胜利的追求优先于对空军政变的担忧。1985年起，伊拉克运用导弹攻击伊朗的城市，虽然漫无目的并且精度不高，但是具有打击伊朗心理的作用，因为大规模杀伤性武器的运用能够散布恐怖情绪并打击敌方士气。③ 战争前期，萨达姆要求军队实行防御性战略，但军官认为进攻性战略更合适。进攻性战略需要补充更多机械化步兵，来应对伊朗的轻型步兵，但萨达姆出于政治考虑不愿增加步兵，因为步兵在战斗中更容易伤亡，将导致国内民众对战争伤亡的不满，降低民众对战争的支持度。此外，军官要求轰炸机、直升机、坦克步兵和炮兵联合行动，打击伊朗，这种联合行动之前不被允许，因为萨达姆害怕他们合作发动政变。但是，战争后期，政府逐渐接受这种联合行动。

---

① Amatzia Baram, "The Ruling Political Elite in Bathi Iraq, 1968 – 1986; The Changing Features of a Collective Profile," *International Journal of Middle East Studies*, Vol. 21, No. 4, November 1989, p. 459.

② Ofra Bengio, *Saddam's Word: Political Discourse in Iraq* (Oxford: Oxford University Press, 1998), p. 151.

③ Ken Booth, Nicholas Wheeler, *The Security Dilemma: Fear, Cooperation and Trust in World Politics* (New York: Palgrave Macmillan, 2008), p. 62.

两伊战争时期的军政关系调整是策略性的，集中表现在文官控制军队的核心原则并未逆转，之前文官控制军队的一些策略依旧存在，军队团体事务自主性的提升是暂时的。

第一，军政关系中，文官政府的地位远远优于军队。在整个国家层面，复兴党依旧牢牢控制着政治、经济和社会的各个面向，萨达姆依旧是国家权力的中心。[①] 军官虽然能够对战略决策提供咨询建议，但是战争的战略制定权依旧掌握在萨达姆等复兴党高官手中，军官在政府层面的地位并没有显著提升。军队在内外安全政策中的作用，及其在经济事务中的作用都是由文官政府规定的，依旧处于从属地位。军队仅在前线战争中的自主决策能力有所增强，甚至这种增强也是有很大限制的。因而，伊拉克的军政关系依旧是复兴党控制军队的模式。

第二，文官控制军队的诸多策略依旧被运用，复兴党依旧确保对军队的控制。虽然赋予军队更大的自主性，但萨达姆仍旧维持对军队的监督和控制，保证军队的忠诚。安全机构继续监督军队，防止军官颠覆政权；平行的军事机构仍然存在并扩展；萨达姆依旧在军队中培养庇护网络。此外，政府通过扩大共和国卫队规模，制衡常规军。共和国卫队创建于阿里夫政权，其领导直接向萨达姆负责。这种忠诚主要基于卫队成员的地区来源和教派归属，这些成员主要来自与萨达姆家族有紧密关系的提克里逊尼派。战争之初，卫队的任务是保卫萨达姆，因此被部署在首都要地。在霍拉姆沙赫尔战斗中，他们才被派往前线。随即，他们又被召回保卫萨达姆。随着常规军的消耗，萨达姆决定扩展卫队，并将他们派到前线，支持并制衡常规军。萨达姆试图继续培养军官的个人忠诚，并主要依赖部落和氏族纽带，最典型的例子是萨达姆的侄子马吉德被任命为北部军区总司令，指挥镇压库尔德人的行动。

第三，萨达姆对军官的倚重是暂时的，表现在他战后迅速清洗对其统治构成威胁的军官。1986年2月，法尔（Faw）战役的失败加剧了萨达姆和军官的紧张关系，[②] 萨达姆阻止将领拉希德（Abd Al-Rashid）继续追击加剧了军政冲突，拉希德运用外国媒体展示军队的声誉，包括他领导第三军团抵挡

---

① 刘月琴：《伊拉克共和制的建立及其特点》，《西亚非洲》1992年第4期，第25页。

② Ibrahim Al-Marashi, Sammy Salama, *Iraq's Armed Forces: An Analytical History* (New York: Routledge, 2008), p. 162.

伊朗1984年的进攻，承认军队遭受重大损失（萨达姆不允许军方对公众宣布），并称政治干预影响军队行动。萨达姆将其召回巴格达，防止战争英雄涌现，因为这将对萨达姆造成威胁。由于第三军团差点发动军事暴动，萨达姆只能允许他继续领导第三军团。1988年夏天，拉希德被捕，他的女儿和萨达姆儿子库赛的婚约也被解除。显然，萨达姆对于军官的利用是策略性的，对于军官地位的上升依旧高度担心。

总之，伊拉克军官对于前线战事的不满，促使他们要求变革军政关系中涉及军队事务的领域。萨达姆为了战争胜利和政权生存，缓慢且渐进地改革军政关系，在不威胁政权生存的前提下，提高军队在前线的行动自主性。但是，文官控制军队的模式依旧持续，即使在军队事务中也是程度有限的变更。

随着伊朗军队进攻巴士拉的失败，伊拉克领导意识到伊朗已经是强弩之末，萨达姆的战略目标从确保生存转为驱逐伊朗军队。从1984年起，伊拉克便占据优势，但是到1988年才获得"决定性胜利"，证明战争结束有其特定的条件。[①] 美国试图通过斡旋终结冲突，联合国安理会通过了598号决议，伊朗拒绝接受。在美国有意击落伊朗飞机后，伊朗选择不升级对抗。1988年8月20日，伊朗宣布停火。伊朗接受决议使得萨达姆可以向人民和军队宣布胜利，萨达姆政权的存活有赖军队的浴血奋战，他们在战争中维持了统一。政治领导表达了对军队的感谢，但是坚决抵制能够挑战萨达姆的战争英雄的涌现。

虽然战争被描述为胜利，但伊拉克欠了欧洲和海湾国家800亿美元债务；石油工业被毁，收入锐减；战争中承诺的民主改革也未兑现。最后，伊拉克领导人发现，解散包含数百万名士兵的军队将造成巨大的社会负担，加剧国内动荡，因此，只能进行新的外部军事冒险。

（四）两伊战争后的政府对军队的控制

两伊战争中，伊拉克军官领导军队在前线胜利，并在战场上形成统一的团体身份。萨达姆意识到军队的威胁，进而采取相关策略，加强控制军队。综合来看，利诱和恫吓是常用的两种策略。

第一，萨达姆通过物质激励和培育庇护网络，确保军队的绝对服从。首

---

① Dan Reiter, *How Wars End* (Princeton: Princeton University Press, 2009), p. 20.

先，两伊战争之后，萨达姆通过保证军队的高福利，培育军队的忠诚。虽然面临严重的经济危机，但是政府并未大规模削减军费开支，并且军队拥有大量的军工产业。① 两伊战争中伊拉克军队损失惨重，战后大量裁减军备，但仍有 40 万人。萨达姆通过加薪、向忠诚的军官发放土地和汽车来促进军队忠诚，并对逃兵进行赦免。同时，萨达姆借助革委会向官兵灌输忠诚于政府的理念。其次，虽然军队内部有一些不满的声音，但萨达姆依旧具有稳定的支持网络，萨达姆依旧利用部落、家族和教派联系，积极提拔和自己有关系的军官。这有助于建立荣辱与共的群体，他们既担心因政权的垮台而成为受害者，也担心萨达姆的惩罚性报复，因而坚定支持萨达姆政权。

第二，萨达姆试图建立新的安全机构和准军事力量制衡常规军，同时加快军官的轮换，避免他们建立牢固的权力网络。1992 年，萨达姆建立了独立于军事情报部的军队安全部门，直接向总统负责，有责任调查和打击异议分子，调查贪污和渎职，监督军队，该机构成员散布在各级军队，承担类似复兴党政治委员会的功能。伊拉克成立共和国特别卫队，由库赛任指挥，负责保卫总统办公地点和住宅。它不属于国防部，而属于特别安全机构。1995 年建立的"为萨达姆牺牲的人"组织（Fidayin Saddam）由萨达姆长子乌代领导，成员大多来自萨达姆的部落，用来制衡特别卫队。萨达姆通过创建新的准军事力量制衡常规军，并使不同安全部门之间相互制衡，效果显著。1992 年 6 月，特别卫队消解了共和国卫队的一次政变；1995 年特别卫队镇压了杜莱姆部落的暴乱；1996 年 6 月，特别卫队再次消除来自卫队的政变企图；等等。最终证明，由于严密的防政变措施，政权的垮台只能通过外部干预。

第三，萨达姆加强对政变及政变风险的预防，往往采取先发制人的手段，将政变消灭在萌芽状态。一些军官认为，政权的生存依赖军队的战斗能力。萨达姆试图摧毁这种观念，防止军官挑战他最高领导人的形象。② 萨达姆认为，一些政权内部人士可能在战争中感觉到政权的脆弱，由于战争胜利激发了军官的政治意识和自信心，政权内部的文官可能和军官一起推翻他的统治。因而，萨达姆严密监视并打击政变企图。一些战争英雄被视为政权威

---

① Robert Springborg, "Economic Involvements of Militaries," *International Journal of Middle East Studies*, Vol. 43, No. 3, August 2011, p. 397.

② Charles Tripp, *A History of Iraq* (Cambridge: Cambridge University Press, 2000), p. 249.

胁，因而被杀害，其权力网络也被清洗。一些军官害怕被清洗，而试图进行政变，但是总是被萨达姆有效制止。在战争结束的三年间，萨达姆先后阻止了 1988 年 11 月、1989 年 9 月、1990 年 1 月的四次政变企图，并清洗了大量军官。[①] 显然，防止政变、保证政权生存依旧是政府控制军队的重要目标。

第四，萨达姆决定入侵科威特，转嫁军队复员面临的危机。对于伊拉克军队入侵科威特的解释大多集中在缓解经济危机、追求地区霸权和转移国内压力等方面。[②] 事实上，萨达姆也试图通过入侵科威特加强对军队的控制，推迟民主改革承诺。但是，军队的复员问题也是发动战争的重要考虑之一。战争中，伊拉克经济形势恶化，因而不能为复员军人提供足够的工作机会，但是，不复员军队，又将影响经济的发展。他们大规模流入社会，可能加剧经济危机、社会混乱、国家失序。入侵富裕的邻国，有助于消除伊拉克的赤字和经济危机，并且为解决军队复员问题提供新的方向。

但是，入侵科威特对萨达姆政权乃至伊拉克国家造成灾难性的结果，1991 年海湾战争之后，伊拉克遭遇了十几年的严厉制裁。2003 年，美国借"反恐战争"之名出兵伊拉克。由于严重不对称的军事实力，以及萨达姆错误的战争计划，伊拉克常规军迅速崩溃，共和国卫队和特别卫队也没有发挥实质性的抵抗作用，美国以摧枯拉朽之势占领伊拉克。虽然萨达姆的军队控制策略确保了政权的内部安全，但是，军队作用被长期限制，以及其他安全力量之间的分裂和紧张，造成伊拉克军队以及其他武装力量实力有限，也限制了萨达姆使用军队捍卫国家安全的能力。

总之，萨达姆时期主要通过政党（即复兴党）控制军队，而非简单的文官控制军队。这总体上有利于萨达姆政权的稳定，萨达姆时期基本解决了伊拉克之前不断发生军事政变的问题。萨达姆时期的军政关系在一定程度上牺牲了军队的战斗力，但这很难说是党控制军模式的过错，而是萨达姆自身对军事事务过多干预的结果。

---

① Ibrahim Al-Marashi, Sammy Salama, *Iraq's Armed Forces: An Analytical History* (New York: Routledge, 2008), p. 175.

② Andrew T. Parasiliti, "The Causes and Timing of Iraq's Wars: A Power Cycle Assessment," *International Political Science Review*, Vol. 24, No. 1, January 2003, p. 152.

第三节　后萨达姆时期的军政关系

2003 年，美国领导的国际联军绕开联合国的合法授权，以"莫须有"的罪名入侵伊拉克，推翻了萨达姆政权。战争开始不久，伊拉克的武装力量迅速土崩瓦解，全国性的安全力量不复存在，缺乏实战能力的伊拉克民兵组织构成了地方性的安全力量。国际联军由于数量有限，也不能有效承担起维持伊拉克安全秩序的重任。由于安全力量严重不足，伊拉克陷入血腥的暴力冲突当中。美国完全解散萨达姆军警导致军队功能弱化，由此带来严重后果。因此，美国主导下的伊拉克重建包括军队的重建和军政关系的重构。建立新的军队成为伊拉克的当务之急，伊拉克新型军政关系的形成遂成为新的关注点。

一　临时管理当局指导下的伊拉克军政关系

萨达姆政权倒台之后，伊拉克在 2003 年 4 月 21 日成立了过渡政府——联军临时管理当局（简称临管会）。鉴于伊拉克恶劣的安全形势，临管会迅速启动了重建包括军队在内的安全部门的进程。临管会试图在伊拉克建立西方模式的军政关系，其思路是首先消除前复兴党政权对于伊拉克军队的影响，其次在伊拉克建立起西方模式军政关系的制度框架。

临管会主要通过三个法令消除复兴党在伊拉克军队的影响。2003 年 5 月 16 日，布雷默签署《去伊拉克社会的复兴党化》的命令，显示出临管会试图在社会层面边缘前政权成员的意图。一周之后，布雷默签署《解散政府机构》的命令，要求解散前政权的军事、安全和情报机构，此法令的目的是消除前政权对伊拉克安全力量的影响。依据该法令，解散了伊拉克的 23 个军事和准军事实体，包括国防部、陆军、空军、海军、防空军、共和国卫队等武装力量。该命令还废除了伊拉克实施 70 多年的《征兵法》，试图彻底切断安全力量与前政权的联系。该法令还指明了未来伊拉克安全力量的重建任务，即有能力保卫自由的伊拉克共和国。在文官政府控制之下，军队应当是专业化的、非政治性的，具有效力，并能代表所有伊拉克民众。①
2003 年 5 月 25 日，临管会颁布《建立伊拉克去复兴党化的委员会法令》，
其主要目标是去除复兴党的支持网络，充公复兴党的资产。在临管会强有力
的政策支持下，复兴党长期一党统治的基础基本被肃清，复兴党控制军队的
模式被废除。

　　复兴党对军队的影响被消除后，临管会开始建立伊拉克新军政关系制度
框架。2003 年 8 月 18 日，临管会颁布 22 号命令《创建新的伊拉克军队》，
该命令中止了 1940～1984 年伊拉克政府颁布的军队法律。法令还指出新军
队虽然在临时当局的主导下成立，但未来，这支军队将由伊拉克人民建立的
伊拉克代议政府统辖。因为此时伊拉克没有国防部，所以临管会负责掌管组
建新军队，布雷默及其指派的临时当局官员有任命军官的权力。伊拉克指挥
官仅徒具其名，他们只是执行临管会颁布的命令，并且在实践中接受联军军
官的指挥。此外，该命令第六部分还规定了兵员资质的具体要求：所有身体
合格的 18 岁及其以上的伊拉克公民，不管是否具有军事经验，只要不与激
进组织存在联系，没有违反人权记录，不与萨达姆政权控制的安全与政治组
织存在联系，都能入伍参军。② 与建立新军相配套，第 23 号命令《创建新
伊拉克军队的军纪法令》规定了新军队违法行为的处理办法。为了提高自
身的合法性，临时当局试图增加伊拉克人在军事机构中的数量和代表。临管
会在 2003 年 9 月 19 日颁布了第 42 号令《创建国防支持机构》，其目的是为
新成立的伊拉克军队建立一些提供支持的机构，包括管理和后勤支持部门、
金融和会计部门、训练支持部门、军队招募部门、医疗支持部门、提供法律
事务帮助的部门等机构。这些机构只是行政机构，没有权力发布任何军事命
令，也不能制定与军队有关的政策。③ 2004 年 3 月 21 日，临管会颁布 67 号
命令《创建国防部》，该命令指出，新成立的国防部将在临时当局的命令、
指导和控制下行动。国防部长将由布雷默任命，国防部长直接向临时当局报

---

① Coalition Provisional Authority Order No. 2: Dissolution of Entities with Annex A, http://
www. iraqcoalition. org/regulations/20030823_ CPAORD_2_ Dissolution_ of_ Entities_ with_ Annex_
A. pdf.

② Coalition Provisional Authority Order No. 22: Creation of a New Iraqi Army, http://
www. iraqcoalition. org/regulations/20030818_ CPAORD_ 22_ Creation_ of_ a_ New_ Iraqi_ Ar-
my. pdf.

③ Coalition Provisional Authority Order No. 42: Creation of the Defense Support Agency, http://
www. iraqcoalition. org/regulations/20030923_ CPAORD42. pdf.

告，而不对伊拉克管理委员会负责。①

综观临管会重建伊拉克军政关系的制度规定，我们发现以下几个特征：第一，美国主导了伊拉克安全部门的重建，它基于清除复兴党前政权对军队的影响，以及在伊拉克移植西方军政关系两项原则进行重建；第二，美国主导的伊拉克军队重建是一个系统的过程，包括人员招募计划、制度安排设计、指导理念规定等内容；第三，美国试图依据西方民主国家军队的制度和实践，重建伊拉克军队，这集中表现在文官控制军队的原则、军队不干预政治的原则、军队代表伊拉克民众的原则等规定上。

2004 年临管会将权力移交给伊拉克人民，伊拉克政府开始承担军队重建的任务。但是临管会对于伊拉克军队重建的影响仍然非常巨大，它对伊拉克军队重建的设想最终反映在伊拉克的宪法中。

二　伊拉克战后军政关系的宪法规定

伊拉克战后军政关系重建，具有深深的美国烙印。美国对于未来伊拉克军政关系的设想，最终以宪法规定的形式确定下来。综合来看，宪法对伊拉克军队的组织程序与原则、部门设置与任务、中央与地方在安全议题中的职责等内容做了相关规定，这些规定反映了美国及新伊拉克政府寻求提高军队民主规范水平的诉求。

第一，宪法规定军队的非政治性。宪法第 9 条对伊拉克安全力量的构成、指导原则、主要任务等做出了规定。就人员构成来看，伊拉克武装力量和安全机构由伊拉克人民组成，充分考虑族群的均衡性和代表性，不应带任何歧视和排斥。此外，禁止在国家武装力量之外组建其他民兵组织。就指导原则来看，安全部门应当在文官政府的控制之下，接受立法机构的监督，行动中应当遵守法律，尊重人权原则，伊拉克的军事机构应当依法管理。安全力量不能干预政治事务，也不应在政权更替中发挥作用。伊拉克武装力量及其人员，包括供职于国防部及其附属部门和组织的军事人员，不能表达对候选人的支持，不能参与候选人的竞选活动，也不能参与其他国防部禁止的活动。但是，该禁令并不损害他们在选举中参与投票的权利。就安全部门的任

---

① Coalition Provisional Authority Order No. 67：Ministry of Defense，http：//www. iraqcoalition. org/regulations/20040321_CPAORD67_Ministry_of_Defence. pdf.

务来讲，安全力量应当受到文官政府的控制，其职责是保卫伊拉克，而不能作为镇压民众的工具。伊拉克国家情报机构负责搜集情报，评估对国家安全的威胁。

第二，宪法也对文官政府领导军队做出了规定。宪法第 61 条规定，议会根据内阁的建议，有权委任参谋总长及其助手、师级及其以上级别军官、情报机构领导。宪法第 80 条规定了内阁任命这些候选人的责任，但是，宪法并未规定议会是否有解职这些军官的权力。第 73 条赋予伊拉克总统作为名誉上的武装部队总司令的地位。第 78 条规定，总理直接负责制定国家总的政策，并在执行中担任武装力量总司令。他领导内阁工作，在内阁会议同意的情况下，有权解职部长。第 84 条规定，应当设立专门的法律，用来协调安全部门和国家情报机构的工作，并规定这些部门的责任和权力，这些部门应当遵循人权原则，并接受内阁会议的监督。此外，情报机构应当与内阁会议建立联系。

第三，宪法还对中央与地方在安全事务中的权力做出了规定。在论及联邦政府权力的时候，宪法第 110 条规定了联邦政府的某些排他性权力，其中第 2 节指出：联邦政府负责制定和执行国家安全政策，包括建立和管理武装力量，确保安全事务，保证伊拉克领土安全，防卫外敌入侵。在论及地方政府权力的时候，宪法第 121 条第 5 节规定：地方政府对本地区的行政要求负责，尤其是负责建立和组织本地区的内部安全力量，例如警察、安全力量、地区卫队。①

总之，伊拉克宪法详尽规定了安全部门的指导原则、组织构成、责任与义务，这些都反映了美国人视域下培育伊拉克安全部门规范的要求。

三　伊拉克战后军政关系的实践状况

后萨姆时期的军政关系是民主制下的文官控制军队模式，文官对于军队的控制主要基于法律等制度安排；军队的团体事务由政府决定，但军队自主性增强；政府的内外安全政策制定中，文官政府具有最终决定作用，但军队享有建议权；军队对于国家经济领域的卷入程度在下降。

---

① 伊拉克宪法对于安全部门的规定详见 http：//www. wipo. int/wipolex/en/details. jsp？ id = 10027。

第一，伊拉克文官控制军队的能力通过宪法和其他法律框架的保障，得到进一步加强。1968 年之后，伊拉克的文官政府逐渐实现了对军队的控制，这种控制虽然有效阻止了军事政变的发生，但是强化了复兴党政权的威权统治。由于伊拉克新政府面临严峻的内外压力，军队被赋予强大的作用，军队也因此成为国家内部权力斗争的工具。马利基在 2010 年赢得第二届总理任期，他既是武装力量总司令，也兼任国防部长和内政部长，因而，他获得了监督军队决策进程和制定国家安全战略的合法权威。① 马利基利用对军队的控制，增强自身的权力，提高中央对地方的优势，这对于稳定伊拉克政治具有重要意义。然而，由于伊拉克新政府缺乏法治基础，伊拉克行政部门和总理的权力过大，文官控制安全力量的规定为马利基政府增加权力添加了更多筹码，长期来看，这并不利于伊拉克民主制度的巩固。

第二，军队在内部安全事务中的作用限定在打击分裂主义和恐怖主义暴力活动中。在宪法颁布后的这段时间内，军队的表现证明了他们尊重不干预政治的规范和尊重人权的规范。在历次选举中，军队仅仅执行保护选举活动的任务，从未显露出军队的党派偏好。对于宪法中军队不应成为镇压民众的工具的规定，则有相当大的争议。伊拉克军队整体上接受了对民众保持克制的规范，他们尊重人权原则和人道主义原则。② 由于伊拉克脆弱的安全形势，军队被用来执行某些国内安全任务，伊拉克的大多数城市都有军队部署，军队不可避免地参与日常的战斗活动。由于伊拉克军队要应对恐怖主义活动，这些恐怖组织往往有国内或国外力量的资金、后勤和舆论支持，因而，有一些媒体造势将军队的反恐行动污蔑为违反人权的行为，这并不完全符合事实。虽然偶尔有违反人权行为发生，但这些都不足以动摇军队对宪法涉及的基本规范的尊重。

经过数十年的发展，伊拉克军队虽然具备一定应对内外威胁的能力，但仍未达到完全自主地负责内外安全的目标。首先，内部方面，伊拉克军队并没有有效控制和解决伊拉克的国内暴力冲突问题。2003 年以来，伊拉克的

---

① Maria Fantappie, "Contested Consolidation of Power in Iraq," *Carnegie Report*, 2013, http://carnegieendowment. org/files/contested_ consolidation. pdf.

② Abbas Kadhim, "Rebuilding the Military under Democratic Control: Iraq," in Tomas C. Bruneau, Florina C. Matei, eds., *The Routledge Handbook of Civil – Military Relations* (London: Routledge, 2013), p. 138.

安全状况一直不容乐观。① 伊拉克罹难人数统计组织的数据显示，从 2003 年推翻萨达姆政权到 2014 年，伊拉克的平民伤亡总数高达 11.5 万人。伊拉克 2012 年的平民伤亡总数达到 4471 人，相较 2011 年的 4137 人和 2010 年的 4073 人均有小幅增长，这印证了人们对美军撤出伊拉克之后，伊拉克安全状况可能会恶化的担心。② 进入 2013 年以来，伊拉克安全状况进一步恶化，基于教派冲突的汽车炸弹袭击和小规模的直接交火数量进一步增加。其次，外部方面，伊拉克军队尚不具备独立承担国家防御的能力。考虑到中东国家长期军备竞赛的历史，伊拉克的邻国大多具有强大的军事实力，③ 伊拉克无法单独应对大多数邻国对它的威胁。2010 年，伊拉克武装力量参谋总长兹巴拉（Zibara）表示，伊拉克军队要到 2020 年前后才能具备独立防卫的能力。④ 总之，伊拉克仍需一段时间，才能建立起强大的军队。

第三，伊拉克军队作为伊拉克统一与民族尊严的象征机构，整体上在伊拉克社会享有崇高的地位。伊拉克战争之后，军队的良好形象有所下降，军队作为国家团结符号的地位不再。

历史上的伊拉克军队是国家统一和民族身份的象征，从参加阿以战争到参与两伊战争和海湾战争，伊拉克军队扮演着凝聚民族意识、凸显国家声誉的重要角色。对于大多数伊拉克人民来说，惩治萨达姆集团是合理合法的，但解散伊拉克军队则是错误的举动，因为美国人试图割断伊拉克人与过去的联系。国际危机小组（ICG）在 2003 年发表的一份报告指出：伊拉克人民认为，尽管伊拉克军队犯有严重的罪行，但它依旧属于伊拉克人民，仍然是国家统一的象征。美国人可以通过证据和调解委员会，惩罚军队中的犯罪者，而不是强制解散伊拉克军队这一维持秩序的国家机构。⑤ 可见，伊拉克人民期待自己决定伊拉克军队的命运，而不是由美国人来对军队进行惩罚。

由于伊拉克军队重建的"外塑性"、"教派化"和"政治化"特征，军

---

① 魏亮：《浅析美军撤离后伊拉克政治重建的安全环境》，《西亚非洲》2012 年第 4 期，第 82~83 页。

② Iraq Body Count, "Iraqi Deaths from Violence in 2012," http：//www. iraqbodycount. org/analysis/numbers/2012/.

③ Amin Hewedy, *Militarization and Security in the Middle East*: *Its Impact on Development and Democracy* (New York: St. Martin's Press, 1989).

④ Matthew Weaver, "Iraqi Army Not Ready to Take over until 2020, Says Country's Top General," http：//www. guardian. co. uk/world/2010/aug/12/iraqi - army - not - ready - general.

⑤ International Crisis Group, "Iraq: Building a New Security Structure, " *Middle East Report*, No. 20, 2003, p. 4.

队面临腐败猖獗、制度化程度低、战斗力弱等问题，这影响民众对于军队的认可。军队的腐败问题严重，既降低军队士气，又损害军队战斗力。军队并未建立高效、负责、规范的制度体系，不仅导致军队政治化程度严重，而且减弱军队战斗力。军队效力低下，既不能有效维持内部安全，又不能维护外部主权和独立。① 最终，当"伊斯兰国"在伊拉克肆虐时，军队不仅未能承担起保家卫国的重任，而且导致大量民兵组织涌现。

总体来看，伊拉克军政关系经历了近十年的重建过程，整体上展现出民主制下的文官控制军队的特征，文官依照法律控制军队，军队对民主规范尊重，秉持不参与政治的原则。然而，由于美国主导的重建过程没有充分考虑伊拉克的实际情况、伊拉克军队重建的时间相对较短、伊拉克政治进程的制约等因素，伊拉克军政关系的重建存在不少问题。

四　对后萨达姆时期伊拉克军政关系的评价

综合来看，伊拉克的军政关系重建取得了一定的进展，但是距离美国最初设想的目标仍有不小的差距。反思伊拉克军政关系的重建进程，我们可以得出以下几点启示。第一，临管会主导的伊拉克军队去复兴党化的进程，并未考虑伊拉克军队内部的分裂性，不加区分地解散伊拉克军队，确实能够起到清除萨达姆政权影响的作用，但也增加了军队重建的成本。美国过分强调伊拉克族群之间的不信任、分裂与冲突，而没有注意到伊拉克族群内部的分裂和冲突。萨达姆时期的军官除了逊尼派外，也包括什叶派和库尔德人，萨达姆也会清洗逊尼派军官，晋升军官或惩罚军官的标准是军官是否对复兴党政权忠诚，而非其族群属性。由于完全解散了伊拉克军队，伊拉克失去了其作为统一的象征性制度，增加了伊拉克国内的武装叛乱。如果临管会能够有所区别地对待伊拉克军队，仅仅将萨达姆的支持者从军队中清除出去，伊拉克军队将更加有效地应对国内安全威胁，也能弱化由于美国对伊拉克的持久占领所激发的伊拉克人民的民族主义情绪和军事主义行动。

第二，发展中国家的安全部门重建与改革需要分清主次，对于面临战后重建的国家，其首要任务是增强军队的效力，使其有能力应对国内暴力冲

① 朱泉钢：《论伊拉克国家重建中的军队问题》，《阿拉伯世界研究》2016 年第 4 期，第 87 ~ 103 页。

突，保证国家的秩序和安全，而不是过分关注军队对规范的学习。[1] 军政关系的改革必须有国内安全做保障，在安全状况极其恶劣的情况下推进军队的改革，极有可能增加改革的成本，降低改革的成效。军政关系的改革是一个试图解决不安全的结构性问题的长期过程，而非一个立刻消除安全威胁的方法。而后冲突国家普遍存在大量不安全要素，有效应对安全威胁是改革需要解决的首要问题。[2] 在没有建立有效力的安全力量的情况下，"一刀切"地解散伊拉克军队造成伊拉克国内安全出现真空，导致抢劫活动、有组织的犯罪活动和政治暴力活动频发。将资源主要耗费在推进伊拉克军队接受民主规范上，在一定程度上降低了军队应对威胁的效率。

第三，军政关系重建的成功有赖参与重建的国内政治行为体在改革原则、战略视野、具体目标等方面达成共识。外部主导的军政关系重建往往选择自己的政治盟友作为主导该进程的力量，造成的结果就是委托特定的族群主导军政关系重建，而将另外的族群排除出这一进程。罗宾·卢克曼警告了这种类型的军政关系重建进程，他认为，当军队、警察等安全部门建立起以族群为基础的庇护网络，就将损害这些部门的效力，弱化其纪律性，并且提高少数派群体对于国家机构的不信任感。[3] 美国从与自身关系密切的族群来招募军队的人员，这些部门以什叶派和库尔德人居多。这种招募模式导致军队内部的派系分裂，阻碍这些部门专业化团体身份形成。[4] 被排除出这一进程的逊尼派的一些人员甚至加入暴力组织对抗政府，以表达对这种不公正安排的不满。

伊拉克战争结束之后，伊拉克的教派武装冲突加剧，"伊斯兰国"在伊拉克崛起，土耳其不时空袭伊拉克北部的库尔德地区，这些都表明伊拉克战后安全重建频频受挫，而主要原因就是缺乏强有力的军队建设，以及强行移

---

[1]　Heiner Hänggi, "Conceptualising Security Sector Reform and Reconstruction," in Alan Bryden, Heiner Hänggi, eds., *Reform and Reconstruction of the Security Sector* (Münster: Lit, 2004), pp. 13 – 15.

[2]　Nicole Ball, "Democratic Governance in the Security Sector," in "Learning From Experience in Afghanistan," *UNDP Workshop Report*, 2002, http: //www. ciponline. org/images/uploads/publications/3201. pdf, p. 7.

[3]　Robin Luckham, "Democratic Strategies for Security in Transition and Conflict, " in Cawthra, G., Luckham R., eds., *Governing Insecurity: Democratic Control of Military and Security Establishments in Transitional Democracies* (New York: Zed Books, 2003), p. 22.

[4]　Ibrahim Al – Marashi, Sammy Salama, *Iraq's Armed Forces: An Analytical History* (New York: Routledge, 2008), p. 200.

植西方军政关系模式存在问题。

伊拉克军政关系表现出明显的动态性，从最初的频繁军事政变和采取军人主导模式，转变为相对稳定的复兴党控制军队模式，再到美国强行移植西方的民主政府控制军队的模式。伊拉克共和国一直在寻求超越"军政关系的两难困境"，目前仍在艰难的探索之中。共和国建立之初，国家屡屡遭受军事政变的冲击，这种非制度化的激变并不利于政治稳定和政治发展。复兴党控制军队实现了伊拉克的政治稳定，这无疑是历史的进步。然而，萨达姆以牺牲军队主动性和战斗力来换取对军队控制的做法也付出了惨痛的代价。2003 年萨达姆政权被推翻以来，伊拉克虽然披上了"西式民主政府控制军队"的外衣，但其仍未解决军队增强战斗力的问题。

考察伊拉克军政关系的演变历史，有助于人们澄清以下两个事实。第一，萨达姆虽然时常通过身着戎装显示自己与军人的亲近，但他并不信任军队。一些学者过分强调中东威权政府统治者对于军队的信任与依赖，以及军队对政权的支持与服从。萨达姆政府军政关系的案例表明，军队对于政府的忠诚绝非无条件的，而政府对于军队往往防范大于亲近。因此，政府控制军队并不容易。第二，2003 年之后的伊拉克军队重建失败，表明民主政府控制军队的成功有条件。伊拉克军政关系重建体现了美国的利益和诉求，同时也折射出伊拉克自身的政治发展特征。这导致伊拉克军队面临教派化、政治化、低战斗力等问题，无力应对"伊斯兰国"崛起，基本宣告伊拉克军队重建失败。

从中长期时段来看，伊拉克军政关系的改革仍然任重而道远。一方面，伊拉克政府控制军队的问题已经基本解决。早在萨达姆时期，通过"党控制军"的模式，已经极大地减少了军人干政现象。2003 年之后，伊拉克进一步巩固了政府控制军队的文化和实践。另一方面，军队战斗能力偏低问题仍然突出。这一问题的解决需要克服以下难题：消解伊拉克教派政治在军政关系上的投射，加速军队制度化和专业主义的建设，整编打击"伊斯兰国"过程中崛起的民兵武装——大众动员军。显然，这并非一蹴而就的。

第四章

也门共和国军政关系的演变

考察也门军政关系问题，不仅是对阿拉伯共和制国家军政关系问题研究的丰富，而且能对海湾地区的军政关系问题提供某些启示。

军政关系本质上是权力关系，不仅包括作为国家机构的军队（高级军官代表的军方）与政府（政治精英代表的文官）之间的关系，而且包括军队与社会（主导性的社会结构力量）之间的关系。[①] 也门是中东地区最贫穷、最不发达、最弱的国家，部落是其主导性的社会结构，其中哈希德（Hashid）和巴基勒（Bakil）是也门两个较大的部落联盟，因此理解其军政关系应当以部落国家为基础和背景。历史上，栽德派的伊玛目神权国形成了一种传统的军政关系模式。当也门被卷入现代世界体系之后，也门的中央权威发现：相较部落武装，政府的武装力量弱小，并对自身安全和权力施行构成消极的限制。[②] 整体来看，也门近代以来的军政关系历史，就是一部军方、部落精英和政权力量彼此竞争和合作的历史，三方的博弈也是现代也门历史发展的重要动力。

在也门的传统军政关系中，部落税赋是伊玛目神权国军事权力的经济基础。军队的组织和军人数量都是不固定的，根据具体的需求组建，显然是非制度化的。军队的集结主要通过伊玛目的召唤，这种号召力来自两个方面：

---

① Rebecca L. Schiff, *The Military and Domestic Politics: A Concordance Theory of Civil - Military Relation* (New York: Routledge, 2009), p. 1.

② Isa Blumi, *Destroying Yemen: What Chaos in Arabia Tells Us about the World* (Oakland, California: University of California Press, 2018), p. 7.

一是伊玛目所享有的部落忠诚，这种忠诚主要源于伊玛目为部落提供的金钱；二是部落领导担心伊玛目的惩罚，即伊玛目通过挟持大量部落人质从而对部落构成威慑。[①] 显然，这种基于部落社会的军队结构是传统的，其战斗力相对有限。

伊玛目封建王朝末期，叶海亚伊玛目（Imam Yahya Hamid al – Din）开始有意识地加强中央集权，建立包括专业军队在内的多支武装力量。与大多数中东国家一样，伊玛目王朝没能摆脱军队现代化的悖论：建立现代军队巩固政权，政权却最终被军官发动政变而推翻。1962 年，也门共和国建立，但随即陷入血腥内战。萨拉勒（'Abd Allah al – Sallal）等军官领导的新政权疲于维持政权生存，而不得不依附埃及，并且几乎没能有效地建立政府制度和军队制度，这也是萨拉勒于 1967 年被罢黜的重要原因。出于对军人政权消极作用的反思，文官出身的埃里亚尼（'Abd al – Rahman al – Iryani）被推选为总统。然而，由于无法平衡社会剧变中也门各方的不同利益，埃里亚尼在 1974 年被罢黜。随即，军方再次重回也门政治的中心。然而，军方同样无法有效解决也门复杂的内外困境，这也导致军人出身的总统哈姆迪（Ibrahim al – Hamdi）和卡西姆（Ahmad al – Ghashmi）在 1977 年和 1978 年先后遇刺身亡。萨利赫（'Ali' Abd Allah Salih）在 1978 年出任总统之后，通过建立"部落—商人—军队复合体"逐渐巩固了政权，然而，随着他在军事、商业和政治上不断扶植自己的家族力量，疏离其他桑汉部落成员，萨利赫政权的精英支持基础被削弱，最终在 2011 年政权面临系统性政治危机的时候，军队发生分裂，萨利赫不得不下台。

第一节　也门现代军队的建立与九月革命

正如亨廷顿的经典观察，君主制面临一个悖论：一方面，在国家现代化的过程中，权力集中有其必要性；另一方面，权力的集中又很难将现代化产生的力量吸纳进统治集团。[②] 如果君主无法巧妙地处理这种困境，最终的结

---

① J. C. Hurewitz, *Middle East politics*: *The Military Dimension* (New York: Praeger, 1969), p. 255.

② 〔美〕塞缪尔·P. 亨廷顿：《变化社会中的政治秩序》，王冠华等译，生活·读书·新知三联书店，1989，第 161 页。

果就是政权崩塌。事实上，也门神权国的倾覆和阿拉伯也门共和国（北也门）的成立正是这种悖论的生动写照。进入 20 世纪之后，也门经历了广泛的社会经济变化，伊玛目试图通过现代化的举措巩固政权生存，这不仅造成新的政权反对力量崛起，而且他们与反对哈米德丁（Hamid al－Din）家族统治的传统势力合流。再加上域外大国的渗透，以及也门周边国家的威胁，也门政权的安全深受冲击。

20 世纪初，西方国际体系全球扩张进入一个新阶段，中东地区逐渐被卷入全球体系。作为后发国家，叶海亚伊玛目必须用现代化应对西方全球体系的扩张。① 经济相互依存程度的提高，以及通信技术的进步，双向推动了也门与外部世界的联系，也对伊玛目政权形成了巨大的生存压力。进入 20 世纪之后，全球经济体系开始影响也门。西方商品，包括纺织品、手表、热水瓶、香烟、药品、电子产品、汽车等为也门人带来了新的消费需求。也门对于大米和煤油进口依赖的增强，导致英国和意大利公司在也门建立了贸易所。再加上其他因素，也门经济从易货经济转变为现金经济。叶海亚出于民众期待的压力，以及加强自身统治的考虑，投入一部分资金购买现代装备和建设现代生产项目，包括建立医疗机构、建设公路和邮政系统。例如在通信领域，伊玛目升级了奥斯曼帝国时期的一些通信设施。在统治末期，他开始使用无线电装置与地方省份官员联系。电台之前是不被允许的，但伊玛目后来逐渐意识到电台的好处，并最终在萨那建立了电台。开罗的"阿拉伯之音"影响了也门人的政治意识，也门人产生了与其他阿拉伯人"兄弟般"的情感认同，1956 年苏伊士运河战争的时候，也门人在塔伊兹的英国公馆前抗议示威。此外，"阿拉伯之音"中对伊玛目的批评也影响了也门民众。②

一　叶海亚建设也门现代军队的努力

由于内外安全压力增大，叶海亚决定建立现代武装力量。穆罕默德·阿尤布曾指出，第三世界国家的安全问题不同于西方发达国家的安全问题。西

---

① John. M. Willis, *Unmaking North and South*: *Cartographies of the Yemeni Past*, *1857 － 1934*（New York: Columbia University Press, 2012）, pp. 45 － 72.

② J. E. Peterson, *Yemen*: *The Search for a Modern State*（London: Croom Helm Ltd, 1982）, pp. 69 － 70.

方国家的安全概念具有三个显著特征：外部导向、体系安全、联盟对抗。由于第三世界国家是现代世界体系的后来者，并且它们往往缺乏发达国家的内部共识程度，它们往往体现为内外安全密切相关，尤其是内部威胁外部化。最终，外部影响，以及不稳定的内部因素，使得国家和政权极度不安全，这两种进程导致也门伊玛目王朝出现不安全恶性循环。[①] 伊玛目神权国被具有离心倾向的北部高地部落和具有扩张倾向的沙特，以及南部的英国力量包围，这种不安全感促使叶海亚试图建立现代化的国家军队。

1918 年，也门正式从奥斯曼帝国统治下独立出来，叶海亚伊玛目开始着手建设现代化的常规军。这批新军有数千人，主要成员来自与伊玛目一起抗击奥斯曼帝国的部落武装力量，他们也成为也门常规军的骨干力量。由于也门缺乏现代军官，因此伊玛目聘请数百名土耳其军官进行军事训练。摩洛哥旅行家巴斯奇（Mohamed Al - Basiqi）记录了他在 20 世纪 20 年代对于也门新军的见闻，他写道，伊玛目试图创建一支训练有素的军队。这些士兵具有吃苦耐劳的部落精神，他们没有统一的制服，大多身着当地普通服装，看起来令人恐惧，因为他们外形充满野性，而胸前和背后挂满了弹药带。[②] 在土耳其军官的领导下，也门常规军接受初级的军事训练，并表现出一定的专业性，如军人需要集体居住在特定的地点，而不像之前那样居住在自己的家里。

由于土耳其军官倡导军人作为社会中的先进力量，必要时能够干政，这引起了叶海亚的担心，他在 1934 年任命叙利亚军官塔赫森（Tahseen Pasha）建立了一支平行于常规军的国防军。政府规定，所有身体条件允许的也门男性都有服兵役的义务，他们应进行为期四个月的军事训练。[③] 这一举动并没有得到部落精英的支持，因为他们认为这是政府试图控制更多部落人质的举动。但是，仍有数千名也门人接受了训练，他们中的大多数是少地的农民。国防军不仅承担安全责任，而且负责征税和国家邮递事务。

值得注意的是，伊玛目为了制衡常规性的国家军队，还根据也门的部落

① Mohammod Ayoob, ed., *Regional Security in the Third World: Case Studies from Southeast Asia and the Middle East* (London: Routledge, 1986).

② Y. Rizk, "Blissful, Verdant Yemen," *Al - Ahram Weekly*, 17 - 23 May, Issue 534, 2001.

③ Khaled Fattah, "Political History of Civil - Military Relations in Yemen," *Alternative Politics*, Special Issue 1, November 2010, p. 27.

传统，以及父系主义原则组建了另外两支武装力量：部落军和伊玛目卫队。[1] 部落军并非一支常规军，主要由栽德高地的部落民众组成，是一种由部落征兵组成的准军事力量。部落军被分成许多组，每一个组的领导都是各自部落的谢赫（具有土耳其军队的 a'reef 头衔）。作为一种非常规军，部落军的兵员体系与另两种不同，部落军士兵必须服役 1~2 年，然后由他的家庭成员代替，一个士兵每月有 4 里亚尔的报酬，其中 1 里亚尔归谢赫。除此之外，伊玛目还有两个营的卫队，他们负责保护伊玛目的人身安全，并进行远征任务和阅兵仪式，他们是国家的精英武装力量。[2] 这两支力量的建立不仅表明也门传统的部落社会结构仍有强大的生命力，而且意味着伊玛目试图平衡不同的武装力量，因此他关于军队的现代化改革并不彻底。如果我们带着后设的眼光来看，不禁要感叹：历史不过是惊人的重复，萨利赫统治后期的也门武装力量建设与此何其相似。

二　外部力量与也门军队培训

然而，这种有限的军队现代化努力并没有能够确保伊玛目王朝的安全。一方面，政权对英国占领南部也门无能为力；另一方面，1934 年的沙特—也门边界战争中，也门丢掉了纳季兰、吉赞和阿西尔。面对屡次的军事失败，伊玛目决定派遣军官前往海外接受军事训练，以增强军队的战斗力。由于也门伊玛目国与伊拉克签有《1931 年友好兄弟条约》，因此伊玛目在1935 年派遣第一批学员前往伊拉克的巴格达军事学院学习。[3] 为了确保这些学员的忠诚，伊玛目亲自审核人员名单，主要选择标准是栽德派（出于也门传统的栽德派—沙斐仪派的矛盾）、非赛义德（出于伊玛目与传统栽德派宗教精英的矛盾）、城市中的出身卑贱者（出于伊玛目与传统部落精英的矛盾）、年龄为十几岁（显示出一定资质但并未完全定型）。事实上，他们中

---

[1]　Eva Bellin, "The Robustness of Authoritarianism in the Middle East: Exceptionalism in Comparative Perspective," *Comparative Politics*, Vol. 36, No. 2, January 2004, p. 145.

[2]　Khaled Fattah, "Political History of Civil - Military Relations in Yemen," *Alternative Politics*, Special Issue 1, November 2010, p. 28.

[3]　Robert D. Burrowes, *The Yemen Arab Republic: The Politics of Development*, 1962 - 1986 (Boulder, Colorado: Westview, 1987), p. 22.

的大部分是从孤儿学校选拔出来的，因此，看起来是一群无害和忠诚的年轻人。[①] 然而，伊玛目的评估并不准确，他低估了外部力量对于这些年轻人的影响。在这些人当中，第一批（1935~1937年）被派遣学习的萨拉勒是铁匠的儿子，他是1962年推翻穆塔瓦基利亚王朝的主要领导人。此外，第二批（1936~1939年）学员中的图拉亚（al-Thulaya）是1955年失败政变的领导之一。除此之外，1947~1959年，伊玛目叶海亚和艾哈迈德选取数百名年轻人到埃及和黎巴嫩学习，这些海外留学人员成为也门第一批现代化主义者。其中，就有不少前往军事院校学习的军人。[②] 这些在国外接受军事训练的士兵不仅学到了现代的军事组织、战斗经验、装备操作，而且深受新的政治观念，如阿拉伯民族主义、共和主义、宪政主义等的影响。正如萨拉勒在和他的伊拉克同僚交流时指出："我们讨论阿拉伯主义和阿拉伯斗争的未来，在倾听关于我的国家的讨论时我也在思考，它被专制主义统治，深陷无知、落后和不发展。希望开始冲击我的胸膛……为什么我们不在返回也门时增加对这种进步的呼吁？"[③] 显然，一些军官对于也门伊玛目家族的保守和腐朽、也门国家的贫穷和落后痛心疾首，并且在心中埋下了推翻也门旧制度的种子。

当1936年伊拉克爆发阿拉伯世界当代历史上的第一次军事政变时，叶海亚伊玛目担心在伊拉克接受军事训练的士兵受到伊拉克军官政变思想的影响。因此，他决定终止向伊拉克派遣军官进行军事学习，转而要求伊拉克政府向也门派遣军官训练团，确保训练者和参训者的活动能处于他的监控之下。历史发展的进程表明，他还是低估了军官参加现代化军事培训对于政权的冲击和影响。1948年爆发的传统精英瓦齐尔（Abdullah al Wazir）领导的文军协调性的政变中，军方的领导者就有伊拉克军官团的教官贾迈勒·贾米勒（Jamal Jamil）。然而，这次政变主要依赖城市中的进步个人和群体，而

---

① William Harold Ingrams, *The Yemen: Imams, Rulers and Revolutions* (London: John Murray, 1963), p. 119.

② Robert D. Burrowes, "The Famous Forty and Their Companions: North Yemen's First-Generation Modernists and Educational Emigrants," *Middle East Journal*, Vol. 59, No. 1, Winter 2005, p. 86.

③ Khaled Fattah, "Political History of Civil-Military Relations in Yemen," *Alternative Politics*, Special Issue 1, November 2010, p. 29.

没能获得部落的基本支持。① 此外，参与政变的一些军人对于残暴杀害伊玛目的行为不满，并受到叶海亚儿子艾哈迈德提供的物质诱惑，② 他们最终选择了倒戈。最后，在艾哈迈德带领栽德高地的亲伊玛目部落武装杀回萨那的时候，亲伊玛目力量很快重夺政权，艾哈迈德遂成为新的伊玛目。

随着伊拉克军事训练模式的失败，艾哈迈德将目光转向了非阿拉伯大国——意大利，后者帮助也门建立了一个小型的兵工厂。1955 年，政变又一次爆发了，这次政变也是一场文军协调的政变，领导者是阿卜杜拉王子、伊玛目国的外长。军方的支持者是图拉亚上校，他曾在伊拉克接受军事训练，并参加过 1948 年政变。他还是自由也门人组织的成员，并与阿卜杜拉关系紧密。这次事件的导火索是一群士兵与塔伊兹北部的居民发生冲突，两名士兵被杀，士兵随即展开报复，并趁机将矛头指向伊玛目，政变者包围伊玛目宫殿。艾哈迈德的儿子巴德尔迅速前往哈贾（Hajja）寻求部落支持，最终 8000 名部落武装前往萨那击败政变力量。此次政变与 1948 年政变有诸多相似之处，军队在政变中的作用进一步增加，但是军队组织性仍然不高，也没有获取足够的部落和民众支持，③ 因此最后还是以失败告终。

这次政变导致大量也门军事院校被关闭，而伊玛目为了应对纳赛尔主义对政权的内外冲击，向纳赛尔请求让埃及向也门派遣军官帮助其重建军队，1957 年埃及派遣军官团前往也门，随行的还有一船武器。事实上，伊玛目对于埃及军官的疑虑导致也门军队建设困难重重。而且，也门受训军官越来越受到纳赛尔主义思潮的影响，也门的秘密军官组织如雨后春笋般兴起，其中最著名的是也门自由军官组织。1961 年 12 月，15 个也门陆军中尉在萨那组建自由军官组织。在随后的会议中，他们产生了一个指挥委员会，并达成了革命的六点声明，即建立纳赛尔主义模式的共和国、国家民主、军队强大、也门统一、阿拉伯民族统一和积极中立的外交政策。这些军官还与之前接受过埃及训练的军官建立联系，例如局载兰（'Abd Allah Juzaylan）、阿拉（'Abd al – Latif Dayf Allah）等，他们试图获取纳赛尔的直接支持。自由军

---

① Robert W. Stookey, *Yemen: The Politics of the Yemen Arab Republic* (Boulder: Westview, 1978), p. 213.

② Majid Khadduri, "Coup and Counter – Coup in the Yaman 1948," *International Affairs*, Vol. 28, No. 1, 1952, p. 68.

③ George M. Haddad, *Revolutions and Military Rule in the Middle East: The Northern Tier* (New York: R. Speller, 1965), p. 236.

官组织的分支随后在塔伊兹和荷台达建立。[1] 最后，该组织计划于 1962 年 9 月攻击塔伊兹的王宫和占领该城。

三 军官领导"九月革命"的胜利

1962 年 9 月 26 日夜间，自由军官组织发动了攻占王宫的行动。尽管刺杀巴德尔伊玛目的行动失败，但是军官很快占领了武器库。一些低级军官被暂押在军营，军队指挥部、电台以及其他一些战略要塞很快被自由军官占领。此外，军官宣布伊玛目已经被杀死，这一虚假消息对于也门局势发展起到了关键性的作用。宣布伊玛目被杀的消息不仅阻止了忠诚于伊玛目的军官抵抗，而且机会主义的部落精英也选择支持现政权。此外，对于与巴德尔伊玛目关系良好的纳赛尔政权来讲，支持军官建立共和制度也不再有太多顾虑了。[2] 即使后来大家发现伊玛目巴德尔仍然存活，但是革命再次显示出它的"乌合之众效应"，[3] 很多人会认为，革命一旦开始，就没有回头路了。因此，很多改革者也倒向了革命。

相较 1948 年和 1955 年两次失败的政变，1962 年政变的成功主要由于以下两个原因。第一，结构性因素更加有利于政变爆发和政变成功。一是伊玛目神权国的政权合法性进一步下降。韦伯将统治合法性分为三类：传统型统治、法理型统治和魅力型统治，[4] 对于伊玛目政权来讲，君主的个人能力和魅力是维持体系生存的重要因素。事实上，哈米德丁家族的统治长期受到其他赛义德和部落精英的挑战，再加上新上台的巴德尔伊玛目并不具备其父的资质，因此传统力量对他的支持更加有限。二是经济状况不断恶化。也门的现代化进程耗费大量国家财政收入，因为各种行政、军事、外交、商业和教育开支不断增加，伊玛目政权早已国库空虚。[5] 1962 年革命前近三年的持

---

① J. E. Peterson, *Yemen: The Search for a Modern State* (London: Croom Helm Ltd., 1982), p. 86.

② Asher Orkaby, *Beyond the Arab Cold War: The International History of the Yemen Civil War, 1962 – 68* (New York : Oxford University Press, 2017), p. 36.

③ 〔法〕古斯塔夫·勒庞：《乌合之众：大众心理研究》，冯克利译，民主与建设出版社，2014，第 3 页。

④ 〔德〕马克思·韦伯：《支配的类型》，载韦伯《韦伯作品集（Ⅱ）》，康乐等译，广西师范大学出版社，2004，第 293 ~ 470 页。

⑤ Mohamed Anam Ghaleb, *Government Organization as a Barrier to Economic Development* (Bochum: Ruhr University Institute for Development Research and Development Policy, 1979), p. 36.

续干旱，严重损害了普通民众的日常生活，度日如年的他们对于政权的支持相对有限。巴德尔上台之后，就面临军队要求增加收入，以及部落精英要求分配更多国家资源的请求，但政府缺乏资金，不能满足他们的诉求，这加剧了他们的不满。

第二，军队和政府的组织力量对比明显有利于军队。就伊玛目政府来讲，它那种传统的政治组织模式本就缺乏严密性和国家治理能力。此外，经过两次不成功的政变以及政变之后的大规模清洗，伊玛目政权的传统支持基础的稳固程度进一步下降。与此相反，1962 年的时候，也门自由军官已经建立了相当严密的组织结构，这与前两次失败政变时候的松散军官组织形成了鲜明对比。此外，军官还获得了广泛的支持，政变之前，军官不仅寻求埃及政府的外部支持，而且努力与传统的军政官员保持联系和协调，赢得了相对广泛的支持基础。① 虽然真正进行政变的是一小撮自由军官运动组织的成员，但新的共和国吸引了广泛的政治力量，他们包括：伊拉克训练的旧军官、埃及训练的年轻军官、亲埃及的文官、自由也门人运动以及其他改革者、沙斐仪商人以及传统的政治人物、"名人四十"的代表，以及一些不满伊玛目统治的重要的部落谢赫。广泛的社会支持是政变成果得以维持的重要原因。

第二节　也门共和国前期的军政关系（1962～1978 年）

在共和国建立到萨利赫上台的 16 年时间中，也门经历了八年的内战（1962～1970 年），随后的八年时间里，也门更换了三任最高领导人：埃里亚尼（1967～1974 年），哈姆迪（1974～1977 年）和卡西姆（1977～1978 年）。可见，这是也门共和国历史上的动荡时期。这一时期的军政关系几经转换，先是埃及主导也门的军人政权，随后由于民众对军人政权的失望，以及埃及撤出也门，文官埃里亚尼出任也门总统，然而他无力掌控也门混乱的局势再次引发了军事政变。军官哈姆迪上台后推行的集权化政策受到了部落精英和沙特的抵制，他最终被后者支持的力量暗杀，军官卡西姆上台，但又很快被亲南也门激进主义力量的人士暗杀。这一时期也门军政关系整体上呈

---

① J. E. Peterson, *Yemen: The Search for a Modern State* (London: Croom Helm Ltd., 1982), p. 88.

现军方势力增强的趋势，但是由于政权更迭过快，以及多数政权联合部落的策略，军队内部的结构仍具有显著的部落化特征，这也是也门军方不能像埃及、伊拉克、叙利亚等国军队那样引领国家现代化建设的重要原因。

1962 年 9 月革命胜利后，也门成立了 8 名军官组成的革命指挥委员会，由萨拉勒主导，其成员还包括哈穆德·贾伊菲（Hammud al - Jayfi）上校、阿卜杜拉·局载兰少校、代法拉（Abdul - Latif Daifallah）上尉、加尼（Ali Abdul Ghani）中尉等。[①] 他们发表了《一号公报》，主要内容是仿照埃及自由军官政变成功后的公报撰写的，包括建立共和国、消灭旧的统治阶级、结束大土地所有制、建立公有制、发展社会主义经济、追求阿拉伯民族团结等。[②] 纳赛尔基于对确立埃及在阿拉伯世界的领袖地位，急需扩展纳赛尔主义的考量，在以为巴德尔伊玛目被杀的情况下，积极支持共和政权。在阿拉伯冷战的大背景下，以沙特为首的君主国对此展开了坚决反制。[③] 由于担心革命扩展到自己的领土，沙特支持保皇派及其下属的部落力量。双方展开了血腥的战斗，也门也陷入了长达八年之久的内战。

一 内战时期的军政关系

革命之后旋即陷入内战，这是也门与大多数阿拉伯军人政权的最大不同，这带来了两个影响深远的结果。第一，军人政权不能全面开展国家现代化活动。对于军人政权来讲，面对保皇派力量的反攻，双方展开了"你死我亡"的较量，确保军人政权生存是首要的任务。因此，军人政权无暇开展全国性的革命和建设。不像其他国家的军政府，也门军队未能动员大部分底层社会力量进行国家建设，也没有进行大规模的国家土地改革、工业化和政治动员项目。此外，由于共和国并未控制也门全境，因此即使是有限的现代化政策也没能在全也门执行，这为内战结束之后，部落力量重回政治舞台埋下了伏笔。共和国控制着萨那、塔伊兹、荷台达等低地也门，而在北部的

---

① Mohammed Ahmad Zabarah, *Yemen: Traditionalism vs. Modernity* (New York: Praeger, 1982), p. 86.

② George M. Haddad, *Revolutions and Military Rule in the Middle East : The Northern tier* (New York: R. Speller, 1965), p. 253.

③ Malcolm Kerr, *The Arab Cold War, 1958 - 1964, A Study of Ideology in Politics* (London: Oxford University Press, 1965), p. 4.

栽德派高地，巴德尔伊玛目在他的叔叔哈桑，以及部落力量和沙特支持下，维系着传统的伊玛目制度。在内战期间，乡村和部落成为也门较有效的社会运转机制，新的权力均衡逐渐向部落和谢赫倾斜。民族和解和内战结束后，这些谢赫很快成为国家权力重要的依赖力量。

第二，军人政权严重依赖埃及力量。事实上，军人政权对于埃及的模仿和情感偏好在政变后的《一号公报》中就可见端倪。也门军官在话语上重复着埃及革命，并没有考虑也门与埃及在社会文化、历史、地缘、经济、人口和政治上的巨大差异。例如，在经济方面，公报强调促进民族资本，阻止垄断资本，这显然是"本本主义"，因为也门当时并不存在民族资本和垄断资本，这些内容是埃及和埃及人的关注，而非也门和也门人的关注。[1] 奥卡比（Asher Orkaby）经过丰富的史料对比研究发现，纳赛尔虽然跟也门自由军官组织有联系，并提供小规模的支持，但他并未直接支持1962年军事政变，也没有在政变成功后立即承认军人政权。纳赛尔对于也门新共和国的承认和最终支持更多的是顺势而为，而非战略使然。[2] 新生的共和国还很脆弱，既缺乏高素质的人力，又没有足够的合法性和力量维持公共秩序，且面临外部沙特和内部保皇派的敌对。政权只得寻求外部支持，而埃及显然是最好的合作对象。在埃及的指导和监督下，共和国政府和军队在革命之初保持了统一。在整个内战期间，纳赛尔政府凭借在也门的埃及军官，全方位主导也门共和国政治、经济和军事。这些埃及军官承担双重任务：一是在各个领域训练也门人，二是直接开展管理和战争活动。[3] 这意味着也门军人共和政权是极其脆弱的，如果没有埃及的扶助，很容易就崩塌。

埃及主导也门事务，这对于也门的军政关系产生了重要影响。第一，共和国军队建设缓慢。据统计，到1967年萨拉勒下台的时候，共和国军队人数不足1万人，并且3/4的士兵在埃及接受训练。在这种情景下，埃及几乎完全凭借自己的力量参加主要战斗。这也导致埃及在也门不断增加军力投入，埃及在也门的军人数量在顶峰时刻甚至达到了7万人。第二，也门军政

---

① Khaled Fattah, "Political History of Civil – Military Relations in Yemen," *Alternative Politics*, Special Issue 1, November 2010, p. 32.

② Asher Orkaby, *Beyond the Arab Cold War: The International History of the Yemen Civil War, 1962 – 68* (New York: Oxford University Press, 2017), pp. 7 – 11.

③ Fred Halliday, "Counter – Revolution in the Yemen," *New Left Review*, No. 63, Sep. – Oct. 1970, pp. 12 – 15.

关系的变化深受埃及的影响。1965 年 4 月，由于萨拉勒代表的军人政权未能团结也门共和国内的多数精英，纳赛尔一度将萨拉勒监禁在开罗，任命文官纽曼（Ahmad Nu'man）担任总理，并组建文官占多数的新内阁。由于纽曼具有试图摆脱埃及控制的倾向，埃及在 1965 年 6 月重新恢复萨拉勒的统治地位，军人的地位又重新回升。这两次罢免和任命表明，埃及对于也门军政关系具有直接和重大的影响。① 第三，军官执政的糟糕表现引起民众对军人政权的反感。由于军官多来自较低的社会阶层，他们在极其重视出身和地位的也门人眼中缺乏尊荣，他们在内战中的糟糕表现加剧了民众对他们的不信任。② 再加上，萨拉勒代表的军官过分依赖埃及人，这导致民众憎恨和敌对他们。此消彼长的是，文官精英在国家民众中的声誉不断提升。

事实上，1962 年政变对于也门普通民众影响不大。但是，战争对于民众影响较大，内战造成近 20 万人死亡。而且，内战逆转了也门走向现代国家的道路，并且改变了也门军政关系中军方优先的结构。随着埃及撤出也门，无所依凭的萨拉勒被罢黜，文官代表埃里亚尼的上台就显得水到渠成了。

二 埃里亚尼时期的军政关系

埃里亚尼出任总统主要是因为他是一个"折中型的政治人物"，能被也门各方接受。他长期反对伊玛目王朝，因此在也门具有崇高的进步主义声誉。此外，他曾经做过卡迪（伊斯兰法官），并且对于逊尼派的沙斐仪教法和什叶派的栽德教义都很尊重，因此能够吸引两派的信众。最后，他曾因反对萨拉勒而被埃及监禁，并作为谈判领袖参加 1964 年的哈马尔（Khamr）会议，以及 1965～1966 年的 Harad（哈拉德）民族和解会议，这赋予了他民族主义者的身份。③ 上台之后，他采取协调各种政治派系的总策略，虽然也门维持了表面的政府统一，但是内部派系分裂严重，政府极为脆弱；外部

---

① J. C. Hurewitz, *Middle East Politics: The Military Dimension* (New York: Praeger, 1969), pp. 258 – 259.

② J. E. Peterson, *Yemen: The Search for a Modern State* (London: Croom Helm Ltd., 1982), p. 90.

③ Joseph J. Malone, "The Yemen Arab Republic's 'Game of Nations'," *The World Today*, Vol. 27, No. 12, December 1971, pp. 541 – 548.

深受沙特干涉和南也门的侵扰，政权缺乏安全。事实上，埃里亚尼政府的协调本质上使国家进一步虚弱，阻碍了也门现代化进程。

整体上，埃里亚尼政权时期的军政关系表现出政府试图削弱军队的特征。第一，军队的政治权力被削弱。1967 年末，埃里亚尼上台不久，就开展了政治改革运动，其核心是否定军队的政治权力。为了制衡军队，他大力拉拢部落精英，大量部落谢赫开始进入政府，这在共和国历史上是首次。为了讨好传统主义力量，他还将伊斯兰主义确立为政府的基本原则之一。1971年也门通过新宪法，3 月成立了国家咨询委员会，主要由传统主义者和部落谢赫主导，主席是哈希德家族的艾哈迈尔谢赫。[1] 埃里亚尼统治时期传统主义势力的上升，不仅与也门现代化的历史大趋势不相符，而且导致包括军方在内的进步主义和亲现代化的力量倍感受挫。

第二，军队现代化进程步履维艰。埃里亚尼时期，也门军队依旧规模较小，装备落后，改革乏力。唯一一次大规模的军队改革发生在 1967 年底，也门政府接收了一批苏联的落后装备，并聘请了一些苏联军事顾问。随后，由于种种政治原因，军队现代化进程不断被阻碍和推迟，其中部落对于建设专业军队的反对是最主要的原因。例如，1974 年早些时候，政府批准了军队高级指挥机构提交的改革计划，该计划是在阿联酋的资金支持下，使用约旦的军事顾问和指挥官进行军队改革，增强军队战斗力。虽然一些约旦军官到达也门，但是这个项目由于部落领袖的反对而迟迟未能全面开展，因为部落势力担心改革将减弱他们对军队中关键力量的影响力。[2]

第三，军队的部落化特征不断显现。20 世纪 70 年代前期，也门部落对于军队的影响力不断增强，许多部落领袖的家族成员成为某些重要军团的指挥官。艾哈迈尔谢赫的妹夫、哈贾省省长沙瓦里布（Mujahid Abu Shawarib）指挥"光荣旅"，巴基勒部落联盟中的重要人物希南（Sinan abu Luhum）的兄弟阿里指挥也门的预备役，而他还有四个亲戚分别指挥不同的军团。部落与国家机构结合，以及部落观念的影响，导致军队极端碎片化，并且时常发生内斗。军队并不是一个统一的、等级制的国家机构，而是一些几乎自主和彼此怀疑的军团集合，这些军团往往忠诚于不同的部落、地域和个人。部落

---

[1] Robert W. Stookey, "Social Structure and Politics in the Yemen Arab Republic, Part II," *Middle East Journal*, Vol. 28, No. 4, Summer 1974, p. 410.

[2] Robert D. Burrowes, *The Yemen Arab Republic: The Politics of Development, 1962 – 1986* (Boulder, Colorado: Westview, 1987), p. 56.

领导对于强制机构的控制，反过来增强了他们在非强制领域的影响力。他们阻止军队改革，防止军队成为国家权力中心而对自身构成威胁，导致军队高度分裂和脆弱。[①]

埃里亚尼脆弱的平衡政策不可能长期维系政权生存，这最终摧毁了他在各方心目中的可信性。他的协调政策看似谁都不得罪，其实也意味着谁都不愿真心支持他。进步主义者觉得他太保守，保守主义者又觉得他太激进。随着也门不同政治派系斗争加剧，他作为政治领袖的声誉和能力下降和减弱了。1974 年 6 月中旬，当他在内外压力下被迫递交辞呈后，军方接管了政权，并将埃里亚尼送上了去往叙利亚的飞机，让他永久流亡。

三 哈姆迪时期的军政关系

随着埃里亚尼被罢黜，军队重回也门政治的中心。一方面，结构性的因素有利于军方干政。[②] 埃里亚尼的无作为统治并未让也门人看到希望，也门不仅政局持续动荡，而且经济增长乏力，文官统治的合法性不断下降。1967年，也门民主人民共和国（南也门）摆脱了英国的殖民统治，宣告独立。1972 年，南也门、北也门之间爆发边界冲突，虽然双方在阿拉伯国家的调解下和解，但是双方的敌对并未终止。因此，这种不安全形势赋予了军队更多权力。另一方面，新一代军官已经成长起来，他们对于也门的落后愈发不满。与之前参与 1962 年政变的军官不同，新一代军官的职位相对更高，并参加过内战，见证了国家政治碎片化的诸多弊端。他们往往与也门国内的一些政治力量保持紧密联系，虽然不具备之前军官的独立性，但也更容易获取广泛的支持。同时，这些军官多数在海外接受过训练，对于军队在国家建设中的积极作用有切身感受。[③] 因此，这些军官决定承担起引领也门走上现代化道路的重任，而扛起这面旗帜的是哈姆迪。

哈姆迪是一个典型的进步军官，倡导国家集权和军队领导国家现代化，

---

① Robert D. Burrowes, *The Yemen Arab Republic: The Politics of Development, 1962 – 1986* (Boulder, Colorado: Westview, 1987), p. 51.

② Aurel Croissant, David Kuehn, Paul W. Chambers, Philip Völkel, Siegfried O. Wolf, "Theorizing Civilian Control in New Democracies: Agency, Structure and Institutional Change," *Zeitschrift für Vergleichende Politikwissenschaft*, Vol. 5, No. 1, 2011, pp. 91 – 92.

③ J. E. Peterson, *Yemen: The Search for a Modern State* (London: Croom Helm Ltd., 1982), p. 113.

削弱部落精英等封建力量，维护也门的独立和主权。他认为，军队是也门唯一能够削弱部落结构和谢赫地位的国家机构，因此必须首先对其进行改革、加强和重组，最终实现军队的现代化。[①] 这一时期，也门军政关系主要有以下特点。

第一，哈姆迪通过任命自己的亲信担任军队要职，加强了政府对军队的控制。例如，他的兄弟阿拉（'Abd Allah）指挥巨人（'Amaliqa）旅，这个军团基本不受部落影响，只忠诚于国家；他在内战期间的手下阿里姆（Abd Allah 'Abd al-'Alim）掌管精英军团，这个军团的成员主要由南部的沙斐仪派人员构成，较少受到北部栽德高地部落力量的影响；他信任的军官祖哈拉（'Ali Qinnaf Zuhra）掌管第七装甲旅。此外，早在埃里亚尼时期就与哈姆迪联系密切的卡西姆担任军队副总司令。值得注意的是，卡西姆具有显赫的部落身份，他是哈希德部落联盟中哈马丹部落谢赫的兄弟。[②] 最后，哈姆迪任命了一些自己信任的军官执掌那些部落特征相对不太明显的军团，这有助于确保在国家出现紧急状况的时候，其可以获得可靠武装力量的支持。

第二，哈姆迪积极推动军队的现代化改革，力图将其打造为保卫也门现代化建设的重要力量。埃里亚尼时期提出的军队现代化计划最终在1975年开始施行，约旦的军事顾问帮助也门军队改革管理、行政和通信系统。这一改革使军队更加专业化和富有战斗力，但军队部落化的结构性缺陷并未根本消除，军队仍然是不同军团的集合，而非统一的国家机构。为了从根本上解决这一问题，哈姆迪总统和指挥委员会在1976年制订了一个更为宏大的军队改革计划，即通过建立规模较小的独立军团来重组军队。由于该议题的敏感性以及部落势力的坚决抵制，政府决定将重组延后到1977年进行。尽管政府承诺重组不会对军官造成重大影响，但改革显然影响了军队内部的权力结构。哈姆迪政权依赖一些军团的支持，而改革将削弱这些军团，也会削弱政权的支持基础。[③]

第三，哈姆迪的军队现代化努力受到沙特的阻挠。长期以来，沙特奉行

① Zoltan Barany, *The Challenges of Building a National Army in Yemen* (Washington, D. C.: CSIS, 2016), p. 11.

② J. E. Peterson, *Yemen: The Search for a Modern State* (London: Croom Helm Ltd., 1982), p. 121.

③ Robert D. Burrowes, *The Yemen Arab Republic: The Politics of Development, 1962-1986* (Boulder, Colorado: Westview, 1987), p. 64.

的政策是确保也门国家脆弱和政权友好。[1] 因此，沙特并不乐见也门现代化成功和军队强大。一方面，沙特通过资金援助限制哈姆迪的政策选择。虽然知晓沙特支持部落力量破坏也门现代化的努力，但是哈姆迪为了获得沙特的资金，不得不在政府中选用一些沙特认可的人员。此外，对于沙特的资金依赖，迫使哈姆迪不得不中止与南也门的接近。另一方面，沙特通过与南也门接近，破坏北也门与美国的军事合作。1976 年 2 月，美国、北也门和沙特在利雅得签署了一个三方协议，规定美国向北也门提供大量军事援助，制衡苏联对南也门的军事支持。为了应对北也门可能借助美国实现的军队现代化，沙特在同年 3 月迅速实现与南也门的关系正常化，以证明美国支持北也门是不必要的。[2]

哈姆迪的现代化努力引起了沙特及部分也门部落力量的严重不满，[3] 最终，哈姆迪在 1977 年 10 月 12 日夜间被刺杀。这标志着也门军方通过中央集权的方式实现国家现代化的努力戛然而止，因为随后上台的军官卡西姆（1977～1978 年，被亲南也门激进派的力量刺杀而亡）和萨利赫（1978～2011 年）奉行亲部落和亲沙特的政策，军队变得更加脆弱和缺乏制度化。

第三节　南也门的军政关系（1967～1990 年）

经过长期艰难的反对英国殖民统治的斗争，也门民主人民共和国（南也门）于 1967 年宣告独立。南也门民族解放阵线成立于 1963 年，由九个组织构成，其中一个组织是自由军官和士兵秘密组织，主要由在沙特军队中服役过的也门人组成。独立时，南也门的领导机构是国民阵线政治组织总指挥部（简称国民阵线），约由 3500 人组成。国民阵线享有政治权威的一个决

[1]　Peter Salisbury, "Saudi Arabia's Odd – Couple Relationship with Yemen," *Bloomberg Business-week*, 16 October 2014, http://businessweekme.com/Bloomberg/newsmid/190/newsid/97.

[2]　Ahmed Noman Kassim Almadhagi, *Yemen and the United States: The Study of a Small Power and Super – State Relationship 1962 – 1994* (London: I. B. Tauris, 1996), p. 105.

[3]　Marieke Brandt, "The Irregulars of the Sa'ada War: 'Colonel Sheikhs' and 'Tribal Militias' in Yemen's Huthi Conflict (2004 – 2010)," in Helen Lackner, ed., *Why Yemen Matters: A Society in Transition* (London: Saqi, 2014), p. 217.

定性因素是，它从武装部队军官那里得到越来越多的支持。[1] 可见，军队从一开始就在南也门政治事务中具有重要作用。独立之后，政权迅速用国民军队代替了英国组建的军队。虽然南也门仿照苏联模式建立军政关系，但是由于政治派系冲突严重，南也门军队建设并不成功。

虽然军队的统一性较多数社会主义国家低，但是南也门军队建设深受苏联军政关系的"党控制军"模式的影响。这表现在以下几个方面。第一，仿照苏联等社会主义国家建立武装力量。人民国防军是也门的常规军，20世纪70年代有约2.5万人。1972年建立大众民兵组织，其任务是保卫政权安全，1983年该组织有约3万人。1973年基于古巴模式建立了人民国防委员会，其任务除了涉及安全事务之外，还有解决人民内部纠纷的社会功能。公共安全力量是一个介于警察和宪兵功能之间的组织，主要用于支持政权和打击政权敌人。[2] 第二，培养士兵的意识形态忠诚。20世纪70年代到80年代，也门有400~500名苏联顾问，这对于向也门士兵传播社会主义意识形态、军队忠于执政党的观念具有重要作用。也门社会主义党的组织在安全部门内部，尤其是国防军中影响力越来越大。政委被任命到各主要军团，对马克思列宁主义的信仰成为士兵招募和晋升的重要标准。在南也门存在的最后阶段，军队的意识形态忠诚显著提升。[3] 第三，接受苏联等社会主义阵营国家的军事援助和训练。南也门是中东地区少有的社会主义国家，因此冷战期间得到了苏联等社会主义国家的大力支持。据评估，1967~1985年，苏联向南也门提供了约22亿美元的武器援助，苏联借此从南也门获取海军基地和政治支持。[4] 与此同时，成千上万名南也门军官前往苏联接受培训，而苏联人与古巴人、民主德国人一起在南也门培训南也门的安全力量。

由于南也门独立过程中领导派系众多，主要的派系缘起于大众社会主义党（the Popular Socialist Party）、南阿拉伯之子（the Sons of Southern Arabi-

---

[1] Noel Brehony, *Yemen Divided: The Story of a Failed State in South Arabia* (London: I. B. Tauris, 2011), p. 18.

[2] Fred Halliday, *Revolution and Foreign Policy: The Case of South Yemen, 1967 - 1987* (New York: Cambridge University Press, 2002), p. 25.

[3] Zoltan Barany, *The Challenges of Building a National Army in Yemen* (Washington, D. C.: CSIS, 2016), p. 9.

[4] Norman Cigar, "South Yemen and the USSR: Prospects for the Relationship," *Middle East Journal*, Vol. 39, No. 4, 1985, p. 777.

a)、民族团结党（the National Union Party），以及民族阵线（the Nationalist Front）。① 他们的激烈政治斗争影响南也门的军政关系，这与大多数社会主义国家并不相同。1969 年，执行温和政策的南也门第一任总统沙比（Qahtan Al - Sha'bi）被"纠偏运动"派系推翻，1971 年总理海塞姆（Muhammad Ali Haytham）被罢黜，1978 年激进的阿里（Salim Rubai Ali）总统被强硬派伊斯梅尔（Abdul Fattah Ismail）推翻，后者建立了奉行马克思和列宁主义的政党——也门社会主义党，1980 年他被温和的阿里·纳赛尔·穆罕默德（Ali Nasir Muhammad）取代。穆罕默德的实用主义政策体现在外交、经济和宗教等领域，这导致他与党内一些强硬派矛盾激化。1986 年 1 月 13 日，阿里·纳赛尔·穆罕默德总统的卫队在政治局向敌对派系开枪，引发了流血政变，造成数千人（包括 55 名高级党的领导）死亡。最终，阿里·纳赛尔·穆罕默德逃往北也门。② 这种政治斗争为南也门的军政关系带来两个重大影响：一是日常中，不同派系会围绕军官的任命和晋升展开竞争，影响不同派系的合作；二是每次政治斗争后，南也门的政治进程都会改变，带来军队的一轮又一轮清洗和重建。

事实上，这种政治派系斗争对于军队的波及严重影响了南也门军队的建设，也对政权生存造成消极影响。第一，由于派系斗争激烈，军队并未真正实现融合，在重要历史时刻，军队内部发生分裂，破坏国家稳定。在近 30 年的发展历程中，南也门军队未能真正建立起超越派系忠诚的国家军队。例如，伊斯梅尔所在部落的成员一直占据国防军高层职位。1986 年"一月事件"期间，不同的军队派系支持不同的政治领导人。阿里·纳赛尔·穆罕默德的支持者大肆枪杀敌对派系人员，而海军支持伊斯梅尔，并向首都亚丁和政府大楼开火，这场冲突造成 1 万人死亡，4500 名外国人撤离，使国家陷入严重混乱中。③ 第二，军队的分裂降低了南也门军队的战斗力，并最终导致 1990 年被北也门统一。虽然南也门、北也门统一并未爆发战争，但是双方的军事实力对比对于最终统一的结果和权力分配具有潜在的影响。事实上，在 1972 年和 1979 年南也门、北也门的两次边境冲突中，南也门都是军

---

① Khaled Fattah, "Political History of Civil - Military Relations in Yemen," *Alternative Politics*, Special Issue 1, November 2010, p. 36.

② 郭宝华：《中东国家通史：也门卷》，商务印书馆，2004，第 255 ~ 271 页。

③ Anthony H. Cordesman, *The Military Balance and Arms Sales in Yemen and the Red Sea States* (London: CSIS, 1993), p. 14.

事上的获胜方。然而，由于常年的内耗和分裂，在 1990 年统一前夕，双方的军事实力对比已经发生了逆转。1990 年 5 月，北也门军队拥有 3.7 万名士兵和 664 辆坦克，相较南也门军队的 2.7 万名士兵和 480 辆坦克具有明显的优势。[①] 可以说，这种军事优势也是 1994 年内战中北也门胜利的重要保障因素。

第四节 萨利赫当政时的 "部落—军队—商人复合体"

萨利赫在 1978 年上台的时候，很多人认为他不过是一个随时可能被替换的过渡性人物，甚至萨利赫自己都做好了随时被暗杀的准备。然而，"站在蛇头上跳舞" 的萨利赫竟然统治了也门 33 年之久，这除了有一定的运气成分之外，也是他高超的权术运用使然。萨利赫创建的 "部落—军队—商人复合体" 是其长期统治的重要支柱，但这一支柱在 2000 年之后影响力的下降是其 2011 年下台的重要原因之一。由于卡西姆统治时间较短，并且与萨利赫时期的统治模式有较高的相似性，因此这里不对卡西姆时期的军政关系做专门探讨。

萨利赫出生于 1942 年，其家庭属于巴亚特地区 (Bayt al - Ahmar) 的哈希德部落联盟下属的桑汉部落 (Sanhan)，他的成长轨迹充分反映了也门军政关系演变的特征。和大多数也门普通家庭的孩子一样，成年之后的他在 1960 年离家前往萨那的军事院校读书。由于参加 1962 年 "九月革命" 而获得晋升，成为副官。在八年内战期间，他在装甲兵学院接受埃及军官的训练，进而成长为巴布 (Bab al - Mandab) 地区的一个装甲营的指挥官。由于出身于也门最强大的哈希德部落联盟，他晋升很快，不久就成为塔伊兹军营的一个指挥官，并成为也门后来的总统卡西姆上校的被庇护人。由于这种庇护关系，萨利赫的军事和政治地位稳步上升。[②] 当 1978 年卡西姆被暗杀之后，萨利赫被任命为临时总统理事会成员，以及装甲部队副总司令兼参谋

---

① Khaled Fattah, "Political History of Civil - Military Relations in Yemen," *Alternative Politics*, Special Issue 1, 2010, p.37.

② Adam C. Seitz, "Patronage Politics in Transition: Political and Economic Interests of the Yemeni Armed Forces," in lke Grawert, Zeinab Abul - Magd, eds., *Businessmen in Arms: How the Military and Other Armed Groups Profit in the MENA Region* (Lanham, Maryland: Rowman & Littlefield Publishers, 2016), p.159.

长，并最终成为总统。萨利赫的崛起历程不仅反映了部落对也门国家机构的深度渗透，而且体现了也门军队内部庇护关系的重要性。

一 "部落—军队—商人复合体"的形成

萨利赫掌权之初，面临诸多压力，例如纳赛尔主义者的政变、利比亚渗透来的激进分子，以及南也门支持的异议分子。此外，北也门还在与南也门的 1979 年战争中失败。然而，萨利赫凭借出色的权术巩固了自身的统治地位。他在 1979 年战争中得到了沙特和美国的支持，并接受苏联的军事援助，获取这些大国的支持是萨利赫政权生存的重要保证。他接受左翼进入政府，将反对南也门的保守派从政府中解职，但纳入总统办公室做顾问。同时，他通过赋予部落谢赫行政职位和经济特权，赢得了他们的基本支持。此外，为了显示自己的进步性，他任命一些参加过"九月革命"的人士，以及哈姆迪的追随者担任省长或大使。为了吸纳更多的统治精英，也门人民议会席位从 99 席增加到 159 席。此外，萨利赫还组建了一个咨询委员会，代表人员涵盖卡迪和赛义德、"九月分子"和保皇派、进步者和保守者、现代化者和传统者。从政府内阁构成也能看出萨利赫的平衡努力：外交部长马基（Hasan Makki）是进步主义者，负责内部事务的沙瓦里布（Mujahid Abu Shawarib）是军队和部落代表，负责经济事务的是技术官僚局纳德（Ahmad al - Junayd）。[1] 通过拉拢也门主要的政治精英，萨利赫度过了艰难的统治早期，巩固了政权。

军人出身的萨利赫深知军队对于政权生存的重要作用。因此，他试图通过三种方式处理军政关系，减少军队对于政权的威胁，其核心是尊重也门的部落社会传统，承认部落对于军队的重要影响，减少建立统一的国家军队的努力。

第一，通过牺牲中央政府对合法暴力的垄断，获取关键性部落精英的支持。他充分吸取哈姆迪被暗杀的教训，以及自己政治生涯的经验，全方位对关键性部落力量做出让步。部落可以被定义为一个以亲缘为核心组织原则的松散地方群体，群体中的成员往往认为自己的文化（在习俗、语言、起源

---

① J. E. Peterson, *Yemen: The Search for a Modern State* (London: Croom Helm Ltd., 1982), p. 125.

等方面）是独特的。部落通常在政治上具有统一性，但不一定存在唯一权威，这两个特征反映在部落与中央政府的互动中。一些部落通常与同类的部落一起，构成更大的组织——部落联盟。部落民众通常不与国家直接联系，而是通过这些中间性的组织与国家发生关系。① 鉴于 70% ~80% 的也门人认可自己的部落身份，因此思考也门的社会结构和政治问题必须对部落给予优先的关注。萨利赫充分认识到这一点，并努力赢得也门部落精英的支持。

萨利赫上台之初，就显示出他利用部落力量巩固权力的总体生存战略。根据美国的解密档案，1978 年，萨利赫与哈希德部落领袖艾哈迈尔谢赫，以及同样来自桑汉部落的也门装甲部队总司令穆森（Brigadier General Ali Mohsen al - Qadhi al - Ahmar）达成一份内部协议。协议的内容是桑汉部落和哈希德部落联盟支持萨利赫的总统地位，而穆森将军在萨利赫之后出任也门总统。作为交换，萨利赫在安全、司法和经济领域赋予两人相当广泛的自主权力。② 事实上，萨利赫经常在反腐、控枪等事关中央集权的事务上向他们屈服，并向两人的部落和武装力量直接进行财政转移支付。

萨利赫时期，部落在国家事务中作用不断增强，军队几乎彻底沦为部落维护自身安全和提高经济地位的工具。这主要通过两个途径来实现：一是实力强大的部落寻求将自己部落的人员安插在国防部等中央安全机构中；二是部落迫使中央政府接受自己的部落成员担任地方军队指挥官，以为自己的部落获取更多的庇护资源。由于军队是也门最大的雇主，其为部落领袖提供了理想的庇护机会。③ 萨利赫通过允许部落精英借助军队体系增强庇护能力，获取了他们的基本支持。

第二，在军队中大力扶植与自己属于同一部落的军官，依靠部落忠诚加强对军队的控制。这主要通过两个途径来实现：一是优先晋升之前自己庇护的同部落军官；二是重用同一部落的高级军官。

萨利赫深知也门政治的庇护之道，并在其出任总统后掌控军队的过程中予以充分运用。在他长期的军事生涯中，萨利赫借助军队在走私中的作用，

---

① Joseph Kostiner, Philip Shukry Khoury, eds., *Tribes and State Formation in the Middle East* (Los Angeles: University of California Press, 1990), p. 5.

② Michael Knights, "The Military Role in Yemen's Protests: Civil - Military Relations in the Tribal Republic," *Journal of Strategic Studies*, Vol. 36, No. 2, 2013, p. 265.

③ "WikiLeaks Cable Links Defecting Yemeni General to Smuggling Rackets," 21st Mar. 2011, http://www.guardian.co.uk/world/2011/mar/21/wikileaks - cables - yemeni - general - smuggling4.

不仅在经济上，而且在政治上得益，逐渐形成了自己的庇护网络。萨利赫从萨那的军官培训学校毕业之后，第一个工作地是在一条公路主干道旁边的军事基地担任指挥官，这条公路是摩卡港（Mocha）和塔伊兹港之间的重要走私通道。据戴（Steven W. Day）的研究，萨利赫在此期间工作十分成功，他不仅从威士忌走私商那里得到贿赂，而且与塔伊兹的商人保持着友好关系。同时，萨利赫凭借这些资源能够着手建立自己的庇护网络。[①] 这表明，也门的庇护关系是多层次的，就像一棵大树，大的庇护主就像树干，能够生发出许多较大的树枝，而那些大的树枝又作为小的庇护主生发出小的树枝。同时，庇护网络不仅在萨利赫的军事生涯中作用巨大，而且在他之后建设政治权力基础中发挥重大作用。

2011 年之前，也门军区司令官几乎都来自桑汉部落。[②] 穆森将军掌管西北军区和第一机械师，他也是也门仅次于萨利赫的二号政治人物，同时也是也门军方的代表人物。穆克瓦拉（Mahdi Mukwallah）凭借与萨利赫的亲密私人关系，担任南方军区（包括亚丁）总司令。此外，穆罕默德（Mohammed Ali Mohsen）执掌东南军区（包括哈德拉毛），卡迪（Abdulillah al - Qadhi）掌控塔伊兹军区。事实上，这四人均来自桑汉部落。在五大军区司令中，唯一不属于桑汉部落的是中央军区的司令官博卡利（Saif Saleh al - Boqari），事实上，博卡利只是一个象征人物，中央军区（包括首都萨那）事实上是由总统直接掌管的。

第三，萨利赫通过构建"部落—军队—商人复合体"，彻底将军队精英内嵌到政权结构中，减少了军队发动军事政变的可能。在 20 世纪 70 年代末和 80 年代初，由于石油收入增加，大量的石油侨汇涌入，以及美国、苏联、海湾国家等提供的援助和贷款，也门经济进入了短暂的繁荣时期。[③] 萨利赫政权能够凭借这些增加的财政收入，通过资源分配获取部落精英的支持，而在政府和军队中任命部落人员就是其中重要的途径之一。进入 20 世纪 80 年代中期，当援助、侨汇和石油收入开始减少时，萨利赫需要建立新的精英内

---

① Stephen W. Day, *Regionalism and Rebellion in Yemen* (Cambridge: Cambridge University Press, 2012), pp. 90 – 91.

② Sarah Phillips, *Yemen and the Politics of Permanent Crisis*, Adelphi Paper No. 420 (London: International Institute of Strategic Studies, 2008), p. 89.

③ Kiren Aziz Chaudhry, *The Price of Wealth: Economies and Institutions in the Middle East* (Ithaca: Cornell University Press, 1997), pp. 193 – 225.

部的联盟来避免政权生存危机。政府通过禁止私人进口的政策，将精英团体的利益与政权捆绑在一起。政府赋予社会精英、经济精英、政治精英、军队精英以经济特权，使他们的经济和社会利益与政权紧密联系，并在也门形成了一个"部落—军队—商人复合体"。[①]

在"部落—军队—商人复合体"中，军队是重要的一环。德雷斯克（Paul Dresch）指出，"20世纪80年代中期，也门的个人财富主要通过控制进口商业和货币转移来累积，这将也门与外部经济联系起来，而军官是进行经济控制的重要力量"。[②] 1983年前后，军人越来越多地卷入社会，并且在国家经济中的作用越来越大。军人能够通过特权地位获取个人收益，主要通过两种方式：进行走私活动和非法交易，填补国家禁止私人进口的真空；通过特权地位，获取承担进口任务的合法身份以进行商业贸易。随着时间的推移，也门军队，尤其是军官通过在萨利赫庇护体系中的作用，成为也门精英的一部分，并且与部落精英、政权力量和商业群体建立了重要联系。

在军人参与经济活动的过程中，最重要的机制是军方控制的军队综合企业——军队经济公司（Military Economic Corporation，MECO），大量桑汉部落的高级军官担任公司领导。尽管MECO最初是为士兵供应物品（靴子、制服、面包和罐头物品等）而建立的，但其活动在20世纪80年代和90年代扩展到一些民用的经济领域。MECO的经济活动十分活跃，凭借军队的特权地位，军队积极介入也门的日常商业活动，并获得高额收益。例如，1984年在也门北部的马里布地区发现了一块有商业价值的油田，不久后，MECO获得该地区20000公顷的土地。[③] 事实上，军官通过MECO获取大量的商业利益。

二　"父系主义"军政关系的确立与军队精英内部的斗争

萨利赫权力越来越巩固，再加上南也门、北也门最终统一为他带来的信

① Adam C. Seitz, "Patronage Politics in Transition: Political and Economic Interests of the Yemeni Armed Forces," in lke Grawert, Zeinab Abul-Magd, eds., *Businessmen in Arms: How the Military and Other Armed Groups Profit in the MENA Region* (Lanham, Maryland: Rowman & Littlefield Publishers, 2016), p. 158.

② Paul Dresch, *A History of Modern Yemen* (Cambridge: Cambridge University Press, 2000), p. 163.

③ Victoria Clark, *Yemen: Dancing on the Heads of Snakes* (New Haven: Yale University Press, 2010), pp. 122–123.

心，1990 年前后，萨利赫试图依托自己的家族势力建立新的庇护体系，这意味着对传统的精英间合作安排进行洗牌。这也反映在军政关系的变化上，虽然既有的"部落—军队—商人复合体"的结构没有发生变化，但是权力核心开始从之前的桑汉部落精英转变为萨利赫家族成员。

第一，萨利赫开始组建各种与常规军平行性的国家安全机构，对某些安全力量进行改革，并试图将这些机构控制在自己的家族成员的指挥下。[①] 其目的一方面是增强自己家族控制武装的能力，另一方面是边缘化传统精英的武装权力。

萨利赫新组建的安全机构包括以下几部分。①共和国卫队（The Republican Guard）。20 世纪 80 年代末，萨利赫仿照伊拉克的共和国卫队组建了也门共和国卫队。该武装力量的规模从最初的一个旅增长到 2011 年的一个加强师，包括七个机械旅（每个旅有 3000 人），共计 2.1 万人。从成立到 1999 年，卫队一直由萨利赫同父异母的兄弟阿里·萨利赫指挥。此后，萨利赫的长子艾哈迈德·萨利赫负责掌管该力量。共和国卫队中有一个旅为总统卫队旅，直接负责总统的人身安全，由萨利赫的侄子塔里克·萨利赫（Tariq Mohammed Abd'allah Saleh）指挥。②也门特别行动力量（Yemeni Special Operations Forces）。该武装机构于 1999 年成立，成员来自特战突击队和空军（多数成员是萨利赫氏族成员），由萨利赫的儿子阿里（Ahmed Ali）指挥。其中最精锐的力量是也门特别行动力量攻坚团（YSOF Hard Missions Unit），由萨利赫的年轻侄子穆罕默德·萨利赫中校负责指挥。③中央安全组织（Central Security Organization），除了在国防部内组建平行的安全力量外，萨利赫还在内政部下建立了 5 万人的中央安全组织。该组织是一个准军事的警察力量，用来保护官方建筑和基础设施，并且负责对高速路进行检查。同时，该组织还是维护公共秩序的力量，在民众抗议中被部署到第一线。20 世纪 90 年代初由萨利赫的亲兄弟阿卜杜·萨利赫（Mohammed Abd'allah Saleh）指挥，之后转由叶海亚·萨利赫（Yahya Abd'allah Saleh）领导。④国家安全局（National Security Bureau）。20 世纪 70 年代末以来，也门最重要的情报机构是政治安全局（Political Security Organization），为了

---

① 关于萨利赫建设平行安全力量的论述主要参见 Michael Knights, "The Military Role in Yemen's Protests: Civil - Military Relations in the Tribal Republic," *Journal of Strategic Studies*, Vol. 36, No. 2, 2013, pp. 273 - 274。

加强对情报事务的掌控，2002 年在美国的支持下，也门组建了国家安全局，由萨利赫的侄子艾马尔·阿拉（Ammar Mohammed Abd'allah）掌管。

同时，萨利赫还通过某些改革措施，将一些重要的军团置于家族成员的指挥下，并增强这些军团的武装能力。例如，加强空军力量，将空军的管理权限扩展到直升机升降，萨利赫同父异母的兄弟穆哈迈德·阿拉（Mohammed Saleh Abd'allah）负责指挥。增强火炮旅（Artillery Brigades）的实力，减弱步兵旅、机械旅和装甲旅中的火炮力量，该旅的指挥官来自萨利赫所在的阿法什氏族（Afaash）。

萨利赫通过自己领导的总司令办公室（Office of the Commander – in – Chief）掌控武装力量，从 20 世纪 90 年代末开始，国防部的指挥系统被该机构取代。该机构直接与共和国卫队，以及其他重要军团、武装服务部、五个军区司令联系。[1] 萨利赫通过创建这些由他的家族成员主导的安全机构，并改革某些重要军团，加强了对武装力量的控制。

第二，萨利赫试图进行军队改革，增强军队的实力，削弱部落力量对于军队的影响和控制，提升中央政府对于军队的掌控水平。整体来看，这种改革并不是特别成功，也门军队依然深受部落精英的影响。

正如亨廷顿的研究，现代国家出于应对外部威胁的功能性需要和社会主流力量塑造的社会性需求，建立高度专业化的军队和政府机构，即在各自的专业领域中最大限度地提高双方的能力。[2] 由于持续面对南也门的战争压力，以及内部保皇派和共产主义分子的安全威胁，萨利赫在 20 世纪 80 年代末开始试图建立一支强大的军队。20 世纪 80 年代，北也门派遣大量军官和技术人员前往苏联接受培训，军队规模从 1974 年的 3000 名志愿兵发展到 1994 年的 3.7 万名招募兵。内战之后，军队增兵趋势仍未结束，导致军队规模在 2000 年达到 5.85 万人，军事顾问主要来自伊拉克、苏丹、厄立特里亚和约旦。[3] 此外，萨利赫还从美国、俄罗斯和沙特采购新的武器代替冷战时期的装备。

---

[1] Holger Albrecht, "Cain and Abel in the Land of Sheba: Elite Conflict and the Military in Yemen," in Holger Albrecht, Aurel Croissant, Fred H. Lawson, eds., *Armies and Insurgencies in the Arab Spring* (Philadelphia: University of Pennsylvania Press, 2016), p. 137.

[2] Samuel P. Huntington, *The Soldier and the State: The Theory and Politics of Civil – Military Relations* (Cambridge: Belknap Press of Harvard University Press, 1957), pp. 8 – 10.

[3] Michael Knights, "The Military Role in Yemen's Protests: Civil – Military Relations in the Tribal Republic," *Journal of Strategic Studies*, Vol. 36, No. 2, 2013, p. 269.

面对国家财政收入的减少，以及萨利赫试图利用支持美国的全球反恐战争获取美国庇护，减少对也门部落力量依赖的考虑，也门国防委员会在2001年宣布取消强制性义务兵役制，采取完全依靠志愿兵力量的政策。同时，将军队规模裁减到40000人。此举被部落精英视为萨利赫削减他们对军队影响的举措，因为这意味着部落借助军队获取的庇护资源将减少。长期以来，由于军队招募大量人员，部落精英从两方面获取大量国家资源。一是通过国防预算直接获取资源。2006年的国防预算约占也门政府总预算的40%，约占其国内生产总值（GDP）的6%。二是通过大量幽灵兵间接获取资源。据评估，也门的军队中有1/3~1/2的幽灵兵，这些士兵的军饷往往流入与部落精英联系密切的军官腰包。[1] 因此，这一改革引起部落精英的不满。随着失业问题加剧和经济困难，国内反对声音越来越大，政权不得不在2007年重新采取义务兵役制。

最终，萨利赫削减部落与军队联系的努力并未成功。这也导致也门军队一直缺乏战斗力，士兵越来越效忠于部落领袖和军团的指挥官，而不是政权或国家，因为前者是给他们提供工作机会和发放工资的人。

第三，萨利赫试图减小军方在政治中的作用，这主要体现在他与穆森将军关系的恶化上。而他与穆森的紧张关系，又因为他不断提升萨利赫家族在政治和军事中的地位而加剧。

穆森将军在萨利赫1978年上台的过程中发挥重大作用，并且对于萨利赫统治前20年具有明显的保驾护航功能。萨利赫出任总统后初期，穆森数次帮助其挫败政变企图，并协助萨利赫获取部落和军队支持。1994年，在南也门、北也门战争中，穆森将军凭借他与参加过阿富汗圣战的老兵之间的联系，动员这些力量参战并支持萨利赫政权，这是北也门获胜的重要原因。事实上，在多数也门人心中，穆森是萨利赫最合适的继任者。然而，随着萨利赫在2000年前后运用新父系主义策略，打造"萨利赫王朝"的倾向逐渐明显，[2] 穆森将军的政治前景变得愈发暗淡。

2004年以来，穆森代表的军方受到了萨利赫家族更加明显的打压。2004年开始的六轮反胡塞运动战争中，萨利赫政府有意识地削弱穆森将军

---

[1] International Crisis Group, *Yemen's Military – Security Reform: Seeds of New Conflict* (Brussels: ICG, 2013), p. 4.

[2] Alistair Harris, "The Role of Tribes in the Stabilisation of Yemen," *Maghreb Review*, Vol. 36, No. 3 – 4, November 2011, p. 270.

领导的武装力量。在中央政府与胡塞武装的持续冲突中，军队伤亡惨重，而穆森下属的军队长期处在前线。一些分析人士，以及也门的一些显贵如哈米德·艾哈迈尔（Hamid Abdullah al - Ahmar）认为，艾哈迈德·萨利赫"使用他的共和国卫队力量支持栽德部落（胡塞武装），反对穆森领导的军队"。[1] 无论这种说法是否属实，穆森将军得到中央政府的支持相对有限的确是不争的事实。事实上，关于萨利赫削弱军队的谣言远不止此。萨利赫家族与穆森代表的其他桑汉军队精英之间权力斗争持续发酵，催生出萨利赫政府在1999年刺杀卡迪（al - Qadhi）和法拉基（Ahmed Faraj），以及2010年企图在北部的军队总部刺杀穆森的谣言。[2] 此外，萨利赫政府持续使用武力解决胡塞武装问题，也招致军队的强烈反对。事实上，萨利赫家族与桑汉军队精英的关系到2011年已经极度恶化了。

通过深入考查2000～2010年的也门军政关系，我们发现萨利赫家族与那些得益于既有庇护体系的部落精英，以及军事精英的矛盾不断增加，而这得益于美国对萨利赫政权长期的反恐援助，这使得他能够降低对传统部落力量的依赖程度。

由于精英内部的矛盾增加，当也门民众抗议爆发之后，穆森等军官，以及哈希德部落精英最终选择站在民众一侧。当美国在沙特的游说下撤销对萨利赫政权的援助时，选择下台就是萨利赫相对体面的结果了。

第五节 后萨利赫时期的也门军政关系

萨利赫下台之初，新上任的哈迪总统积极清除萨利赫在军队中的权力网络，并积极在军队中安插自己的亲信。2014年后，哈迪总统疲于应对胡塞运动的崛起，而无暇顾及也门军队的重建问题。随着也门政府垄断暴力合法使用的能力进一步削弱，也门陷入全国性的暴力冲突，也门涌现出多重武装力量。

---

[1] Roby C. Barrett, *Yemen: A Different Political Paradigm in Context* (MacDill Air Force Base: JSOU Press, 2011), p. 71.

[2] Holger Albrecht, Dorothy Ohl, "Exit, Resistance, Loyalty: Military Behavior during Unrest in Authoritarian Regimes," *Perspectives on Politics*, Vol. 14, No. 1, 2016, p. 46.

一 哈迪总统的军队改革及其成效

萨利赫下台后，哈迪成为又一个前军人总统，他也是也门共和国历史上第一个出自南部的总统。军人出身的哈迪深知军队在政权生存中的重要作用，因此，他上任之后便将安全部门改革作为与民族和解、加强国家能力同等重要的任务。

哈迪的军队改革主要包括三个方面。第一，在美国和联合国的支持下，组建一个由 14 名成员构成的军事委员会（al - Lajna al - 'Askariya）。该委员会在美国和约旦安全顾问的指导下，负责也门安全部门的全面改革，改革的具体目标包括：军队等安全部门实现专业化、强化安全部门的指挥系统、遏制安全部门内部的派系倾向、增强和增加文官部门（国防部和内政部）的权力和功能。在该机构中，国防部长纳赛尔（Muhammad Ahmad Nasr）是哈迪总统的亲密盟友，卡西米（Muhammad al - Qasimi）作为萨利赫政权的总参谋长成为哈迪的安全顾问代表，与伊斯拉党联系密切的卡坦（'Abdulqa-dir al - Qahtan）是穆森将军在该机构中的代表。[1] 这一机构显示出明显的平衡性，集中反映了前总统萨利赫、幕后掌权者穆森和现总统哈迪之间的权力均衡。该机构与 2012 年的过渡政府，以及 2013 年的国民对话会议一样，是也门国家转型的基石。

第二，在军队中清洗萨利赫家族及其阿法什氏族的军官，并大力扶植自己的亲信，试图建立以哈迪为中心的新安全网络。2012 年 4 月和 5 月，哈迪罢黜了 20 余名军官，包括也门空军司令穆罕默德·萨利赫（前总统同父异母的兄弟）、总统卫队旅指挥官塔里克·萨利赫（前总统的侄子）。2012 年，安全部门中的大部分萨利赫家族指挥官被解职，而取代他们的往往是哈迪总统的圈子成员。2012 年，总统组建了一个新的总统保卫团（Presidential Protective Security Forces），成员主要从哈迪之前指挥的军团中招募，由哈迪的儿子纳赛尔负责指挥。[2] 一名现役军官在 2013 年 1 月表示，80% 的也门新

---

[1] Holger Albrecht, "Cain and Abel in the Land of Sheba: Elite Conflict and the Military in Yemen," in Holger Albrecht, Aurel Croissant, Fred H. Lawson, eds., *Armies and Insurgencies in the Arab Spring* (Philadelphia: University of Pennsylvania Press, 2016), pp. 139 - 140.

[2] International Crisis Group, *Yemen's Military - Security Reform: Seeds of New Conflict?* (Brussels: ICG, 2013), p. 20.

军官来自南部阿比扬省，那里是哈迪的故乡。可见，哈迪试图通过建立自己的安全网络，加强对军队的控制。

第三，改革也门军队经济公司（YECO），使其有利于哈迪集团的利益。鉴于 YECO 在也门"部落—军队—商人复合体"中的关键作用，以及在国家商业活动中重大影响力，因此掌控 YECO 意味着获得重要金钱和政治庇护资源。哈迪发布总统令，替换 YECO 的前董事长马亚德（Hafz Ma'yad），此人是萨利赫总统侄女的丈夫。此举遭到马亚德的反制，他率领百余名武装分子冲击 YECO 在萨那的总部，[1] 该事件不仅凸显了萨利赫集团在过渡时期的持续影响，而且反映了新旧精英之间围绕军队庇护机制的激烈博弈。虽然其竭力打击萨利赫集团在 YECO 中的作用，但是哈迪总统并未改革 YECO 的功能。在哈迪总统的过渡政府下，军队继续保持获取财源的特殊渠道。通过YECO，军队仍然是也门的重要经济参与者。

事实上，也门的安全部门改革并非重塑也门的军政关系，而是对军队资源分配的新一轮洗牌。其实质是用哈迪的安全网络替代萨利赫的安全网络，[2] 而非彻底解决也门的"部落—军队—商人复合体"问题。过渡期间的安全部门改革具有的资源重新分配本质，预示着这轮改革将面临激烈博弈和冲突。

第一，曾效忠萨利赫的安全部门不断发生哗变，萨利赫家族控制的安全网络逐渐松动。2012 年的多个事件表明，也门安全部队对于萨利赫家族的忠诚逐渐瓦解。2012 年初，空军的一些军团发生哗变，这导致空军总司令穆罕默德·萨利赫在 4 月 26 日被解雇。2012 年 5 月，共和国卫队第三旅的一位高级军官马克瓦拉（Abdulhamid Maqwala）拒绝服从总统解职他的命令，导致该旅低级军官发生兵变，兵变军官公开表达对新总统命令的支持，这导致马克瓦拉在 6 月中旬选择离职。2012 年 7 月，共和国卫队第 62 旅的奥巴里（Murad al-Awbali）准将被下属绑架，他是萨利赫的坚定忠诚者。[3]

---

① Adam C. Seitz, "Ties That Bind and Divide: The 'Arab Spring' And Yemeni Civil - Military Relations," in Helen Lackner, ed., *Why Yemen Matters: A Society in Transition* (London: Saqi Books, 2014), p. 64.

② April Longley Alley, "Assessing (In)security After the Arab Spring: The Case of Yemen," *Political Science and Politics*, Vol. 46, No. 4, April 2013, p. 724.

③ Holger Albrecht, "Cain and Abel in the Land of Sheba: Elite Conflict and the Military in Yemen," in Holger Albrecht, Aurel Croissant, Fred H. Lawson, eds., *Armies and Insurgencies in the Arab Spring* (Philadelphia: University of Pennsylvania Press, 2016), p. 141.

事实上，无论是空军，还是共和国卫队都是萨利赫家族较为信任的军团，这些力量中的低级军官选择背叛，意味着萨利赫家族的安全网络已经明显松动。

第二，胡塞武装试图享受军队的待遇，发挥政治庇护功能，是他们对抗哈迪政府的重要原因。2014 年 9 月，胡塞武装成功攻占萨那，并与政府签署了《民族和平伙伴协议》，胡塞运动不仅要求哈迪政府恢复之前取消的石油补贴，而且要求也门的军队和警察机构接收那些占领萨那的大约两万名胡塞武装的民兵。胡塞运动发言人毕喜提（Ali al - Bikhiti）坚称，该组织应得到类似伊斯拉党的待遇，2012 年也门过渡政府成立之后，伊斯拉党的忠诚者已经被征募入伍。[①] 2015 年 1 月，胡塞武装占领总统府和一些重要军事设施。之后，胡塞武装反复声明，将胡塞武装并入也门武装部队是进行和平谈判的重要前提，这凸显了军队在也门庇护政治中一如既往的重要性。哈迪政府吸纳伊斯拉党的政治精英和武装力量，显然是重新洗牌既有的庇护机制，而胡塞武装的要求，不过是让政府进行有利于自己的再次洗牌。

可见，哈迪政府的军队改革松动了萨利赫家族的安全网络，但由于时间过短，改革未能巩固和加强亲哈迪的安全网络。同时，改革也激起了胡塞武装的不满。最终，从 2014 年下半年起，胡塞武装在萨利赫集团的帮助下发动叛乱，使得也门陷入激烈的暴力冲突。

二　国家军队的无力与胡塞武装的速胜

也门转型进程有其深刻的内在缺陷，既没能彻底消除萨利赫的势力影响，又未充分吸纳包括胡塞武装在内的一些重要利益群体，这注定转型进程面临诸多挑战。2014 年 9 月，对长期边缘地位严重不满的胡塞运动使用武力手段攻陷首都萨那，并与哈迪政府签署《民族和平伙伴协议》。然而，胡塞武装并未履约，而是继续向南推进。最终，胡塞武装在 2015 年 1 月 22 日包围总统官邸，迫使哈迪辞职。时至今日，胡塞与反胡塞的战争已经延续了近五年之久。令人深思的是，为何国家军队不能迅速击败非国家武装行

---

① Adam C. Seitz, "Patronage Politics in Transition: Political and Economic Interests of the Yemeni Armed Forces," in lke Grawert, Zeinab Abul – Magd, eds., *Businessmen in Arms: How the Military and other Armed Groups Profit in the MENA Region* (Lanham, Maryland: Rowman & Littlefield Publishers, 2016), p. 170.

为体。

第一，军队的部落文化削弱了本已极其虚弱的军队战斗力。也门军队长期遭受部落文化的影响，这导致军队并不真心忠诚于国家和政府。[1] 士兵加入军队的主要目的是获取工资等物质利益，而不是保家卫国。这意味着，他们在面临敌对力量的时候，除非他们的部落利益遭到严重损害才会奋起抵抗，否则面临与己利益并不是直接相关的敌人时，他们也将很难有效承担军事任务，反而很容易选择逃亡或背叛。

此外，部落文化还给军队带来严重的"幽灵兵"问题，导致军队战斗力虚弱。由于严重的"幽灵兵"问题，士兵数量并不是官方统计的15万人左右，而仅有7万人左右。萨利赫家族下台的时候，他的儿子和侄子领导的安全力量仍然听命于他们，这批人大概有3万人，这显然削弱了军队实力。再加上，哈迪政府执政时间过短，安全部门的系统改革和建设尚未全方位开展，这进一步减弱了军队的战斗力。

事实上，在政府军与胡塞武装的冲突中，军队并不愿意与胡塞武装直接爆发冲突，而是象征性地对叛军进行炮击。有时，经过几个小时的战斗，负责与胡塞武装战斗的也门军队就"解散"，一些政府军甚至加入叛军一方。许多情报表明，在武装冲突期间，"一些地方军事指挥官率军队迅速撤退，他们认为冲突与自己无关，不过是胡塞运动与敌人之间的战争"。[2]在冲突中，军队表现得更像是斡旋者，而不是承担军队本来的职能：提供安全和保护民众。

第二，多种因素增强了胡塞武装的战斗力。胡塞运动叛乱期间，他们的军事能力明显优于政府军，这主要有以下几个原因。一是经过六轮与政府军的战争锤炼，胡塞武装积累了丰富的战斗经验。事实上，胡塞武装所进行的战争与政府军具有不同意义，他们是为了捍卫自己的部落利益而战，因此他们的军事经验累积十分有效。二是胡塞武装与萨利赫集团结成机会主义联盟。虽然萨利赫与胡塞武装有血仇，但是双方在反对哈迪政府、攫取更多政治权力方面具有共同利益，并于2014年结成了非战略性的联盟。这意味着，胡塞武装能够借助装备精良的萨利赫家族领导的武装力量，这对于缺乏机械

① Marieke Brandt, *Tribes and Politics in Yemen: A History of the Houthi Conflict* (London: C. Hurst & Co., 2017), p. 21.

② Zoltan Barany, *The Challenges of Building a National Army in Yemen* (Washington, D. C.: CSIS, 2016), pp. 38 – 39.

化能力和先进装备的胡塞武装具有重要意义。① 三是伊朗及黎巴嫩真主党对胡塞武装的训练和援助。虽然没有直接证据表明伊朗等国对胡塞武装提供大规模的军事援助，但是他们对胡塞运动提供了政治和舆论的支持，以及小规模的军事训练、政策建议和组织策略帮助等。② 四是胡塞武装充分利用北部民众对自己的同情。长期以来，萨达省遭遇政府的不公平待遇，政府对该省的投资较少。因此，民众将胡塞武装视为政府的替代性力量，他们认为胡塞武装比政府更能给予他们好处。

2015 年 1 月，随着胡塞武装攻入总统府，也门的军队和其他安全机构崩溃了。结果，国家的武器库落到了胡塞武装、恐怖分子、部落民兵等非国家行为体的手中。也门的武装力量变得极其碎片化，通常很难判定谁与谁是盟友，谁又与谁是敌人。③ 军队中的逃兵和背叛现象极其猖獗，毕竟年轻的士兵在战争中没有切身利益。胡塞武装与政府军进行战斗之前，经常给敌人两种选择：背叛政府，得到双倍报酬；忠诚政府，被击败和打死。在许多情况下，政府军的指挥官拒绝背叛，他们就被胡塞武装杀害，或者被阻止进入所在的基地和军营。

三 多重武装力量的崛起及特征

随着国家军队的崩溃，也门涌现出许多非国家武装力量。它们彼此竞争与合作，共同塑造着也门的安全治理框架。

首先，也门多重武装力量的崛起。长期以来，也门中央政府十分脆弱，无力控制部落力量，部落武装具有相对独立性。此外，也门政府在使用正规的军队、警察等国家安全力量之外，往往还创建与常规军和警察平行的安全机构，④ 借此保卫政权安全。可见，武装力量的多重性并非也门的新近现象。长期以来，部落武装具有相对独立性。然而，政府整体上能与部落力量

---

① 朱泉钢：《外部军事干预以来的也门局势及其走向》，载杨光主编《中东发展报告 No. 18（2015～2016）》，社会科学文献出版社，2016，第 233～235 页。

② Michel D. Wyss, "Iranian Proxy Warfare in Iraq and Yemen," April 1, 2016, https://www.ict.org.il/UserFiles/ICT – Rag – Iranian – Proxy – Wyss.pdf.

③ Brian M. Perkins, "Yemen: Between Revolution and Regression," *Studies in Conflict & Terrorism*, Vol. 40, No. 4, 2017, p.300.

④ 平行性安全机构是指承担安全功能，但不隶属于国防部或内政部的安全机构。这些力量往往混合着正式和非正式、国家和非国家的特征。

保持一种基本的合作关系，而不致造成剧烈冲突。同时，历史上，军队也只是也门安全力量中的一支，政府创建了大量平行的安全机构，负责保卫政权安全。萨利赫下台之后，国家军队无法提供安全保障，其他武装力量就承担起了填补安全真空的作用，据此形成了多种类的武装力量。2017 年也门民调中心就"谁能提供你们当地的安全保障"问题进行全国性调研，仅有16% 的也门人回答军队等国家安全机构。① 可见，2015 年以来，国家性和非国家性的武装力量并存是也门的一个重要现象。

基于与被国际社会广泛承认的政府的关系这一标准，这些武装力量主要可以分为三类。第一，亲哈迪政府的武装力量。①也门国家军队。在 2015年沙特干预也门之后，一些政府士兵重返军营，一些军团得以重组，名义上归哈迪政府管辖。显然，这些力量只是胡塞运动叛乱之前的也门军队中的一些残余力量。沙特领导的联军，主要是阿联酋负责训练和武装这些士兵。2016 年初，政府声称也门军队有 45 万人，但根据权威人士称，也门政府军或许仅有 6 万~7. 5 万人。②总统基于实用主义原则新建的一些安全力量。政府使用一些"非常规军"维持政权生存，总统哈迪新建立的国防部门容纳了一些非国家行为体武装力量。例如，在战况激烈的塔伊兹市，哈迪将一些非政府军组建为总统保护第五营，用来对抗胡塞武装。③穆森将军领导的军队。穆森将军是也门的重要军事和政治精英，他负责指挥第一装甲师，该力量大约有 3 万人，本质上是忠诚于穆森的私人部落民兵武装。② 穆森与显著的艾哈迈尔家族、具有穆斯林兄弟会色彩的伊斯拉党、哈希德部落联盟保持紧密的联系，并且与"基地"组织长期往来。目前，沙特是其最大的金主。

第二，摇摆性的武装力量。①基于部落民兵传统建立的人民委员会（Popular Committees）。这不是最近出现的现象，而是部落成员自愿捍卫部落利益所组建的武装力量的传统延续。他们主要是为了保护社群利益免受外部威胁而组建，职能包括保护当地的基础设施、维护公共秩序、配合检查站安

---

① Marie‐Christine Heinze, Hafez Al‐Bukhari, "Opportunities for SSR in Yemen," in Marie‐Christine Heinze, ed. , *Addressing Security Sector Reform in Yemen. Challenges and Opportunities for Intervention During and Post‐Conflict* （Bonn：CARPO, 2017）, p. 43.

② Zoltan Barany, *The Challenges of Building a National Army in Yemen* （Washington, D. C. ：CSIS, 2016）, pp. 34‐35.

检。① 由于人民委员会并不是一个组织，而是对多数部落民兵组织的概称，因此需要对其性质进行具体分析。那些与哈迪政府关系相对良好的力量成员，每个月能从政府领取工资，大约有 1.5 万人。然而，他们并不完全遵循政府命令，不仅具有高度的独立性，而且有时进行绑架、勒索、抢劫等非法活动。值得注意的是，2014 年 9 月以来，胡塞武装也组建了对自己友好的人民委员会。②萨利赫家族。在 30 多年的统治时间内，萨利赫家族组建了庞大的庇护网络，并且与也门的许多精英保持紧密联系。虽然 2011 年被迫下台，但是他仍能利用自己累积的 600 亿美元资金资助忠诚于自己的武装和其他力量。萨利赫家族控制的最重要武装是前政权的一些安全部门力量，尤其是他的儿子和侄子掌管的共和国卫队等，人数大概在 3 万人。2014 年，萨利赫与胡塞武装结盟，反对哈迪政府。2017 年底，萨利赫由于与沙特接近而被胡塞武装杀害。之后，萨利赫家族转而反对胡塞武装。③南方过渡委员会。该组织与南也门共和国具有历史联系，其领导人是前亚丁省省长祖贝迪等人，成员主要是南方的一些军政精英及其追随者。他们的武装力量并不是特别强大，主要依赖阿联酋的支持。② 该力量在对抗胡塞武装时与哈迪政府合作，但在也门南部影响力的争夺上与政府存在冲突。

第三，敌对哈迪政府的武装力量。①胡塞武装力量。20 世纪 70 年代，萨达省的栽德派宗教人士巴达尔·丁·胡塞（Badr al - Din al - Houthi）发起栽德派复兴运动，2004 年更名为"胡塞人"。目前，其领导机构是长老委员会，阿卜杜拉·马利克·胡塞（Abdul - Malik al - Houthi）具有最终决策权。目前，胡塞武装据称有 2 万 ~ 3 万名武装力量，成员主要是萨达省的部落民，其军事组织通过赋权地方指挥官而变得十分强大，其重型武器主要来自击败政府军所获战利品。②极端主义力量。在也门，影响最大的极端主义组织是"基地组织半岛分支"，其目标是在阿拉伯半岛建立哈里发国和执行沙里亚法，其活动区域主要是贝达省、埃布省、阿比扬省和哈德拉毛省，还在塔伊兹、亚丁和夏卜瓦有活动，目前领导人是雷米（Qasim al - Raymi），组织有约 4000 人。③ 激进组织"伊斯兰国也门分支"表现出强劲的发展势

---

① Peter Salisbury, "Yemen, the Business of War," *The World Today*, August & September 2017, p. 28.

② Noel Brehony, "From Chaos to Chaos: South Yemen 50 Years after the British Departure," *Asian Affairs*, Vol. 48, No. 3, 2017, p. 440.

③ Dylan O'Driscoll, *Violent Extremism and Terrorism in Yemen* (Helpdesk Report, 2017), p. 6.

头，其领导层不太明朗，最著名的是阿代尼（Nashwan al‐Adeni），其活动主要集中在亚丁、哈德拉毛、萨那、塔伊兹、夏卜瓦和贝达等逊尼派占多数的地区，他们表现得比"基地组织半岛分支"更加残暴。值得注意的是，他们一直在通过攻击招募中心和培训设施进行威慑，进而限制哈迪政府的军队实力。例如，2016年5月，"伊斯兰国"在亚丁军队招募中心的自杀式炸弹袭击至少杀死了45名士兵。

其次，也门混合性的安全治理架构。不同于"多层次安全治理"、"多中心安全治理"、"没有政府的治理"和"协调性安全治理"等概念，混合性安全治理侧重于国家与非国家武装力量的并存和互动，即双方在安全治理中功能界限变得模糊，并且在行动上彼此配合。[1] 由于国家几近崩溃，以及诸多力量的武装割据，也门脆弱的父系主义庇护型国家安全力量不复存在，转而发展出包含诸多武装力量的安全网络。

在也门，武装力量的混合化趋势主要通过两个机制来实现。一是非国家武装力量的常规化，即将非国家的武装行为体并入国家常规军。如果某一武装力量承认哈迪政府的权威，政府就赋予该武装力量合法性，并对其提供资金和武器援助，同时这一武装力量也需要与政府军一道执行某些军事任务，例如前面提到的总统保护第五营。由于哈迪政府深受阿联酋的影响，因此，阿联酋资助和训练的非国家性武装力量往往更易被并入国家常规军。

二是国家武装力量的辅助化，即国家武装力量配合非国家武装力量，共同承担特定的安全任务。2015年塔伊兹战场上，由于萨拉菲主义者战斗力较强，因此成为对抗胡塞武装的主力，而政府军作为辅助力量与它一起战斗。[2] 2017年12月之后，萨利赫家族的武装力量在也门西部沿海地带成为向荷台达推进的主力，哈迪政府军成为辅助性力量之一。

不像成熟的现代民族国家，也门当前的安全架构并非自上而下型的等级性安排，而是由常规军和非国家武装力量基于具体地面安排构成的治理网络，即安全治理混合化：非国家武装力量填补也门军队崩溃后的安全真空、

---

① Robin Luckham, Tom Kirk, "Understanding Security in the Vernacular in Hybrid Political Contexts: A Critical Survey," *Conflict, Security & Development*, Vol. 13, No. 3, 2013, p. 339.

② Eleonora Ardemagni, "Yemen's Military: From the Tribal Army to the Warlords," 19 March, 2018, https://www.ispionline.it/it/pubblicazione/yemens‐military‐tribal‐army‐warlords‐19919.

常规军与非国家武装力量共享安全治理。[①] 由于中央政府不仅不能在整个国家层面确保安全，而且其安全权威受到挑战，并接受非国家武装力量的存在，因此地方力量主导安全秩序的塑造。总之，也门整体性的国家安全框架不复存在，安全治理下沉到地方性的安全安排，即竞争性的安全提供者在领土重叠存在，常规军和非国家武装力量共存、合作和竞争，塑造了也门混合性安全治理的现状。这种安全治理的权力关系是水平的，而非垂直的。

通过分析和平区和战斗区的状况，我们都能看出也门当前安全治理的混合性特征。在相对和平的亚丁省，每个地区都有自己的安全提供者，这些力量包括南方安全军、总统保卫团、分离主义民兵和激进组织等，有时候它们提供混合的安全保障。在萨那及其郊区，萨利赫集团的前忠诚者与胡塞武装的人民委员会共同负责安全治理，促成了也门组织程度最高的精英军团和松散的非正规民兵的协作。

在许多战斗激烈的战场上，我们同样可以看到安全治理的混合性。在荷台达，塔里克·萨利赫领导反胡塞联军——国家救亡军（NSF），该力量其实是一个松散的联盟，包括忠诚于萨利赫的前共和国卫队成员、当地的蒂哈马抵抗军、政府军下属的"巨人旅"，以及南方萨拉菲主义者，它们的行动受到阿联酋的支持和管控。在塔伊兹，阿布·阿巴斯旅与总统第五保护营一道对抗胡塞武装。在 2018 年 6 月，阿布·阿巴斯旅与塔里克军团一道，为联军进攻荷台达打通通道。在萨那，被解散的第一装甲师余部（效忠于穆森），面临胡塞武装与当地部落民兵的攻击。[②] 可见，也门安全治理已经彻底混合化。

最后，外部力量在也门进行的代理人战争。在外部力量对于也门安全力量的影响问题上，除了美国、沙特和阿联酋直接的军事干预外，存在最为广泛的是，外部力量通过扶植也门的当地代理人进行代理人战争。

代理人战争可以定义为一国（庇护国）通过援助冲突中的第三方（代理人），反对共同的敌人或实现战略目标的战争现象。[③] 在也门存在两种类

① Gëzim Visoka, "Three Levels of Hybridisation Practices in Post – Conflict Kosovo," *Journal of Peacebuilding & Development*, Vol. 7, No. 2, 2012, p. 23.

② Eleonora Ardemagni, "Patchwork Security: The New Face of Yemen's Hybridity," 30 October, 2018, https://www. ispionline. it/it/pubblicazione/patchwork – security – new – face – yemens – hybridity – 21523.

③ Andrew Mumford, *Proxy Warfare* (Cambridge: Polity Press, 2013), p. 1.

型的代理人战争。第一类是庇护国间接参与冲突，主要是伊朗利用代理人胡塞武装与反胡塞力量之间的战争。伊朗并未直接参与也门战争，但是通过向胡塞武装提供军事援助，对抗沙特支持的哈迪政府，以及沙特领导的国际联军。在也门战场上，伊朗的代理人相对单一，即支持胡塞武装实现自身利益。其支持的形式包括为胡塞武装提供军事训练，为胡塞武装提供武器和装备，为胡塞武装提供资金和外交支持。伊朗在也门运用胡塞武装充当代理人的动机主要是利益和避险，意识形态的作用相对不大。[1]

第二类是庇护国有限直接参与冲突，即庇护国主要进行空中打击和海上封锁，在地面战场依赖代理人，这包括沙特利用代理人与胡塞武装之间的战争，以及美国依托代理人与胡塞武装和极端组织之间的战争。沙特在也门的参战模式是，出动空军和海军进行空袭和封锁，但并不直接出动地面部队，沙特在地面战场上主要依赖它领导的联军。与此类似的是美国在也门打击胡塞武装和进行反恐战争，美国仅仅动用空中力量，在地面战场上则利用沙特联军及阿联酋的军队对抗胡塞武装和打击极端主义力量。

沙特的代理人相对复杂，包括苏丹、塞内加尔和部分海湾君主国的军队，以及也门国内的力量——哈迪政府军、前总统萨利赫去世之后忠诚于萨利赫的军队、穆森·艾哈迈尔将军领导的军队、一些部落军队等。沙特的代理形式多样，投入成本较高，包括：为反胡塞力量提供军事训练和武器装备，为反胡塞力量提供资金支持，通过外交和宣传增强自身干预以及对抗胡塞武装的正当性。同时，抹黑胡塞武装反政府和作为伊朗爪牙的身份，以证明反胡塞战争的正义性。沙特在也门大规模和高程度地扶植代理人，主要是出于以下三个动机：维护沙特的国家利益、确保沙特逊尼派带头大哥的地位、[2] 避免直接大规模参与也门战争的风险。

美国在也门的代理人战争并不显著，这与美国参与也门代理人战争的动机有关：其一，也门在美国的战略布局中并不居于优先地位；其二，美国极力避免直接大规模卷入也门战争的风险。事实上，美国在也门有两场代理人战争：一是支持沙特联军对抗胡塞武装，二是扶植阿联酋及其盟友在地面战场打击极端主义力量。美国对于代理人的支持形式主要是军事和外交层面

---

[1] Michel D. Wyss, "Iranian Proxy Warfare in Iraq and Yemen," April 1, 2016, https://www.ict.org.il/UserFiles/ICT-Rag-Iranian-Proxy-Wyss.pdf.

[2] William A. Rugh, "Problems in Yemen, Domestic and Foreign," *Middle East Policy*, Vol. XXII, No. 4, 2015, pp. 147-148.

的，而非经济层面的。例如，美国积极对沙特和阿联酋军队进行军事培训和人力支持；美国向沙特和阿联酋出售大量武器装备和弹药；美国对沙特联军提供道义支持和建议。[①]

当前，也门的国家安全形式上是由常规军与非国家武装力量共同维护的。只要也门的部落传统结构无法根本改变，也门的军政关系就会深具部落性的庇护特征，也门的军队也很难强大起来。此外，可以预见的是，在近年冲突中崛起的武装力量必将在也门未来的权力安排中占据有利地位。

也门军政关系的历史表明，解决"军政关系两难困境"既需要政府建立一支强大的军队，同时又要确保政府对军队的控制，这并不是一件易事。整体来看，也门多数政府是以牺牲军队战斗力为代价换取对军队的控制的。进入20世纪之后，叶海亚伊玛目试图建立一支现代化的军队保卫政权，但最终导致1962年军队政变推翻伊玛目封建王朝。阿拉伯也门共和国建立之后，埃及在1962~1968年主导也门局势，它无意帮助也门建立一支强大的军队。埃利亚尼、哈姆迪、卡西姆政府囿于部落压力和沙特的阻挠，无意或无力建立一支强大的军队。1978年萨利赫上台之后，通过建立"军队—部落—商人复合体"维持了30余年的统治，但实质仍是弱化军队。这不仅导致萨利赫政权最终倒台，而且是也门陷入当前血腥内战的重要原因。

也门的军政关系案例有助于澄清两个观点。第一，军队的非专业化并不必然导致军队忠诚于政府。长期以来，也门军队的专业化程度并不高，但军队显然并不自动效忠政府。萨利赫时期，政府积极在军队中扶植家族势力，建立多个平行军队，满足以穆森为代表的军官的自主性，然而，这并未换来军队对政府的绝对支持。因为决定军队忠诚与否的是政府控制军队的策略，而非其专业化特征。第二，中东国家的军政关系的发展是多速的。在海湾国家代表的君主国，其军政关系具有明显的传统性，而土耳其和以色列代表的现代国家，军政关系具有接近西方军政关系的现代性。也门军政关系处在前现代向现代模式的过渡阶段，因此具有传统和现代的混合特征，这表现在国内存在大量部落武装，以及国家军队具有的部落特征。

中东剧变以来，以也门为代表的中东"脆弱国家"深陷"安全真空"

---

① James Phillips, "U. S. Should Encourage a Political Settlement in Yemen to Defeat Al - Qaeda and Contain Iran," June 5, 2017, https：//www. heritage. org/middle - east/report/us - should - en - courage - political - settlement - yemen - defeat - al - qaeda - and - contain - iran.

中。由于也门脆弱的安全结构，以及外部力量的干预，也门涌现出大量非政府武装力量，并呈现多重武装力量崛起的态势。它不仅削弱了也门的国家主权完整，而且恶化了也门及海湾地区，乃至整个中东地区的安全局势。战争结束之后，也门国家军队重建将成为重要的问题。鉴于部落势力依旧强大，也门现代国家军队的建设，以及高质量的军政关系建设仍然困难重重。

第五章

黎巴嫩共和国军政关系的演变

在军政关系的演变过程中，黎巴嫩和大多数阿拉伯共和制国家并不一样。自建国以来，黎巴嫩并未经历成功的军事政变和显著的军人政权，一直维持着文官优先的军政关系模式。但黎巴嫩的军政关系文官优先的内涵并不是始终如一的，经历了早期的文官控制军队模式的确立阶段（1943 ~1958年）、文官控制军队模式的维持阶段（20世纪50年代末期到内战结束），其间，军队的政治作用增加，但整体维持了文官控制军队；内战结束后，军政关系发生了一些变化，但军队仍处在文官政府的控制之下。

第一节 文官控制军队制度的确立

黎巴嫩的军政关系虽然在不同时期有不同特征，但是文官控制军队一直是其主导模式。在黎巴嫩国内，由于结构性因素的限制较多，虽然军队具有干政动机，但其资源动员能力相对较弱，文官控制能够维持。路径依赖是影响其制度维持的重要因素，因此，首先考察黎巴嫩军政关系确立的起点。

一 影响军政关系确立的主要因素

黎巴嫩建国之初承继了法国托管地时期的诸多特征，军政关系也不例外。[①] 1945 年，政府建立军队，黎巴嫩的社会精英和军事精英开始在共和体制内学习新的政治游戏规则。整体来看，这一时期黎巴嫩军政关系的显著特征是军队相对文官政府处于附属地位。这主要由于文官政府合法性高、经济社会发展平稳、内外威胁相对有限的客观条件；制度因素方面，基于教派分配建立的国家制度受到尊重，与政府设置类似，基督徒（主要是马龙派）占据军官层绝对多数；最后，主观因素方面，以福阿德·切哈布（Fouad Chehab）为代表的高级军官具有专业主义的规范价值，民众也普遍对军队参政不感兴趣，本节对此进行具体分析。

（一）客观条件

第一，黎巴嫩独立时，确立了建立在教派分权基础之上的协和民主制度（consociational democracy），这种制度保证了政府的合法性，改变和减少了军队干预政治的立场和机会。显然，黎巴嫩虽然不是威权主义体制，但也不是典型的西方式民主制度。这种制度基于不同教派之间的权力分享体系，其基础是不同教派在国家制度中的比例分配、相互否决权和地区自治。总之，这种民主制度发生在教派之间，而非民众之间。[②] 权力分享体系基于精英在选举前后的妥协协议，进而确保体系稳定，但并不是以保证普通公民利益诉求为基础。然而，这种民主模式被精英和普通民众广泛接受。

1926 年，法国托管政府制定《黎巴嫩宪法》，其中规定，为了正义和仁爱，黎巴嫩的所有社群都将在政府的行政和立法机构中获得公平的代表。这一原则在 1936 年的《黎巴嫩－法国条约》中再次被强调，并且反映在随后制定的选举法中，该法律规定了议会席位如何分配给不同地区和社群。1943 年的国民宪章是马龙派领导人胡里（Bechara al - Khuri）和逊尼派领导人苏勒（Riad al - Sulh）妥协的结果，该文件接受社群间的权力分享，同时规定国家的身份和对外政策。宪章第一部分确定了黎巴嫩的阿拉伯面向，追求"非东非西"的外交政策，即既不与西方结盟，也不与阿拉伯核心地带为伍。第二部分是权力分享安排，规定基督徒和穆斯林在议会中的代表之比为 6∶5，政府中最高职位分别是马龙派做总统，逊尼派做总理，什叶派做议会

---

① Tom Najem, *Lebanon: The Politics of a Penetrated Society* (New York: Routledge, 2012), p. 9.

② David Ghanim, *Iraq's Dysfunctional Democracy* (California: Praeger, 2011), p. 136.

议长。① 长期以来，黎巴嫩的地方政治精英具有重要的政治影响力，因而，政治制度安排照顾地方精英。② 地区基础的选举安排能够确保黎巴嫩的地方精英在立法机关中占据要职，影响国家政治生活。

黎巴嫩各个社群的精英和民众整体上赞同宪章，证明了他们对国家制度安排的承认和接受。作为社会中民众的代表，军方和政治精英也对这种国家制度安排表示认可，改变和减少了军方干政的立场和机会。

第二，20世纪50年代前后，黎巴嫩的经济获得了显著发展，而且社会相对稳定，加强了民众对于政府的支持及政府对于军队的相对权力。20世纪50年代前后，黎巴嫩经济发展迅速。据统计，黎巴嫩在1945~1950年，工业获得显著进步，在工厂数目、投资金额、雇佣人数等方面都有较大发展。和大多数中东国家不同，其出口产品相对多元，农产品出口量占国家总出口量的50%，表明国家农业发展良好，但又不依赖农业。由于奉行自由主义的经济政策，黎巴嫩秉承了商品贸易传统，转口贸易很有活力。最后，这一时期，黎巴嫩人均实际收入每年增长11%。③ 总之，黎巴嫩经济获得了重大进步。

此外，黎巴嫩社会相对稳定。虽然不同教派、部族、家族之间矛盾显著，但并没有达到沸点。国民宪章规定了相关群体的权力分配，因而任何群体试图通过打压其他群体获得政治收益的努力都是徒劳的，这限制了社群之间的激烈冲突。此外，穆斯林群体虽然对政治安排不满，但并未产生颠覆性的利益诉求。总之，这种社会形势下，军队进行政治干预的动机和机会不大。

第三，黎巴嫩周围是叙利亚、以色列和伊拉克等地区强国，由于与这些国家实力差距过大，因而黎巴嫩领导人并未选择大力发展军备保护国家安全，这种外部结构因素有利于文官控制军队。黎巴嫩卷入第一次中东战争，但是程度相对有限，战争经历影响了黎巴嫩军队的建设和军政关系的发展。国家可以使用内部手段或外部手段来实现维护自身生存的目标，内部手段包括增强自身的经济能力和军事力量，以及实行明智的战略；外部手段则包括

---

① 王新刚：《中东国家通史：叙利亚和黎巴嫩卷》，商务印书馆，2003，第351页。

② A. Hottinger, "Zu'ama in Historical Perspective," in Leonard Binder, ed., *Politics in Lebanon* (New York：John Wiley & Sons, 1966), pp. 85 – 105.

③ Toufic K. Gaspard, *A Political Economy of Lebanon*, *1948 – 2002*：*The Limits of Laissez – Faire* (Leiden：Brill, 2004), pp. 55 – 56.

加强和扩大同盟，或是削弱和缩小敌对同盟的力量。① 经过第一次中东战争，黎巴嫩领导人意识到，建立一支能够与以色列和叙利亚军队相匹配的武装力量近乎不可能。因而，通过加强军事力量来保护国家安全的策略不现实，反而可能会引起国内一些政治力量和地区力量要求黎巴嫩在地区冲突中承担更多责任的问题。

黎巴嫩竭力避免卷入地区冲突，尤其是在阿以冲突中保持中立是黎巴嫩默认的原则之一。由于国内对巴以冲突和巴勒斯坦问题的看法不一致，黎巴嫩官方为了避免争论，并未公开宣布其国防政策。根据其行动，我们可以通过观察发现黎巴嫩整体的国防和外交政策：由于军事力量有限，因而恪守防御性的国防政策，坚持在地区和国际冲突中保持中立；维持与阿拉伯国家的友好关系，保证这些国家承认其边界和主权，但同时不挑衅以色列；与西方保持温和的关系，并在必要时依靠西方大国和国际社会。②

像文官领导人一样，军方领导也认为黎巴嫩的安全应当依赖外部援助和大国保证，军队的目标是维持内部安全和防御外部入侵。显然，黎巴嫩军政精英都意识到，独立发展军备并非确保国家安全的有效途径，这影响了黎巴嫩军队的快速增长，也有助于文官控制军队。

（二）制度因素

一国政府机构的内部统一度越高，针对军事事务的决策权力越集中，其对于军方越有优势。此外，军方领导人与政府领导越具有归属性联系，军方越可能附属于文官政府。整体来看，黎巴嫩符合这两个条件。

第一，政府的内部统一性有助于文官控制军队。虽然不同社群之间存在矛盾，但是国民宪章限制了其争议，政府机构整体上显示出团结和统一的特征，没有任何机构试图拉拢军队制衡另一机构，减少了军队干预政治的可能。

此外，作为民主国家，议会部门对于控制军队具有重要作用，议会主要通过外交事务委员会和国防委员会（二者在1961年之前是一个委员会）管理军队。由于委员会成员的延续性，其是相关议题的专家，其专业性和经验

---

① 〔美〕肯尼思·华尔兹：《国际政治理论》，信强译，上海人民出版社，2003，第156页。
② Bassel F. Salloukh, "The Art of the Impossible: The Foreign Policy of Lebanon," in Bahgat Kora-ny, Ali E. Hillal Dessouki, eds., *The Foreign Policies of Arab States: The Challenge of Globaliza-tion*（*New Revised Edition*）（New York: Cairo University Press, 2008），p. 294.

有助于文官控制。一方面，议会通过实践特定的功能，例如冲突解决、资源分配、领导人任命等，确保其在国家事务中的关键作用，间接影响军队。另一方面，议会在国防政策制定、军队结构和预算等领域进行监督，直接控制军队。[1]

第二，军队高官主要由马龙派担任，而马龙派成员不仅担任总统，而且在议会中占据多数，军方与政府领导的归属性联系有助于文官控制。

黎巴嫩军队招募的群体比例制度开始于托管地时期，法国殖民者根据其在黎凡特地区的政策和其统治威胁采取招募政策：当某一群体叛乱，则提高其他群体的招募比例。此外，其招募原则是马龙派优先于东正教徒，因为前者更亲法国，而后者同情阿拉伯民族主义；农村人优先于城市居民。在托管后期，逊尼派的叛乱逐渐增多，他们在托管军团中的影响水平下降，而基督徒的影响水平则上升。

1945 年，当法国将建设的托管地军团移交给叙利亚和黎巴嫩的时候，军团被分为基督徒占多数的黎巴嫩军团和穆斯林占多数的叙利亚军团。当时，黎巴嫩军队中基督徒和穆斯林的比例分别为 57.8% 和 38.9%，这种不平衡在军官中更加明显，71.8% 的军官为基督徒，其中马龙派高达 47.6%，德鲁兹派军官占 14.6%，而逊尼派和什叶派军官共计占 11.6%。[2] 而且，这种基督徒优先的模式延续到黎巴嫩独立之后很长一段时间。

托管时期，黎巴嫩重要家族的成员，尤其是来自黎巴嫩山区的贵族子弟纷纷进入军事学院。国家独立之后，这些从军校毕业的学生走进军队，担任军官职位。一方面，他们负责维持贵族阶级对军队的控制，另一方面，他们接受的军队专业主义价值，减少了其干预政治的倾向。此外，随着黎巴嫩自由主义经济政策实施得越加深入，一些竞争失败的基督教贵族在经济和社会中的影响水平下降，军队为其家族成员提供了新的去处。独立之后，军队为基督徒和一些穆斯林的中产阶级提供了出路。[3] 最终，基督徒在独立之后的

---

① Abdo I. Baaklini, "Civilian Control of the Military in Lebanon: A Legislative Perspective," in Claude E. Welch, ed., *Civilian Control of the Military: Theory and Cases from Developing Countries* (Albany: State University of New York Press, 1976), pp. 260 – 273.

② Oren Barak, "Towards a Representative Military? The Transformation of the Lebanese Officer Corps since 1945," *The Middle East Journal*, Vol. 60, No. 1, Winter 2006, p. 83.

③ Abdo I. Baaklini, "Civilian Control of the Military in Lebanon: A Legislative Perspective," in Claude E. Welch, ed., *Civilian Control of the Military: Theory and Cases from Developing Countries* (Albany: State University of New York Press, 1976), p. 259.

军队中长期占据大多数军官职位。总之，军官与政府官员的归属性联系，有助于减少来自军官发动上层政变和革命的风险。

1945~1975 年，军队高级领导职位几乎被基督徒所垄断，军官升职主要基于在军队服役年限和级别，而不是成就，并且严格限制对穆斯林的招募。1959 年之前，参谋长一职一直由天主教徒担任，之后，德鲁兹派穆斯林也能出任该职。虽然德鲁兹派也担任国防部长等军职，但是这些职务对于军队事务并无实际影响力。1975 年之前，基督徒（主要是马龙派）一直出任军队总司令、情报总长、副总参谋长、空军总司令、议会中外交事务委员会和国防委员会的领导。此外，军团领导也往往是基督徒，他们还担任军事学院领导并统领宪兵。

从不同教派军官所占整个军官的比例来看（见表 5-1），1945~1958 年有以下特征。第一，虽然基督徒军官在所有军官中的比例有所下降，但仍然高达 65.5%，远远高于穆斯林军官，其中马龙派军官比例高达 43.8%。第二，在穆斯林军官中，逊尼派和什叶派军官所占比例显著增加，德鲁兹派军官比例相对下降。

表 5-1　黎巴嫩军官的教派背景占比情况

单位:%

教　派	1945 年之前	1945~1958 年	1958~1975 年	1975~1990 年	1990~2004 年
基督教	71.8	65.5	55	51	47.1
马龙派	47.6	43.8	34.8	32.2	30.3
天主教	12.6	11.9	9.9	9.3	7.5
亚美尼亚人	5.8	1.7	1.5	1.7	1.5
犹太人	1.9	0.6	0	0	0
穆斯林	26.2	33.9	45	49	52.9
逊尼派	8.7	14.7	15.3	16.6	16.1
什叶派	2.9	9.3	15.3	20.9	27.2
德鲁兹派	14.6	9.9	14.5	11.2	9.6

资料来源：Oren Barak, "Towards a Representative Military? The Transformation of the Lebanese Officer Corps since 1945," *The Middle East Journal*, Vol. 60, No. 1, 2006, p. 89。

黎巴嫩建国之后，军官与政治家联系紧密，家族纽带是提拔和委任高级军官职务的重要条件之一。此外，社群和宗教因素，以及军官自身的温和、节制、服从纪律和不干政规范都影响军官提拔。大量军官出身贵族，与政治家具有族群或教派联系，军队领导人的温和确保了军政关系的和谐和协调，[1] 有助于文官政府控制军队。

（三）主观因素

观念因素对于军政关系的形成和发展具有重要影响，精英和民众对于军队的看法，以及军官对于自身团体身份的看法极大影响了黎巴嫩文官控军模式的形成。

第一，包括精英和大众在内的整个社会对强大国家机构充满恐惧，导致包括军队在内的国家机构普遍脆弱，并且塑造了黎巴嫩不支持军队参与政治的社会文化。首先看精英层面。吉登斯从物质层面考察国家发展现代性的问题，他认为民族国家现代性的主要制度包括高度监控、资本主义企业、工业生产和巩固对暴力机构的集中化控制。[2] 可见，强制是现代国家的一个重要特征，也是军队的核心特质之一。然而，黎巴嫩精英对于强制怀有深深的恐惧，他们认为，一个强大到向社会各个层面渗透的政府会损害自身利益。

独立之初，黎巴嫩的国家精英主要包括地主、银行家、商人和大企业主。[3] 他们的事业成功并不依赖国家机构的强大，反而因为国家的能力相对有限而获益，因此，他们并不期待在黎巴嫩建立强大的国家。这些社会精英认为，良善的政治体系运转和繁荣的资本主义经济体系运转的逻辑应当类似，最需要的是由"看不见的手"来协调，因而强大的政府是不必要的，强大的军队也是不必要的，拥有强制力的军队参与政治更是不能接受的。

此外，自由主义和个人主义一直在黎巴嫩历史上具有重要影响。[4] 自古以来，黎巴嫩便是众多异端教派的避难所和中东地区的重要贸易通道，因而培育了该国自由、开放、包容的政治文化。[5] 黎巴嫩精英认为，不太强大的

---

① Oren Barak, *The Lebanese Army: A National Institution in a Divided Society* (Albany: State University of New York Press, 2009), p. 31.

② 〔英〕安东尼·吉登斯:《民族—国家与暴力》，胡宗泽、赵力涛译，生活·读书·新知三联书店，1998，第 6 页。

③ Fawwaz Traboulsi, *A History of Modern Lebanon* (London: Pluto Press, 2007), pp. 91 – 93.

④ Barry Rubin, ed., *Lebanon: Liberation, Conflict, and Crisis* (New York: Palgrave Macmillan, 2009), p. 25.

⑤ 侯华民:《黎巴嫩主要教派的历史与今天》,《阿拉伯世界研究》1998 年第 1 期，第 33 页。

国家机构能够保证所有黎巴嫩人自由追求经济活动，并且能够避免某一社群利用政府力量压迫其他社群，也能阻止中央政府对民众进行压迫。

再来看大众层面。黎巴嫩的社会精英深深怀疑国家及其延展的权力，并相信黎巴嫩能够获得外部大国的安全保障。同时，底层社会成员也对军队持有消极看法。长久以来，黎巴嫩不同社群的安全依赖教派、家族和部落的力量，这种趋势一直延续到共和国成立。① 随着现代国家的建立，政府试图在全国范围内部署军队，这对地方力量构成冲击。黎巴嫩山区的马龙派不同意军队驻扎在聚居区，他们害怕军队会攻击他们，这显示出社会对军队的强烈不信任。② 因而，社会大众层面要求建立强大军队的愿望也不强烈。

经济基础决定上层建筑，这些社会精英和普通民众的利益诉求反映在黎巴嫩政治机构的设定中。对于强大国家机构的恐惧最终导致社会精英不仅不同意建立强大的政府机构，而且不同意建立强大的国家强制力量——军队，这导致社会普遍不希望军队参与政治事务。

第二，以切哈布为代表的黎巴嫩军官持有高度的专业主义价值规范，他们并不热衷政治参与，这有助于文官控制。福阿德·切哈布生于1902年，卒于1973年，跨越了近3/4个世纪的他被誉为黎巴嫩的"现代军队之父"。其一生都在努力建立国家军队，致力于发展军队的专业主义，减缓黎巴嫩社会的分裂，保证各社会群体和平共存。

切哈布在1921年进入法国设立在大马士革的军事学院，并到法国接受训练。1941年他出任黎巴嫩第三狙击团团长，1944年成为黎巴嫩精英部队第五旅旅长，并参与法国向黎巴嫩移交军队的谈判，黎巴嫩独立后出任总司令，直到1958年成为总统。不同于传统军队，现代军官团是一个专业团体，专业主义（professionalism）是其特质，专业主义的显著特征包括专业技术、责任感和团体意识三个方面。③ 观察切哈布的履历，我们发现，他的每一次提拔和升职都符合专业主义，这也从侧面反映出早期黎巴嫩军队的专业主义特征。

---

① 〔美〕菲利普·克·希蒂：《黎巴嫩简史》，北京师范学院《黎巴嫩简史》翻译小组译，人民出版社，1974，第265页。

② Oren Barak, *The Lebanese Army: A National Institution in a Divided Society* (Albany: State University of New York Press, 2009), p. 21.

③ Samuel P. Huntington, *The Soldier and the State: The Theory and Politics of Civil - Military Relations* (Cambridge: Belknap Press of Harvard University Press, 1957), pp. 8 - 10.

1945 年出任总司令之后，切哈布努力在文官政府的限制下发展军队。1955 年他被政府授予勋章，以表彰其为国家军队建设做出的重要贡献。他借鉴西方先进国家的军队组织模式建设军队，并为之配备先进的武器装备，捍卫国家生存并维护国家安全。其总体目标是在黎巴嫩建立一支专业军队，整体来看，他推进黎巴嫩军队现代化的成就要优于政治家在政治现代化方面实现的成果。可以说，切哈布毕生都在致力于黎巴嫩的军队建设事业。

政治上，切哈布是宪政集团的支持者，该集团遵守 1943 年国民宪章。同时他还是齐哈（Chiha）的追随者，此人倡导自由民主，推崇小政府，反对使用暴力变更政权。切哈布塑造军队的现代文化，培养军队的爱国主义精神，鼓励士兵和军官忠诚于国家，强调军队应当具备维持现存政治秩序、非党派和服从纪律的精神气质。他一直强调，军队不是参与政治和社会争论的政党，也不是政府手中的工具，而是重要的国家机构。①

可见，军方最初对于黎巴嫩军队的团体定位就是专职负责国家安全与领土防卫，不参与政治的专业主义团体。这显然符合文官政府的利益，一个没有政治要求的军队更加便利政府的行动和政府对军队的控制。

总之，在物质结构因素、军政行为体的制度因素，以及观念因素的限定和支持下，黎巴嫩建国之初确立了文官控制军队的制度。

二　文官控制军队的表现

由于一系列因素的影响，黎巴嫩共和国成立初期军政关系展现出文官控制军队的特征，集中表现在以下几个方面：军队在政治治理中作用有限、文官政府控制军队的团体事务、军队在社会经济事务中影响不大、军队在内外安全政策制定中发言权相对有限。

第一，黎巴嫩军队并未广泛参与政治治理事务，军事政变很少且都不成功，军官不在政府中担任要职，军队不轻易参与政治事务。

首先，和其他阿拉伯国家 20 世纪 70 年代之前军官频繁发动政变不同，黎巴嫩发生军事政变相对较少，几乎没有政变成功的案例。1975 年之前，黎巴嫩有两次军事政变企图，分别是 1949 年支持叙利亚社会民族党（叙社

---

① Oren Barak, *The Lebanese Army: A National Institution in a Divided Society* (Albany: State University of New York Press, 2009), pp. 36 – 38.

民党）的军官发动的政变、1961 年一小撮下层军官和叙社民党联合发动的政变。第一次政变是为了应对政府 1948 年镇压叙社民党，第二次政变显示出低级军官对高级军官长期霸占要职，并阻碍其升职的不满。① 然而，两次政变都未成功。此外，高级军官在某些时候也试图通过与相关政治力量合作来获取高位，例如 1953 年两个基督徒军官试图与反对派合作来提高军阶，但没有实现。不像政府内部社群间的紧张导致家族、社群和地区冲突，这样的举动并不被军队高层视为严重威胁。

其次，黎巴嫩的军官并不在政府中担任职位。黎巴嫩建国之初的总统和总理都由文官担任，军官并不兼任政府高级职位，国防部长一职基本也由文官出任。虽然黎巴嫩前军队总司令切哈布在 1952 年出任政府总理，1958~1964 年出任国家总统，但是他是在卸任军队职务之后才担任文官职位的。因而，他的文官职位符合法律程序性，不应被视为军队干预政治的证据。

最后，军队拒绝政治家的非安全事务要求，不轻易参与政治事务。1952年政治危机中，切哈布拒绝了胡里要求镇压政治反对派的请求，并且听从了反对派呼吁的军队避开政治争论的要求。这一决定是在安全局（Surete Generale）领导与军官协商后做出的，切哈布指出，政治危机不是军队应当解决的事务，而应当由政治家协商处理。军队的任务是保卫合法政府、保护国家独立、维持国家统一和军队纪律。② 同时，军队内部的政治分歧也促使切哈布做出这一决定。这一先例被确定：军队不会屈服于任何政治行为体的权威，它将捍卫宪法，并属于整个国家。

第二，黎巴嫩文官政府控制军队的团体事务，总统和议会在国防预算、军队招募等方面享有主导权，军队的团体自主性不高。

作为军队最重要的团体议题之一，国防预算是一国军队在国家政治生活中作用和地位的重要指标。黎巴嫩议会负责国防预算的审议，在议会中通常对相关事务反复争论，很多时候还对提议的军费预算数额进行削减。议会通

① Eliezer Be'eri, *Army Officers in Arab Politics and Society* (New York: Praeger, 1970), pp. 238 – 239.

② Kamal Salibi, "Lebanon under Fuad Chehab, 1958 – 1964," *Middle Eastern Studies*, Vol. 2, No. 3, April 1966, p. 216.

过相关立法程序，严格限制军队。① 由于缺乏 20 世纪 60 年代之前详细的国防开支数据，这里选取 60 年代前期的一些数据证明黎巴嫩较低的国防开支。一直到 20 世纪 60 年代中期，黎巴嫩人口数量多于约旦，但是约旦的军队数量是黎巴嫩的 3.5 倍。1965 年，约旦的国防预算占国民生产总值的 47%，而黎巴嫩仅占 17%。②可见，黎巴嫩文官控制国防预算事务，并且预算数额一直较少。

黎巴嫩文官政府在军队招募事务中享有主导权，招募秉承两个原则：军队规模不应过大、保证基督徒主导军官阶层。如果一个国家的政府本身并不支持招募较多的士兵政策，那么这一政策就不可能有足够的资金、法律和制度保障。黎巴嫩政府认为，士兵招募不仅增加国家的财政支出，而且对于强大的周边邻国来说，黎巴嫩不可能依靠增强自身军备力量来保证安全。黎巴嫩的基督徒领导害怕放开军队招募政策之后，大量非基督徒涌入军队，而这些群体对于国家的忠诚并不可靠。因而，他们担心这些社群成员大规模加入军队将最终导致非基督徒主导军队。1949 年，黎巴嫩参谋长萨利姆（Tawfiq Salem）警告，如果政府引进义务兵役制，亚述人、德鲁兹等穆斯林士兵将主导黎巴嫩军队。③ 政府对于非基督徒士兵的招募严重怀疑，这导致军队招募的速度相当缓慢，1951 年计划招募 800 人，但是只从 4000 名候选者当中招募到 700 人，其主要原因是应征者的素质不高，以及政府维持派系平衡的考虑。

第三，黎巴嫩军队在社会经济事务中影响不大。通常来说，如果一国具有大量的军工企业，那么军队在国家的经济发展中具有重要作用，该国军队往往具有大量的团体利益，参与政治的动机和机会也越多。黎巴嫩没有独立的军工企业，其武器装备主要依赖进口。脆弱的武装力量迫使其不得不依赖外部大国的安全保证，同时向外部力量寻求军事援助，虽然这种援助往往无效。不参与经济活动导致军队形成独特团体利益的概率较小，黎巴嫩在国家的经济社会发展中并无太大影响，有利于文官控制军队。

---

① Abdo I. Baaklini, "Civilian Control of the Military in Lebanon: A Legislative Perspective," in Claude E. Welch, ed., *Civilian Control of the Military: Theory and Cases from Developing Countries* (Albany: State University of New York Press, 1976), p. 267.

② J. C. Hurewitz, *Middle East Politics: The Military Dimension* (New York: Praeger, 1969), pp. 393 – 394.

③ Oren Barak, *The Lebanese Army: A National Institution in a Divided Society* (Albany: State University of New York Press, 2009), p. 21.

第四，在内外安全政策制定和执行中，军队并无太大发言权，基本按照文官的命令采取行动。

在外部安全方面，黎巴嫩虽然军力有限，但其遵从政府命令，整体维护了国家独立和领土完整。军队驻扎在黎叙边境，保证与叙利亚的边界安全。1949年达成停战协议之后，开始稳定与以色列的关系，通过参与以黎停战混合委员会管理黎巴嫩和以色列的关系。最后，军队也加强对巴勒斯坦难民的控制，将他们驱逐出边界地区，阻止他们的非法越境行动。

在内部安全事务中，黎巴嫩军队在政府领导下维持国家法律和秩序。同时，军队保证议会选举的安全。马基雅维里观察到，没有良好的军队，就不可能有良好的法律。[1] 通常来说，现代国家的军队主要承担抵御外侮和对内外敌人发动攻击的职责，对于内部安全的维护主要是由警察等力量完成的，但是第三世界国家并非如此。[2] 有学者指出，二战之后，民兵的存在虽然符合自由主义的传统，但是并未使世界变得更好。[3] 由于黎巴嫩存在强大的民兵力量，警察并未有效完成维持内部秩序的任务，军队往往承担相关责任。

军队试图通过斡旋，或者是部署在敌对力量之间做缓冲来阻止冲突升级，进而试图防止不同部落和社群之间的敌对。军队负责维护内部安全秩序，保障社群团结，军队协调不同教派或部落之间的冲突。1948年6月7日，什叶派的丹达什（Dandash）部落袭击了天主教农民，杀死5人，绑架1人。尽管一位天主教长老提出控诉，政府并未逮捕肇事者，基督徒进行大规模示威，要求丹达什部落的庇护者议会发言人哈马德承担责任，并向政府寻求帮助，但是哈马德并未在意政府要求其限制丹达什部落的要求，并声称他掌握有部落成员构成的军事力量，能够击败整个黎巴嫩军队。1954年5月，什叶派的贾法尔（Jaffar）部落发动叛乱，袭击北贝卡的农村地区，向宪兵巡逻人员开火，并绑架一人。军队部署了三个团，为了阻止叛乱者逃亡，特意请求叙利亚允许黎军跨越边境，最终，贾法尔部落屈服，交出14名叛乱者，并将大量武器上交给军队。1955年，军队再次被要求镇压贝卡地区的一次叛乱。切哈布逐渐增加和这一地区的接触，意识到叛乱主要源于

---

①　〔意〕尼科洛·马基雅维里：《君主论》，潘汉典译，商务印书馆，1985，第57页。

②　Samuel P. Huntington, *The Soldier and the State: The Theory and Politics of Civil - Military Relations* (Cambridge: Belknap Press of Harvard University Press, 1957), p. 8.

③　Hillel Frisch, *The Palestinian Military: Between Militias and Armies* (New York: Routledge, 2013), p. 2.

社会经济发展滞后。① 他最终与那两个部落达成协议，包括在当地铺路、供水，建立学校和医院，豁免数百人等。切哈布要求总统同意该协议，但是查蒙总统迫于地区领导人的压力并未同意。切哈布以辞职相威胁，这些行动为他带来了广泛的支持，几十名军官抗议总统。切哈布直到总统同意赦免反叛者和增加对该地区关注才复职。

综合来看，直到 1958 年内战，黎巴嫩军队一直是小规模的强制机构，其成员大多是法国托管军成员。大多数士兵是基督徒，马龙派占据军官要职。大多数军官和政治家来自同一社会阶级，有些还是亲戚。此时，军队既不是政治力量，也不是社会动员工具。同时，士兵大多将军事职业视为他们专业。这一时期，军队也面临一些挑战，如 1948 年巴勒斯坦战争、1949 年被镇压的叙利亚社会民族党的政变、1949 年解散所有准军事组织、1952 年导致胡里辞职的政治危机、1956 年苏伊士运河危机，其间埃及的情报机构在贝鲁特大肆活动，但黎巴嫩延续文官控制军队的制度。然而，1958 年内战之后，军队的权力加强，军队在政治中的作用增加。

第二节　文官控制军队制度的维持

一　军队卷入政治事务与文官的反制

查蒙总统大权独揽的意愿使反对派愈发不满，最终导致 1958 年政治危机。查蒙要求军队对反对派抗议进行镇压，然而军队再次选择不干预政治事务，但积极维护社会秩序。这次危机促使军队总司令切哈布出任总统，军官的政治意识也逐渐觉醒，为他们更深程度地卷入政治埋下了伏笔。

（一）军队在 1958 年危机中的表现及影响

1957 年议会选举中，查蒙的支持力量获胜，他的政治权力进一步增强。他试图通过修宪实现连任的举动引起了政治竞争对手的强烈抵制，他们组织抗议活动反对总统。同时，亲埃及的力量对他的亲西方政策，及其与约旦和

① Kamal Salibi, "Lebanon under Fuad Chehab, 1958 – 1964," *Middle Eastern Studies*, Vol. 2, No. 3, April 1966, p. 216.

伊拉克的紧密关系相当不满。1958 年的埃叙合并被一些黎巴嫩人视为阿拉伯统一的第一步，黎巴嫩充斥着反对查蒙的宣传和从黎叙边界渗透来的反对查蒙的武装分子。此外，冷战背景下的共产主义和资本主义之争，也是使黎巴嫩不稳定的要素。1958 年 5 月初，亲总统的武装力量和反对派武装在贝鲁特发生激战，黎巴嫩陷入危机。

尽管查蒙及其支持者反复要求军队镇压反对派，但总司令予以拒绝，军队仅仅控制冲突的烈度，促使各方保持克制。军方的战略是集中力量在城市进行部署，不干预反对派占据优势的乡村地区。同时，军队发挥其一直承担的冲突缓冲功能，避免冲突双方暴力严重升级。此外，军队负责保证重要的国家基础设施安全，军队在黎巴嫩到叙利亚大马士革的公路等主要交通要道巡逻，保护公共建筑和政府机构。整体来看，军队的行动基本以维持国家的整体秩序为目标，其并未大规模卷入冲突。

这一举动与 6 年前切哈布决定军队保持中立的原因类似，他认为危机是政治争议，应当通过政治家的妥协解决。他担心军队与某一方结盟将对黎巴嫩国家的整体利益不利，切哈布坚信军队不是某一派系或者某些政治领导人的工具，而属于整个国家。一方面，军队实力太弱，并不能确保击败反对派。这可能损害军队的专业主义精神，使军队丧失国家合法暴力机构的地位，最终导致国家陷入无政府状态。另一方面，如果军队和政府站在一起攻击反对派，则可能造成黎巴嫩国家基于族群的分裂。军队及军官多数是与总统同一族群的马龙派基督徒，而反对派主要是穆斯林。如果军队攻击反对派，则将被反对派描述为马龙派的族群军，甚至造成军队分裂。① 因此，反对派希望军队保持中立，多次呼吁士兵待在军营。反对派尊重切哈布，因而并不袭击军队，同时军队也不攻击他们。而查蒙并未在危机中试图解除切哈布等高级将领的职务，这主要是因为总统担心军官发动政变，查蒙只是努力说服军官采取镇压行动。

军队在 1958 年危机中的表现具有以下几个影响。第一，军队的中立，也即对查蒙总统的不支持客观上加剧了政权的不稳定，有利于反对派维护利益。军队中立降低了查蒙的地位，加强了反对派的力量，最终导致查蒙下台。这表明，在族群分裂的社会中，军队应对国内政治危机面临困境：服从政府命令可能加剧国家分裂，而拒绝命令又不利于现政府的稳定。切哈布代

---

① Fahim Qubain, *Crisis in Lebanon* (Washington：Middle East Institute, 1961), pp. 81 – 83.

表的军方最担心的是黎巴嫩民众彼此攻击，国家陷入分裂，因此他们选择了拒绝执行总统的镇压命令。但是，黎巴嫩军队并没有像大多数阿拉伯国家的军队那样，将军队和自己置于政府和国家之上，借政府混乱之机发动政变，或直接接管政权，而是通过远离政治来维护军队统一。

第二，由于切哈布的决策，军队成为唯一没有卷入冲突的国家机构，他也成为被各方都接受的总统候选人，这客观上增强了军队的政治权力。虽然有人批评切哈布以牺牲国家利益为代价，挽救了军队，[①] 但总体来看，切哈布并没有太大的政治野心，他拒绝接受总统命令的主要考虑是避免军队发生分裂，防止黎巴嫩陷入大规模的流血和动乱。内战之后，切哈布出任总统。内战对于黎巴嫩的军政关系是重要的转折点，因为军官第一次出任国家总统。军队成为重要的政治行为体，成为国内冲突的最终仲裁者。

第三，内战中军队虽然整体上保持统一，但是军官内部出现明显的分裂。在危机中，大多数军官支持切哈布的军队中立立场，但也有一些人反对切哈布并认为应当修正军队的不干预政治原则。这些差别反映了军官和不同政治力量之间的关系，也反映出不同军官对军队作用的不同理解和考虑。支持军队参与政治的军官主要是马龙派成员，如南黎巴嫩东区司令拉胡德（Fouad Lahoud）、巴尔贝克地区的长官拉巴基（Ghattas Labaki）、的黎波里地区的军官卡拉姆（Anwar Karam）都指挥军队镇压反对派。[②] 随着切哈布担任总统，他们在内战结束后不久都被军队解职。整体来看，基于教派因素的军官内部分歧已经显现出来。

（二）军队卷入政治事务

1958 年之前，黎巴嫩军队证明其作为国家机构的不偏倚，它证明自身对整个国家而不是某一群体保持忠诚。军队不同于带有教派色彩的总统、内阁和国会，它代表整个国家，其尊荣达到顶峰。黎巴嫩社会和政治精英整体上尊重军队，军队被视为国家统一与完整的象征。1958 年危机随着切哈布当选总统而告终，他赢得了政治力量的广泛支持，尤其是穆斯林群体，尽管一些基督徒，尤其是查蒙的支持者谴责他。然而，军队赢得尊重恰恰是因为

---

① Eliezer Be'eri, *Army Officers in Arab Politics and Society* (New York: Praeger, 1970), p. 237.

② Oren Barak, *The Lebanese Army: A National Institution in a Divided Society* (Albany: State University of New York Press, 2009), p. 60.

其不行动，正如切哈布一直强调的，远离政治是军队的重要特征。但是，随着切哈布出任总统，他需要构建自己的支持基础以推进改革，一些比切哈布更加具有政治倾向和野心的军官趁机崛起并影响政治，这最终造成黎巴嫩更大的不稳定。

出任总统后，切哈布试图构建多族群和多教派的政治联盟。然而，他面临来自不同群体的国内敌人的挑战。上台伊始，总统就面临新的政治危机，面对逊尼派领袖卡拉米（Karami）领导的新内阁，支持前总统查蒙的马龙派长枪党组织大规模游行和罢工。最终，政治危机以内阁达成逊尼派和马龙派的新均衡而告终。面对黎巴嫩的国内危机，切哈布政府开始在行政、经济、国家安全等领域进行改革。① 切哈布政府致力于推进国家现代化，通过加强中央政府、扩展官僚机构来满足大众对正义的要求，但同时遵循自由主义的政策。这导致黎巴嫩在国民生产总值、发展项目、教育系统、中央银行、国家安全法等方面进步显著。在外交领域，他主动向纳赛尔表示友好，并且在地区争端中严格恪守中立立场。

这一时期，文官政府维持了对军队的控制，但是军政关系发生了一些变化。一方面，政府试图提高军队的代表性和权威性，另一方面，军队在政治事务中的影响力增强。在此期间，军队通过增加穆斯林军官数量，以及解除地方武装力量来提高军队的合法性和代表性。大量的穆斯林军官，尤其是什叶派加入黎巴嫩军队，提高了军队在黎巴嫩民众眼中的合法性。穆斯林和基督徒军官数量之比达到45：55，超越了国民宪章的要求。其目的是通过更平衡的群体构成加强国家稳定，但同时不降低基督徒的主导地位。此外，政府努力解除地方武装来加强权威，但这一努力并不成功。尽管切哈布努力要求民兵上缴武器，但是地方武装团体不仅不遵守解除武装的命令，而且还继续积极获取武器。政府经常面临内部挑战，如敌对族群之间争吵严重，甚至经常发生暴力冲突。

这一时期军政关系最大的变化是军队的政治化。军队之前作为黎巴嫩政治事务的协调者和仲裁者，如今开始向掌权者转变，逐渐直接参与政治。一些学者甚至将军队视为"黎巴嫩幕后的统治者"和"支持总统的影子政

---

① Fawwaz Traboulsi, *A History of Modern Lebanon* (London：Pluto Press，2007)，pp. 139 – 141.

府",黎巴嫩政府产生了"双重权力"的色彩。① 在军队政治作用增加的过程中,黎巴嫩的军队情报机构——第二局(Deuxième Bureau)发挥了重要作用。该机构建立于 1945 年,被定位为保护军队免于内外威胁的部门,在总统和军队总司令的领导下行动。20 世纪 50 年代,随着埃及情报机构在黎巴嫩的活动增加,第二局预算不断扩大和增加,活动范围和能力不断增强。1958 年内战中,该机构阻止了各方的破坏活动,有效避免了国家滑向全面暴力和失序。切哈布任总统后对第二局进行了重组,进一步增加其预算,扩展其行动范围,在内政部和切哈布支持者的监督下协调与安全局的关系,并建立研究机构参与政治分析,甚至在议会选举中支持某些成员。② 显然,该机构广泛参与国家的政治生活。20 世纪 60 年代,它直接向总统负责,不断超越司法监督,特权更加明显,卷入黎巴嫩政治的程度也不断加深。1961年发生了针对总统的未遂政变,政变得到约旦政府和亲查蒙势力的支持,第二局借机加强权限,能够自由处理政变势力和其他政权颠覆力量。同时,军队内部也发生了清洗,一些与政变有联系的军人被处置。

随着军队情报机构在国家事务中的权限增大,军队卷入政治的程度明显提高。首先,军官开始干预议会选举,支持那些亲切哈布的候选人。1964年议会选举中,他们通过法律规范和经济压力,甚至强制措施来阻止反对总统的人获胜。其次,军官还对议会的具体事务进行干预。军官向议会委任地方长官施加压力,同时影响议会的财政预算工作。这些活动主要是为了保证军官的地位,包括提高军官的生活标准,确保军官优先获得公共部门的合同和政府贷款等。再次,军队高度卷入经济社会活动。当机构的经费不充足时,第二局的军官被允许出售经营许可证等来获取经济收益。与军队情报机构保持紧密联系,有助于获得政府合同和行政职位。最后,军队还积极卷入国家内部安全事务。第二局还与贝鲁特的逊尼派民兵领导建立关系,并为这些民兵发放工资,使民兵成员成为该机构的非正式人员。③ 这一时期,在职和退休的安全部门人员和政府文官组成联盟,对于政策制定和实施具有重大

---

① Aram Nerguizian, Anthony H. Cordesman, *The Lebanese Armed Forces: Challenges and Opportunities in Post - Syria Lebanon* (Washington, D. C.: Center for Strategic and International Studies, 2009), p. 8.

② Oren Barak, *The Lebanese Army: A National Institution in a Divided Society* (Albany: State University of New York Press, 2009), p. 66.

③ Oren Barak, *The Lebanese Army: A National Institution in a Divided Society* (Albany: State University of New York Press, 2009), p. 67.

影响。

军队在政治事务中的作用增加主要由于以下几个要素。第一，客观条件方面，内外安全形势的恶化加强了政府对军队的依赖。正如迈克尔·戴思琪（Michael C. Desch）指出的那样，内外安全状况影响一国军政关系。尤其是如果内部威胁强大，军队就很可能卷入内部安全事务，迫使军官做出相关政治决策，进而导致军队参与内部政治治理的机会和能力增加和增强。[1] 进入20世纪50年代之后，黎巴嫩的内外安全问题突出。一方面，在国内，族群冲突不断加剧，基督徒和穆斯林屡屡爆发冲突，而1961年还发生了未遂军事政变。另一方面，外部力量对于黎巴嫩国内事务的干预增加，巴勒斯坦、以色列和叙利亚频频卷入黎巴嫩内部事务。最终，这导致政府对军队的依赖加强。

第二，主观因素方面，军队内部逐渐产生了参与政治的价值规范。一些年轻的低级军官主要来自社会中下层，他们对政治家整体持消极观点。他们认为，黎巴嫩的政治精英通常独立且自私自利，往往将教派利益置于国家利益之上，他们利用教派群体之间根深蒂固的教派思维和互不信任，追寻个人、部族和教派的权力和利益，导致黎巴嫩长期存在政治冲突。[2] 此外，1958年内战中，军队不支持查蒙政府导致其最终下台，使得一些军官意识到军队在国家中的重要地位，他们认为军官相较于腐败的政治家，是国家的进步代表，这鼓励他们干政和参与行政。

第三，制度因素方面，黎巴嫩传统的教派政治制度设计是切哈布不得不依赖军队的重要原因。黎巴嫩的教派主义根植于国家制度，反映在国家权力分配和宪法法律中。教派精英往往是家族式和排外性的，教派精英与本教派民众之间发展出垂直的庇护关系，教派精英为民众提供一部分国家资源，包括政府服务、就业机会、经济协议和资本，同时，民众在选举中支持精英进入议会和内阁。[3] 不像传统的政治家，切哈布缺乏稳定的教派支持基础，不能依赖黎巴嫩现存的政党，军队充当了替代性的政治组织。最终，切哈布成

---

[1]　Michael C. Desch, *Civilian Control of the Military*: *The Changing Security Environment* (Baltimore: The Johns Hopkins University Press, 2001), p. 14.

[2]　Suechika Kota, "Undemocratic Lebanon?: The Power – Sharing Arrangements after the 2005," *Journal of Ritsumeikan Social Sciences and Humanities*, March 2012, p. 103.

[3]　A. Nizar Hamzeh, "Clientalism, Lebanon: Roots and Trends," *Middle Eastern Studies*, Vol. 37, No. 3, July 2001, p. 167.

了传统的政治领导人，军队则是其支持基础。

然而，军方不能被视为这一时期黎巴嫩政治的主导者。1958 年之后，军队在政治中的作用显著增加。不同于传统的政治精英，先前作为军队总司令的切哈布总统并没有稳定的政治支持网络。为了推动国家建设和全面改革，他需要建立强大的支持基础，最终，他选择了拥有最少分歧和最强组织化的军队和情报机构，并联合技术官僚作为其统治基础。军队的情报机构加强了对国内事务的卷入，该机构干预议会选举，支持亲切哈布的候选人，并打压反切哈布的候选人，而且对地方长官任命施加压力。此外，军队还干预工会，控制武器携带，加强对边境地区的控制。① 然而，黎巴嫩军队政治作用的增加，并未改变文官控制军队的本质。虽然军队的团体利益增加，但其主要还是服务于切哈布总统和随后的埃洛（Helou）总统，因而是政权的稳定力量。

（三）文官政治力量对军队的反制

针对切哈布借助军队加强国家主义的做法，一些传统政治家认为这损害了黎巴嫩的自由主义精神，损害了他们的权力基础及其庇护网络，伤害了他们的利益。这显示出黎巴嫩国家发展现代化中的悖论：变更黎巴嫩社会不平等的广泛改革和促进国家现代化进程的努力只能通过激烈的方式进行；然而这导致传统政治势力对政府的强烈敌对，并加剧政治不稳定。② 最终，传统的政治领导人形成了新的反军队干政联盟，试图逆转军队参政，并最终获得成功。

第一，反对军队介入政治的传统教派精英组成联盟，而军队的支持基础在减少。1959 年辞职的内政部长艾迪（Eddé）是军队作用增加的最大反对者，1958 年他便质疑切哈布成为总统候选人，并认为军队卷入政治是"反民主的军事主义"。他建议将内部安全力量从军队中分离开来，要求军队仅仅承担外部防御任务，而不介入政治。艾迪对于军队的反对虽有他认为军队挑战黎巴嫩传统政治体系的原因，但更多的是第二局与长枪党的结盟损害了

① Fawwaz Traboulsi, *A History of Modern Lebanon* (London: Pluto Press, 2007), p. 139; Oren Barak, *The Lebanese Army: A National Institution in a Divided Society* (Albany: State University of New York Press, 2009), p. 67.

② Nadim Zaazaa, *Structural Limitations to Modernization in Lebanon: The Experience of Chehab and Hariri* (Master Thesis, Lebanese American University, 2010).

他总统候选人地位的原因。他的谴责获得了其他一些政治领袖的支持，如东正教的推尼（Ghassan Tueini）、前总统查蒙及其支持者、逊尼派的萨拉姆（Sa'ib Salam），以及对切哈布改革不满的银行家、南黎巴嫩的什叶派贵族和马龙派的一些人士，[①] 他们都反对军队在国家政治事务中的作用增加。

反观军方集团，他们面临的困难越来越多。一方面，军队内部出现了批评军队参与政治的声音。尽管有内外部的强烈呼吁，但 1964 年切哈布拒绝连任总统。1970 年，他再次拒绝参选总统。这表明，切哈布并不具有强烈的政治野心。他不再担任总统职位，不仅意味着军方失去了最被黎巴嫩社会接受的人物，而且进一步冲击了军方所具有的参政合法性的观念。一些军官认为，军队参政不仅破坏了军队传统的专业主义，而且不利于军队维护国家稳定的作用。[②] 另一方面，普通民众对于军队参与政治的不满情绪在增强。1964 年总统选举中，亲军方的候选人被描述为腐败和专断，这有利于埃洛的最终当选。1965 年地方选举中，艾迪和军队支持的候选人素义德（Antoun Soueid）进行竞争时，反军方的艾迪最终胜选。这些选举结果都表明，军队不干预政治和远离国内危机的形象受到损害，黎巴嫩民众越来越不接受军方参政。

第二，福拉基尔（Frangieh）在 1970 年担任总统之后，持续打压军队。1970 年的总统选举值得重视，因为它标志着切哈布主义者被彻底击败。选举中，军方支持的候选人萨基斯（Sakis）被马龙派的传统领导人福拉基尔击败，后者得到了反切哈布主义者的联盟（艾迪、查蒙和长枪党领袖杰马耶勒等人）的支持。至此，传统政治家在黎巴嫩政治生态中重新恢复主导地位，军队在政治中的作用增强实属昙花一现。

福拉基尔上台之后，主要从以下两个方面加强对军队的控制。一是清洗军队中的切哈布主义者，恢复传统的政治家和军官之间的庇护网络。新政府抨击第二局为腐败和邪恶的机构，并对具有政治倾向的军官进行大规模清洗。例如，军官加比·拉胡德（Gabi Lahoud）等 13 人被控告为违背政府命令，建立平行的官僚机构和政治体系。此外，政府中的文官指控军队总司令布斯塔尼（Emile Boustani）鼓励军官干预 1968 年选举。通过这些手段，先

---

① Oren Barak, *The Lebanese Army: A National Institution in a Divided Society* (Albany: State University of New York Press, 2009), p. 69.

② Michael Hudson, *The Precarious Republic* (New York: Random House, 1968), pp. 305–306.

前被认为专业和爱国的军官，如今被视为腐败和不专业的损害国家利益者。他们借机清除了军队中的一批切哈布主义者，清洗之后的军官空缺被福拉基尔、查蒙等人的支持者所填补，1971 年 7 月福拉基尔的密友加内姆（Ghanem）出任军队总司令。二是政治家再次确立了对军队事务的控制地位，包括招募政策、预算和武器购买。新政府批评之前的武器交易中，军方存在严重腐败和浪费国家资源的问题。面对军方提出的增加军队预算、实行义务兵役制、购买军队等加强军队建设的请求，内阁和议会的回应并不积极。例如，在军方不断要求增强军队能力的压力下，更主要的是在黎巴嫩内外安全压力增大的情况下，总统最终决定计划将军队扩充到 3.5 万 ~ 4 万人的规模，并现代化其装备，但该计划并未被议会批准。① 这表明，即便军方出于国家利益和军事专业主义的立场提出的建议，文官也总是否决，文官掌握了军队团体性事务的最终决定权。

最终，军队的权力在 1970 年前后被传统的黎巴嫩政治精英设法削弱。军队在国家政治事务中作用增加的短暂历史宣告结束，黎巴嫩文官政府维持了文官控制军队。

二 内战时期 （1975 ~ 1990 年） 的军政关系

二战之后，在国际社会的舞台上，一国内部不同族群的冲突在逐渐增加，愈加成为全球范围内普遍、危险的冲突，② 1975 ~ 1990 年的黎巴嫩内战就是一个经典案例。在大多数国家，内战通常导致军队在政治中的作用增加，然而，黎巴嫩军队并未成功发动政变或建立军政府，军官在政治治理中地位不高；军队的组织结构虽然进行了改革，但依旧由文官主导；军队的脆弱使其无力也无意广泛参与经济社会活动。但值得关注的是，军队在内部安全事务中的作用发生了变化。整体来看，这一时期，军政双方权力分配依旧，仍保持着文官控制军队的基本模式，但军政关系的内容有所变化。

---

① Oren Barak, *The Lebanese Army: A National Institution in a Divided Society* (Albany: State University of New York Press, 2009), pp. 72 – 74.

② Pauline H. Baker, "Conflict Resolution Versus Democratic Governance: Divergent Paths to Peace?" in Chester A. Crocker, Fen Osler Hampson, Pamela Aall, eds., *Managing Global Chaos: Sources of and Responses to International Conflict* (Washington D. C.: United States Institute of Peace Press, 1996), p. 563.

（一）　内战爆发与军队行动

目前，学界对黎巴嫩内战爆发的原因并未形成统一的看法。[①] 但是，大家基本赞同以下因素影响了黎巴嫩内战的爆发。第一，黎巴嫩僵化的权力分享安排不能适应穆斯林人口的增加。随着穆斯林人口的激增，以及什叶派在教派格局中的力量上升，黎巴嫩既有的权力分享安排已经不再能够反映黎巴嫩的教派人口对比情况。[②] 20 世纪 70 年代中期，穆斯林群体，尤其是什叶派对于既有的秩序不满加剧，他们要求黎巴嫩在政治、社会和经济领域进行广泛的改革，以达到实现公正的目的，但这种变革要求遭到既得利益群体的拒绝。黎巴嫩社会中的教派和族群之间的矛盾加剧，安全形势一再恶化。

第二，黎巴嫩脆弱的国家机构不能有效应对教派和阶级紧张。琼布拉特领导的德鲁兹进步社会主义党在要求变革的过程中表现得尤为积极，其核心诉求是废除既有的权力分享安排。围绕琼布拉特产生了试图激进变革权力体系的集团，主要是左翼和泛阿拉伯运动力量，他们与叙利亚、伊拉克、利比亚、巴解组织等激进力量保持联系。长期控制国家机器的既得利益集团并不愿轻易变革体系和放弃权力，支持他们的力量主要由一些拥有军事力量的政党，如长枪党和民族自由党等，以及其他一些激进力量构成。[③] 最终，黎巴嫩出现了要求全面变革和维持既有秩序的两大对立集团。

第三，阿以冲突对黎巴嫩的外溢效应及巴解组织在黎巴嫩的存在。到 20 世纪 70 年代中期，巴勒斯坦武装力量将黎巴嫩变为其针对以色列行动的主要基地，这对黎巴嫩政治稳定造成灾难性影响。[④] 1973 年 4 月，以色列袭击贝鲁特和西顿地区，杀死 3 名巴解组织领导，导致穆斯林与政府之间的危机，以及军方与巴解组织及其支持者之间关系紧张。马龙派政治领导人认为军队没有能力镇压巴勒斯坦人，他们必须依靠自身领导的武装力量准备一场不可避免的冲突。因此，杰马耶勒的长枪党、查蒙的民族自由党，以及其他

[①] Tom Najem, *Lebanon：The Politics of a Penetrated Society* （New York：Routledge, 2012），pp. 28 – 30.

[②] 王新刚：《中东国家通史：叙利亚和黎巴嫩卷》，商务印书馆，2003，第 374 页。

[③] Kamal Salibi, *Crossroads to Civil War* （New York：Caravan, 1976），pp. 92 – 98.

[④] Hussein Sirriyeh, "The Palestinian Armed Presence in Lebanon since 1967," in Roger Owen, ed., *Essays on the Crisis in Lebanon* （London：Ithaca Press, 1976），pp. 73 – 89.

一些派系积极获取武器，招募和训练新成员。① 同时，巴勒斯坦人也加强其在黎巴嫩的军事力量，并成为黎巴嫩国内激进力量的庇护者和武器供应者。

在上述因素的共同作用下，两个暴力冲突事件最终促成黎巴嫩内战在1975 年爆发。1975 年 2 ~ 3 月，西顿一群渔民为了反对政府赋予查蒙的渔业公司垄断权而进行和平抗议的时候，遭到了军队的攻击，爆发了抗议民众与军队的激烈暴力冲突。1975 年 4 月 15 日，巴勒斯坦游击队和马龙派长枪党民兵在贝鲁特郊区爆发血腥冲突。显然，这与 1958 年内战有所不同，军队在内战之初便积极卷入。

面对内战，政治家对于军队的使用具有不同的态度。最终，允许军队卷入内战的声音占了上风。总统福拉基尔、国防部长查蒙、前总理苏勒和萨拉姆等一些逊尼派政治家等支持使用军队，他们希望借助军队迅速平定内战。反对军队使用的主要代表人物是总理卡拉米，他认为军队是国家依凭的最后力量，军队应当管控冲突，避免直接卷入战斗，卡拉米得到了大多数穆斯林群体的支持。1975 年 4 月 23 日，福拉基尔总统组建军政府，任命退休的军官里法伊（al – Rifai）出任总理，总司令加内姆（Ghanem）任国防部长，但遭到强烈反对。军政府仅仅维持了四天，便宣告倒台。1975 年 7 月，卡拉米和查蒙、福拉基尔达成共识，认为军队仅应部署在指定地方，援助内部安全部门，恢复秩序和法律，作为冲突各方的缓冲力量等。但是，军队内部认为，军队执行这些任务的时候很可能发生分裂。事实证明，军队的担心是完全必要的。1975 年 10 月初，在的黎波里爆发了军队与穆斯林民兵的血腥冲突，一些穆斯林士兵逃跑。1976 年 1 月 16 日，查蒙在达马尔镇（Damur）被巴勒斯坦武装和穆斯林民兵包围时，他要求空军空袭反对派武装力量，空军不仅遵守命令，而且军队与马龙派民兵一起战斗。② 这不仅破坏了之前军队长期具有的管控危机的中立地位，而且加剧了穆斯林群体对军队和政府的严重不满。最终，军队直接参与内部冲突的举动严重降低了其合法行动的能力，而且造成军队分裂。

---

① 姚惠娜：《黎巴嫩教派结构及其内战》，《内蒙古民族大学学报》（社会科学版）2003 年第 1 期，第 17 页。

② Joseph A. Kéchichian, "The Lebanese Army: Capabilites and Challenges in the 1980s," *Conflict Quarterly*, Vol. 5, No. 1, Winter 1985, pp. 19 – 20.

（二）　军队的分裂与黎巴嫩安全状况的恶化

由于内战初期黎巴嫩军队支持亲政府力量，镇压穆斯林，因此一些穆斯林民众谴责其为"基督徒军队"，这导致了军队的分裂。值得注意的是，军队的分裂并不完全是教派原因，因为大多数穆斯林士兵并未加入反政府武装力量。然而，军队分裂明显提高了内战的烈度，并延长了内战的时间。这主要是由于两个原因：一是一些士兵加入本族群的民兵力量，造成民兵武装盛行；二是军队分裂降低了军队战斗力，为外部力量干预黎巴嫩创造了更多机会。

第一，军队支持基督徒，并打击穆斯林民兵和巴勒斯坦武装，导致某些逊尼派军官发动反叛和政变，随之而来的是一些穆斯林士兵的背叛。1976年1月，逊尼派的陆军中尉卡提比（Ahmad Khatib）宣布建立黎巴嫩阿拉伯军队（黎阿军），其目的主要是建立穆斯林色彩的武装，制衡被马龙派主导的黎巴嫩军队，数百名穆斯林低级军官和士兵加入黎阿军。他们迅速控制了贝卡、的黎波里、南黎巴嫩的部分地区，这些区域均由穆斯林占多数。叙利亚支持自己的盟友福拉基尔，反对黎阿军。1976年受黎巴嫩总统之邀，叙军进入黎巴嫩时，卡提比领导的黎阿军是其攻击的主要目标之一。[①] 在叙利亚军队及其他亲政府武装力量的狙击下，黎阿军扩张势头受阻。

1976年3月，逊尼派将军阿齐兹·艾哈达德（al–Ahdad）宣布发动政变。他在电视上发布一号公报，要求内阁和总统辞职。贝鲁特军区司令艾哈达德是前总统切哈布的密友，他认为，需要有军人站出来承担切哈布曾经担负的职责。他还试图与卡提比和其他不满意自身地位的军官建立联系。但其行为并未获得公众支持，其电视讲话受到批评，尽管他认为自己并未寻求权力，并承诺在选出新总统后向文官移交权力。琼布拉特指出，军队迫使福拉基尔下台的最好方式是对其施加间接压力，而非直接发动政变。[②] 这表明，在黎巴嫩，军官在危机中试图直接攫取权力和掌控局势的做法不得人心。

内战之初，政府错误地动用军队镇压反对派，导致军队作为国家中立机构的地位不再，再次暴露了黎巴嫩军政关系的悖论：军队不遵从政府命令，

① Frank Stoakes, "The Super Vigilantes: The Lebanese Kataeb Party as a Builder, Surrogate and Defender of the State," *Middle Eastern Studies*, Vol. 11, No. 3, 1975, pp. 215–236.
② Oren Barak, *The Lebanese Army: A National Institution in a Divided Society* (Albany: State University of New York Press, 2009), p. 103.

能够保证军队效力；军队遵守政府命令，反而导致军队分裂。① 最终，军队分裂为黎巴嫩安全带来了一系列消极影响。卡提比叛乱，弥合军队分裂的失败，艾哈达德的政变都加剧了逃兵现象，损害了军队的组织团结和统一。由于军队不能在穆斯林聚居区采取行动，起初，一些什叶派和德鲁兹派军人逃离军队，并加入本教派的民兵组织。随着时间的推移，军队分裂迹象愈发严重，一些基督徒士兵也逃离军队，加入民兵组织。但是，加入民兵组织的军人数量大约为 3000 人，仅占军队总人数 20000 人（1975 年的军队规模）的 20%。75%的士兵选择回家，保卫家乡，另有 5%的士兵遵循领导的命令，选择驻守军营，等待冲突减弱。② 这表明，军队整体上虽然不能有效维持国家秩序，但它并不是破坏国家稳定的力量，大多数士兵并没有背叛军队和国家，即便一些士兵加入民兵组织。

第二，黎巴嫩内战中的民兵组织盛行，军队无力击败这些民兵组织，破坏了国家的主权完整和统一。内战之前，在政治精英的支持下，黎巴嫩便具有民兵传统。内战爆发之初，战争主要集中在杰马耶勒领导的长枪党民兵与黎巴嫩左翼（主要是琼布拉特领导的民族运动）和巴勒斯坦武装力量的联盟之间。从长枪党的例子，我们可以看出黎巴嫩民兵与政党之间的转换多么容易。长枪党是 20 世纪 30 年代中期成立的准军事力量，其目的是保护黎巴嫩基督徒免于穆斯林的威胁。它在 20 世纪 40 年代后期转变为政党，并参与议会选举。即使它转变成政党，还是维持了其军事武装。20 世纪 70 年代早期，其领导人警告黎巴嫩由于巴勒斯坦人及其支持者而陷入危险，如果政府不行动，它就将使用武力。③ 黎巴嫩中央政府对于地方的控制相当脆弱，其统治需要拥有强制能力的地方领导同意，一旦地方精英的利益受到威胁，他们依据地缘、文化、历史条件要求自治。大量的准军事力量服从教派、地区和家族领导，他们在安全形势恶化时能迅速转变为强大的武装力量。事实上，黎巴嫩内战中的多数民兵组织，如阿迈勒民兵、真主党和叙利亚社会主

---

① Anne Marie Baylouny, "Building an Integrated Military in Post – Conflict Societies : Lebanon," in Tomas C. Bruneau, Florina C. Matei, eds., *The Routledge Handbook of Civil – Military Relations* (London: Routledge, 2013), p. 251.

② Are John Knudsen, Tine Gade, eds., *Civil – Military Relations in Lebanon : Conflict, Cohesion and Confessionalism in a Divided Society* (Cham, Switzerland : Palgrave Macmillan, 2017), p. 5.

③ Frank Tachau, ed., *Political Parties of the Middle East and North Africa* (Westport: Greenwood Press, 1994), pp. 330 – 336.

义民族党都是如此。

冲突爆发和国家失败后，一些政党迅速转变为民兵，民兵力量进一步增强，他们试图填补国家治理无力留下的安全真空。这一时期民兵武装的激增和崛起不仅反映了社会群体强烈的不安全感，而且反映了国家要求垄断暴力合法使用权的局限，这最终体现为国家治理能力下降带来的不同社会群体间的安全困境。[1] 内战爆发之后，民兵地位愈发显著，民兵对社会群体提供基本服务。当政府从边缘地区撤离，民兵组织在那里建立自己的管理机构，提供建筑、卫生、财政、农业和法律等公共服务。[2] 到内战结束的时候，黎巴嫩有大约 25 个民兵组织，以及 5 万名民兵武装力量。[3] 实力有限的黎巴嫩军队没有准备，没有装备，也没有能力有效控制民兵的行动，这对国家的政治稳定造成严重损害。

第三，军队的分裂导致外部势力深度介入黎巴嫩内战，尤其是叙利亚军队在黎巴嫩的长期存在。黎巴嫩地理位置重要，一直吸引着地区和国际大国的兴趣。内部政治力量与外部联系密切，独立后一直受到外部力量的影响。黎巴嫩很容易被外部渗透，国内政治深受全球、地区和次地区冲突的影响。同时，黎巴嫩某些群体在面临国内敌对群体的威胁时，也往往寻求外部保护，确保本群体的生存和安全。然而，他们不得不与外部支持者交换经济和战略利益。[4] 意识到国家地缘政治的重要性后，各群体经常利用外部敌对关系促进各自利益，它们就像"国中之国"，与外部力量保持经济、文化、教育和军事联系。从独立起，外部力量就极大影响着黎巴嫩的政治稳定。

内战爆发之后，外部势力与黎巴嫩国内的政治派系结盟，影响着黎巴嫩的内战进程，主要是叙利亚、巴解组织和以色列等。其中，叙利亚对黎巴嫩的政治进程具有近乎决定性的作用。1976 年 10 月，在利雅得阿拉伯峰会上，总统萨基斯（Sarkis）要求在黎巴嫩部署威慑和有力的武装力量保证安

① 多族群国家中群体之间的安全困境研究参见 Tang Shiping，"The Security Dilemma and Ethnic Conflict: Toward a Dynamic and Integrative Theory of Ethnic Conflict," *Review of International Studies*，Vol. 37，No. 2，March 2011，pp. 511 - 536。

② Marwan George Rowayheb，"Lebanese Militias: A New Perspective," *Middle Eastern Studies*，Vol. 42，No. 2，March 2006，p. 303.

③ Samir Makdisi，Richard Sadaka，*The Lebanese Civil War, 1975 - 1990*（Beirut: American University，2003），p. 44.

④ Imad Salamey，*The Government and Politics of Lebanon*（London and New York: Routledge，2014），p. 94.

全，直到黎巴嫩军队重建完成，他希望叙利亚在其中发挥重要作用。随后的开罗阿拉伯峰会同意组建 3 万人的阿拉伯威慑部队（ADF），主要由叙利亚军人组成，其中包括同年 6 月已经进入黎巴嫩的叙利亚军队。内战期间，叙利亚依据自身利益，与黎巴嫩国内的诸多政治力量、中东地区的有关政治行为体和美苏两个全球性超级大国既冲突又合作，[①] 客观上延长了黎巴嫩内战。叙利亚干预黎巴嫩，起初是为了遏制巴解组织，并且通过对黎巴嫩的影响增强自身讨价还价的能力。这不仅引起了叙利亚军队与巴解组织的冲突，而且增加了与其他民兵组织的冲突，这些组织也在利用叙利亚的存在增强自身影响。叙利亚军队在黎巴嫩的存在本质上是为了维护叙利亚的国家利益，这破坏了黎巴嫩的主权独立。

除叙利亚在黎巴嫩的强大影响之外，巴解组织与黎巴嫩的左翼力量积极结盟，而以色列在与自己接壤的黎巴嫩南部具有重要影响。1975 年起，以色列支持黎巴嫩南部的基督教军团，打击巴勒斯坦武装力量。1979 年，以色列直接发动军事行动，在黎巴嫩南部建立安全区。1982 年，以色列发动大规模军事行动，驱逐黎巴嫩境内的巴勒斯坦武装，成功地摧毁巴勒斯坦人的诸多军事基地，并迫使巴解组织离开贝鲁特。

（三）艰难的军队重建与军政关系的改革

值得注意的是，虽然军队在内战中发生了分裂，但是并未解散。内战爆发之后，黎巴嫩的大多数国家机构陷入坍塌状态，但是军队至少在形式上得以维持，军队的组织要素和士兵的个人诉求具有重要影响。就军队来说，它通过以下几种方式维持统一：第一，军队领导维持了和下属军团大多成员的联系，即使他们驻扎在政府控制之外的地方；第二，军队坚持向士兵发饷和保持军官晋升活动，无论他们是否支持军队和政府；第三，在国内外对士兵进行训练，组织军队的团体活动；第四，出版军队简报和通讯录，强调军队的统一性和不可替代性。此外，士兵的行动也有助于军队的生存。大多数士兵坚持与军队领导保持关系，即使他们并不一定遵守命令；士兵参与军队组织的一些活动，即使生命受到威胁；士兵保持日常的非战斗军事活动，包括

---

① 〔俄〕叶·普里马科夫：《揭秘：中东的台前与幕后（20 世纪后半叶–21 世纪初）》，李成滋译，中国对外翻译出版公司，2014，第 170 ~ 201 页；董漫远：《黎巴嫩局势演变及影响》，《国际问题研究》2006 年第 6 期，第 46 页；王新刚：《叙利亚与黎巴嫩全面内战》，《西北大学学报》（哲学社会科学版），1997 年第 3 期，第 54 页。

警卫、训练、维护武器装备和基础设施。① 通过这些措施，士兵与军队的联系得以维持，军队与国家的联系并未丧失，军队仍能保持公正的国家机构形象。

挽救和重建军队的计划被不断提出，但整体上并不成功。代表不同社会群体的黎巴嫩领导人，以及外部力量都承认黎巴嫩军队的重要性，并相信没有军队的重建将没有和平的希望。但是囿于不同的利益诉求，不同利益攸关方对于军队重建的看法并不一致，从而阻碍了军队的重建。1976 年 9 月，总统萨基斯上台不久，便发起了第一次重建军队的努力。这显示出国家领导人对于军队的重视，但由于黎巴嫩政治各方缺乏共识，主要政治力量不愿意妥协，因而没有实现成功的军队重建。黎巴嫩军队的第二次重建在 1982 年展开，新总统杰马耶勒试图集中精力实现国家和平和教派和解，他意识到军队重建是实现这一目标的前提。然而，黎巴嫩南部的德鲁兹人和什叶派穆斯林反对杰马耶勒统治。② 杰马耶勒政府的合法性也随即降低，政治稳定并未恢复。主要的政治力量围绕军队重建展开激烈争论，军队作为各方争论的焦点之一，各方争论的主要议题包括军队的组织、士兵的招募和动用军队的决策程序等。

第一，建立统一的国民军还是不同的教派军团的问题。1977 年，胡里出任军队总司令后组建了一个军官委员会，由黎巴嫩六个主要群体的代表组成，协商军队重建的计划。1978 年，该委员会提出了两套军队重建方案：一个是建立统一的国民军，另一个是建立不同的教派军团。前一方案的支持者包括总司令胡里、马龙派军官阿温（Michel Aoun）和阿布多（Johnny Abdo）等人，叙利亚也支持该方案。一些军官和政治精英，主要是马龙派人士支持后一个方案，如马龙派军官塔努斯（Ibrahim Tannous）建议成立基督徒、逊尼派、什叶派、德鲁兹派四支军团，而马利克（Fouad Malik）建议成立基督徒和穆斯林两支军团。③ 最终，创建统一的国家军队被多数政治精英、军队领导、地方势力和外部力量所接受，表明大多数黎巴嫩精英试图维

---

① Oren Barak, *The Lebanese Army: A National Institution in a Divided Society* (Albany: State University of New York Press, 2009), p. 95.

② Pieter Koekeoonbier, *Multi - Ethnic Armies: Lebanese Lessons & Iraqi Implications* (Camberley: Conflict Studies Research Centre, 2005), p. 7.

③ Florence Gaub, "Multi - Ethnic Armies in the Aftermath of Civil War: Lessons Learned from Lebanon," *Defence Studies*, Vol. 7, No. 1, 2007, p. 8.

持国家统一，拒绝国家分裂的意愿。

第二，继续保持有利于基督徒的士兵招募和军官晋升政策，还是实行更加平衡的招募政策的问题。胡里总司令指出，他的目标是建立穆斯林和基督徒数量均等的统一军队。建立比例平衡的军官团的努力开始于 1977 年 2 月，政府发布政令要求所有军官在三个月之内辞职，以平息穆斯林对军队卷入内战的不满。1979 年，军事委员会按照穆斯林和基督徒数量均等的方式提拔了 817 名军官，此举引起了一些基督徒的不满，他们质疑新晋军官的忠诚。此外，当一个德鲁兹派军官被任命为军队总参谋长时，查蒙在军队中的支持者批评这将带来新的军队干政。但是，以总统为代表的多数黎巴嫩政治精英认为，内战的爆发与军队中的基督徒占优有着直接关系，因此他们坚持组建一支非马龙派力量主导的军队。[①] 可见，黎巴嫩政府已基本决定变革基督徒占优的军官和军队体系，实现军队中穆斯林和基督徒平衡。

第三，维持马龙派总统在安全事务中的主导性权力，还是改革安全事务决策机制的问题。1953 年、1955 年、1967 年的一系列法案将军队控制在总统（马龙派）、总司令（马龙派）和国防部长（穆斯林）手中，其中总统居于主导地位。1979 年 3 月黎巴嫩议会批准了新国防法，它规定军队只有在国内主要教派具有共识的前提下才能使用。军队的战略决策和日常治理主要通过三个新机构进行，一是高级国防委员会（The Higher Defence Council），成员包括总统、总理、国防部长、内政部长和财政部长，总司令作为建议者列席。该机构的主要职责是决定黎巴嫩国防政策的执行步骤，确定各部门承担国防相关的具体任务，以及决定军官的最终任命。二是总司令部（The Army Command），成员包括军队总司令、总参谋长以及负责规划、作战、人事和后勤的四个副总参谋长。总司令部的权限包括直接控制总参谋部、军事院校，指挥海陆空军；领导制订国防计划和采取军事行动；管理国防部长相关的行政任务。三是军事委员会（The Military Council），成员包括作为主席的军队总司令（马龙派）、作为副主席的总参谋长（德鲁兹派）、高级国防委员会秘书长（逊尼派）、行政事务主任（什叶派）、监察总长（东正教）和天主教的一位高级军官。该机构的主要任务是与国防部长保持联系；任命军区、师旅、海空军和军事院校领导；参与任命团级领导；讨论

---

① Oren Barak, *The Lebanese Army: A National Institution in a Divided Society* (Albany: State University of New York Press, 2009), pp. 111 – 122.

高级军官的提拔；审议武器购买等。① 通过这些新的制度安排，更加平衡的决策机制代替了之前马龙派势力主导安全事务决策的模式，尤其是马龙派的总统不再能够主导军队。

最终，这些争论问题的解决方案反映在黎巴嫩 1984 年国防法中。该法主要规定文官政府控制军队的整体原则，以及军队的身份、任务和决策问题。国防法规定，总统是军队最高统帅，但需在内阁的监督之下行动。议会有权宣布紧急状态、开战和媾和，进行战争动员，监督包括安全部门在内的所有国家机构。总统继续领导高级国防委员会，总理是副手。所有黎巴嫩民众有权利和义务加入国家安全部门，保卫国家。士兵在接受充分的训练之后，按地域编入不同军团。军队的基本功能被界定为保卫国家，在内部安全力量不能有效维持秩序时采取行动。在议会做出决定后，支持内部安全部门维护国家安全。此外，军队要准备面对以色列的外部侵略。当内部安全力量能够执行其任务时，军队返回军营。② 1984 年国防法的相关规定表明：一方面，黎巴嫩精英具有重建军队的基本共识，他们希望建立一个教派更加平衡、组织更加合理、指挥更加有效的国家军队；另一方面，政治精英总是在军队重建与避免损害自身利益之间进行平衡，例如将以色列确立为威胁明显体现了叙利亚的利益。

内战期间，虽然军队出现了类似社会的分裂，但是维持了形式上的存在和统一，文官政府依旧主导军队事务。然而，军政关系在内容上发生了一些新变化，军队在内部安全事务中一反常态，直接参与冲突，破坏了军队传统的防止冲突升级的作用。由于安全形势的恶化和国内教派间力量对比的变化，黎巴嫩军政关系出现了一些新变化。在内外安全事务决策中，总统管理军队的权限有所下降，而总司令部的职权有所增强。在军队团体事务中，决策机制体现出更高程度的教派平衡，军队中穆斯林和基督徒的数量比例也更加均衡。

---

① Eduardo W. Aboultaif, "The Lebanese Army: Saviour of the Republic?" *The RUSI Journal*, Vol. 161, No. 1, 2016, p. 75.

② "Natonal Defense Law, Lebanon," http://www.mod.gov.lb/Cultures/ar – LB/AboutMOD/ MissionVision/Pages/Secton1. aspx.

第三节　内战结束以来的军政关系变化

内战结束之后，黎巴嫩军政精英基于内战中的经验和教训，决定在文官控制军队的前提下改革军政关系安排，核心是恢复军队的暴力垄断使用权，保持军队内部的教派平衡，增强军队维护国家安全的能力。当前，军队恢复了内战前的中立性国家机构的地位。

一　恢复军队的暴力垄断权威

1989 年，在美国和阿拉伯世界的斡旋下，尤其是叙利亚的支持下，黎巴嫩主要政治力量达成了《塔伊夫协议》，标志着黎巴嫩内战已经接近尾声。该协议既是国家重建计划，也是政治改革方案。通常我们关注的是协议对于黎巴嫩政治教派均衡的重新安排，而忽视了它关于国家安全制度的规定，以及对黎巴嫩军政关系的影响。

解除民兵、恢复国家的合法暴力垄断使用权是实现黎巴嫩安全的重要步骤。民兵组织及其领导人进入战后的政治体系，需要放弃武装力量，转变为合法的政党和政治家。民兵愿意妥协，主要有以下三个原因。第一，阿温集团武装被击败带来的震慑作用。1987 年，杰马耶勒总统任期结束时，委任黎巴嫩军队原总司令阿温（Aoun）领导过渡内阁，但遭到穆斯林的反对，黎巴嫩分裂为两个内阁政府。1990 年 10 月 13 日，叙利亚和总司令拉胡德领导的军队开始强攻阿温的据点，进攻并未遭到严重抵抗，阿温军很快被击败，阿温逃到法国使馆，或许是为了达成停火协议，他要求部下接受拉胡德的权威。[①] 几天后，民族解放党领导人查蒙被杀，叙利亚及其盟友最终结束了黎巴嫩内战。击败阿温的武装使多数民兵领导意识到需要接受现实，融入黎巴嫩政治安排是一种更优的选择。那些之前试图激进转变黎巴嫩政治体系的力量，最终选择融合之路。

[①]　Nayla Moussa, "Loyalties and Group Formation in the Lebanese Officer Corps," 3 February 2016, https：//carnegie – mec. org/2016/02/03/loyalties – and – group – formation – in – lebanese – of-ficer – corps – pub – 62560.

第二，叙利亚军队在黎巴嫩的存在，有助于威慑民兵。在 1990 年内战结束到 2005 年叙利亚撤离期间，叙利亚被认为是黎巴嫩最具实力的力量。一些学者认为，叙利亚对黎巴嫩的全面控制导致黎巴嫩成为叙利亚的"卫星国和保护地"。[①] 内战期间，历史和意识形态因素提高了叙利亚在黎巴嫩的地位，1991 年 5 月 22 日，黎叙两国签署了《兄弟、协商、合作条约》，这以法律形式确立了叙利亚在黎巴嫩的主导地位。内战末期，叙利亚意识到想实现对黎巴嫩的控制，需要解散民兵和控制巴勒斯坦派系，黎巴嫩的整体稳定符合叙利亚的利益。因此，叙利亚越来越愿意为黎巴嫩政府解除民兵组织提供帮助和支持，而黎巴嫩政府也充分利用了叙利亚的权力优势。

第三，黎巴嫩政府运用利诱和强制手段，迫使民兵组织放弃武装。政府鼓励武装力量的领导放弃武装和加入政府，这收效良好。1990 年 12 月 24 日，卡拉米总理建立了由 30 人组成的民族和解政府，其中穆斯林和基督徒各半，18 人是之前的政府部长，剩下的多是民兵组织的领导。这表明，大多数民兵领导接受了政府利诱，即以解散民兵为条件换取加入政府。与国内民兵组织不同，巴勒斯坦武装派系并不愿解除武装，他们声称自己的武器来源于地区支持，而不属于国内力量。然而，1991 年海湾战争中，巴解组织错误地支持萨达姆政权，导致其国际地位进一步恶化，黎巴嫩政府借机削弱国内的巴勒斯坦武装力量。

1991 年 3 月 28 日，政府宣布所有民兵在 4 月 30 日之前完成解散，这是由《塔伊夫协议》规定的。大多数民兵在和政府（有时是叙利亚）达成协议之后，上交了武装。虽然无法判断民兵解除武装的程度，但他们的武器或归还外部援助者，或卖给其他冲突地区，或藏匿起来。在大约 5 万名民兵被解除武装后，民兵组织大多变成了合法政党，黎巴嫩力量在 1991 年 9 月选择转变为政党，阿迈勒、德鲁兹武装和其他小群体也都成功转型为政党。[②] 没有被解除武装的力量是巴解组织、叙利亚支持的真主党（被描述为"民族抵抗运动"）、以色列支持的南黎巴嫩军（South Lebanon Army）。显然，黎巴嫩解除武装的活动仍深受外部力量的制约。

---

① Anne Marie Baylouny, "Building an Integrated Military in Post – Conflict Societies : Lebanon," in Tomas C. Bruneau, Florina C. Matei, eds. , *The Routledge Handbook of Civil – Military Relations* (London : Routledge, 2013), p. 252.

② Elizabeth Picard, *Prospects for Lebanon : The Demobilization of the Lebanese Militias* (Centre for Lebanese Studies, 1999).

战后黎巴嫩中央权威的加强，旨在为国家重建创造有利的条件，这源自内部共识和外部支持。在此进程中，黎巴嫩军队发挥了重要作用。随着军队完成第一阶段重建，政府军队不再是脆弱、破碎的力量，其军团部署在不同地区，从民兵处收缴武器，结束冲突和无政府状态。军队作为安全机构的一部分，通过重建，信心得以恢复，并享有内外支持。内战之后，黎巴嫩通过解除多数民兵武装、打压巴勒斯坦武装力量，基本恢复了军队垄断暴力的权力。

二 平衡军队内部的教派权力

内战结束之后，军政领导人围绕军队的组织结构和军官安排进行了新的争论。最终，大家同意建立统一的国民军，加强军队的团结，并且在军官的安排中更加体现教派的权力平衡，照顾各族群的利益。

首先，在兵员招募上，照顾基督徒和穆斯林的比例平衡。对于是否要在军队中招募民兵存在不同看法，一些人原则上反对，他们认为由于前民兵的意识形态和政治忠诚存在疑问，因而不应当招募他们。大多数人认为不能歧视民兵，因为民兵散落在社会中仍旧是不稳定因素，而且军队本身的作用包括纠偏民众的教派观念、培养他们的黎巴嫩公民意识。政府更接受第二种观点，参谋长阿丁认为，军队应当设法筛选民兵并招募其优秀者，虽然不能将所有民兵都接收为军队成员。事实上，实际招募的民兵数额有限，总共是2981人。除民兵之外，新招募的兵员是3664人。新招募士兵来源中，民兵中有97.3%是穆斯林，而其他新兵中89.8%是基督徒。[①] 因而，这整体上维持了军队内部的派系均衡。

其次，政府努力消除和降低军团的派系属性。这种努力主要通过以下方式加强。第一，消除军队各旅的派系特征，通过将不同教派的士兵融合在一起，促使他们远离教派文化。内战期间，军团派系特征明显。参谋长阿丁指出，内战期间有5个旅的基督徒的比例超过85%，另5个旅穆斯林的比例达到95%，甚至100%。总司令拉胡德指出，新的军队不打算基于地域和教派建立各旅，以纠正军队的教派属性。第二，为了减弱军队的教派性质，对

---

① Oren Barak, *The Lebanese Army: A National Institution in a Divided Society* (Albany: State University of New York Press, 2009), p. 176.

旅的指挥结构进行改革。基督徒军官被任命到穆斯林旅，穆斯林军官则被任命到基督徒旅。此外，将 1/3 的团级指挥官在各旅之间调换，对各团、排、连的指挥官进行重新任命。而且，士兵也以更加渐进的方式进行重组。为了模糊各旅的教派特征，产生更团结的军团，采取下列步骤：将之前驻扎一地的团调遣到另一地区驻扎；各个团每六个月换防一次，以免与地方建立联系；民兵加入现存的旅；实行义务兵役制。第三，创建团结军队的另一步是重塑军官的平衡。1991 年 2 月，政府要求所有军官辞职。1991 年 4 月，辞职的 221 名军官被军队重新任命，但有 31 人由于年龄原因退休。为了确保军官数量充足，新任命了 228 名军事专家和士官担任军官。此外，军队还从军事学院新招募大量军官，这些军官多是基督徒。最终，基督徒在高级军官中的主导地位得以维持，他们在旅长、上校、中校职位中仍是多数。穆斯林主导了中尉一级，并且穆斯林在军官中总数量稍多，比例达到 52.2%。[①]

最终，黎巴嫩军队在照顾教派平衡的基础上实现了军队新的统一和团结，增强了军队的战斗能力。

三 军队控制能力的增强

内战结束的 15 年时间里，叙利亚成为黎巴嫩的主导政治力量。[②] 进入 2000 年之后，黎巴嫩国内反对精英和民众愈加反感叙利亚的存在，地区环境和国际社会也不利于叙利亚在黎巴嫩继续存在。2000 年 5 月，以色列从南黎巴嫩撤离，叙利亚以黎巴嫩免受外部入侵保护者的身份继续存在不再合适，而真主党的抵抗理由也不再充分。联合国安理会于 2004 年通过的 1559 号决议，要求外国力量（叙利亚军队）撤出黎巴嫩，解散民兵，支持黎巴嫩政府的权威，叙利亚从黎巴嫩撤军在所难免。受哈里里总理遇刺的直接影响，2005 年 4 月 26 日，叙利亚完全撤出黎巴嫩。随后的黎巴嫩议会选举中，反对叙利亚的力量大获全胜。财政部前部长西尼奥拉负责组建新政府，

---

① Florence Gaub, *Military Integration after Civil Wars: Multiethnic Armies, Identity and Post – Conflict Reconstruction* (Abingdon: Routledge, 2012), pp. 62 – 72; Oren Barak, *The Lebanese Army: A National Institution in a Divided Society* (Albany: State University of New York Press, 2009), pp. 176 – 177.

② Mordechai Nisan, "The Syrian Occupation of Lebanon," *Coalition for Responsible Peace in the Middle East*, 2000.

其中真主党的一个代表首次出任部长，阿迈勒领导人贝里再次当选议会议长。与此同时，叙利亚军队的撤离，意味着黎巴嫩军队需要独立承担维护国家主权和安全的职责。

借助 2006 年黎以冲突，黎巴嫩政府实现了长久期待的目标，包括在南黎巴嫩地区部署军队，加强对真主党的控制。2005 年之后，真主党面临解除武装和成为合法政党的压力增大。然而，真主党拒绝这些要求，其领导人称真主党武装力量的存在有利于保证黎巴嫩的国家安全。拉胡德当选总统后，真主党与军队的协调加强。[1] 这既有政府借助真主党防御以色列和保护国家安全的考虑，也因为真主党在哈里里遇刺后反对逼迫拉胡德下台。2006年 7 月 13 日，以色列发动对真主党的报复行动，并迅速演化为以色列与黎巴嫩的冲突。真主党领导人试图趁机证明与以色列战争的正义性，他们批评黎巴嫩军队战斗能力有限，不能有效保卫国家，因而拒绝解除武装，并试图增强其在政府中的政治影响力。以色列没能实现既定的战争目标，不仅没能摧毁真主党，而且没能阻止真主党的数千枚短程火箭弹对以色列北部地区的袭击，[2] 以色列的政治和军事精英受到国内民众的批评。最终，真主党同意了以色列和黎巴嫩政府达成的七点计划，实现立即和全面的停火，即相互释放关押者；以色列军队撤到蓝线；以色列撤出萨巴农场，该地区由联合国暂时监管；增强黎巴嫩政府的权威，将军队部署在全国范围；增加联合国在南黎巴嫩的存在；遵守 1949 年停火协议；国际社会支持黎巴嫩。在联合国的支持下，这些行动得以执行，黎巴嫩政府可以将军队部署在全国范围，其主权和权威增强。

总之，由于叙利亚和以色列的撤军，黎巴嫩军队得以部署在长期被外国军队占领的地区。此外，军队与真主党的合作有利于军队维护内部安全能力的增强。

四　阿拉伯剧变以来军队的稳定性

阿拉伯剧变以来，叙利亚内战导致黎巴嫩教派矛盾升级、政治僵局持

---

① Augustus Richard Norton, *Hezbollah: A Short History* (Princeton: Princeton University Press, 2007), p. 135.

② Benjamin S. Lambeth, *Air Operations in Israel's War against Hezbollah: Learning from Lebanon and Getting It Right in Gaza* (Santa Monica, C. A.: RAND Corporation, 2011).

续、难民大量涌入、"伊斯兰国"兴起等问题，都对黎巴嫩政治稳定带来严重冲击。作为肩负保卫国家统一和内外安全职责的军队，在黎巴嫩政治稳定中发挥重要作用。

第一，黎巴嫩军队弱小是无力应对内外安全的重要原因之一，军队的实力在近些年有所增强，这增强了军队维持政治稳定的能力。2014年，黎巴嫩的国防预算约为18.75亿美元，占国家总预算的4.5%左右，在中东地区并不算很高，但仍然耗费不少国家的资源。① 然而，预算大多被用于士兵的工资、补贴和福利，只有很少一部分被用于购买装备。因而，黎巴嫩陆军装备落后，空军和海军缺乏实战能力。2005年之前，由于叙利亚在黎巴嫩的主导地位，西方国家对黎巴嫩军事援助有限。2006～2014年，美国对黎巴嫩提供了数十亿美元的军事援助。2013年底，沙特向黎巴嫩军队提供30亿美元的军事援助，要求其购买法国装备，主要目的是增强黎巴嫩的军队能力，使军队获得对真主党的优势，因为后者与伊朗和阿萨德政权关系密切。2014年中期，沙特再次向黎巴嫩军队提供10亿美元援助，用以打击宗教极端主义力量。② 军队实力增强，有助于军队应对内外威胁。

第二，黎巴嫩军队对伊斯兰激进主义力量进行严厉打击，有利于政治稳定。叙利亚危机外溢，黎巴嫩安全形势恶化。叙利亚危机以来，大量叙利亚难民逃往黎巴嫩，目前数量约为120万人，其中主要是逊尼派穆斯林，③ 这加剧了黎巴嫩的教派冲突。叙利亚的炮弹时常落入黎巴嫩境内，造成平民的无辜伤亡。然而，最严重的问题是伊斯兰极端力量的威胁增加。驻扎在贝卡谷地，尤其是叙黎边境小镇阿萨尔的黎巴嫩士兵不时遭到袭击。袭击者主要是兴起于伊拉克和叙利亚的吉哈德武装力量——努斯拉阵线和"伊斯兰国"，后者在2014年8月曾经控制阿萨尔。但黎巴嫩军民经过浴血奋战，最终收复了该镇，但冲突中有20多名士兵阵亡，另有20多名士兵被"伊斯兰国"俘虏。两名士兵被"伊斯兰国"斩首后，大量民众举行抗议，谴责政府和军队的不作为，并要求谈判人质释放问题。大多数民众谴责伊斯兰激进

---

① SIPRI Military Expenditure Database, Sep. 9, 2015, http://www.sipri.org/research/armaments/milex/milex_database.

② Are J. Knudsen, "Lebanese Armed Forces: A United Army for a Divided Country?" *CMI Insight*, November 2014, No 9, p. 6.

③ 《定强制配额　分16万难民》，凤凰网，http://inews.ifeng.com/44615678/news.shtml?&back，访问时间：2015年9月9日。

力量的袭击，这些袭击加剧了国内教派紧张。

第三，为了防止教派冲突升级，军队依旧秉承积极中立的立场，这有助于维持黎巴嫩的政治稳定。2011 年 3 月起，叙利亚冲突激化了黎巴嫩境内的武装冲突和教派袭击，尤其是在的黎波里和西顿等逊尼派占多数的城市，以及首都贝鲁特。在贝鲁特，军队部署了 4000 名士兵，以及大量的预备役人员随时待命。此外，军队还在冲突区域，例如教派混居区内部署士兵。作为黎巴嫩的第二大城市，的黎波里一直是冲突的重要地区，军队被部署在叙利亚大街，隔开逊尼派聚集区和什叶派聚集区。2011～2014 年，两个教派发生了近 20 场冲突，死伤惨重。为了阻止这一冲突，军队设计了详细的安全计划，但缺乏执行的政治命令，既不能收缴武器，也不能逮捕战斗人员。军队能做的就是在事先设定的红线内遏制冲突升级，防止任何一方对另一方造成压倒性优势。两个教派承认军队是保护者，并且认为军队是唯一能保证冲突不会失控的力量。[1] 然而，民兵的狙击手不仅射杀士兵和武装分子，而且杀害无辜平民。2014 年春，内阁决定命令军队在的黎波里采取更强硬的立场，并执行安全计划。2000 名士兵参与行动，关闭移动网络，攻击交战双方，逮捕大量民兵及其支持者，收缴武器。最终，的黎波里实现了脆弱的稳定。然而，正如黎巴嫩大多数冲突的解决都需要政治妥协，的黎波里的最终和平依赖最终的政治解决。

叙利亚军队撤离之后，解除真主党的武装力量便一直是黎巴嫩政治力量争论的重要议题，然而，这一议题一直无法解决。地区和国内形势紧张增加了其他政治力量对真主党武装地位的不满，导致议会选举一拖再拖，总统职位也一直空缺。为了摆脱持续的权力真空，临时内阁同意"黎巴嫩人民有权抵抗"以换取真主党的支持，真主党的武装地位得以维持。真主党不愿放弃武装，主要原因是武装有助于其在国内强硬的政治立场。[2] 放弃武装，不仅意味着损害真主党的政治利益，而且威胁自身存在。出于同样的原因，真主党拒绝其民兵加入国家军队。

黎巴嫩真主党不仅影响国家的政治走向，而且对国家的安全形势构成冲击，提高了军队维持政治稳定的难度。一方面，真主党武装力量的存在，以

---

① Ohannes Geukjian, "Political Instability and Conflict after the Syrian Withdrawal from Lebanon," *Middle East Journal*, Volume 68, Number 4, Autumn 2014, p. 542.

② 李福泉：《从边缘到中心：黎巴嫩什叶派政治发展研究》，中国社会科学出版社，2016，第 172 页。

及军队打击逊尼派的激进力量，受到逊尼派民众的批评，他们认为军队此举偏向真主党，损害了军队的中立形象。① 这里需要重点指出的是阿布拉事件，阿布拉位于逊尼派占多数的西顿郊区。2013 年中，军队与支持逊尼派教士阿西尔（Sheikh Ahmad Assir）的民兵发生冲突，导致包括 17 名士兵在内的 50 人死亡。② 当地的真主党民兵被指控秘密卷入该事件，军队也被指责试图利用真主党打击阿西尔的力量，并且虐待被逮捕者。另一方面，真主党积极卷入叙利亚危机，导致伊斯兰激进力量进行报复，军队压力增大。2012 年起，真主党开始卷入叙利亚冲突。出于意识形态分歧和战略利益的考量，真主党是吉哈德组织的重要袭击目标。在真主党聚集的南贝鲁特，一些商场、停车场和繁华的街区经常成为汽车炸弹和自杀式袭击的目标。尽管军队加强巡逻，逮捕可疑分子，但还是不能阻止暴恐袭击。

由上观之，黎巴嫩军政关系的演变深受宏观结构、制度和观念因素变化的制约，但其整体上维持了文官政府对军队的控制，虽然不同时期军政关系的内涵有不同程度的差异。长期来看，文官政府控制军队的模式可能依旧持续。

在中东军政关系的场景中，黎巴嫩经常被描述为例外，因为军队很少干预政治，军队构成具有多元主义特征，军队行动相对消极，并且军队几乎被所有群体尊重和接受。然而，黎巴嫩军政关系最重要的特征是文官政府对军队的持续控制，虽然在不同时期，这种控制的程度并不一样。

黎巴嫩军政关系反映该国政治体系的根本特征——教派主义体系、协和民主制度、易受外部渗透，同时也深受其影响，这些结构主义因素限制了黎巴嫩强大军队的产生和存在。同时，家族、教派和商人等社会力量长期强大，是制衡军队干政和寻求主导的重要原因。最后，切哈布总司令在军队建立之初确立的军队专业主义原则虽然不时遭受冲击，但整体上专业主义仍是军队的主导性文化，这从主观层面限制了军队的政治作用。可见，这些力量共同促成了黎巴嫩特殊的军政关系模式。

军队是黎巴嫩最受民众认可的国家机构，并且是确保政治稳定的最后力量。军队致力于塑造代表黎巴嫩民族的形象，整体上遵循文官优先的原则。

---

① Mona Alami, "The Lebanese Army and the Confessional Trap," June 25, 2014, http://carnegieendowment.org/sada/? fa = 56014.

② Are J. Knudsen, "Lebanese Armed Forces: A United Army for a Divided Country?" *CMI Insight*, November 2014, No 9, p. 5.

军队努力打击威胁体系的暴力行动和激进主义力量，但在非暴力的民众抗议中保持中立角色，避免表现出偏颇的态度。由于军队实力弱小，往往对外部威胁无能为力。内战结束后，军队内部教派更加均衡。然而，真主党仍然拥有武装力量、国家的暴力垄断并未彻底实现。"双重强制性权力"的形式并未得以解决，并因受到叙利亚危机的影响而加剧。虽然军队在打击"伊斯兰国"等极端力量、遏制教派冲突升级中取得了一些成效，但是，叙利亚内战限制了军队统一，并威胁军队中立。而且，叙利亚内战的外溢和真主党武装参与叙利亚内战加剧了军队面临的安全威胁问题，使其成为袭击目标。因而，复杂的国内和地区形势增加了黎巴嫩军队所面临的挑战。

第六章

阿拉伯共和制国家军政关系的类型和特征

如前所述，埃及、伊拉克、也门、黎巴嫩等国军政关系的演变呈现独特性，它反映了各民族国家和政权建构的不同路径及其差异，形成了军政关系的多种类型。本章在埃及、伊拉克、也门和黎巴嫩四国军政关系演变研究的基础上，概括军政关系演变的基本方式，进而总结阿拉伯共和制国家军政关系的类型及其特征。

第一节　军政关系演变的方式

在这里需要区分军政关系演变的两种方式，并明晰两者之间的关系。第一种是根据制度演变发生的时间期限，可以分为急剧演变（abrupt change）和缓慢演变（slow change）。① 前者是指军政关系演变以迅速、突然和不连续的方式发生，后者是指军政关系演变以缓慢、渐进和连续的方式发生。前者可称为激变，后者可称为渐变。第二种划分军政关系演变方式的标准是根据制度演变的程度，可以区分为根本性演变（fundamental change）和微调式演变（fine - tuning change）。② 根本性演变是指军政双方的权力分配发生了根本逆转，微调式演变是指制度安排只是在量的程度上发生变化。阿拉伯

① Shiping Tang, *A General Theory of Institutional Change* (New York: Routledge, 2011), p. 40.
② Mark Beeson, Alex J. Bellamy, *Securing Southeast Asia: The Politics of Security Sector Reform* (New York: Routledge, 2007), p. 52.

共和制国家军政关系演变的类型既包括急剧演变和缓慢演变，也包括根本性演变和微调式演变。

根本性演变并不必然由急剧演变导致，急剧演变也并不一定带来根本性演变，虽然双方有着重要联系。缓慢演变通常是非暴力的，主要源于适应新环境和弥补既有制度的不足，导致制度之前的功能逐渐衰退直至消亡。在大多数情况下，制度演变很慢，因为制度稳定可以通过很多要素加强，制度变化相对困难。缓慢和急剧的演变都能导致制度安排的根本性演变。换句话说，不是所有的根本性演变都是剧烈的，它们也可能源于长期缓慢变化的累积。急剧演变的确存在，尤其是在一系列危机和剧变时发生。然而，急剧演变也能和平发生。

一　急剧演变和缓慢演变

历史制度主义认为，制度演变只能在历史的关键时刻出现。[①] 例如外部冲击终结了既有制度安排，为演变主体创建新制度安排提供机会。当然，外部冲击由于其巨大的爆炸力和对行为体的强大影响力，显然会更直接地影响军政关系安排。然而，事实上，制度演变并不一定仅仅发生在关键时刻之后。通常来看，制度演变也可能发生在制度发展的缓慢累积中。

通常来说，制度移植是军政关系发生激变的重要推动力之一，然而，制度移植很可能并不成功。欧洲殖民扩张期间，殖民者试图将欧洲的制度直接移植到阿拉伯国家，但是，这并未给阿拉伯国家带来持久的和平与稳定、繁荣与增长。萨达姆政权倒台后，美国领导伊拉克军队建设和军政关系重建，试图将民主的文官控制军队模式强行照搬到伊拉克。由于忽视了伊拉克复杂的族群教派冲突，不加区分地解散伊拉克军队，强行移植美式的文官控制军队模式，短期来看，军政关系的改造效果并不理想，伊拉克国内暴力事件频繁发生，恐怖主义威胁持续增加，民众伤亡数量居高不下。显然，不同的国家具有特殊的国情，任何变革都要建立在各个国家具体国情的基础之上，脱离实际的在一国强制性地进行军政关系的制度移植很可能达不到良好的效果。

---

① Ruth Berins Collier, David Collier, *Shaping the Political Arena: Critical Junctures, the Labor Movement, and Regime Dynamics in Latin America* (Princeton: Princeton University Press, 1991).

　　外部战争是导致军政关系发生激变的重要推动力，但其所起作用应当进行具体分析。西方学者认为，国际互动增加和战争新技术运用的要求使文官在军政关系中具有主导地位，因为国家间的生存竞争使各国产生出一批致力于安全事务的军事专家。① 然而，阿拉伯国家军政关系的演变并不完全符合这一假设。第一次中东战争并未导致中东国家文官控制军队的能力增强，反倒是开启了军人政权时期，埃及、伊拉克等国家的军官发动政变，建立军政府，军队在政治事务中具有主导性的影响。第三次中东战争带来阿拉伯共和制国家军政关系的新变化，战争之后，这些国家的军队在政治中的作用减小，文官控制军队的能力增强。伊拉克在 1968 年确立了复兴党控制军队的模式，埃及军官在政治中的地位开始下降，文官地位有所上升。因为外部严重的威胁不仅带来军队专业化的要求，而且外部威胁加剧导致安全部门，尤其是军队变得越来越有权力，并且对于国家的相关决策具有更大的影响力，因而，战争导致军政关系如何变化需要具体分析。② 军队在政治事务中的作用除了和内外威胁有关系之外，还受到政府合法性和制度化等因素的影响。

　　尽管激变是最为明显的，但渐变是阿拉伯共和制国家军政关系演变的重要方式。事实上，激变往往带来更大的不确定性，且代价高昂，因而，渐进地改变制度安排通常是比较好的选择。进入 20 世纪 60 年代中后期，阿拉伯国家的军政府逐渐不能有效促进国家的经济发展和社会进步，甚至不能捍卫国家的外部安全，也不能应对民众的政治参与要求，共和制国家普遍减小军队在政治事务中的作用，集中表现在军官在政府中的比例降低，在内外安全事务决策中的作用减小，在团体议题中的权力下降，但是，这种变化并不是急剧发生的，而是以渐进、缓慢的方式进行的。例如，军官在政府领导中比例的下降并不是一蹴而就的。在伊拉克，复兴党执政后，军官在革命委员会中的数量是逐渐减少的。埃及也一样，直到萨达特执政晚期，文官在政府中的数量才占据大多数。

---

① Samuel P. Huntington, *The Soldier and the State: The Theory and Politics of Civil - Military Relations* (Cambridge: Belknap Press of Harvard University Press, 1957), p. 32; 〔美〕查尔斯·蒂利: 《强制、资本和欧洲国家 (公元 990—1992 年)》，魏洪钟译，上海世界出版集团，2007; Michael C. Desch, *Civilian Control of the Military: The Changing Security Environment* (Baltimore: The Johns Hopkins University Press, 2001), p. 14。

② Oren Barak, Gabriel Sheffer, eds., *Existential Threats and Civil - Security Relations* (Lanham: Lexington Books, 2009), p. 13。

二 根本性演变和微调式演变

由于根本性演变涉及军政双方权力分配的根本性变化，因而更重要。根据军政双方权力对比的根本性变化，从整体上看，阿拉伯共和制国家军政关系的演变可以划分为以下几个时期：军官通过政变建立军政府，军队主导国家政治事务；20世纪70年代之后，大多数国家建立起威权主义政府控制军队的模式，军队在政治事务中的作用显著减小；阿拉伯剧变之后的军政关系出现新变化。但是，具体国家的演变又有其特殊性。

现代阿拉伯国家的建立源自欧洲国家的全球扩张，以及奥斯曼帝国的衰落和解体。这种后发、外源型国家的特征使这些国家面临两大压力：国内力量要求的政权变更，外部力量对政权生存的威胁。这两种压力互相作用，造成这些国家的脆弱性。[1] 在阿拉伯共和制国家，由于严重的内外威胁，军队的强制功能一直很重要。进入20世纪70年代之后，军队管理暴力的作用更加显著，政府更加强调军队的威慑和战斗能力，同时减小军队的非军事作用。大多数国家变革军队的原则和战略，加强军队的组织和训练，增强军队的战斗力，军队主要承担维护法律和秩序的功能。外部防御功能的优先，以及战争技术和模式愈发复杂，要求军队更加专业。在阿拉伯共和制国家，军队在政治领域中的作用减小，经济发展使得政府和社会更加复杂。这些新的发展塑造了军队机构新的特征，增强了军队的专业技能，使其愈发有别于其他国家官僚机构，也与其他政治和社会组织不同。随着军队主导政治现象的减少，军队参与治理，及其与政府的关系更加制度化和法制化。

黎巴嫩军队在整体上延续了专业主义的特征，虽然在内战中未能有效阻止暴力，但在战后进行了一系列改革，增强了军队的战斗力。也门经历了军政府统治和数年军政激烈博弈的过渡阶段后，最终确立了威权政府控制军队的模式，阿拉伯剧变后，国家军队几近崩溃，并且多重武装力量呈现崛起之势。伊拉克在经历了十年的军政府统治和频繁的军事政变之后，确立了复兴党控制军队的军政关系模式。军队虽然承担诸多职能，但确保外部安全无疑是其最重要的任务。同时，在政府设置、军队团体事务、内外安全政策制定中，萨达姆代表的复兴党政治精英具有主导地位。直到2003年，美国领导

---

[1] Adham Saouli, *The Arab State：Dilemmas of Late Formation* (New York：Routledge, 2012), p. 5.

国际联军推翻萨达姆政权，在伊拉克移植美国模式的军政关系制度，即民主的文官控制军队。埃及经历了第三次中东战争的失败之后，有意识地加强军队的专业主义建设，军官在政府中的比例大幅下降，在安全政策决策和军队团体事务中的作用有所减小，但是卷入经济社会事务的程度依旧很深。埃及军队在穆巴拉克下台之后的政治转型中发挥重要作用，但这并不意味着国家重回军政府时期，军队的行动仍受到内外因素的制约。

当然，微调式演变也是军政关系发生变化的重要模式。这种演变多是因为既有军政关系导致无法有效应对危机，而有关行为体缺乏充分的意愿和资源促使军政关系发生根本性变化。例如，1958～1975年，黎巴嫩军队在政治事务中的作用有所增加，但并未根本变更民主的文官控制军队模式。两伊战争期间，萨达姆起初担心军事政变，因而严密控制军队的战略和策略。随着这种低效的军政关系安排不能有效应对前线战争的需要，萨达姆减少了对前线军队行动的干预，然而，这种调整是在不改变复兴党控制军队的前提下做出的。

第二节　军政关系的类型和特征

综观阿拉伯共和制国家军政关系的发展历程，我们发现军队和政府的权力分配关系在一国的不同时期具有很大区别，在同一时期的不同国家也有显著差异。本节主要依据军队在政府中所具有的作用，区分其类型，探讨各种类型军政关系的特征（见表6－1）。

表6－1　阿拉伯共和制国家的军政关系类型

特　征	军队统治	军队仲裁	军队监管	威权主义文官控制	民主（文官）控制
政治体系	军队统治	军队—文官合作	军人监国	威权主义制度	民主制度
军官在政府中地位	统治者	仲裁者	监管者	附属者	附属者
军队团体事务控制	军队	军队	军队	威权政府	文官政府
军官与外部安全	主导决定	参与决定	参与决定	参与决定	服从文官
军队与内部安全	主导	高度参与	高度参与	高度参与	低度卷入
军队与经济事务	主导	高度参与	高度参与	高度参与	附属

续表

特　征	军队统治	军队仲裁	军队监管	威权主义 文官控制	民主（文 官）控制
案　例	伊拉克（1958～1968 年）、也门（1962～1967年）、埃及（纳赛尔时期）	苏丹、阿尔及利亚	埃及（2011年 2 月～2012年6月）	伊拉克（1968～2003年）、埃及（穆巴拉克时期）、也门（萨利赫时期）	黎巴嫩、伊拉克（2003年以来）

一　军队作为统治者的类型

在阿拉伯共和制国家建立之初，军队作为统治者的类型相当常见。军队通过政变推翻封建王朝，或者是作为民族解放战争的领导者建立共和制国家，确立军队统治的模式。军队在国家治理中占据主导地位，大量军官担任政府要职，主导国家的安全政策制定，广泛卷入国家的经济社会领域，例如1958～1968 年的伊拉克、1962～1967 年的也门、纳赛尔时期的埃及等。

在共和国建立初期，军官表现得雄心勃勃，以革命或发展现代化的名义进行统治，军队试图无限期地直接掌握权力。军官控制整个政治体系，不仅寻求控制政府，而且主导外交、经济、社会等事务。军政府中，一个或数个军官控制行政，他们试图通过革命性的变更封建体系，包括自上而下地渗透社会或动员民众，进行广泛的政治和经济变革，实施国有化和土地改革。

军队作为统治者的类型中，军官视自身为文官力量的替代，试图永久直接掌握权力。[1] 军官认为，自己在国家的安全和统一、国家建设和社会经济发展中具有关键作用。这种认知使得军队倾向于采取直接统治模式，并且不承诺将权力移交给文官政府。这种模式与另外两种军队主导模式的区别在于政治控制的时限和方式，在军队统治模式中，军官通常选择长期和直接进行政治控制，倾向于直接掌握权力，不打算将权力移交给文官政府，完全控制政府和国家治理。然而，军队作为统治者通常"耗尽"军队的政治合法性，导致社会力量反对，加剧军队和社会对立。

---

[1] William Hale, *Turkish Politics and the Military* (London：Routledge, 1994), p. 310.

在军队作为统治者的类型中，军政关系的特征主要表现在以下几个方面。第一，军官个人、军事寡头或军队团体作为最终决策者，虽然可能与特定的社会力量、文官领导、技术官僚等进行合作，但是，这些力量总是附属并依赖军队。军队主导政治体系，国家权力主要在军队的支持者中分配。作为统治者，军官个人、寡头集团和军队团体都需要享有高度自主性的军队支持，军队是国家权力的统治者或分享者，军队作为统治者的政治伙伴，高程度地卷入国家治理。① 在一些国家中，军官认为他们不需要和文官合作，也能实现国家治理。军官认为自己能够建立政府，并领导国家现代化，因而疏离其他行为体。在另一些国家中，军队直接卷入政治和治理，并将一部分权力委托给文官代理人。社会成为军队领导国家现代化的工具，军队指导其他机构，主导政策制定和决策，领导国家现代化进程。例如，通过集权控制模式打压其他政治力量，军政府利用技术官僚来管理国家，支持治理和执行相关政策，军官与其他行为体建立起策略的联盟。军官在纳赛尔时期的埃及，以及卡西姆、阿里夫兄弟统治下的伊拉克都是国家的最终决策者。

第二，军队负责维护外部安全，也广泛卷入内部安全治理。由于面临边界争端和军事冲突，军队承担外部安全任务，然而，军队也承当维护内部安全的责任。鲁斯迪克（Lustick）在分析现代史上的中东地区缘何没有产生一个强国的时候，提出了一个很有见地的观点：地缘政治背景下的历史时序的差异导致中东和欧洲国家体系发展不同，威斯特伐利亚体系与凡尔赛体系主导下的国际规范发生了很大变化，通过战争实现领土征服在现代史上已经逐渐不可接受。② 因而，外部敌人通常并不构成国家存亡的根本性威胁。军队通常不是专业主义的，应对内部威胁是其主要职能之一。由于军队是国家安全的保障者，因而享有大量预算，并且在国家事务中具有显著的重要性。然而，强调内部威胁使得军队关注内部安全，军队必然与国内政治形成更为紧密的联系。

第三，军队主导国家资源分配，国家资源分配倾斜于军队及其支持者。军队自认为是国家现代化建设的领导者和实施者，能够保护国家统一和安全，推动社会和经济现代化，因而理应主导资源分配。国家建立起大量军工

---

① Amos Perlmutter, *Modern Authoritarianism* (New Haven: Yale University Press, 1981), p. 39.

② Ian S. Lustick, "The Absence of Middle East Great Powers: Political 'Backwardness' in Historical Perspective," *International Organization*, Vol. 51, No. 4, September 1997, p. 657.

厂,军队从中受益颇多,此外,军队在民营经济中也占有重要地位。然而,在现代经济运行中,军队主导经济事务往往造成经济无法高效运转,增加交易成本,减弱经济生产行为,故它严重损害国内经济竞争、政治开放和公民社会发展。由于军队主导资源分配并深度卷入经济生活,往往出现严重的腐败问题,军官侵吞国家财富,霸占国家资源,进行走私等活动,造成国家公共生活严重萎缩,迫使有能力的民众移民海外。军队对于分配的垄断,破坏了社会平等,加剧社会的不稳定。

军队直接统治的持续主要由于民众对军队强制能力的恐惧,以及脆弱的社会力量不能对军队形成强有力的政治制约。但是,由于军政府通常缺乏统治的合法性,很难维持长期统治,因而常常在内外压力下倒台。

二 军队作为仲裁者的类型

在阿拉伯共和制国家中,军队作为仲裁者并不占主流。阿尔及利亚可以被视为具有这种模式,独立之初,阿尔及利亚军队的政治作用得益于其反对法国殖民统治形成的历史地位、布迈丁的个人魅力,以及军队的大众主义意识形态。1992年,军队和伊斯兰解放阵线发生内战,军队迫使沙德利总统辞职。1998年,参谋长要求总统泽鲁阿勒停止同伊斯兰力量的谈判,并要求他辞职。1999年,军方支持的布特弗利卡上台。[①] 显然,军队并不谋求长期统治,但会根据具体情境,变更既有政府安排,选取自己接受的领导人出任政府领导。

在军队作为仲裁者的类型中,军队并不直接掌握权力,但对于政府的行动、政策和决定具有否决权。文官政治家执掌权力,存在文官领导的行政和立法机构,但他们的行动必须满足军队的期待。在一些情况下,军队主导政策制定,军队挑战任何威胁他们利益的决定。他们可能采取替代性政变(displacement coup),更换文官政府(即迫使现任文官政府下台,以另一文官政府代替之)。

军队出于维护秩序的需要,间歇性地进行直接政治控制,但不寻求长期

---

① Lahouari Addi, "Army, State and Nation in Algeria," in Kees Koonings, Dirk Kruijt, eds. , *Political Armies: The Military and Nation Building in the Age of Democracy* (New York: Zed Books, 2002), p. 196.

统治。军队控制的政府解决问题之后，很快返回军营。① 军队基于组织利益的评估，在面临必要的情势下选择政治干预。军队将自己视为竞争性政治体系的平衡力量，能够保证政治稳定和促进国家进步，因而具有参与政治活动的合法性。军人怀疑文官在内外领域保护国家的能力，因而监督文官政府的活动，使其免于腐败和失序。

军队的仲裁角色源于独特的社会特征，在一些新独立的国家中，政治制度化程度较低，派系主义严重，国家面临严重的内外安全问题，军队有机会暂时代替文官政府主导政治。然而，军队并不选择长期直接统治。这种短暂统治源于多种原因，一些案例中，其他政治力量及民众的社会压力迫使军队回归军营。另一些案例中，军队选择间歇控制政府的原因包括以下要素：军队接受现存社会秩序，军官倾向回归军营，军队缺乏独立的政治组织，军队仅仅是压力集团，害怕文官政治力量报复，军队的专业主义考虑等。②

这种类型的军政关系具有以下特征。第一，军队寻求与文官的合作，在实现特定目标后将权力移交给文官政府。军队将自己视为仲裁者，问题一旦解决，将回归军营。军官在合适的时机将权力移交给特定的文官政府，显示出民主的姿态，但是军队总是作为压力集团在幕后与其他政党、团体建立合作关系。由于具有仲裁作用，军队在军政关系中处于优势地位，他们寻求与政治团体领导人、技术官僚、商人、宗教和族群领袖进行合作，双方能够实现互惠。

第二，军队寻求与文官进行合作，确保能够获得政治和经济好处，军队积极卷入社会经济活动和政治治理。军队在经济中的存在提高其政治地位，由于军队在国内事务中的作用增加，因而维护内部安全是其重要功能之一。③ 这种卷入虽然有助于维护社会秩序，但是具有很高的成本，破坏军队的专业主义，军队财政自主性提高，逐渐成为利益集团，极度关注团体利益。一个值得注意的问题是，建立起独特经济利益的军队是否仍是仲裁者，因为这可能导致军队持续影响政治。判断军队作为仲裁者的角色，主要是观

---

① Amos Perlmutter, *The Military in Politics in Modern Times* (New Haven: Yale University Press, 1977), p. 111.

② Amos Perlmutter, Valerie Plave Bennett, eds., *The Political Influence of the Military* (New Haven: Yale University Press, 1980), pp. 206 – 207.

③ Alfred Stepan, *Rethinking Military Politics* (Princeton: Princeton University Press, 1988), p. 15.

察军队在政府中的作用，即军队并不进行直接统治，而是仲裁者。

第三，军队基于仲裁作用，在国家的政治和经济领域扩展影响。由于在军政关系中的优势地位，文官政府将不得不在政治和经济领域向军队进行更大的妥协。这反过来改变和增加了军队参与政治的立场和动机，他们致力于通过维护自身政治作用来获得经济利益和政治收益。当军队意识到可以通过制度保障来影响政府和社会的时候，他们可能转而寻求建立监护模式的军政府。

这种军政关系类型的维系有赖脆弱的社会和政治力量，但由于其不确定性，其很可能被其他模式的军政关系所替代。

三 军队作为监护者的类型

在军队作为监护者的类型中，军队的政治权力受到宪法的保护。文官政府的统治依赖军队中的中高级军官，军队作为团体被排除出治理，但是一部分中高级军官能够在国家制度保障之下参与政治治理，控制国家。土耳其是这种类型的典型代表之一，1960 年之后，土耳其军队三次发动政变，但都迅速将权力移交给文官政府，同时，军队占据优势的国家安全委员会具有重要作用。穆巴拉克之后的埃及也展现出这种类型的特征，军队的权力受宪法保护，军官占多数的最高军事委员会在安全事务中发挥重要作用。

军事机构在国家权力政治和治理中是重要力量，由于军队致力于保护团体利益，并且对文官政治家不信任，因而军方认为制度化军队权力是必要的。由于公民社会和政治行为体不能维护国家秩序和确保军队利益，军队试图加强在政治中的持久地位。

这种类型的军政关系具有以下特征。第一，文官领导人接受军队在国家政治生活中发挥关键作用，这主要通过议会安排、宪法规定、建立国家安全委员会等方式来实现。随着军队增长的经济利益和提高的政治地位，军方试图将其作为统治精英一部分的地位制度化。随着宪法的制定或修改，军队不再仅仅影响政策制定，而是作为国家统治精英的一部分，拥有大量权力和国家资源。[1] 当然，文官精英也能通过与军官的合作获得权力和影响。民众意

---

[1] George S. Harris, "Military Coups and Turkish Democracy, 1960 – 1980," *Turkish Studies*, Vol. 12, No. 2, 2011, p. 206.

识到军队作为保护者有利于国家长期的发展和稳定，他们接受军队在国家治理中的地位。军队通过与文官合作掩饰其在军政关系中优先的地位，有助于减少民众对军队的憎恶，减轻社会力量对军队主导的敌意。

第二，军队和文官政府建立起互惠的关系，文官支持军队，其政治生存也依赖军队支持。军队致力于制度化政治权力，军官在国家安全委员会等机构中具有重要地位，意味着军队在国家中具有持久的政治权力。[①] 为了获取权力，文官和军队相互支持。军队在国家权力体系中的地位制度化，这主要是为了维护军队逐渐增加的政治和经济利益。高级军官卷入国家最高级别的政策制定，意味着军官可以遏制文官政府不负责任的行动。由于军队的财政和政治自主性，军队对政治权力有要求。文官政府试图通过满足军队的经济利益需求，换取对军队的控制。然而，具有高度经济、社会和政治优势的军官很难被收买。由于与国家的紧密联系，军队在危机中可能进行政治干预，确保其团体利益。

第三，军队是国家重要的经济行为体，军队和军官得益于国家的资源分配体系。在国家的分配体系中，军工复合体中的退休军官和相关文官收益颇丰。这种经济模式鼓励裙带资本主义，国家经济部门受到军队的影响，民营公司的生存和发展依赖军队支持。军队的经济网络包括军队的公司、军队子公司和军官的公司，三者相互支持。军队公司为军官利用和垄断资源提供便利，[②] 其可能在某些领域实现垄断，但主要是与其他合作者一道经营。军队子公司和军官的公司主要扮演执行者的角色，但其受到军队公司的影响。相较前两种军队主导模式，军队对于经济的卷入更加有限和间接。军队主要对其庇护者提供机会和资本，好处主要归高级军官。当然，军队卷入政治和经济的成本也较高。

由于公民社会脆弱，尤其是政党力量较弱，军队影响很难在短期内减少。但是，大众动员的加强，以及外部压力可能促使军政关系发生变化。

---

①　Ayesha Siddiqa, *Military Inc.: Inside Pakistan's Military Economy* (Oxford: Oxford University Press, 2007), p. 53.

②　Robert Springborg, "Economic Involvements of Militaries," *International Journal of Middle East Studies*, Vol. 43, No. 3, 2011, pp. 397 – 399.

四　威权主义模式下的军政关系类型

共和制度确立后，大多数阿拉伯国家逐渐形成了总统制的政权组织模式，总统在政治系统中居于中心地位，其统治的核心圈是家族成员，以及一小撮来自军队、其他安全机构和商业领域的精英成员。接下来是高级军官、情报机构和警察部门的高官以及与总统核心圈有联系的裙带资本主义力量，他们为总统统治提供大量金钱和组织能力，换取资源和影响力。再往下是一些文官机构、行政部门的部长和省长，以及一些意识形态机构，主要包括教育机构、官方媒体、听命于总统的司法部门和宗教机构。[①] 显然，军队是总统统治的重要支持力量，但这些威权主义政府的统治基础已经增加，军官总统已经转型为文官领导人，因而不是军政府。20 世纪 70 年代之后到阿拉伯剧变这段时间，大多数阿拉伯共和制国家的军政关系属于威权主义政府控制军队的类型。这种类型中，权力主要集中在掌握政权的单一政党或个人手中，军队是其统治的重要工具。

这种军政关系类型又可具体分为主导型政党控制的军政关系、依托部落的军政关系、集权政府控制的军政关系。复兴党统治时期的伊拉克和叙利亚是党控制军队的典型，在这种军政关系类型中，军队是主导政党和个人控制国家的工具。依托部落的军政关系中，总统或领袖主要任命同一部落联盟的成员出任高级军官，进而保证军队的忠诚，也门和利比亚属于这一类型。集权政府控制的军政关系类型中，军队是政权的重要支持力量，政权赋予军队诸多特权，同时采取多种制衡手段保证军队忠诚，埃及、突尼斯等国属于这一类型。

这些国家的政治体系不同于民主国家，缺乏多元主义，公民社会受到限制，总统主导政治生活。在政治决策的制定和执行中，军队发挥至关重要的作用。然而，政治合法性在于政党和魅力型领袖。政权生存依赖军队，但是政治领导人会对军队进行控制。总统知晓军队的组织权力强大，因而不会冒险培育军队强大的行动能力。政治系统的力量在于政党及文官统治精英的权力，政党、部落和相关群体是统治基础，军队和准军事力量是支持政府和确

---

① Roger Owen, *The Rise and Fall of Arab Presidents for Life* (Cambridge: Harvard University Press, 2012), p. 38.

保国家稳定的工具，军队的重要性源于其在国家稳定和保护国家统一中的作用。这种军政关系基于政治领导和军队的共生关系，军队从政治领导处获取资源，同时为其提供支持。

在这种类型中，在职军官通常不会担任政府要职，但是总统倾向于在决策中倾听他们的意见和建议。此外，军官退休之后，总统会奖励其在任职期间的政治忠诚，任命其担任适当的文官领导。总统努力培育军队的忠诚，确保军队附属于文官权威。就外部功能而言，军队负责保家卫国的责任。但是由于政治力量对军队的渗透，因而军队往往面临战斗力低下的问题。[①] 在其他安全力量不能有效承担责任时，军队将卷入内部安全事务。因而，军队、准军事力量和警察之间的界限模糊，军队时常被政府领导人作为内部强制工具来使用。

这些国家的军队渗入社会经济领域的程度较高，军队拥有军工企业，并且在私有经济中具有重要影响，有助于确保军官个人和军队的组织利益。一方面，军队广泛卷入国家的现代化发展进程，另一方面，威权主义政府试图通过增加军队的福利确保其忠诚，因而军队广泛卷入经济生活。这些国家的政府通常没有能力为军队提供足够资源，也无足够的财政为国防部门提供预算，军队参与营利活动能够解决国防部门财政不足的问题。由于政府和军队具有共生关系，军队有机会与文官政府谈判，要求政府对其团体利益做出妥协和让步，军队也能说服政治领导人不要惩罚军队的腐败行为。由于直接受益于经济再分配体系，高级军官通常不情愿背叛政府。文官政府也不愿意彻底遏制军队的行动，政府可能在某些领域削减军队的影响，但仍保持其某些特权。[②]

总之，威权主义体系通常在总统及其支持网络中重新分配资源，威权主义政府及其附属的军队是共生关系。军队通常被用作发展经济、保卫国家外部安全、确保内部秩序的工具，同时，政府致力于弱化军队对政权的威胁，一方面运用遏制手段降低军队的某些权力，另一方面也赋予军队必要的团体特权，确保其生活水平和福利。

---

① Risa Brooks, "Making Military Might: Why Do States Fail and Succeed? —A Review Essay," *International Security*, Vol. 28, No. 2, 2003, pp. 149 – 191.

② Ayesha Siddiqa, *Military Inc.: Inside Pakistan's Military Economy* (Oxford: Oxford University Press, 2007), p. 42.

五 民主体制下的军政关系类型

军政合作（civil – military partnership）是民主国家的军政关系类型，在民主国家中，存在充满活力的公民社会和有力的文官机构。由于军队的专业主义意识，军队并不挑战文官权威，文官能够控制军队。军队的主要作用是应对外部威胁，虽然军队也卷入内部安全事务，但那是在文官权威的命令和政治监督之下进行的。军队秉承专业主义原则，主要源于这些国家强大的公民社会和民主机构，例如媒体、司法部门、人权组织、选举委员会、政党和政府审计机构的制约。在阿拉伯共和制国家中，黎巴嫩和萨达姆倒台后的伊拉克接近这种类型。

这种军政关系制度具有以下特点。第一，在政府的诸多部门中，在职军官通常并不担任要职。通常来说，一国政府首脑或国家元首享有军队的最终指挥权。国家设立文官领导的国防部，用来监督军队的总参谋部，保证参谋部对国防部长负责。同时，国防部长对政府负责，政府负责管理军队、制定国防政策。[1] 因而，军队在文官政府中的地位有限，军队完全附属于文官政府。

第二，军队在这种政治体系中是一个团体，其利益通过国家完善的制度机构表达。宪法详细规定军队在相关事务中的地位和作用，军队被视为政府的工具。文官领导人制定相关政策，军队负责执行相关政策。从法国大革命开始，基于人民主权原则，文官控制军队便得到大多数民主国家的宪法保证。在立法方面，军队团体事务的相关决策权被赋予立法机构。三项重要的权力分别是立法机构的调查权、议会选举出的委员会宣布战争和紧急状态的权力、国防预算监督权。[2] 通常，这些议题的权力都归民选的议会所有。

第三，这种模式允许军队参与国家经济，但其一般不是直接经营，而是选择与其他企业进行合作。军队与相关企业签署合同，并不对国家正常的经济活动构成挑战，军队利用组织和人力资源优势，使其在经济活动中更加有

---

① Anthony Forster, *Armed Forces and Society in Europe* (New York: Palgrave Macmillan, 2005), p. 25.

② Claude E. Welch, "Civilian Control of the Military: Myth and Reality," in Claude E. Welch, ed., *Civilian Control of the Military: Theory and Cases from Developing Countries* (Albany: State University of New York Press, 1976), pp. 9 – 10.

效。此外，和军队有关的企业为退役军官提供新的工作机会，他们通常能够拿到几份工资。但是，这种经济模式具有长期的财政和外交优势，因为这确保一国军工企业的发展，降低武器维修成本。

对于阿拉伯共和制国家来说，进行选举并不意味着政治体系转型为民主制度，更不意味着国家建立起有效保护个人权利的司法体系。民主不仅包括选举（程序民主），而且包括诸多实质议题（实质民主）。[①] 维护民主制度，至少要有四个方面的制度安排。通过选举产生的透明且负责任的行政和立法部门，独立于行政和立法机构的司法部门，附属于文官政府的军队。此外，四个机构应当能够相互制衡，各机构的成员不应当具有相互依赖的关系。民主体系中，任何机构都不能取消个人或社会的权利，这些机构应当保护和维护民众的权益。

民主的理念和实践是多样的，但毫无争议，民主意味着每一个公民有权自由表达。阿拉伯剧变中，经济形势恶化是民众抗议的重要推动力量，民众要求民主转型。如果阿拉伯共和制国家能够成功实现民主转型，在未来的民主国家中，军队就应当附属于选举产生的文官政府领导，并遵守其命令。文官政府决定何时和如何使用武装力量、国防预算数目、军队规模和形式等。军队不应干预国内的总统选举，更不能决定谁是政府首脑。军队的主要作用是保卫国家外部安全，同时不对邻国或地区造成威胁。选举产生的文官政府控制军队，确保军队不偏离民主进程，不干预国内政策和国家制度。

第三节 变更军政关系的主体及政府控制军队的策略

一 变更军政关系的主体

在社会科学中，主体或行为体（agent）通常被界定为对自身利益具有明确意识，并有能力修正既有权力关系的群体。[②] 军政关系中的演变主体是指对既有军政关系安排不满，要求变更该制度的行为体，其需要有能力抵制

---

① 乔贵平：《实质民主与形式民主之争—20 世纪社会主义与自由主义关于民主问题的分歧之一》，《云南行政学院学报》2010 年第 3 期，第 25 页。

② Ferran Izquierdo Brichs, ed., *Political Regimes in the Arab World：Society and the Exercise of Power*（New York：Routledge, 2013），p. 11.

路径依赖，建立新的制度，开启有助于加强新制度的机制。总体来看，阿拉伯共和制国家军政关系的演变主体主要有四类：单独的文官、单独的军方、文官和军方共同体、外部力量。

首先，强烈要求扩展自身决策权威是成为演变主体的重要原因之一，例如军官不满文官政府的治理绩效，试图加强军方的决策权威，进而采取政变行动，变更国家治理模式，其中，军官是演变主体。在 20 世纪 50～70 年代，大多数阿拉伯国家中的军官对于封建政权的腐朽和卖国严重不满，最终利用相关资源推翻旧政权，建立军人政权。再如，文官对军方特权地位不满，要求加强自身决策权威，削减军方权力，也可能带来军政关系的演变，其中，文官是演变主体。20 世纪 70 年代之后，阿拉伯共和制国家的大多数文官致力于弱化军官在政治中的作用，并形成了威权主义政府控制军队的模式。这种文官或军方单方试图加强决策权威，而成为演变主体的案例相对多见。阿拉伯共和制国家的多数案例表明，文官致力于加强对军方的控制，军方倾向于抵制文官控制。

其次，存在一些军方和文官共同要求变革军政关系的案例。对于既有的制度安排产生新的变革观念，并不必然由于对既有安排不满。即使制度安排对自己有利，行为体为了获取更加长远和广泛的收益，有可能选择变更制度安排，减少自身决策权威。[①] 阿拉伯共和制国家存在文官与军官共同要求变更军政关系的案例，例如，萨达姆为了赢得两伊战争的胜利，满足军方的意愿，赋予军队更多自主性，在一定程度上变更了军政关系；第三次中东战争之后，埃及军方为了收复失地，甘愿增强军队的专业化，接受文官对军队控制能力的增强。在这些案例中，文官和军方共同构成军政关系的演变主体。

最后，外部力量强迫可能造就军政关系的演变，外部力量成为演变主体。强大的外部力量可能带来一国军政关系的根本性变化，或者通过武力推翻政权，重建军政关系安排，或者通过奖惩要求一国变更军政关系制度。最明显的变化发生在强权击败另一国，占领该国，决定改革和重建其军政关系制度。[②] 2003 年美国领导的国际联军推翻萨达姆政权之后，美国彻底变更了伊拉克的军政关系，在伊拉克建立了民主的文官政府控制军队的模式。

---

① Shiping Tang, *A General Theory of Institutional Change* (New York：Routledge, 2011), p. 38.

② Mark Beeson, Alex J. Bellamy, *Securing Southeast Asia：The Politics of Security Sector Reform* (New York：Routledge, 2007), p. 53.

需要注意的是，在军政关系中，行为体在一些时候可以同时扮演演变主体和维持现状主体的角色。由于军政关系包含政治治理、内外安全、军队团体自主性等不同领域，因而行为体可以要求某些领域的变化，同时满足某些领域的安排。例如，20 世纪 70 年代，阿拉伯国家大多从军政府转型为文官领导的威权主义政权，虽然军队在多数领域作用下降，但是在一些领域特权得以保留。通常，大多数文官倾向于在政治治理和公共政策领域担负演变主体的作用。① 20 世纪 70 年代之后，由于总统或政党成为最重要的政治行为体，政党和政治家需要在政府部门和特定社会议题中获取民众支持，因而需要在政治治理和公共政策领域显示存在。同时，为了降低军队的不满情绪，往往会维护军队的经济利益。因而，文官同时扮演了演变主体和维持现状主体的角色。

二　政府控制军队的方式和策略

在阿拉伯共和制国家，无论是文官政府还是军政府，政权生存都是首要问题，它们都面临控制军队的问题，建立有效的军队控制机制是确保军政关系稳定的重要措施。整体来看，权力、合法化和补偿机制对于政府控制军队具有重要意义，各个机制又可区分为具体的措施。②

首先，权力机制是指政府强迫军队遵守政府统治规则，主要包括奖惩（sanctioning）、平衡（counterbalancing）和监督（monitoring）策略。第一，奖惩策略主要是政府奖励军官中的服从者，处置不支持者。具体的惩罚措施包括解职、要求军官提前退休、使用军事法庭审判不忠诚的军官；玷污军官荣誉，清洗军官团体，让他们承担军事失败和政治不发展的责任；关押或处决军队领导人等。在埃及、伊拉克和黎巴嫩的案例中，我们发现，惩罚军官的现象十分普遍。第二，平衡策略意味着政府利用军方内部的冲突或分裂，或者不同安全部门之间的矛盾，制衡军队的权力，并提高自身地位。措施主

---

① Aurel Croissant, David Kuehn, Paul W. Chambers, Philip Völkel, Siegfried O. Wolf, "Theorizing Civilian Control in New Democracies: Agency, Structure and Institutional Change," *Zeitschrift für Vergleichende Politikwissenschaft*, Vol. 5, No. 1, 2011, p. 84.

② Aurel Croissant, David Kuehn, Paul W. Chambers, Philip Völkel, Siegfried O. Wolf, "Theorizing Civilian Control in New Democracies: Agency, Structure and Institutional Change," *Zeitschrift für Vergleichende Politikwissenschaft*, Vol. 5, No. 1, 2011, pp. 85 - 89.

要包括在军队之外建立其他安全部门，但这可能降低军队的外部防御能力，鼓励其他安全部门的机会主义行为，最终损害政府控制军队。此外，政府可能利用军队的内部矛盾，与部分军官或派系结盟，加强政府对于军队的地位。这种现象在阿拉伯国家的威权主义政府时期十分明显，萨达姆建立共和国卫队等武装力量制衡军队，穆巴拉克加强警察等安全部门的力量制衡军队。第三，监督策略通过增加军队的背叛成本，促使其服从政府。其具体措施包括在军队内外建立监察机构、监视机制和报告系统，减少政府对于军队的信息不对称问题，增加军官的危机感，增加军队秘密行动的风险。虽然监督本身不能带来服从，但通过监督不当行为及增加军队不服从的成本，可以降低军官不服从的可能。① 例如，萨达姆建立并完善多个情报机构，加强对军队的监督。

其次，合法性机制是指政府运用规范框架制约军队，军队主动接受政府控制军队的合法性和道义性。这些策略包括归属性选择（ascriptive selection）和政治社会化。第一，归属性选择策略意味着政府基于阶级、族群、家族、宗教联系，或者是意识形态一致性来任命军队高官，加强军队服从。但是这种加强军队政治性的方法，长期来看，不利于文官控制。黎巴嫩建国初期，教派和部落是军官任命的重要因素。伊拉克政府也一直利用部落、教派等因素加强对军队的控制。第二，政治社会化是长期策略，它致力于转变军队的观念特征和自我身份，② 主要包括政府对军队的政治教育和法律制度约束。例如，萨达姆统治时期，政府利用复兴党的意识形态加强军队的服从。随着美国在伊拉克确立新的军政关系模式，利用法律制度规范约束军队的趋势在增强。

最后，补偿机制是指政府试图通过赋予军队团体和高级军官个人特权，加强控制军队的方法。主要包括三种策略：安抚（appeasement），默许（acquiescence）和欣赏（appreciation）。第一，安抚策略是指满足军队团体、有关派系或军官个人的物质和财政需要，阻止他们背叛。这包括维持或增加

---

① Peter D. Feaver, *Armed Servants: Agency, Oversight, and Civil - Military Relations* (Cambridge: Harvard University Press, 2003), pp. 68 – 94.

② Jendayi Frazer, "Conceptualizing Civil - military Relations During Democratic Transition," *Africa Today*, Vol. 42, No. 1 – 2, March 1995, pp. 40 – 41.

国防预算，允许军队的经济行动，但不仅限于此。① 例如，在大多数阿拉伯共和制国家，文官政府倾向于保持军队的大规模预算，允许军队参与经济活动。第二，默许策略是政府对干预军队的特权及其组织自主性保持克制，换取军队有条件的政治附属。例如，阿拉伯共和制国家的政府通常会赋予军队高程度的组织自主性，换取军队服从。第三，欣赏策略是鼓励社会公众接受和支持军队。这包括公开赞扬军队，赋予军队新的作用和任务，使其成为社会可接受的力量。② 例如，埃及政府宣扬军队的共和国建立者和保卫者的作用，加强民众对军队的认同。

　　以下几个方面需要注意，第一，整体来看，在阿拉伯共和制国家，控制军队的机制及策略通常是混合运用的。政府根据军政关系的具体领域，军政双方的关系和权力对比，以及特定的情境来选择机制和策略运用。虽然不同国家的策略可能不尽相同，但是大多同时采取权力、合法化和补偿机制。第二，这些机制和策略的运用，显示出政府对待军队的强迫程度，以及政府和军队的权力分配状况。坚定的策略（权力机制）要求政府运用强制要素，并且显示出政府可以较深程度地干预相关事务。脆弱的策略（补偿机制）既不要求政府使用强制要素，也不要求政府深程度的干预相关事务。中等坚定的策略（合法性机制）是指政府干预相关事务，但不使用强制力。第三，长期来看，政府越使用坚定的策略，控制军队的能力越强，因为这种战略对于其他行为体行事的立场和机会的影响最深远和持久。这种策略提高了军队的背叛成本，而合法性策略只是规范要求，缺乏增强背叛成本的能力，补偿策略更像一种现状维护战略，鼓励机会主义行为。进入 20 世纪 70 年代之后，大多数阿拉伯共和制国家混合运用这些机制和策略，显示出文官政府地位的提高，以及军队在政治事务中依旧具有重要地位。

　　阿拉伯共和制国家的军政关系表现出明显的复杂性和多样性，无论是其种类还是其演变。就种类来讲，根据军队与政府在政府职位、军队团体事务、安全政策制定和经济社会事务中的存在和权限分配的差异，这些国家的军政关系可以区分为军队统治、军队仲裁、军队监管、威权主义文官控制、民主（文官）控制几种模式。

① Daniel N. Nelson, "Definition, Diagnosis, Therapy: A Civil – military Critique," *Defense & Security Analysis*, Vol. 18, No. 2, 2002, p. 158.
② Daniel N. Nelson, "Definition, Diagnosis, Therapy: A Civil – military Critique," *Defense & Security Analysis*, Vol. 18, No. 2, 2002, p. 158.

就军政关系的演变来讲，有两点需要强调。第一，整体来讲，阿拉伯共和制国家的军政关系都在向政府优先的方向发展。从 1936 年伊拉克爆发阿拉伯世界现代史上的第一次军人政变算起，一直到 20 世纪 70 年代，阿拉伯国家军人政变频率之高、范围之广、影响之大令人震惊。20 世纪 80 年代之后，军人政治问题似乎不再存在了，这集中表现在军队政变的频率和成功率极大降低，以及军人在国家事务中地位的普遍下降。这主要是因为政府通过权力机制、补偿机制和合法性机制，加强了对军队的控制。然而，不同国家军政关系演变方式，以及军政关系的发展阶段差异较大。在埃及，战争、全球自由主义经济和政权更迭影响着军政关系的演变，时至今日，军队作用依旧显著。在伊拉克，政权更迭、教派关系和外部干预影响着军政关系的变化，当前，军政关系在形式上实现了民主政府对军队的控制。在也门，政权更迭、内战、部落政治影响着军政关系，当前，也门国家军队作用有限，国家呈现多重武装力量崛起的态势。在黎巴嫩，教派政治、内战和外部干预影响军政关系，文官政府一直控制军队。

第二，军政关系中的政府优先特征，并不意味着政府控制军队的实现，更不意味着军队战斗力的提升。阿拉伯共和制国家实现政府对于军队的优势，并不是基于完全的制度控制，而往往是借用非制度化的物质收买、安全制衡和教派招募等方式实现的。这意味着，军队的行为并不那么容易预测，而需要具体分析军队与政府的关系。阿拉伯剧变中，埃及、也门、利比亚等国的军队并未忠诚于政权，这表明，政府优先并不意味着军队听从政府的指令，也不能确保军队对于政府保持忠诚。一方面，政府对于军队的不信任，以及普遍采取的防政变措施引起了一些军官的不满，因此当政权面临大规模民众抗议的时候，军队转而选择背叛政权，确保军队的团体利益。另一方面，政府采取的防政变措施往往是以牺牲军队战斗力为代价的，政府努力维持军队脆弱，以确保军队无力对政权构成威胁，这也导致军队在阿拉伯剧变中往往无力镇压暴力，维持秩序。可见，阿拉伯共和制国家仍深陷"军政关系的两难困境"。

第七章

军队在阿拉伯剧变中的行为选择

2010 年底到 2011 年，席卷阿拉伯地区的民众抗议使得一些阿拉伯政权面临系统性的政治危机，其中，共和制国家所受的影响尤甚，而巴林是仅有的面临政权倒台风险的君主制国家。在此"残局场景"（endgame scene）下，政府表现出穷尽解决问题所有手段的意愿。然而，在一些国家，妥协性的政治改革倡议，以及以警察为代表的内政部门的镇压都很难平息大规模的民众抗议，因此，政府不得不动用军队。最终，军队在阿拉伯剧变中扮演着举足轻重的角色，其行为选择对于阿拉伯国家政权存亡具有决定性的影响。军队行动迟缓、部分背叛和与政权决裂，导致突尼斯总统本·阿里、也门总统萨利赫和埃及总统穆巴拉克被迫下台，军队的部分背叛致使利比亚领袖卡扎菲身首异处，军官的整体效忠是叙利亚巴沙尔政权坚挺的重要原因。换言之，对于发生在这些共和制国家的阿拉伯剧变"大戏"来讲，民众抗议铺展了其开篇，而军队行动决定了其终章。因此，考察军队在阿拉伯剧变中的行为选择就成为一个特别有意义的问题。随之而来的问题就是，这些阿拉伯国家的军队行为选择的方式是什么？军队行为选择的内在机理是什么？因为面临系统性政治危机的阿拉伯国家都是威权主义政权，抗议民众的基本诉求也大体相当，但是军队的回应模式和结果差异很大，其原因何在？

第一节　军队在阿拉伯剧变中的行为选择比较

任何社会中，武装力量与其他政治系统内的行动体、组织、机构之间的互动，对于政权的稳定和生存都具有重要影响。威权政体比民主国家倾向于维持更大规模的强制机构，其中军队往往是最大和最强的强制机构。虽然大多数威权政府的领导依赖警察等内部安全机构用于维持日常秩序，但是军队通常是保障政权安全的最终力量。[1] 然而，强大的军队对于威权政府的领导人来讲是一把双刃剑：一方面，军队是政府解决政治冲突，维持政治稳定的重要工具；另一方面，政府也面临军队的政变风险，军队抛弃政治领导人的情况更是屡见不鲜。

因此，没有军队领导人的承认，任何威权政府都很难维持统治。在反对派进行大规模的政治抗议时，这一点尤其明显。随着阿拉伯剧变的发生，人们很快意识到军队和其他安全力量对于民众抗议的过程和结果所起到的几近决定性的作用。这些国家呈现的现象为学者们提供了一个分析军政关系谜题——军队对政府的忠诚与背叛的重要"实验室"。这里将系统梳理阿拉伯国家的军队在阿拉伯剧变中的行为，并为解释其行为选择奠定基础。

一 突尼斯军队：服从命令，效忠政权

2010 年 12 月 17 日起，西迪布济德省（Sidi Bouzid）小贩布瓦吉吉自焚引发了突尼斯的大规模民众抗议。起初，政府并未动用军队参与镇压抗议活动。事实上，军队总参谋长拉希德·艾马尔（Rachid Ammar）将军在其官方证词中说，他甚至没有意识到各地抗议活动在全国的蔓延。在大规模民众抗议爆发的时候，他正在距离突尼斯首都 202 公里的加贝斯（Gabes）参加军事演习。通常情况下，紧急情况需要取消军事演习，并确保军队处于高度警备状态。[2] 事实上，本·阿里对于依靠军队确保政权安全一直犹豫不决，这是由于害怕军方可能发动政变，因此他甚至并未告知总参谋长发生的从西迪布济德省正在迅速向全国许多城镇蔓延的抗议。

由于警察等内政部门无力平息民众抗议活动，政府才不得不动用军队。突尼斯军队在抗议中首次被部署是在 2011 年 1 月 8 日的卡瑟琳（Kasserine）和塔拉（Tala）市，这两个城市距离突尼斯首都 100 多英里（1 英里相当于

---

[1] Milan W. Svolik, *The Politics of Authoritarian Rule* (Cambridge: Cambridge University Press, 2012), p. 135.

[2] Noureddine Jebnoun, "In the Shadow of Power: Civil - Military Relations and the Tunisian Popular Uprising," *The Journal of North African Studies*, Vol. 19, No. 3, 2014, p. 306.

1.609344 千米）。直到 1 月 11 日（在西迪布济德爆发抗议活动近一个月之后），军队才被部署到突尼斯首都。即使在那时，本·阿里更依赖内政部门——国民警卫队、特种部队和总统保卫团。当军方参与镇压抗议活动时，他们遵守了总统的命令，包括使用致命的暴力手段。根据突尼斯国家真相调查委员会编制的官方报告，军方在人民起义过程中至少杀死了 32 人。[①] 显然，这与大多数研究者凭借直觉得出的判断，即突尼斯军队保护民众的结论大相径庭。

在突尼斯，本·阿里政权的倒台不是因为军队的背叛，而是由于总统安全的负责人，以及下属于内政部门的一些力量背叛了政权。突尼斯的抗议活动持续了将近四周时间之后，首都突尼斯市的局势开始迅速恶化，1 月 14 日的时候，大约 70000 人聚集并在内政部门前进行抗议。当天下午 1：30 左右，内政部长艾哈迈德·弗里亚（Ahmed Friaa）打电话给总统安全负责人塞里亚蒂将军（General Seriati），称"结束了，局势正在失去控制"。早在当天上午晚些时候，有消息称，本·阿里总统已经安排他的妻子特拉贝尔西（Leila Trabelsi）和其他家庭成员离开突尼斯。1 月 14 日下午，塔尔胡尼（Samir Tarhouni）上校领导的国家警察反恐怖主义旅（BATPN）中的一个团试图在机场逮捕总统的 28 名家庭成员，而 BATPN 隶属于内政部。总参谋长艾马尔（Ammar）在听到这些事件后，宣称这是警察和国民警卫队的哗变。这不是一小撮人，而是由约 170 名属于三个内政部精英军团的人员哗变。除了 BATPN 之外，还有快速干预部队（BNIR）和国民警卫队（USGN）的精英特种部队成员。清楚的是，国防部长格里拉（Ridha Grira）命令总参谋长艾马尔将军杀死这些哗变者。换句话说，国防部长给出的不是军队背叛命令，而是命令杀死内政部的背叛者。艾马尔的答复是"他会处理"，然而，他选择谈判而不是使用武力促使总统家庭成员离开。[②]

关于到底为什么本·阿里决定和妻子及其家庭成员一起逃离这个国家，而不是按他最初计划留在突尼斯这一问题，仍有一些不确定性。证据并不表明他是因为"军队背叛"（英语文献中描述的）而这样做的。相反，大多数证据指向了总统安全负责人塞里亚蒂，他所在部门并不下属于国防部。根据

① Alejandro Pachon, "Loyalty and Defection: Misunderstanding Civil – Military Relations in Tunisia During the 'Arab Spring'," *Journal of Strategic Studies*, Vol. 37, No. 4, 2014, p. 515.

② Amy Austin Holmes, Kevin Koehler, "Myths of Military Defection in Egypt and Tunisia," *Mediterranean Politics*, 2018, Forthcoming.

一些人的官方证词，是塞里亚蒂建议本·阿里离开突尼斯，因为他再也不能保证总统及其家庭成员的安全。这可能也是塞里亚蒂成为本·阿里离开后第一个被捕的政府高官的原因。国防部长格里拉命令空军参谋长抓捕在奥依纳（El - Aouina）空军军事基地的塞里亚蒂，当艾马尔问起逮捕的原因时，国防部长回答："塞里亚蒂将军想从黄油销售中获取黄油和金钱。"① 通过分析，有两件事情似乎是清楚的。首先，最重要的"背叛"来自内政部和总统安全负责人办公室，而不是来自国防部和军队。其次，在突尼斯，不同国家机构，尤其是安全部门之间存在许多矛盾和冲突。

二 埃及军队：与政府决裂，主导政治转型

受突尼斯"茉莉花革命"的影响，埃及在 2011 年 1 月 25 日爆发了大规模的民众抗议。在"一·二五运动"中，埃及军方起初并没有表现出明确不支持穆巴拉克政府的姿态，军队反复敦促民众尽快返回家中，恢复正常生产，并表示将确保政权依照宪法程序实现民主转型。面对民众的持续抗议，军方在 2011 年 2 月初表明了不会武力镇压示威民众的立场。这显示出军方的犹豫，既想要说服民众停止要求总统下台的抗议活动，又不愿意采取强力举措镇压民众。② 最终，军方与穆巴拉克政府决裂，并迫使穆巴拉克下台，这主要是维护军队团体利益的理性选择结果。

在埃及，民众抗议虽然时间比突尼斯短，但死亡人数更多。在 18 天的民众抗议过程中，估计有 1046 人在与安全部队的暴力对抗中丧生。在抗议爆发的第一周，军方支持政权，并且协助警察镇压抗议活动。虽然在理论上，国家安全机构（amn al - dawla）、中央安全机构（amnmarkazī）和情报部门（mukhābarāt）负责内部安全，实际上军队也扮演了维护内部安全的角色。根据埃及国防部前部长侯赛因·坦塔维（Field Marshall Tantawi）将军在穆巴拉克审判时所做的证词，可以发现：2011 年 1 月 28 日晚上，穆巴拉克召集军方高层开会，听取他们对待民众抗议的态度。同时，穆巴拉克决定

---

① Amy Austin Holmes, Kevin Koehler, "Myths of Military Defection in Egypt and Tunisia," *Mediterranean Politics*, Forthcoming.

② 朱泉钢、王林聪：《论军队在埃及变局及其政治转型中的作用》，《西亚非洲》2014 年第 3 期，第 91 页。

动用军队协助警察来平息民众抗议，因为警察无力应对不断扩大的抗议活动。[①] 显然，在民众抗议的第一周，埃及军队并未背叛政权，甚至为警察镇压民众抗议提供弹药。

在民众抗议一个星期之后，军方宣布它不会使用武力反对示威者。1月31日，军队发表声明称，"埃及的武装部队承认人民的合法权利……军队没有对人民使用武力，也不会对其使用武力"，这个陈述通常被视为军队背叛政权、支持民众的证据。然而，军队这一声明并不表示军方支持民众抗议，例如，2011年2月2日，军队并未阻止警察在开罗解放广场上射杀一些抗议民众。[②] 事实上，军队的这一表态，更多的是对抗议民众获取对警察优势地位的一种被动承认。

2月3~9日，随着穆巴拉克穷尽所有的平息民众抗议的策略，埃及政治发展的趋势基本明朗。军方认为，罢黜穆巴拉克或许是满足民众诉求的唯一选择。2月10日，武装部队最高委员会召开闭门会议，并发布一号公报，其主要内容是，军队尊重民众的合法要求，敦促穆巴拉克下台。11日，副总统苏莱曼宣布穆巴拉克辞职，并将国家权力移交给武装部队最高委员会。可以说，军方最终选择了迫使穆巴拉克下台，接管国家的方式。

起初，军方支持政权，这是因为穆巴拉克政权基本保障了军队的团体利益，以及高层军官的个人利益。然而，军队并不愿意大规模卷入镇压，一方面，镇压可能导致中下层士兵的背叛，危及军队的组织生存；另一方面，镇压将破坏军队的国内外形象，影响其团体利益。最后，军队对于穆巴拉克时期的某些政策有所不满。在穆巴拉克统治期间，军队与内政部门在一定程度上属于功能性的竞争对手。以2002年为例，内政部门的预算是军队的近3倍，而人数是军队的近4倍。[③] 政府对内政部门的偏向导致军队并不愿全心全意支持总统。然而，更重要的是军队对穆巴拉克之子贾迈勒可能继任总统的担忧。在局势尚不明朗的情况下，军队基本保持一种相对中立的态度。随着民众对于政权的优势不断显现，军方担心自己的团体利益将在未来受到冲

---

① Amy Austin Holmes, "There Are Weeks When Decades Happen: Structure and Strategy in the Egyptian Revolution," *Mobilization: An International Quarterly*, Vol. 17, No. 4, 2012, pp. 391 – 410.

② William C. Taylor, *Military Responses to the Arab Uprisings and the Future of Civil – military Relations in the Middle East* (New York: Palgrave, 2014), p. 124.

③ Hillel Frisch, "The Egyptian Army and Egypt's 'Spring'," *Journal of Strategic Studies*, Vol. 36, No. 2, April 2013, p. 187.

击，即新成立的政府或许会清算军队的团体特权和利益。最终，军队迫使穆巴拉克辞职，并接管政权，主导埃及的政治转型进程，以便更好地维持和保护军队的团体利益。

三 利比亚军队：部分军官背叛，军队水平分裂

2011 年 2 月 15 日，利比亚第二大城市班加西爆发民众抗议，18 日，抗议扩展到整个东部地区，而到月底的时候，利比亚整个国家都陷入了大规模民众抗议。起义开始的时候，政府更倾向于使用革命卫队和警察部门，而不是命令军队来镇压民众抗议。这主要是因为，政府对军队的忠诚度存疑。此外，卡扎菲政权为了维持政权生存，长期有意识地削弱军队作为统一的武装力量，因此并不相信军队有足够的能力可以镇压叛乱，即认为军队在战术方面存在局限。

2 月 19 日起，利比亚的部分军队背叛，军队开始发生大规模的分裂。这始于班加西，首先是法迪勒旅（al – Fadil Brigade）开始分裂，随后加利赫旅（Al – Jarih Brigade）成建制地倒向反对派。这导致了班加西迅速被反对派占据，并鼓励了其他力量对于政权的背叛。例如，利比亚革命指挥委员会的一些创始成员要求卡扎菲将权力移交给军队；内政部长尤尼斯（Abd al – Fattah Yunis）联合东部的八个高级军官，宣布支持反对派。然而，这些背叛主要发生在非精英军团中。① 整体来看，卡扎菲政权的精英军团并未背叛，而是坚决捍卫政权。

值得注意的是，利比亚的大多数士兵选择了逃跑，而不是加入冲突中的任何一方，他们既不忠诚于政权，也不支持反叛力量。利比亚的民众起义从东向西发展，逃兵不断增加。在起义的第一个月，据报道有 8000 名士兵在东部叛逃，到 2011 年 6 月，起义爆发的第四个月，据称利比亚军队规模从战前的 51000 人减少到 10000 ~ 20000 人。士兵逃亡规模很大，不同地区的士兵逃亡状况主要取决于三个变量：军团的驻扎地、个人对冲突和政权的看法，以及军团的凝聚力。② 结果，部署在已经被反对派控制地区的士兵发现

---

① William C. Taylor, *Military Responses to the Arab Uprisings and the Future of Civil – military Relations in the Middle East* (New York: Palgrave, 2014), p. 149.

② Florence Gaub, *Guardians of the Arab States: When Militaries Intervene in Politics, from Iraq to Mauritania* (New York: Oxford University Press, 2017), pp. 110 – 111.

他们逃跑更容易；部署在自己家乡的部队在被要求执行镇压任务时，他们逃跑得往往更快。士兵逃跑首先发生在起义爆发的班加西，并持续在反对派控制的东部发生。在西部的津坦，军官在 3 月才开始大规模逃跑。显然，地理限制条件影响了军队的逃跑决定。

武装部队的忠诚力量主要是第 32 旅（大约有 10000 名士兵），它由卡扎菲的儿子哈米斯（Khamis）指挥，因此也称"哈米斯旅"。该旅的成员几乎全部来自卡扎菲所在的卡达法（Qadhadhfa）部落，他们高度忠诚，装备精良，训练有素，政府的防政变措施几乎从未影响到该旅，因此它是军队内的最主要政权支柱。[①] 由于这个原因，该旅在冲突中被广泛部署和使用：早在 2 月 19 日就被派遣到了班加西，也负责进攻米苏拉塔，并在卡扎菲政权的最后阶段试图保卫首都的黎波里。在的黎波里沦陷之前，他们一直与反叛分子作战。与其他非精英军团不同，第 32 旅士兵具有很高的士气和凝聚力，这导致该军团在持续伤亡情况下仍保持相对较低水平的逃跑率。在战斗中，该旅表现出较强的战斗力，并且展现出保卫政权的强大意愿。随着该旅在战争中不断减员，政府逐渐依靠非政府民兵组织，以及来自撒哈拉以南非洲地区的雇佣军参与战斗。

在利比亚，一些非精英军团成建制地背叛，加入反对派的民族解放军（National Liberation Army）。这些军团追随尤尼斯少将，他是反对派民族解放军的总司令。这些军团是训练有素，有专业技能和组织能力的力量，对于反对派的胜利有巨大贡献。然而，许多民兵并没有成为新武装力量的一部分，但他们往往认为自己比背叛卡扎菲政府的军官对于起义成功贡献更大。2011 年 7 月尤尼斯被暗杀，这表明，背叛政府的军官与民兵力量之间存在显著的矛盾，双方之间的合作极其艰难。

四　叙利亚军队：军官整体忠诚，军队垂直分裂

2011 年 3 月，叙利亚的民众抗议首先出现在南部城市德拉，在霍姆斯、哈马和阿勒颇也发生了零星的抗议。前几个月，政府仅仅动用忠诚的精英军

[①] Hanspeter Mattes, *Challenges to Security Sector Governance in the Middle East: The Libyan Case* (Geneva: Geneva Centre for the Democratic Control of Armed Forces, 2004), pp. 8 - 9.

团——第四师,以及特种部队对民众抗议活动进行严厉镇压。① 随着抗议活动不断扩展,大规模的军队不得不卷入维持秩序的行动中。武装镇压不仅激起了大规模的武装抵抗,而且导致部分士兵背叛并组建自由叙利亚军,这是一个松散的民兵组织网络。2012 年春,政权主动出击,反对派袭击大马士革和阿勒颇,叙利亚滑向内战深渊。反对派武装得到西方国家,以及海湾君主国和土耳其的外部支持,政权丧失了对大量土地的控制。虽然一些专家认为政权可能难以支撑,但巴沙尔政权生存得以维持,这不仅因为俄罗斯、伊朗和黎巴嫩真主党的力挺,而且是叙利亚高级军官整体忠诚,军队结构整体维持的结果。

叙利亚高层军官支持政权比较容易理解,因为占全国 10% 的阿拉维人在军队高层中占据 90%。② 军官不仅是重要的政权精英,而且是政权支柱,他们大多与巴沙尔具有良好的个人关系。军官的职业前景,甚至身家性命都与巴沙尔政权的存亡息息相关。叙利亚军方不像埃及军队那样具备掌控全局的能力,因此政变很难成为理性的选择。毕竟即便军队政变,民众的抗议也很难被迅速平息。巴沙尔上台后,重塑了军队领导结构,以加强对军队的控制,这也是军官不愿政变的重要原因。2002 年他任命新总参谋长图克马尼(Hassan Turkmani)代替阿斯兰(Ali Aslan),并且改组了情报机构。2004年,长期担任国防部长的特拉斯(Mustapha Tlass)辞职。巴沙尔的姐夫谢卡特(Assef Shawkat)成为安全部门的主导性人物,他的弟弟马希尔成为总统卫队总司令。

叙利亚大规模民众抗议爆发的前六个月,没有军队高层背叛政权。随着抗议继续,低层军官开始背叛,包括一些中尉、上尉和少校。然而,军方高层仍然试图支持政权。2012 年 7 月 18 日,一次炸弹袭击造成一些军方高层死亡,包括谢卡特、国防部长拉吉哈(Daoud Rajha)、前总参谋长图克马尼和内政部长沙尔(Mohamed al – Shaar)。此次袭击冲击了政权,但没造成政权高层的瓦解,这显示出政权内部的稳健性。这也意味着,叙利亚的复兴党控制军队的模式相对制度化,可以迅速填补空缺的高层军官职位,并且确保

---

① Philippe Droz – Vincent, "The Syrian Military and the 2011 Uprising," in Holger Albrecht, Aurel Croissant, Fred H. Lawson, eds., *Armies and Insurgencies in the Arab Spring* (Philadelphia: University of Pennsylvania Press, 2016), p. 170.

② Holger Albrecht, Dorothy Ohl, "Exit, Resistance, Loyalty: Military Behavior during Unrest in Authoritarian Regimes," *Perspectives on Politics*, Vol. 14, No. 1, March 2016, p. 47.

军队继续良好运转。叙利亚军官数量有 5 万~6 万名，据估计，背叛的军官最多有 3000 人，不足军官总量的 6% 。并且背叛主要发生在逊尼派军官中，很少有其他教派成员（伊斯马利、德鲁兹和基督徒，更不用说阿拉维派）背叛。[①] 政权使用军官教派化策略起初的目的是防政变，但在应对民众抗议中同样有效。

在民众抗议的前三个月，士兵的背叛也不多，即便一些士兵对政权镇压命令并不接受，并拒绝向示威者开枪。这主要是因为，那个时候，军队的监督和惩罚能力很强，士兵背叛成本很高。但是，2011 年夏末以后，情况发生了变化。随着危机迟迟无法结束，士兵意识到政权的脆弱性和逐渐弱化的惩罚机制，士兵开始逃跑和背叛。2012 年上半年，背叛的士兵数量出现激增。政权阻止背叛所建立的惩罚机制在逐渐失效，这主要有三个原因：政权难以控制大部分的国家领土导致政权惩罚能力下降；土耳其和约旦成立了大量难民营为叙利亚反政府力量提供庇护；叙利亚形成了促进背叛的行动网络。[②] 军团成建制地背叛很困难，因为政府军总是驻扎在他们周围，因此士兵只能选择个人逃跑。

士兵和少量军官背叛政权对于巴沙尔政权影响不大，这主要是因为两点：第一，军队的整体结构尚存，军官层整体忠诚，能够确保减员士兵得以快速补充；第二，政权培养并利用一些亲政府的民兵力量承担战斗功能，因此军队的重要性下降了。2012 年危机转变为武装冲突后，巴沙尔利用那些与自己有家族或教派联系的，值得信赖的，以及共享商业和金融利益的精英组建平行于常规军的武装力量。[③] 例如阿萨德的堂兄、著名商人马克鲁夫（Rami Makhlouf）在 2013 年资助哈桑将军（General Suheil al - Hassan）成立老虎旅（Qwaat al - Nimr），老虎旅是精英部队，装备优于正规军，成员主要是来自第四师和第十一师的阿拉维军官和士兵。

---

① Hicham Bou Nassif, "'Second - Class': The Grievances of Sunni Officers in the Syrian Armed Forces," *Journal of Strategic Studies*, Vol. 38, No. 5, 2015, p. 644.

② Dorothy Ohl, Holger Albrecht, Kevin Koehler, "For Money or Liberty? The Political Economy of Military Desertion and Rebel Recruitment in the Syrian Civil War," November 24, 2015, https://carnegieendowment.org/2015/11/24/for - money - or - liberty - political - economy - of - military - desertion - and - rebel - recruitment - in - syrian - civil - war - pub - 61714.

③ Kheder Khaddour, "Strength in Weakness: The Syrian Army's Accidental Resilience," March 14, 2016, https://carnegie - mec.org/2016/03/14/strength - in - weakness - syrian - army - s - accidental - resilience - pub - 62968.

五 也门军队：部分军官背叛，军队水平分裂

在阿拉伯剧变洪流的冲击下，"也门之春"在 2011 年 1 月 15 日爆发。最初是首都萨那的一群青年人集会抗议，要求解决腐败问题、发展经济和进行政治改革，然后抗议活动迅速扩展到塔伊兹、亚丁等地，也门民众抗议形成燎原之势。1 月底，一些议员呼吁提前举行大选，并要求萨利赫及其家族成员离开政府部门。2 月底，也门较大的两个部落联盟哈希德和巴基勒的谢赫公开支持民众抗议，每周动员 10 万人举行 1~2 次民众抗议。萨利赫并未坐以待毙，而是利用共和国卫队和中央安全力量镇压抗议活动。随着民众抗议不断加剧，军队一些高层精英选择背叛政权。3 月 18 日，安全机构在变革广场上向抗议民众开枪，造成 51 人死亡。以穆森将军为代表的一部分军方人士宣布，军队支持年轻人的革命和要求，军队将履行自己的责任。① 军队的部分背叛，意味着萨利赫政权岌岌可危。

事实上，也门部分军队在民众抗议难以平息的时刻选择背叛并不难理解。这需要解释两个问题：背叛和部分军队背叛。首先看背叛。在任何政权，精英冲突虽然会时常发生，但是演变成日常性的冲突并不多见，而主要表现在隐性的层面。在紧急状态时刻，精英之间的内部矛盾往往会显性地爆发。正如拉赫曼（Richard Lachmann）所言："存在大规模的民众抗议总是会对精英间合作造成冲击，并可能带来严重的精英冲突。"② 事实上，2000年前后以来，萨利赫家族与穆森等桑汉部落的传统军官之间的矛盾不断增加，双方在政治与安全领域的竞争极其激烈，但经济领域的利益分配尚能基本维持，再加上军队选择背叛的高昂成本，穆森等军官起初并未选择直接背叛。然而，随着民众抗议规模越来越大，程度越来越高，尤其是两大部落联盟对萨利赫进行公开反对后，穆森等军官最终选择背叛。

其次看为何是部分军队，而不是所有武装力量选择背叛。由于萨利赫的新父系主义军政关系原则，因此他的家族成员领导的武装力量铁心保护政

---

① Holger Albrecht, "Cain and Abel in the Land of Sheba: Elite Conflict and the Military in Yemen," in Holger Albrecht, Aurel Croissant, Fred H. Lawson, eds. , *Armies and Insurgencies in the Arab Spring* (Philadelphia: University of Pennsylvania Press, 2016), pp. 130 – 131.

② Richard Lachmann, "Agents of Revolution: Elite Conflicts and Mass Mobilization from the Medici to Yeltsin," in John Foran, ed. , *Theorizing Revolutions* (London: Routledge, 1997), p. 73.

权，而背叛的主要是十年间不断被边缘化的军官。随着穆森宣布不再支持萨利赫，一批军官迅速跟随而选择背叛政权，包括东部军区司令阿里·穆森将军、萨那军区司令博卡利、国防部前部长阿里瓦（General Abd'allah Ali Aliwa），以及西北军区的许多指挥官。此外，共和国卫队在扎马尔训练中心的指挥官姆塞纳（General Ali Abad Muthna），以及共和国卫队第26旅指挥官沙贝比（Ali Mohsen Ahmed al - Shabaybi）也早早背叛。[①] 然而，萨利赫家族领导的共和国卫队、中央安全部队、部分步兵团，以及大多数空军旅依然选择支持萨利赫。

穆森等军官选择背叛萨利赫政权之后，竭力避免与萨利赫家族控制的武装力量爆发直接冲突，而是选择推动和平转型，保护抗议者，这事实上有利于抗议民众和部落力量。一方面，背叛军官在萨利赫武装与部落民兵发生冲突时选择中立。5月23日到6月3日，哈希德部落民兵与共和国卫队和中央安全力量展开激战，哈希德部落民兵使用轻武器试图占领政府部门。在此期间，穆森等高层军官选择中立，这事实上减弱了政府军的实力，有利于部落民兵。另一方面，背叛军官为抗议者提供象征性的保护。穆森的军队与抗议民众一道前行，并保护民众与政府进行谈判。6月1日，亲萨利赫的力量攻击哈希德部落联盟领袖萨迪克·艾哈迈尔（Sadiq al - Ahmar）在萨那北部的住宅时，穆森部署了1000名士兵和坦克对其进行保护。此外，他的军队也保护国防部高官和副总统哈迪等重要的反萨利赫人士。[②]

最终，部分军官的背叛导致萨利赫政府无法成功镇压民众抗议。在海湾合作委员会的斡旋下，萨利赫于2011年11月23日宣布辞职。

六　巴林军队：服从命令，效忠政权

在巴林首都麦纳麦，一场明显具有教派性质的起义[③]于2011年2月14日开始。大量的什叶派抗议者聚集在麦纳麦的珍珠广场，骚乱后来蔓延到整

---

① Vincent Durac, "Yemen's Arab Spring: Democratic Opening or Regime Endurance?" *Mediterranean Politics*, Vol. 17, No. 2, July 2012, p. 167.

② Michael Knights, "The Military Role in Yemen's Protests: Civil - Military Relations in the Tribal Republic," *Journal of Strategic Studies*, Vol. 36, No. 2, 2013, pp. 279 - 280.

③ Ala'a Shehabi, Marc Owen Jones, eds., *Bahrain's Uprising: Resistance and Repression in the Gulf* (London: Zed Books, 2015).

个首都和大多数什叶派聚居区。为了应对抗议，王室做了如下回应：给每个巴林家庭发放 2700 美元，但这并没有平息示威者的不满。2 月 17 日，政府改变了妥协性的策略，开始诉诸暴力。安全部门使用橡皮子弹和催泪瓦斯对待示威者，并造成 4 人死亡和多人受伤。政府的暴力行动进一步加剧了民众抗议，而抗议活动也从之前明显的教派属性转变为具有反君主的特征。

抗议活动规模不断扩大，政府最终动用军队应对。参加示威活动的民众数量相当庞大，一度有 10 万多人（巴林一共也就 60 余万人）。3 月 15 日，哈马德国王颁布了第 18 号皇家法令，宣布国家进入紧急状态（即戒严），并命令巴林国防军（BDF）、国民警卫队、内政部（即警察）和国家安全局（NSA）进行镇压。至少有 46 人在冲突中丧生，其中包括一些警察。大约有 3000 人被捕；其中有 700 人在 2011 年底仍然被关在监狱；超过 4000 人由于参与抗议而失去了工作。

由于政权性质以及王室控制军队的方式，巴林军队的行为相对容易理解。巴林国防军与政权有着密不可分的联系，反对派对政治改革的要求违背军方的基本利益，军官支持反对派是不可想象的。理解巴林军队的关键是其教派属性，在这个什叶派人口占比为 60%~80% 的国家，军队是逊尼派精英进行国家统治的工具，负责保护逊尼派统治家族和逊尼派政治和商业精英的利益。[①] 巴林的逊尼派一直害怕什叶派的影响，并且怀疑什叶派一有机会就将夺取权力，因此禁止什叶派从事包括参军在内的敏感性工作。在民众抗议中，巴林的逊尼派军队愿意迅速执行国王发布的镇压什叶派的命令。

巴林的安全机构包括国防军、国民警卫队、内政部的警察和国家安全局。所有这些机构都具有相似的内部安全功能，即在国内突发事件中保卫政权。这种重叠性的安全机构设置虽然能彼此制衡，但也削弱了它们的一致性和协调性。所有四个组织都参与了镇压活动，但只有警察和国家安全局因过度使用武力受到指责。巴林国防军有约 8200 人，是保护政权的最后力量，许多巴林什叶派认为国防军是哈利法王室对抗国内敌人的最后一道防线。巴林的军队待遇良好，军人享受高薪、新式武器，并且训练有素。鉴于更有利可图的职业选择，军队在巴林的声誉相对较低，并对什叶派民众基本关闭。与大多数其他海湾合作委员会成员国一样，巴林采取了如下招聘方式：从国

---

① Luayy Bahry, "The Socioeconomic Foundations of the Shiite Opposition in Bahrain," *Mediterranean Quarterly*, Vol. 11, No. 3, 2000, pp. 129 - 143.

外逊尼派伊斯兰国家——巴基斯坦、约旦、叙利亚、也门、伊拉克（2003年后）等招募高水平的军官和中士，保持军队人员充足，确保军队的逊尼派属性。[1]

　　当哈马德国王 3 月 14 日向海合会发出请求时，冲突具有了地区性质。500 名阿联酋警察，以及 1000 名沙特阿拉伯军人乘坐装甲车，在法赫德大堤（King Fahd Causeway）穿过。沙特领导的海合会积极支持巴林王室，主要有以下原因。首先，沙特与巴林交好的历史传统。哈利法家族信奉逊尼派，在国际事务中一直支持沙特，是沙特家族在海湾地区的重要盟友。长期以来，沙特对巴林的政治和经济影响巨大，沙特作为海合会的"大哥"，不能漠视巴林王室面临的危机。其次，沙特担心巴林的什叶派起义对他们国内的什叶派少数族群的影响。沙特什叶派有 300 万～500 万人，占沙特总人口的 10%～15%，他们居住在石油富余的东部省份，并且对沙特政府不公平的教派政策长期不满。最后，巴林的动荡具有沙特和伊朗之间代理人冲突的色彩。全球的什叶派"盟主"伊朗不仅对巴林的什叶派"兄弟"的命运非常感兴趣，而且伊朗的官员们自 1957 年以来一直认为巴林是伊朗的一个省，同时，伊朗的阿亚图拉在巴林的什叶派人口中具有强大的影响。[2] 因此，沙特绝不允许巴林王室垮台。沙特军队没有与巴林的抗议分子交战，而是驻扎在巴林的南部，阿联酋的警察主要负责保卫重要的战略设施，巴林军队能够集中精力镇压民众抗议。

　　整体来看，在 2010～2011 年的阿拉伯剧变中，阿拉伯国家的军队主要有以下三种行为选择：军队效忠政权（突尼斯、巴林）、部分军队背叛政权（利比亚、叙利亚、也门）、军队与政权决裂（埃及）。

第二节　阿尔及利亚军队在 2018～2019 年民众抗议中的行为选择

　　1962 年赢得独立以来，军队一直在阿尔及利亚政治生活中发挥关键作

---

[1]　Laurence Louër, "Sectarianism and Coup-Proofing Strategies in Bahrain," *Journal of Strategic Studies*, Vol. 36, No. 2, 2013, p. 249.

[2]　Prasanta Kumar Pradhan, *Arab Spring and Sectarian Faultlines in West Asia: Bahrain, Yemen and Syria* (New Delhi, Pentagon Press, 2017), p. 44.

用。这主要源于军队在民族解放战争中的历史作用所带来的合法性，以及军队将这种合法性与国家民族主义的持续结合。[①] 虽然不同时期，基于军队与政府的权限分配差异，军队在政治中的重要程度不一样，但是，整体来看，军队总是主导阿尔及利亚的政治发展进程，这也体现在 2018～2019 年的民众抗议中。

一 军队主导地位的确立

阿尔及利亚民族解放战争期间，军政关系之间的紧张问题就比较突出。整体上，军方处于优势地位，这反映在 1962 年，本·贝拉总统在总参谋部长布迈丁的支持下出任总统。然而，作为政府代表的本·贝拉并不愿成为军方的傀儡，军政关系的矛盾再次凸显，并爆发了 1965 年军事政变。政变后，布迈丁担任总统兼国防部长，阿尔及利亚军队主导的体制得以确立。

1830 年法国占领阿尔及利亚后，阿尔及利亚民众开展了武装反抗殖民统治的斗争，但整个 19 世纪的军事反抗活动并不成功。随后，政治和文化抵抗逐渐成为反殖运动的主流观念和活动。然而，殖民者并不愿自动放弃权力，这导致 20 世纪 20 年代之后，武装抵抗的理念再次在阿尔及利亚兴起，[②] 阿尔及利亚最终于 1954 年进入民族主义运动的新阶段——以武装斗争的方式争取民族独立。

在独立战争期间，虽然民族解放阵线发挥着统领作用，但阿尔及利亚内外存在数个权力中心，它们既合作又斗争。其中，军方还是文官主导解放战争的问题最早在 1956 年的苏迈姆会议（1956 Congress of Soummam）上被公开讨论，并成为之后持续争论的焦点。在 1958 年 9 月阿尔及利亚临时政府成立后不久，努阿拉（Nouara）等少校在 11 月发动了针对临时总统拉姆里（Lamouri Mohamed）的未遂政变，显示出临时政府内部的军政关系紧张。[③] 1960 年 6 月，阿尔及利亚成立了战时部长联席委员会（Interministerial Coun-

① Lahouari Addi, "Army, State and Nation in Algeria," in Koonings, Kees, Kruijt, Dirk, eds., *Political Armies: The Military and Nation Building in the Age of Democracy* (New York: Zed Books, 2002), p. 179.

② Raba Lounici, "The Relation Between the Military and the Political in Contemporary Algerian History," *Contemporary Arab Affairs*, Vol. 4, No. 3, 2011, p. 293.

③ Zidane Zeraoui, "Algeria: Revolution, Army and Political Power," *Language and Intercultural Communication*, Vol. 12, No. 2, 2012, p. 137.

cil of War），并设立总参谋部。这增加了军政双方的冲突，因为作为最高军事领导的总参谋部位于突尼斯，并不在作为最高民事领导的临时政府的实际控制下。事实上，在战争中，拥有暴力专业能力的军队往往具有更强大的主动性，将军们在革命中发挥着更加主导性的作用。[①] 到解放战争后期，阿尔及利亚存在三支实力强劲的竞争性武装力量：总参谋长布迈丁领导的在国外的武装力量、临时政府掌管的武装力量、国内六个军区领导人下辖的武装力量。最终，布迈丁领导的力量凭借最强大的军事实力赢得了政治权力斗争的胜利。1962 年 9 月，本·贝拉总统在布迈丁集团的支持下出任总统，军方代表人物布迈丁担任国防部长。

　　本·贝拉政府时期，政府与军方虽然保持密切的沟通与合作，但是军方不愿服从于政府控制又使军政双方矛盾不断，整体上军方更具优势。这表现在以下方面。第一，国家虽然存在降低军队作用的声音，但军队的政治作用得以在宪法中确立。主要是两股力量反对军队作用：一是民兵领导人出于专业竞争原因批评军队不从事生产，消耗国家资源；二是部分政党领导人出于政治原因呼吁军队回归军营，并接受政治控制。[②] 然而，军方凭借解放战争中的历史合法性，以及布迈丁的政治能力，将自身独特的政治地位写入了宪法。1963 年宪法关于政治领域的核心内容是：总统享有大量权力；作为"先锋党"的民族解放阵线定义国家政治，控制国民议会和政府；军队的核心作用是保卫领土，在政党的框架下参与国家的政治、经济和社会活动。显然，宪法赋予军队显著的地位，但这又与总统和执政党的重要地位存在潜在矛盾。第二，军队在一些关键领域中具有重要地位，并且具有相对政府的优势。国家独立之后，继续革命的观念依旧盛行，军队扮演着"革命看门人"的角色。[③] 政治领域，军人在所有国家部门中都有存在。最显著的是，布迈丁不仅担任国防部长，而且在 1963 年 4 月之后成为国家第一副总统。这一时期的军队预算也显著增加，1963～1965 年，阿尔及利亚国防预算在国内生产总值中的比例从 2.5% 上升到 3.4%。对比同一时期的北非邻国，利比

---

①　慈志刚：《浅析阿尔及利亚的军政体制》，《内蒙古民族大学学报》（社会科学版）2006 年第 3 期，第 20 页。

②　William B. Quandt, *Algerian Military Development: The Professionalization of a Guerrilla Army* (Santa Monica: The Rand Corporation, 1972), pp. 9 - 10.

③　I. William Zartman, "The Algerian Army in Politics," in W. Zartman, ed., *Man, State and Society in the Contemporary Maghrib* (New York: Praeger, 1972), pp. 211 - 212.

亚从 2.4% 下降到 1.9%，摩洛哥从 3.2% 下降到 2.4%，突尼斯从 1.5% 下降到 1.3%。[①] 在军队团体事务中，军方更是表现出明显的优势。1963 年，布迈丁任命了两个自己的嫡系担任军区总司令。1963 年，本·贝拉利用布迈丁出访苏联的机会，任命前民兵领导泽巴里（Tahar Zbiri）担任军队总参谋长。[②] 这表明，总统只有在布迈丁缺席的时候，才能自由任命自己心仪的军队高官。

1964 年执政党大会筹备期间，本·贝拉起用一批知识分子负责起草文件，布迈丁代表的军方基本没有发挥太大作用。面对总统试图降低军队作用的持续举动，布迈丁积极筹划政变。一方面，他并未选择与总统爆发直接冲突，而是在表面上保持与总统的和解姿态，并与一些相对亲总统的军队高官积极谈判，并最终赢得他们的支持。另一方面，布迈丁通过军队现代化改革，在军队内部建立以他为中心的沟通网络，这有利于协调军队的集体行动，并且晋升亲自己的军官，形成支持自己的军官行动网络。1965 年春，布迈丁的政变计划已经成熟。最终，军方利用阿尔及利亚筹办亚非会议的机会，在 1965 年 6 月成功发动军事政变，并迫使本·贝拉流亡。

布迈丁执政之后，军队的作用进一步增加，并形成了军政一体的制度安排，他执政期间是阿尔及利亚军队主导作用最终确立的关键阶段。一方面，军官广泛存在于国家机构中，并成为最终的统治者。政变之后，布迈丁立即组建由 26 名军官组成的革命委员会作为最高权力机构，负责控制政府，这标志着军队在国家权力安排中核心地位的正式确立。1963 年宪法规定的民族解放阵线的诸多权力得以维持，但其性质已经发生了变化，因为其成员转变为大量的军官，该组织成为军队的政治延伸。[③] 此外，国家有 1/3 的部长具有军队背景，并且军官担任关键的外交部长和内政部长等职位。另一方面，布迈丁作为军政体制的核心，最终将军队的政治地位与国家发展结合起来。掌握政权后，布迈丁总统兼任国防部长，这不仅导致总参谋长泽巴里在 1967 年 12 月发动军事政变失败，而且使军队参与国家事务具有了合法性。

---

① SIPRI, "Military Expenditure by Country as Percentage of Gross Domestic Product, 1949 – 2018," 2019, https://www.sipri.org/databases/milex.

② William B. Quandt, *Algerian Military Development: The Professionalization of a Guerrilla Army* (Santa Monica: The Rand Corporation, 1972), p. 11.

③ 慈志刚：《阿尔及利亚的政治稳定结构探析》，《阿拉伯世界研究》2019 年第 2 期，第 23 页。

未遂政变之后，为了防止军队的混乱，布迈丁发起了全面的经济和社会改革，强调军队在民族国家建设中的潜力。通过工业化、土地改革、免费医疗等一系列社会革命措施，布迈丁赢得了高度的民众支持。[①] 由于布迈丁强调军队对其合法性的支持，布迈丁改革的成功在一定程度上提高了军队的地位。这表现在 1976 年宪法第 82 条关于军队的规定中，"军队的永恒任务是保卫国家独立和主权。作为革命工具，军队参与国家发展和建设社会主义"。

二　军队主导地位的维持

1979 年布迈丁去世，之后的阿尔及利亚最高统治者再也不具有他那种克里斯玛型的魅力。阿尔及利亚历史的发展进程表明，军队与政治的关系仍然密切。与布迈丁统治时期相比，军队在日常政治中的作用有所下降，但是在紧急状态下，军队仍然表现出主导性的地位，军队事实上处于史蒂芬·库克所说的"统而不治"的状态。军政双方既合作又竞争，一方面，总统需要依靠具有革命历史传统的军队提高合法性；另一方面，总统又面临着军队那种超越于日常政治之上的"监国角色"的威胁。

第一，在政治领域，军人虽然不再广泛存在于国家政府机构中，但是军方既影响国家日常的政治决策，又总是国家政治的最终决定力量。有研究指出，军方一直是历届总统决策圈的核心成员。以布特弗利卡第一任期为例，他的核心决策圈不过数十人，包括他的弟弟赛义德、内政部长泽鲁尼（Mohamed Yazid Zerhouni）、总统本人，其他几位则是在职和退役军官。[②] 可见，高级军官在日常政治决策中发挥着重要作用。

更重要的是，布迈丁之后的阿尔及利亚总统人选都是由军方敲定的，军队是最终的"造王者"（kingmaker）。军方利用它们独立战争中的历史遗产，以捍卫革命传统和恢复历史合法性的名义，屡次任命国家最高领导人。1979年，布迈丁英年早逝，军方干预了新总统的产生。当时，总统继承人以亚赫亚维（Mohammed Salah Yahyaoui）、布特弗利卡、本贾迪德呼声较高。最

---

① 韩志斌等：《阿拉伯社会主义国家治理的历史考察》，中国社会科学出版社，2019，第 113～181 页。

② Isabelle Werenfels, *Managing Instability in Algeria Elites and Political Change since 1995*（Oxon：Routledge，2007），p. 57.

终，以军队的情报机构——军事安全（Military Security）负责人梅尔巴（Qasdi Merbah）中校为首的一批军官决定任命与军队关系良好的国防部前部长本贾迪德担任总统。① 本贾迪德统治时期，国家经济状况持续恶化，社会经济不平等加剧，伊斯兰主义与世俗主义力量矛盾激化。面对 1991 年底全国议会大选中伊斯兰力量可能获胜的前景，军方在 1992 年 1 月迫使本贾迪德下台，中止选举进程。军方颁布法令宣布国家进入紧急状态，取缔"伊斯兰拯救阵线"，并成立一个由五名成员组成的高级国家委员会（Haut Comite'd'atat 或 HCE），行使国家权力两年。紧急状态期满后，军方在 1994 年任命前退休军官泽鲁阿勒（1993 年担任国防部长）出任总统，直到 1995 年才以大选的方式确立泽鲁阿勒的合宪总统身份。1998 年，泽鲁阿勒突然宣布自己将于 1999 年辞职，军方不得不再次找寻新总统。最终，与军方有历史联系的布特弗利卡当选总统，军队再次决定了阿尔及利亚的最高职位。②

第二，在安全领域，军队传统的外部安全任务下降，但在国内安全中的作用上升。阿尔及利亚的近现代历史上，军队的安全任务主要有两条战线。第一条战线是外部防御。阿尔及利亚军队的最初任务是反抗法国军队，赢得最终的国家独立。之后，军队的最主要外部敌人是摩洛哥，围绕特尼艾萨西南部大部分争议领土归属问题，阿尔及利亚和摩洛哥在 1963 年和 1967 年爆发了两次大规模的武装冲突。1970 年，两国的边界问题基本得到解决。至此，阿尔及利亚军队的外部安全任务显著下降。

另一条战线是内部安全问题。长期以来，国防部下属的情报机构一直在监督国家的内部安全。军队更重要的安全任务是，对于国内大规模抗议活动的镇压。1963 年，在卡比利亚爆发了大规模的反政府民族武装叛乱，政府出动军队进行镇压。布迈丁统治时期，国家整体稳定，并实现了快速发展，因此较少爆发严重的内部安全问题。1979 年本贾迪德执政后，国家推行自由化改革，这虽然有助于解决民众的政治参与问题，但是也造成了严重的政治失稳现象。随着社会紧张局势日益加剧，民众对国家的社会经济状况愈发不满，1988 年 10 月爆发了大规模骚乱，本贾迪德总统命令军队镇压示威

---

① Raba Lounici, "The Relation between the Military and the Political in Contemporary Algerian History," *Contemporary Arab Affairs*, Vol. 4, No. 3, 2011, p. 291.

② Robert Mortimer, "State and Army in Algeria: The 'Bouteflika effect'," *Journal of North African Studies*, Vol. 11, No. 2, 2006, pp. 157 – 158.

者，军队遵从总统命令。在布特弗利卡统治期间，军队的专业化能力虽然有所增强，但无论是 2001 年 4 月至 2002 年卡比利亚的示威活动，还是 2011 年的民众抗议中，军队都遵从总统命令进行了镇压。

1991 年军方中止议会选举的举动引发了伊斯兰主义者的武装抵抗，阿尔及利亚在整个 20 世纪 90 年代陷入了血腥的内战。[①] 军队作为国家世俗体系的捍卫者和安全秩序的维护者，是重要的参战方，并承受着大量的舆论谴责。内战期间，军方的强硬派领导人穆罕默德·拉马里将军取代内扎尔（Nezzar）出任总参谋长。内战造成 10 多万人被杀，包括军人、叛乱分子和平民。军队和警察大量逮捕疑似伊斯兰主义者的同情者，甚至有指控称，军队应对一些村庄的屠杀事件负责。[②] 军方及其支持者称，对待伊斯兰主义者没有别的替代方案。然而，总的来说，内战对军队的声誉造成了损害。

第三，伴随经济自由化进程，军队的经济利益显著上升。20 世纪 80 年代，本贾迪德采取经济自由化改革政策之后，阿尔及利亚经济表现出国家主义和有限市场经济的混杂，军官比其他经济行为体具有明显的优势。军官不仅受益于传统国有经济部门的收入，而且私有部门为军官提供了获取收益的新领域。那些退役和现役军官往往成为私有企业的"教父"，确保那些企业获得经营许可证，并获取通常仍在国家控制下的货物和材料，以此换取高额的收益。[③] 这种自由化的扭曲效应之一便是军队及其盟友获益丰厚。

在阿尔及利亚，腐败极其普遍，军队高层也卷入其中。[④] 布拉希米（1984~1988 年担任阿尔及利亚总理）指出，他在任期间，许多政府项目都有腐败问题，而政治领导人和军队高官是较大的受益者。军队中的腐败问题十分普遍，高层军官的腐败相对隐蔽，他们通常利用民营承包商和低级军官开展经济活动，使他们免于遭受公共谴责。很少有高级军官因为经济腐败而遭受法律制裁，涉及他们案件的卷宗往往丢失，证据遭到篡改，最终导致司

---

① Hugh Roberts, *The Battlefield: Algeria 1988 – 2002* (London: Verso, 2003).

② James McDougall, *A History of Algeria* (Cambridge : Cambridge University Press, 2017), p. 310.

③ Steven Cook, *Ruling But not Governing: The Military and Political Development in Egypt, Algeria, and Turkey* (Baltimore: Johns Hopkins University Press, 2007), p. 45.

④ Lahouari Addi, "Algeria's Tragic Contradictions," *Journal of Democracy*, Vol. 7, No. 3, July 1996, pp. 94 – 107.

法程序无法推进。① 由于缺乏监督，军官往往利用国家资产为自己谋福利，他们主要关注自己的地位和利益，而不是公共福利。阿尔及利亚的大多数军官比较富裕，他们往往在欧洲有银行账户。有研究指出，一些军官的财产可能跟某些撒哈拉以南非洲的国家一年的国民生产总值相当。

三 军队在 2018～2019 年民众抗议中的行为选择

在挺过了 2011 年"阿拉伯剧变"冲击波的影响后，布特弗利卡还是没能熬过民众抗议的"寒冬"，不得不在 2019 年 4 月黯然下台。2018 年 12 月，邻近首都的奥义德爆发民众抗议，反对总统布特弗利卡谋求第五任期，抗议起初局限在阿尔及利亚的北部地区，警察等负责内部安全的力量迅速介入。进入 2019 年 2 月底的时候，政治抗议转化为系统性政治危机，民众抗议扩展到整个国家，据称 2 月 22 日的民众抗议人数高达 80 万人。总统不得不采取措施，包括动用强制力量、替换总理等政府高官、承诺不再寻求连任等方式，试图平息民众抗议。然而，这些都没能满足民众的诉求。

起初，军队总参谋长盖德·萨拉赫（Ahmed Gaid Salah）代表的军方支持总统。在布特弗利卡统治期间，军队一直是权力中心，特别是在总统 2013 年中风之后，军队高层在政治中发挥了巨大的作用。此外，军队享受高额的国防预算，军方高层通过军队参与国家经济活动获益颇丰。② 萨拉赫本人一直是布特弗利卡的忠实拥护者，自 2004 年以来一直担任军队总参谋长，自 2013 年起担任国防部副部长。然而，由于政府迟迟无法平息民众抗议，3 月底，军方的态度开始转变。3 月 26 日，萨拉赫在电视采访中敦促"宪法委员会宣布布特弗利卡不再适合担任总统"。有消息称，在正式表态之前，萨拉赫已经私下规劝过布特弗利卡，让其主动辞职。这表明，军方试图放弃布特弗利卡，通过温和切割与总统的联系保护自身利益。一周之后的 4 月 2 日，布特弗利卡被迫辞职。乍一看，阿尔及利亚军方放弃布特弗利卡的决定令人惊讶。为什么在布特弗利卡政权中具有如此强烈的制度和个人利益的军方最终放弃其领导人？

---

① Djilali Hadjadj, "Algeria: A Future Hijacked by Corruption: Le Soir d'Algerie," *Mediterranean Politics*, Vol. 12, Issue 2, July 2007, p. 270.

② 慈志刚：《阿尔及利亚的政治稳定结构探析》，《阿拉伯世界研究》2019 年第 2 期，第 28 页。

一方面，军方高层担心底层士兵的哗变，造成军队分裂，危及组织利益。相关研究表明，军方高度关注军队的组织生存，预测军队背叛的一个关键因素是士兵与抗议者的身份。如果抗议群体规模不大，并且具有明显的团体性特征，军方镇压的压力就会较小。但是，当抗议者和军队有共同的身份，或者抗议具有全国代表性时，士兵可能不太愿意镇压抗议者。阿尔及利亚实行义务兵役制和志愿兵役制相结合的征兵制度，而近70%的士兵是应征入伍者，需要服役18个月。抗议者多次提醒军方："军队和人民是兄弟，兄弟（jaysh wa sha'ab, khawa, khawa）。"[1] 此外，阿尔及利亚的抗议非常和平，避免了暴力行为。因此，无论军方多么想保卫布特弗利卡，他们都很难确保士兵会向抗议民众开火。况且，阿尔及利亚军方总是将自己视为"中立的政治力量"。[2]

另一方面，军方高层抛弃布特弗利卡，不会损害军方的团体利益。事实上，布特弗利卡已经中风多年，他不过是国家精英都能接受的一个妥协性人物，所以还能长期留在台上。军方迟早要推出新的人物，民众的抗议活动只是加速了这一进程。布特弗利卡政府对于军队的政策是既提防，又示好。通过数次军队清洗，总统在军队中安插了许多自己的亲信。同时，总统确保军队的高昂预算。随着石油价格下跌，近些年阿尔及利亚在卫生、通信和文化上的财政预算连年下跌，但是军队和安全上的预算仍在增加。可见，军队在阿尔及利亚政权中具有重要地位，并不依赖总统生存。历史上，阿尔及利亚军队是独立战争的主导者、国家稳定的保卫者，因此在民众中享有较高声誉。[3] 据此，军方判断，与总统决裂，主导国家政治发展进程，不仅不会损害军队利益，而且将在未来的政治安排中占据一个更加有利的位置。

---

[1] Sharan Grewal, "Why Algeria's Army Abandoned Bouteflika," April 10, 2019, https://www.brookings.edu/blog/order-from-chaos/2019/04/10/why-algerias-army-abandoned-bouteflika/.

[2] "An Algerian Military Purge as a Survival Strategy," Oct. 10, 2018, https://worldview.stratfor.com/article/algerian-military-purge-survival-strategy-for-itself-government.

[3] Raba Lounici, "The Relation Between the Military and the Political in Contemporary Algerian History," *Contemporary Arab Affairs*, Vol. 4, No. 3, 2011, p. 289.

第三节 军队在民众抗议中行为选择的解释

在有关社会运动和民众抗议的研究中，社会运动属性和国家中心的政治机会结构是较受关注的两个要素，而军队的因素长期未被重视。军队对于民众抗议的结果具有重要影响，军人可以威慑或镇压抗议活动，也可以待在军营或逃离军队，还可以直接加入抗议运动或发动政变。通常，系统性政治危机期间，警察代表的内政部门往往无力平息民众抗议。最终，抗议常常迫使国家领导人命令军队镇压抗议活动，而军队的忠诚或不服从几乎会决定政权的最终命运。

针对阿拉伯剧变中军队的具体行动，相关问题可以转化为以下几个问题。（1）军队为何以及如何积极干预政治，特别是在大规模民众抗议反对政府领导人的情况下？（2）军队中的哪些军团或个人仍然忠诚于深陷困境的威权政府，而哪些力量不再忠诚？（3）在大众抗议导致的政权危机期间，什么解释了某些国家的军官和军队忠诚现政权，而在另一些国家中，它们背叛或者是不愿镇压民众抗议？

本书认为，在大规模民众抗议的背景下，军队往往是政权依托的最后力量。因此，当军队被政府召入时，军方需要做出支持政权、背叛政权、保持中立的战略抉择。由于结构性因素的限制功能，以及军队在威权政府中往往享有特权利益，军方往往很少选择中立。事实上，军队可以被视为理性行为体，在危机期间，其决策主要基于自身利益，即避免风险和维护军队团体利益，包括组织生存、物质利益、声誉和专业主义。① 军队往往会评估不同替代性行为方式的成本和收益，然后根据最优化自身利益的原则选择自身行为。

一 "统治者残局"和军队被召入

借用皮昂－柏林（Pion－Berlin）的概念，"统治者残局"可以定义为：

---

① David Pion－Berlin, "Military Relations in Comparative Perspective," in Holger Albrecht, Aurel Croissant, Fred H. Lawson, eds., *Armies and Insurgencies in the Arab Spring* (Philadelphia: University of Pennsylvania Press, 2016), pp. 15 – 17.

大规模的民众抗议（采取有组织的街头示威形式，有数十万名平民或更多人参加）挑战政治领导人的政治生存基础，而统治者试图孤注一掷地通过暴力驱散人群来维持权力。警察和其他内部安全部队要么仍在幕后，要么被召唤，但示威者人数太多而无法应对，政府必须命令军队来制止抗议。[①] 虽然柏林等人将这一概念用于民主国家和威权政府，由于阿拉伯剧变的独特性，这里主要关注对威权国家的分析和论证，即"威权统治者残局"。原则上，任何类型政权的领导人都可能受到大规模民众抗议活动的挑战，然而，一些国家对于部署军队对抗非武装示威者往往有强大的制度和规范障碍。在威权国家，军队的强制能力对于政权生存十分重要。最后，"统治者残局"与其他形式的内部冲突或政治危机，如叛乱、游击战、内战等明显不同，它强调反对政府活动的非暴力性。

因此，"统治者残局"由三个独立的必要且充分要素定义：（1）大规模抗议仍然主要是非暴力的；（2）抗议活动要求政权更迭或统治者下台；（3）非军队安全力量无法平息抗议活动，军队成为确保统治者政治生存的唯一手段。所有"统治者残局"至少包含三个个人或集体行动者，即政府领导人、军队领导人和反对派，但军队领导人的行动对于结果是最重要的。作为统治者政治生存的最终仲裁者，军队领导人在"残局"中具有最重大意义，而政治领导人和抗议者都下降为边缘者。政治统治者和抗议者都有动机去讨好军队，并承诺未来赋予军队利益，即镇压抗议者或支持反对派的话将为军队带来今后的政治和物质好处。然而，政治领导人或抗议者对于他们将可信地履行承诺而能做的事情并不多。因此，军队在居于战略优势的情况下，将主要根据自身利益选择效忠政权、背叛政权或与政权决裂。[②] 因此，需要首先关注军队领导层在"残局"形势下的战略决策。

二　军队组织结构及高级军官的重要性

军队作为一个团体，在大多数时候能够集体行动，这主要依赖三个关键

---

① David Pion‐Berlin, Harold Trinkunas, "Civilian Praetorianism and Military Shirking during Constitutional Crises in Latin America," *Comparative Politics*, Vol. 42, No. 4, 2010, pp. 395–411.

② Aurel Croissant, David Kuehn, Tanja Eschenauer, "The 'Dictator's Endgame': Explaining Military Behavior in Nonviolent Anti‐incumbent Mass Protests," *Democracy and Security*, Vol. 14, No. 2, 2018, p. 177.

要素：军官团、内聚力和指挥结构。[1] 军队的"集体行动者"特征意味着该机构能作为单一行为体回应领导人的命令，而与个人态度无关。因此，当军队被政府召入"残局"的时候，军官团是否接受命令至关重要。值得注意的是，即使高层军官服从，也并不意味着军队的其他力量能被裹挟，从而一致同意领导人的命令和所作所为。但是，军官团的选择对于军队行动总是第一步的。

第一，军队是典型的金字塔结构，具有显著的等级性。作为军队骨架的军官居于顶端，统领士兵。由于领导功能，军官在整体上决定了军队行动，即使他们是少数派。在军队中，军官数量并不多，通常占总人数的 3% ~ 15%，但凭借专业技术和组织结构，军官团特别重要。他们不仅是执行文官命令的中枢，而且是创建军队内聚力、纪律和服从的关键。[2] 如果军官团享有较高程度的团结，那么他们往往能操纵大规模组织来实现自身利益。大多数政变和哗变都是军官领导的，极少的案例是非委任军官和士兵自下而上发动的，这在阿拉伯国家表现得十分明显。在阿拉伯世界，几乎所有的政变或集体不服从的案例，都是军官指挥发动的。军团是否愿意参与，军官的领导和示范效应特别重要。越高级别的军官参与政变或哗变，军队整体追随的可能性就越大。

第二，内聚力是军队集体行动的黏合剂。内聚力是指军队团结的形式，可以被定义为组织成员的联系，用以维持彼此、团队和任务的意愿和承诺。内聚力对于承担危险任务的军队来讲十分重要，强内聚力增加军团的战斗力和生存机会；提升军人的社会地位和声誉；控制高致命性武器使用的可靠性。[3] 因此，军队总是坚信"任务第一，军队永恒"。总的来看，军队的内聚力可以分为水平团结和垂直团结两种形式。军队的水平团结是指在军官团层面维持团结；垂直团结是指在高层军官与低级军官，以及士兵层面维持团结。军队团结需要同时在水平和垂直两个层面维持，否则就可能出现哗变和崩溃。阿拉伯国家的军队团结有不同的程度，这不仅表现在不同军队之间，

---

[1] Florence Gaub, *Guardians of the Arab States： When Militaries Intervene in Politics, from Iraq to Mauritania* （New York：Oxford University Press, 2017）, pp. 11 – 19.

[2] Edward Luttwak, *Coup d'état：A Practical Handbook* （Harmondsworth：Penguin Books, 1968）, p. 72.

[3] Darryl Henderson, *Cohesion：The Human Element in Combat* （Washington D. C.：National Defense University, 1985）, p. 4.

而且反映在同一军队的不同时期。在阿拉伯国家，除了代际、等级、军种差别导致的团结问题之外，具有教派、部落、族群、地域特征的军队所带来的团结问题也十分普遍。

第三，军队集体行动依赖其指挥和控制结构，这与上述的军队结构特征——军官领导和内聚力相联系。没有这些结构，军事行动很难顺利进行。军队的指挥和控制结构可以定义为通过指派合适的军官对特定军队力量进行指挥和控制，从而确保完成特定任务。指挥控制功能通过人事、装备、通信、设施和程序安排来实现，由指挥官进行策划、指挥、协调和控制军队组织及其行动。[①] 即使不同军团散居在大范围的领土上，并且没有直接的通信渠道进行沟通，这一结构也能确保军队实现共同目标。军队指挥控制结构的专业化是一把双刃剑，它虽然有助于军队的战斗力，但是如果政治上不受制衡，就将增加军队干预政治的倾向。换句话说，一个高效力的军队总是以军队对政治的潜在威胁为代价的，如果军队不能受到有效地制衡，政权就将面临军队的威胁。阿拉伯政府经常降低军队的专业化程度，这损害了军队战斗力，但保证了政权生存。

三　军官团的考虑及其影响

对于军官团来讲，直接背叛政权往往意味着可能承担高昂的成本，因此，在阿拉伯剧变中，没有发现军队作为统一的团体进行直接背叛的案例。相反，当军队被召入时，高层军官选择忠诚或者观望，起决定作用的是军队团体利益的获得对于政府的依赖程度。如果军队团体利益高度依赖政权，那么军队往往忠诚政权；如果军队团体利益并不依赖政府，那么军队通常会选择观望。当军队选择效忠后，军队内聚力开始发挥作用，如果军队内聚力强大，那么一些军队（如巴林）很快平息了抗议活动，但也有一些内聚力较弱的军队（也门、利比亚和叙利亚）发生了分裂，国家陷入内战。在那些军队选择观望的国家中，如果军队判断政权可能维持生存，它就会支持政权（这在阿拉伯剧变中没有案例）；当军队判断政权很可能倒台的时候，军方往往选择与政权决裂，甚至接管政权（如埃及）。

[①] Anthony King, "The Word of Command: Communication and Cohesion in the Military," *Armed Forces & Society*, Vol. 32, No. 4, July 2006, p. 508.

（一） 军方的团体利益

既有研究表明，军队团体利益可以归纳为以下几个方面。第一，生存，这包括两个方面：一是高级军官的职业生存，即高级军官层是否仍能在抗议后的国家政治中继续保持其领导地位；二是军队的组织生存，即低级军官和士兵是否会在民众抗议中背叛高层军官，导致军队组织分裂。第二，物质利益，即确保军队预算，获取工资和养老金，保证日常训练、装备采购和维修。预算的减少往往对军队影响力和政治权力造成消极影响，军方对于相对收益的重视往往先于绝对收益。第三，声誉，即军队往往关注自身形象。污名化的形象往往造成军队组织的情感受损，破坏自我认知和信心，导致军团内部的不满。反之，良好的形象将转化为军队的自尊、专业自豪感、组织团结和政治影响。军队获取声誉可以有多种方式：民族独立中的革命英雄，战争中的任务成就，国家紧急状态下的救援活动等。第四，职业主义，追求个人职业进步往往是军官诉求的重要部分。军官往往看重职业生涯，努力避免破坏职业晋升的可能。职业晋升主要涉及军官个人的能力提升、军官工作条件的改善、军官职业生涯的发展等。①

这些利益影响着军队的行为选择，并促使军方抵制或消除面临的威胁环境。物质上，他们想要获取足够的预算，用于人力、装备、训练和养老金，并防止当下和未来的重大利益损失。此外，他们关注自身形象，想让自己与国家和民族的命运捆绑在一起。最后，获得更好的职业前景意味着军方希望维持一种对己有利的体系，这种体系能对他们的行动进行奖励，并使他们免于承担司法责任。在面对总统命令镇压大规模民众抗议时，这些利益的考量对于军队行为选择至关重要，但没有单独的因素能预测军方将采取什么行动。②军队行为取决于在特定情况下，军方将捍卫那些他们认为有价值的资产。在某些情况下，军队生存存在风险，而在其他情况下则不然。军队的物质资源在一些国家充足，而在另一些国家则稀缺。军队声誉以不同的方式获得，职业前景可能受到威胁或保障。厘清军队的这些利益，是理解军队行为

① David Pion - Berlin, ed., *Civil - Military Relations in Latin America: New Analytical Perspectives* (Chapel Hill and London: The University of North Carolina Press, 2001), p. 21.

② David Pion - Berlin, "Military Relations in Comparative Perspective," in Holger Albrecht, Aurel Croissant, Fred H. Lawson, eds., *Armies and Insurgencies in the Arab Spring* (Philadelphia: University of Pennsylvania Press, 2016), pp. 15 - 17.

选择的关键。

（二）军方利益对政权的依赖及其影响

政权用来控制军队的机制影响军队的利益判断，即军队领导人对忠诚或背叛可能获得的预期利益评判。如果控制机制将军队领导人的职位与政权的政治生存紧密联系起来，那么军方别无选择，只能忠诚于统治者。正如一些学者所强调的那样，比起如下战略——通过建立其他国家安全机构，或通过情报机构监督来平衡军队的政治权力，根据族群、宗教或社会阶层等标准选择军官更可能确保军方的忠诚度。因为前者降低军队的重要性，虽然减少军队对政府的威胁，但是将军队领导层与军队隔离开来，破坏军队内部凝聚力，这并不符合军官利益，因此，军队领导更可能改变忠诚或与政权决裂。如果政权采取"归属性选择"的军官控制战略，意味着军官生存依赖政权，则军队更可能保持忠诚。① 可见，缺乏归属选择机制对于军队背叛是必要非充分的条件，但这并不最终决定军队领导人是否选择背叛。

整体来看，"归属性选择"的军队控制战略往往使军方更愿意忠诚于政权，因为这种模式增加了军方的背叛成本。具有族群属性的政权通常采取非包容性的政策，这意味着军方利益的确保依赖政权生存。如果政权发生更迭，军队的利益很可能无法保障。同时，非包容性的政权往往造成受益群体与其他边缘群体之间的敌对，处在不利位置的群体往往遭受政治和经济的不公待遇。在政权招募的族群化军队严厉对待其他社会群体的时候，这些不公平的感受往往加剧。因此，这造成了军队的残暴形象，扩大了军队与社会之间的鸿沟。一旦政权发生更迭，军队很可能要面临被清算的风险，因此，军方往往选择忠诚于政权。

在社会同质程度较高的国家，由于政府难以利用归属性选择控制策略，威权政府往往运用制衡和奖惩措施控制军队。制衡往往意味着政府在尊重军队利益的同时，还会扶植其他安全机构。从军队来看，其他安全机构是自己的利益竞争对手。奖惩往往使军队觉得军方利益获取依赖自身行动，而非政府的恩赐。可见，在"非归属性选择"的军队控制战略的国家中，军队利益往往并不依赖政权。这意味着，这些国家的军队可以选择相对灵活的政

---

① Michael Makara, "Coup - Proofing, Military Defection, and the Arab Spring," *Democracy and Security*, Vol. 9, No. 4, September 2013, p. 341.

策，而不必忠诚于政府。如果军队判断政权能够最终存活，则军队很可能选择支持政权；如果军方认为政权无法继续生存，则军队可能会选择与政权决裂并主导政治进程。

（三）军队的团结特征及其影响

军队的内部团结特征决定军队是否能够作为统一的实体行动。军队团结意味着军队在水平和垂直层面都保持较高的凝聚力，这能确保军队行动更有效力，并更可能成功。同时，军队团结度高也意味着军队在观望后，有能力成功发动政变。

团结度较低的军队相对复杂，但往往会发生分裂。然而，其分裂的特征并不相同。第一，如果军队缺乏水平团结，也就是说，军官高层之间并不具有显著的团结度，那么军队的分裂往往十分剧烈和致命。军官层之间的矛盾包括：不同军官获取的利益多少有差别；不同军官与政府的亲疏远近不一样；不同军官的身份归属有差别。这种差别的产生往往有特殊的历史原因，例如，在也门，萨利赫上台时与艾哈迈尔谢赫和穆森签署了三方协议，赋予他们经济和军事自主性特权，[1] 因此穆森领导的军团——第一装甲师更像是一支忠诚于他的私人军队，这与忠诚于萨利赫的军团存在内在矛盾。当背叛的机会结构出现后，忠诚于萨利赫的军团与穆森领导的非精英军团就发生了分裂。

第二，如果军队缺乏垂直团结，也就是说，军官高层与中下级军官或士兵之间并不具有显著的团结度，那么军队同样会出现分裂。他们之间的矛盾包括：代际和等级差别；他们与政府的亲疏远近不一样；他们的身份归属有差别。这种差别的产生往往源于特殊的历史原因，例如，在叙利亚，老阿萨德上台后积极培育阿拉维军官团，导致阿拉维人在高层军官中占据绝大多数的职位，而大量的普通士兵是逊尼派，军官与士兵之间存在教派矛盾。[2] 当背叛的机会结构出现后，忠诚于巴沙尔政权的军团与普通士兵之间就发生了分裂。

① Michael Knights, "The Military Role in Yemen's Protests: Civil – Military Relations in the Tribal Republic," *Journal of Strategic Studies*, Vol. 36, No. 2, 2013, p. 265.
② Philippe Droz – Vincent, "State of Barbary (Take Two): From the Arab Spring to the Return of Violence in Syria," *Middle East Journal*, Vol. 68, No. 1, 2014, pp. 39 – 41.

四　军队的行为选择及其原因分析

通过借鉴并发展克洛伊桑特、库恩和特林库纳斯的研究,[①] 这里将军队在民众抗议中的行为选择总结为四种方式。(1) 效忠政权:军队接受政权命令,平息大众抗议活动。(2) 背叛政权:军队作为统一的行为体拒绝接受政府命令,或者是驻扎在军营不行动,或者是加入反对者。(3) 与政权决裂:军队试图迫使统治者下台,并暂时攫取国家权力,这种方式经常被西方学者称为"政变",而被军方称为"革命"。(4) 部分背叛:军队中的一部分力量仍忠诚于政权,而另一部分力量则背叛政权。

第一,军队领导层决定效忠政权会发生在两种抗议活动情境下。首先,如果政权主要运用"归属性选择控制战略",那么军队领导者的利益依赖统治者的政治生存。因此,只要归属性选择是控制军队的主要机制,军队就可能选择忠诚。其次,从军队领导的利益开始讨论的话,即使政权不运用"归属性选择控制机制",只要政权可能的替代者不能承诺提供更大的利益,军方领导层就将捍卫现政权,毕竟替代者往往意味着更大的不确定性。如果抗议活动不具有广泛的代表性,那么军方担心新政权对自己进行清算,这两者都将妨碍军队选择背叛。如果军方担心军队因为镇压而可能发生分裂,那么这将阻碍军队忠诚于政权。

第二,倘若政府控制军队的主导性机制不是"归属性选择战略",抗议运动是有代表性的,军队没有被清算的历史负担,军队领导可能会选择背叛政府。只有在这种情况下,军队领导才能期待现政权垮台后自己仍能任职。同时,只有军方判断政权将垮台,军队才会站在抗议民众一方。

第三,军方与政府决裂,只能发生在"归属性选择战略"不是主导的控制机制,并且军队作为一个有凝聚力的实体存在的案例中。但是,军队领导人通常将与政府决裂作为最后的选择,只有军方预期统治者垮台难以避免,以及自己由于历史负担而不能继续留任,或者是军队的利益可能被新政府清算的时候,其才会选择与政府决裂。

[①] Aurel Croissant, David Kuehn, Tanja Eschenauer, "The 'Dictator's Endgame': Explaining Military Behavior in Nonviolent Anti-incumbent Mass Protests," *Democracy and Security*, Vol. 14, No. 2, 2018, p. 177.

第四，在军方受益不平衡的国家，军队领导层之间，或者是军官与士兵之间有可能发生分裂。如果政权有意识地扶植部分军方力量，而疏远其他军队力量，那么在大规模民众抗议爆发的时候，被疏远的那部分力量如果判断政权生存难以为继，就可能会选择背叛，而享受特权地位的军队力量仍会忠诚于政权，从而出现部分军队背叛的情况。

五 军队行为选择的解释

本部分通过考察阿拉伯剧变中，军队行为选择的各种替代性方案的利益得失情况，分析军队行为选择的合理性。

(一) 效忠政权及随后的部分背叛

在巴林和叙利亚、也门、利比亚的案例中，政权都采用"归属性控制军队的策略"，并使军队的利益依赖政权生存。因此，军队一开始往往都忠诚于政权。然而，军队的不同团结程度影响了其后续的行为差别。

1. 效忠政权并平息抗议活动。在巴林的案例中，军方选择了忠诚于政权，这里分析巴林军队的三种可能选择及其利益得失。第一，军队不行动或加入民众抗议。如果军队看着哈利法王朝被推翻，军队就将被新政权彻底清算，不仅直接威胁军官的职业前景，而且他们失去享有的物质利益。显然，这不符合军队利益。第二，军队与政权决裂，主导转型进程。鉴于巴林的教派族群分裂现实，民众未必接受军官代替哈利法政权，政变后的新政权很可能依然面临民众抗议。在如此危急的情况下，与政权决裂反而会进一步削弱统治阶级的整体团结，不利于军方的利益。第三，军队选择忠诚，支持哈利法政权。军官的职业前景将被保障，军队的经济利益将进一步增加。由于巴林军队内部团结程度较高，因此，军队很快成功镇压了民众抗议。

2. 军队部分背叛及水平分裂。在也门、利比亚的案例中，军方发生了明显的水平分裂，与政权具有家族联系的那部分军队仍然忠诚于政权，但部分军官及其领导的军团则选择了背叛。由于与政权有家族联系的军队行为选择的解释可以参照巴林，这里主要解释背叛部分的军人考虑。这里以也门军队为例，分析背叛军官的三种可能选择及其利益评估。第一，忠诚政权。根据 2000 年以来萨利赫的统治策略，如果萨利赫政权得以生存，那么其仍将继续扩展自己家族的利益，被长期削弱的军方将进一步被边缘化，这显然不符合这些军官的利益。第二，与政权决裂，主导转型进程。萨利赫长期的防政变策略，导致萨利赫家族主导的武装力量仍有强大的战斗力，因此长期被边缘化的军队并无把握能成功推翻萨利赫政权。第三，不行动或加入民众。穆森代表的军队高层不满萨利赫长期扩充家族利益的举动，当部落精英动员了大量的抗议民众，穆森等不断被边缘化的军方领导认为背叛的机会窗口已经出现。由于萨利赫家族控制的嫡系武装力量仅有 3 万余人，因此穆森等人并不担心背叛会被萨利赫集团击败。最终，这些军官选择背叛政权，这有利于自身的未来利益。

同样的逻辑适用于利比亚军队，如果被边缘化的军方忠诚于卡扎菲政权，其利益就将被进一步边缘化；如果被边缘化的军方选择接管政权，那显然很难成功，因此也不利于军方的利益。最后，选择背叛最符合被边缘化的军队利益。

3. 军队部分背叛及垂直分裂。在叙利亚，军队发生垂直分裂，即一些逊尼派低级军官和士兵背叛政权，但是军官团整体上保持了高度团结，并支持巴沙尔政权。军官层效忠巴沙尔政府比较容易理解，但是士兵为何会背叛？这里具体分析叙利亚背叛士兵的三种可能选择及其利益评估。第一，效忠政权。根据巴沙尔的统治策略，如果政权得以生存，其就仍将继续扩充阿拉维派的利益，逊尼派士兵将进一步被边缘化，这显然不符合他们的利益。第二，与政权决裂，主导转型进程。由于逊尼派士兵长期被边缘化，他们没有能力发动政变推翻政权，主导政治转型进程。第三，加入民众，背叛政权。2011 年夏季之后，大量逊尼派士兵认为，背叛政权所遭受的惩罚成本已极大降低。一方面，叙利亚及其邻国形成了支持背叛的网络，士兵能够逃脱政府的惩罚。另一方面，由于西方国家和海湾国家支持反政府力量，因此巴沙尔政权岌岌可危，加入反叛力量有较高的获胜概率。最终，大量士兵选择背叛政权，这最符合他们的利益。

值得一提的是，虽然突尼斯军队也选择了忠诚于政权，但是其行为选择应当被视为军方尚未意识到政权进入"残局模式"的案例。军队没有意识到大规模民众抗议活动的爆发，这使他们做出政权生存不存在问题的判断。出于理性主义判断，军方仍选择忠诚于政权，这能够防止军方遭受政府惩罚。

（二）观望及后续的与政权决裂

在埃及、阿尔及利亚和苏丹的案例中，军队与政权联系密切，但军队的利益并不依赖政权，因此，军队并没有完全听命于政府，而是选择观望。一方面，威权政府的常年统治使军方觉得政权有一定的抗风险性，并且威权领导人基本保障了军队的团体利益，这减少了军队直接推翻政权的意愿。另一方面，军队常常将自己视为"国家拯救者"，并且担心底层士兵的背叛，因此也不愿选择镇压民众。随着民众抗议长期无法被平息，军方选择与政权决裂，主导政治转型进程，确保军队团体利益。

埃及军队的三种可能选择及其利益评估。第一，军队背叛政权。军队看着穆巴拉克政权倒台，军队的经济等特权利益可能被清算。显然，这不符合军队利益。第二，军队效忠政权。军队的经济利益很可能进一步增加，但是军队将面临巨大的国际压力。更重要的是，军官层面临下层士兵背叛的风险，这不仅会导致军队组织崩溃，而且会造成军方高层被士兵攻击的问题。很明显，这不利于军队利益。第三，军队与总统决裂，主导转型进程。埃及军队保持相对统一和有力的组织结构，使其有能力主导政治进程。此外，军队在埃及有较高的社会声誉，因此接管政权不会面临过多的抵制。与总统决裂之后，军队能够主导政治进程，从而确保军方的政治和经济利益。

同样的逻辑适用于阿尔及利亚军队和苏丹军队，如果军方效忠政权，那么军队生存和声誉将面临严重损害；如果军方加入反对力量，那么其经济利益可能会被清算，因此也不利于军方的利益。最后，与总统决裂，主导政治进程最符合军队利益。

阿拉伯剧变中军队的行为选择及其影响因素见表 7-1。

表 7-1　阿拉伯剧变中军队的行为选择及其影响因素

变　量	军方团体利益的政权依赖度	军队内部结构的团结度	行为选择
埃　及	低	强	与政权决裂
阿尔及利亚	低	强	与政权决裂
苏　丹	低	强	与政权决裂
突尼斯	低（无利益）	强	效忠政权
巴　林	高	强	效忠政权
也　门	不均衡	弱	部分背叛（水平）
利比亚	不均衡	弱	部分背叛（水平）
叙利亚	不平衡	弱	部分背叛（垂直）

六　军队行为选择的影响

事实上，军队的行为选择不仅影响政权存亡，而且影响整个国家的政治发展进程，这对于理解当前阿拉伯国家的政治局势具有重要意义。

（一）军队主导转型进程

埃及、阿尔及利亚和苏丹的案例中，军队形成了独立于政权的团体利益，并有着强大而独特的团体身份。由于他们的团体利益不依赖政权，因此军队不愿意镇压大规模民众抗议，而冒军队组织生存、声誉和未来前景受损的风险。军队在这几个国家凝聚力较强，能作为统一行为体行动，军队最终选择与政权决裂，并控制国家。因此，军方主导这些国家的转型进程。在这些国家，军队的团体利益在民众抗议之后进一步增加，在经济、政治、社会等各个领域中，军队的影响都有明显增强。

以埃及为例，"一·二五运动"之后，尤其是 2013 年军方推翻穆尔西政权之后，埃及军政关系的"天平"明显偏向军方，具体表现在以下几个方面。第一，军方在政府中地位明显上升，国防部前部长塞西将军在 2014 年总统选举中获胜是最显著的表现。此外，政府在 2014 年 10 月宣布萨达尔（Khaled Abdel - Sallam al - Sadr）少将出任埃及众议院的秘书长，负责主持议会的日常事务，他是第一位出任该职位的军人。再者，2013 年 8 月大多前军队高官出任埃及的省市地方长官。第二，军方在军队团体事务中依旧具有决定作用。2014 年宪法规定，武装力量委员会任命国防部长，军事法庭作用增加，军队预算依旧不受议会监督。第三，除了继续在外部安全事务中享有主导地位外，军方在内部安全政策制定中的作用有所增加。塞西通过总统法令，增加军队在国家内部安全中的作用，并且扩展军事法庭的权限。2014 年 10 月 27 日的法令允许军队援助警察保卫公共设施；之前新通过的法令规定军事法庭有权审判那些阻碍道路，攻击公共财产的平民；军队主导打击西奈地区极端主义力量的事务。第四，军队在经济社会中的作用进一步增加。在推翻穆尔西政权后的一年时间里，埃及国防部便从卫生部、交通运输部、住建部和青年部那里获得价值数十亿美元的协议。

（二）军方团结和政权生存

在巴林和叙利亚，现政权能够得以延续，军方的支持是重要原因。这两个国家的军队带有明显的教派族群特征，军方依赖政权提供的工作机会和物质利益。军队忠诚于政权并选择镇压民众抗议活动，巴林军队高度团结，叙利亚军队虽然发生了垂直分裂，但军官层高度团结，因此整体上有利于政权生存。

这里需要着重谈一下叙利亚，由于军方的支持，巴沙尔政权在不被看好的情况下挺了过来。第一，军队表现出极强的韧性。2011 年 3 月，叙军有 12 个师，以复杂的驻地军团（qutaa）的形式存在。每个师都受命保护一块特别基地及其周边，指挥部位于这些地区，提供训练设施，确保补给、弹药和装备。此外，周边的民宿区也都在师团的保卫范围内。在这种体系下，军队在冲突中的防御做得很好。政府虽然丢失了一些领土，但是军队仍然保持统一，并且有力维护了核心区域。① 第二，军队与民兵力量合作保卫政权。由于政府军减员严重，内战中，准军事力量的招募要优于军队招募，因为前者使用地方性的、非正式网络、家族和社区联系。这些准军事力量人员收入也更高，月工资为 3 万叙镑。准军事力量往往离家较近，比政府军更愿意捍卫自己的家园。并且，这样的组织加入和离开都比国家军队容易。然而，民兵存在的缺陷是缺乏战斗经验。因此，军队与民兵共同承担军事任务，弥补了彼此的短板，增强了政府的军事实力。第三，军队得到俄罗斯和伊朗的援助。历史上，苏联和俄罗斯都与叙利亚关系密切，叙利亚是俄罗斯在中东的少数盟友之一。冲突中，俄罗斯支持巴沙尔政权，仅 2012 年，大马士革就从俄罗斯接收了 60 吨弹药。2015 年秋，俄军直接进入叙利亚战场，配合叙利亚政府的军事行动。长期以来，伊朗是叙利亚在中东地区的最重要盟友，伊朗努力确保巴沙尔政权的生存，它支持政府军，同时扶植一些亲政府的叙利亚民兵组织。

（三）军队部分背叛和内战

在也门和利比亚，面对大规模民众抗议，部分军队背叛政权，既减弱了

---

① Kheder Khaddour, "Strength in Weakness: The Syrian Army's Accidental Resilience," March 14, 2016, https://carnegie - mec. org/2016/03/14/strength - in - weakness - syrian - army - s - accidental - resilience - pub - 62968.

军队战斗力，又增强了反政府力量的实力，最终导致政权垮台。由于军队分裂，这两个国家陷入悲惨的内战当中，并且一直延续到现在，和平仍遥遥无期。

以也门为例，也门军队分裂导致多重武装力量崛起，也门形成了四个相互联系但又彼此独立的冲突区。在各个冲突区内，冲突各方彼此战争，这些战争具有不同的对抗者，使用不同的方法，并追求不同的目标。[①]　在北部，亲哈迪政府的力量与胡塞武装激战，并得到沙特的武器和空中支援。在南部，与前南也门共和国具有历史联系的南方运动（Hirak）在阿联酋的支持下，既与哈迪政府一道反对胡塞武装的"入侵"，又与哈迪政府存在冲突。在东部，哈德拉毛省和麦赫拉省是第三个冲突区域。哈德拉毛省自然资源丰富，并深受部落和宗教势力的影响，"基地组织半岛分支"在 2015～2016年控制该省大半年。麦赫拉省是也门受战争冲击最小的地区，部落准自治组织承担安全治理职能。第四个冲突区域是处在前线的塔伊兹和荷台达。在那里，地方民兵与对立的冲突方、激进组织和外国武装结盟并战争。他们主要争夺城市控制权，包括切断供应线、摧毁基础设施。塔伊兹经过数年的围城战，它的居民深受胡塞武装和伊斯兰民兵封锁，以及联军空袭的影响。红海城市荷台达及其省份，在战争一开始就被胡塞武装占领，但其一直受到联军威胁。当前，反胡塞联军仍与胡塞武装紧张对峙。[②]

综观阿拉伯剧变中的军队行为选择，大体上可以分为效忠政权、与政权决裂和部分背叛三种。决定军队行为的是"统治者残局"场景下的军方利益的理性计算，而影响其计算的决定性因素是军方利益对于政权的依赖程度，如果军方利益严重依赖政权，军方选择效忠政权；否则，军方选择观望。此时，军队内部的团结程度因素开始发挥作用。在军方利益依赖政权时，如果军队团结程度高，则在没有外部干扰的情况下，镇压往往能成功；而如果军队面临垂直团结或水平团结问题，则军队往往发生部分背叛（叙利亚的垂直背叛，利比亚、也门的水平背叛）。在军方利益不依赖政权时，这意味着军队具有较强的自主性，如果军队团结程度高，军队就往往与政权

---

① Stacey Philbrick Yadav, "Fragmentation and Localization in Yemen's War: Challenges and Opportunities for Peace," Crown Center for Middle East Studies, Brandeis University, Middle East Brief No. 123, November 2018, p. 5.

② 朱泉钢：《也门多重武装力量的崛起及其治理困境》，《阿拉伯世界研究》2019 年第 4 期，第 47 页。

决裂，主导政治进程，确保团体利益（埃及、阿尔及利亚、苏丹）。

军队行为选择对于国家政治发展进程也产生直接影响。在成功平息民众抗议行动的国家，如巴林，旧政权得以维持。在军队发生分裂的国家，如利比亚、也门和叙利亚，国家深陷内战。在军队与政权决裂的国家，如埃及、阿尔及利亚和苏丹，军队主导国家进行政治转型。

结　论

　　包括阿拉伯国家在内的第三世界国家被卷入现代国际体系之后，就面临一个巨大的"军政关系两难困境"：确保国家安全和政权生存，政府需要建立一支现代化的军队；而具有强制能力的军队一旦建立，就自然对政府构成威胁。大多数阿拉伯国家共和制度的确立，就是对这一困境的经典"注解"——它们大多脱胎于军事政变推翻的封建政权。当共和体制确立之后，政府对于军队的控制并不是理所当然的，阿拉伯共和制国家经历了反复的军事政变（伊拉克）、激烈的军政博弈（埃及）、频繁的政权更迭（也门）之后，才深刻理解这一问题。为了防止军队对政府的威胁，阿拉伯共和制国家采取多种举措，包括在军队之外建立平行性武装力量，如共和国卫队等；允许军队参与武装行为之外的事务，如经济活动；使用非制度化的方式招募和晋升军官，如大量起用与统治者有联系的教派、族群、部落人员等。这些措施虽然有效解决了军队对政府的威胁问题，无疑是历史的进步，但是防政变举措造成了军队战斗力低下的问题，也没有从根本上解决政府控制军队的问题，这体现在阿拉伯剧变中一些军队并未忠诚于政权，以及一些阿拉伯国家深陷血腥内战中。显然，阿拉伯共和制国家军政关系的演变是超越"军政关系两难困境"的体现，并将继续体现这些国家超越"军政关系两难困境"的努力。

一　阿拉伯国家军政关系演变的特征和机理

　　通过对阿拉伯共和制国家军政关系演变的深入分析，我们可以得出这些国家军政关系演变的几个特征。

　　第一，阿拉伯共和制国家军人政权的色彩逐渐淡化，但军队在政治事务中依旧具有重要影响，表现出混合性的特征。阿拉伯共和制国家成立之初，大多属于军人政权。军官在政治生活中处于主导地位，他们广泛占据行政部门职位，主导国家的经济社会现代化进程；军队的团体利益受到保护，国防预算常年居高不下，军队高度影响与其相关的议题；军队在国家的内外安全政策制定和执行中占据重要地位；军队积极卷入国家的经济社会生活，军官出任一些公司领导。进入 20 世纪 70 年代之后，大多数阿拉伯共和制国家的内外威胁逐步减少，经济发展速度加快，政府合法性提升，国家的制度建设能力增强，军官的政治意识降低，因而，政府的文官色彩逐渐增强，集中表现在军官在政府中的数量减少、军官在国家内外安全事务决策中的地位下降。但是，由于地区安全威胁、宗教极端主义、民众抗议问题依旧存在，经济发展需要提高资源最优化利用水平，政府在防范军队的同时，赋予其特殊地位，导致军队参与维护内部秩序，卷入经济社会事务，因而，军队在政治事务中依旧占有重要地位。

第二，阿拉伯共和制国家的军政关系具有双重特征，兼具传统军政关系和现代文官控制军队的特征。大多数阿拉伯共和制国家军队的专业化水平在提高，但在全球范围内依旧处于相对滞后的阶段。亨廷顿试图回答什么样的军政关系模式能够保证一国的外部安全和政权稳定，其核心思想是通过军事专业主义的建设实现现代文官控制。[①] 他认为，现代国家出于应对外部威胁的功能性需要和社会主流力量塑造的社会性需要，应当建立高度专业化的军队和政府机构，即在各自的专业领域中最大限度地扩张能力，实现文官控制军队。因而，军队专业化是军政关系演变的核心动力。与之相关的两个假设是，军队的专业化程度提高有利于文官控制军队；文官控制军队既是最优的军政关系模式，又是各个国家最终应当实现的模式。整体来看，欧美国家早已实现现代文官控制军队，亚洲、拉美和东欧也在第三波民主化浪潮之后整体建立起了文官控制军队的模式。大多数阿拉伯君主制国家的军政关系是传统模式，它们拥有少量的军队，王室成员及贵族力量占据军队要职，其文官和军官并无专业化的区别。此外，这些国家也大量招募雇佣军，显示出传统的军政关系特征。阿拉伯共和制国家的军政关系具有明显的双重性特征，兼具现代和传统的特征，一方面，这些国家的军政关系显示出专业化的特征，文官与军官的分离基本确定。另一方面，军人干政依旧时有发生，而且文官对于军事事务往往过分干预，在军官招募中多用本部落、族群和教派成员，

---

① 李月军：《新文武关系理论：范式替代抑或理论补充》，《军事历史研究》2010 年第 2 期，第 144 页。

仍保留有传统军政关系的痕迹。

第三，阿拉伯共和制国家军政关系的发展具有不确定性。在阿拉伯共和制国家，军队在政治事务中具有重要地位，这些国家的军队可能在政权不能满足自身团体利益和相关期待的情况下，发动军事政变，逆转文官控制的模式。在政治转型中，阿拉伯共和制国家很可能普遍面临政权不稳定、经济增长有限、社会矛盾激增等挑战。军队在特定的客观条件、制度因素和观念因素的驱使下，有可能重新干预政治。一旦文官政府不能有效解决国家的政治参与、经济发展、社会进步等问题，一些具有政治意愿的军官，以及作为国家先进力量代表的军队很可能再次干预政治，或者是用新的文官政府代替旧的政府，或者是国家在一段时间内重回军官统治，或者是倒退到威权主义政府，文官控制军队的模式将发生改变，军队的作用将有所增加。例如，穆巴拉克下台之后，埃及军队在国家政治事务中的权力有明显回升，显示出军政关系发展的不确定性。

总结埃及、伊拉克、也门和黎巴嫩的军政关系演变，我们发现阿拉伯共和制国家军政关系的演变具有一定机理：当演变主体对既有军政关系安排并不满意的时候，他们将试图运用相关物质结构、制度和观念资源变更既有的制度安排，如果他们比维持现状的主体拥有更加充分的资源，那么最终将建立新的军政关系制度。

军政关系中的行为体并不是在历史或社会真空中决定如何对待军政关系的制度安排，显然，他们的行动受到宏观的外部和国内结构，相关制度设计和历史遗产的制约和影响。他们只能在特定的历史条件中做出选择和使用相关策略，历史条件限制了行为体的行动可能，并影响军政关系的发展进程。因此，这些结构为演变主体的战略选择提供资源和限制，并且对战略选择的有效性产生重要影响。① 总体来说，有三组资源支持或限制其行动和战略：客观条件，制度因素和主观因素。

第一，客观条件主要包括一国的政治合法性、社会和经济现代化程度、内部威胁环境和国际政治结构。

文官政府在大众和精英层面合法性越高，军队干预政治的意愿和机会越

---

① David Dessler, "What's at Stake in the Agent－structure Debate?" *International Organization*, Vol. 43, No. 3, Summer 1989, p. 443.

少，文官控制军队相对容易成功。① 强大的民众支持基础可以减轻国家治理中对强制力量的使用，进而降低政治领导人对军队的依赖，增强文官政府的相对权力。政治领导人的社会支持基础越广泛，他们越能在谈判中获取与军队领导人讨价还价的优势地位。② 一国社会和经济发展不佳时，民众不满和内部混乱将加剧，威胁国家的统一和稳定，通常将导致拥有强制能力的军队在政治治理中的作用增加。此时，军队常常有动机和机会干预政治。③ 这将导致文官政府赋予军队特权，防止军队反对政府，但是，这通常影响文官控制军队。

通常，外部威胁有助于文官控制，因为外部威胁增加了军队的外部导向，为文官增强军事事务和国防政策的经验提供机会，并且可以使文官和军官出于应对外部敌人的需要而聚集在一起。的确，在一些案例中，在面对外来威胁时，文官更能控制军队。然而，还有一些案例显示，文官可能害怕过分干预军队，对军队采取强制措施而带来军政冲突，并且降低军队应对外部威胁的能力，因此，政府可能不采取严格控制军队的措施。显然，外部威胁并不必然带来文官控制军队，一方判断另一方如何回应会影响文官控制。在阿拉伯共和制国家，严酷的外部威胁导致文官政府赋予军队特权。

总之，客观条件方面，合法性程度、经济发展状况、内外安全环境都将限制或提供可供文官政府和军方利用的资源。

第二，制度因素是指军队和文官政府各自的内部结构，这里主要关注军政机构各自的内部统一性。

文官在军事事务和国防政策决策中权力越集中，文官群体越统一，越可能获得相对军队的优势，政府相对容易控制军队。与此类似，军官的聚合程度越高，他们对政治领导人越能施加更大的压力。④ 判断军官的聚合度主要观察他们是否围绕一个领导人或领导群体、立场、意识形态，或者是他们在参与特定任务或多重任务中的统一程度。对于聚合度高的军官团体来说，虽然并不需要所有高级军官结成联盟，成为具有影响力的群体，但是那些占据

---

① Muthiah Alagappa, *Coercion and Governance：The Declining Political Role of the Military in Asia* (Stanford：Stanford University Press, 2001), p. 5.

② Gianfranco Poggi, *Forms of Power* (Cambridge：Polity Press, 2001), pp. 30, 53.

③ Samuel E. Finer, *The Man on Horseback：The Role of the Military in Politics* (Colorado：Westview Press, 1962), p. 75.

④ William R. Thompson, "Organizational Cohesion and Military Coup Outcomes," *Comparative Political Studies*, Vol. 9, No. 3, October 1976, pp. 255 – 276.

高级指挥和管理职位的领导人应当相对统一，他们应当基于相关组织机构、意识形态、团体利益，或者其他相关议题形成团结的团体。军队的内部聚合性越低，军方领导人越不能抵制文官的控制，因此，当军队内部有分裂时，文官可以采取更加强硬的措施控制军队。

总之，在制度因素方面，军政机构各自的内部统一性将限制或提供文官政府和军方可供利用的资源。

第三，主观因素塑造了文官和军队对合法行为和可接受行为的理解。观念因素塑造了行为体看待他们角色的方式、他们与其他行为体之间的关系，以及在特定场景中行为体采取合适的政策和实践的范围。观念为文官合理地控制军队，或者是军队证实其政治作用提供资源。观念因素中，最重要的是军队的自我认知和整个社会的政治文化。

军队的自我认知限定军队在军队和政治事务，以及军政关系中行为的界限。军队文化的独特性造就军官特殊的思维方式和价值规范，这往往与文官人员的信念、价值和偏好并不一致。[①] 这些文化差别包括塑造军队关于战斗结构和方法的专业化全球规范；内在于军事官僚的组织偏好；源自历史的独特军队组织文化；军队和文官不同的组织化和专业经验等。如果军官遵从文官控制军队的专业主义价值，文官就更容易控制军队。如果军官具有保卫国家的道德优势，并蔑视文官，他们就更可能采取干预政治的行动。

整个社会的政治文化也对军队和政府的行动提供资源和限制，军队在社会支持度方面的差异主要在于社会对于一国军队合适作用的观念。[②] 如果大多数大众接受军队的道德优势，并对文官不信任，文官就更可能保证军队的特权。例如，由于特殊的历史背景，军队在社会中的尊荣地位，以及军队自身的国家监护者的认知，在广大阿拉伯国家，军队反复干预政治，在社会中具有重要影响，民众也承认军队是政治中有影响的角色。

总之，在观念层面，军队的自我身份认知和整个社会的政治文化将限制或提供文官政府和军方可供利用的资源。

[①] Jeffrey W. Legro, "Military Culture and Inadvertent Escalation in World War Ⅱ," *International Security*, Vol. 18, No. 4, Spring 1994, pp. 108 – 142.

[②] Kees Koonings, Dirk Kruijt, *Political Armies: The Military and Nation Building in the Age of Democracy* (New York: Zed Books, 2002), p. 19.

二 阿拉伯国家军队的地位、作用和影响

(一) 军队在民族国家构建中的作用

现代国际体系是一种以民族国家为最基本行为主体的结构体系。民族国家的构建是一个复杂的过程，整体上包含三个既有区别，但又相互联系和相互重叠的进程。一是中央政府建设，包括加强领土控制，维护边界安全；形成一套具有现代特征的官僚政治体系；垄断国内暴力的合法使用权。[1] 二是治国方略，即政府加强其权力和权威的进程。[2] 三是民族融合，即努力通过共同的民族神话，在国民中塑造共同的身份。[3] 考察阿拉伯共和制国家的军队在民族国家构建中的作用，就是考察军队对这三个进程的影响。

第一，政府建设主要关注民族国家的物质方面，建设任务的完成需要一些条件，包括建立有力的中央机构来提取大量的人力和物资资源，例如文官官僚机构、军队和警察等强力机构；发展出完善的大规模的信息搜集和资源提取技术；建立国家发展所需的基础设施。西欧现代国家的兴起和发展导致国家权力渐进但稳定增长，战争和准备战争对国家结构的形成有独特的作用，而随着国家结构的完善，逐渐加快从封建式的间接统治向集权化的直接统治的转变；但是国家对国内资源的提取不可避免地与掌握有资本力量的集团发生冲突，这个讨价还价的过程中促进了国家的民主化与军队的平民化。[4] 然而，阿拉伯共和制国家的政府建设并无这一历史情境。由于国内政治群体权力有限，军政府可以在不受内部约束的情况下进行资源提取，建立强有力的强制机构以捍卫国家领土安全，垄断对暴力的合法使用，这比起封建社会是一种进步。然而，军官兼具立法、行政等职能，因而其官僚政治体系并无明显的制衡特征，随着时间的推移，这造成行政权力过于强大，立法

---

[1] Lisa Anderson, "The State in the Middle East and North Africa," *Comparative Politics*, Vol. 20, No. 1, October 1987, p. 2; Roger Owen, *State, Power and Politics in the Making of the Modern Middle East* (third edition) (London: Routledge, 2006), p. 9.

[2] Eric Davis, Nicolas Gavrielides, eds., *Statecraft in the Middle East: Oil, Historical Memory, and Popular Culture* (Miami: Florida International University Press, 1991), p. 12.

[3] 〔美〕本尼迪克特·安德森：《想象的共同体：民族主义的起源与散布》，吴叡人译，上海人民出版社，2016，第 6 ~ 7 页。

[4] 〔美〕查尔斯·蒂利：《强制、资本和欧洲国家（公元 990—1992 年）》，魏洪钟译，上海世纪出版集团，2007。

和司法权限相对弱小，不利于国家的长远发展。

第二，治国方略强调了国家建构的观念方面，政府努力塑造自身独立并提高社会地位。政府培养民众的国民身份，并利用暴力机构规训其居民，通过发展并运用成熟的监督技术和理念灌输，将民众塑造为忠诚并遵守法律的公民。在这方面，体现的是政府寻求在控制观念领域的努力。一方面，阿拉伯共和制国家通常都依赖包括军队在内的强制机构规训其民众，加强民众对政府的服从。另一方面，在社会层面消除部落主义的消极影响对于培育民众的国民身份至关重要。一些国家（例如埃及等）试图培育民众的国家主义观念，弱化其部落认同。这集中体现在军队实行广泛招募，而非基于部落和教派的招募，向士兵传播集体身份意识、忠诚和自我牺牲精神，这种模式在一定程度上有利于促进民族国家构建，提高国家的包容性。然而，不少阿拉伯共和制国家（例如伊拉克等）往往愿意接受既有部落保持一部分特权，从而实现部落对政府权威的认同，同时，政治精英往往乐意从与自己亲近的部落群体招募军官，赢得他们的忠诚。显然，这对于民族国家的构建具有消极的影响。

第三，民族融合强调的是将国家的边界和居住于其间的政治共同体（民族）重叠起来。这些努力包括创造或重新解释神话和符号、书写官方历史、传播大众文化、出版官方简报和地图、建立博物馆和纪念堂、进行人口统计。在阿拉伯共和制国家，由于国家成立的外部干预因素，它们往往是多族群、多教派的国家，面临内部的族群和教派分裂，民族融合一直是重大问题。在大多数国家，由于军队是国家统一的象征符号，往往具有超越阶级属性和民族属性的合法性，因而是民族融合的工具之一。在同质性相对较高的国家，政府可以轻松利用军政关系安排加强民族融合。黎巴嫩等一些族群同质性较低国家成功地利用军队增强民众的民族意识，其主要方法是增强士兵的职业军人意识，促进士兵联系和沟通。[①] 然而，如果军队的组成和行动被视为由特定群体主导，或显示特定的团体倾向，军队的合法性就将变得有争议，其在民族融合中的作用将减小，并且可能被弱势群体视为政权压迫的象征，强烈要求变更这种军政关系安排。

毫无疑问，作为强制机构的军队需要保卫国家的外部安全，但其在国内

---

① Ronald R. Krebs, "A School for the Nation? How Military Service Does Not Build Nations, and How It Might," *International Security*, Vol. 28, No. 4, Spring 2004, p. 87.

安全和秩序维护，以及执行政府法令方面也很重要，因为这与政府合法性和能力直接相关。军队的内部作用对于民族国家构建的影响更加巨大，强制的作用能够确保公民的忠诚和服从，同时直接反映政府的民族国家构建和合法性状况，这种影响是积极的还是消极的应当具体分析。整体来看，阿拉伯共和制国家的军队有助于在政府建设层面上加强民族国家构建，因为它对于维护国家领土安全、官僚制度分立、垄断暴力使用权具有重要作用。在公民身份培育中，军队对威权主义政府的长期支持，以及一些国家在军政关系中利用部落等因素，降低了民众对于政权的合法性认同，阻碍了社会的进步。最后，在埃及等民族同质性较高的国家，军队整体上有助于培养民众的民族精神，有利于民族身份的形成和民族意识的培育。但是在部落主义和教派主义严重的国家，军政关系的安排可能恶化甚至分裂国家的民族认同，对民族国家的构建造成消极影响。

（二）军队对政治发展的影响

通常来说，政治发展主要涉及政治制度化、政治稳定和政治参与三个方面的内容。

20世纪40年代中叶以后，阿拉伯国家的军队是推翻封建主义制度的力量，并且是引领国家走向现代化的先驱。军政府致力于融合多元主义社会、变革封建制度、领导现代化建设。他们抵抗外部殖民、挑战封建贵族、提升中下层民众的地位，促进了国家独立和人民平等；发起社会和经济改革，广泛发动土地改革、教育改革和宗教改革，提高民众生活质量和水平；加强民族融合和团结，使民众摆脱传统的部落、家族和地区归属；致力于改变封建时期的落后、腐败局面，培育效率、诚信和民族忠诚的新风气。因而，军队具有明显的进步作用。通过种种努力，政府的制度化程度有所提高，相较于封建社会，政府的专业分工更加明确，既有助于提高效率，又能消除等级社会的人身特权；政治稳定性提高，多数国家结束了君主制时期无休止的党争，内部混乱和失序不复存在；民众地位有所提高，封建贵族地位下降，民众的政治参与度有所提升。

然而，军政府的现代化举措作用有限，由于缺乏政府管理经验，严厉对待反对派，再加上对以色列战争的失败，最终，民众对军政府治理无效性表示不满。20世纪70年代前后，阿拉伯共和制国家大多减少政权对军队的依赖，转型为威权主义政府。军官在政府中的作用减小，军队与政府的职能愈发明确，军队的专业主义水平提高，防御外部威胁成为军队的首要作用。显然，政府的制度化程度进一步提高。同时，军队支持威权主义政府，打击恐怖主义、分裂主义和暴力主义活动，有助于维持政治稳定和促进经济发展。然而，威权主义政府的最大弊端在于民众缺乏必要的政治参与，这些国家大多通过自上而下的一党制动员民众，这种非竞争性、非制衡性、政治输入有限的威权主义模式并不能真正容纳民众的政治参与需要。军队对于集权或专制政府的支持，造成政府的改革动力不足、社会问题不断累积，进而导致社会发展滞后和社会不稳定。

整体来看，军政府建立前期，有助于这些国家政治制度完善、民众地位提高，尤其对于国家的政治稳定具有积极作用。随着时间的推移，军队成为威权主义政府的捍卫者，虽然在短期内，这有助于国家秩序的维护，但是在一定程度上阻碍了民众的政治参与，造成社会潜在不稳定。

（三）军队在中东变局中的作用

在威权主义政权中，阿拉伯共和制国家的军队在政治事务中具有重要影响。军队是总统统治的重要支持力量，高级军官往往是总统决策的重要建议者；军队在国家的内外安全中发挥重大作用，尤其是在警察等内部安全力量无法应对国内混乱时，军队时常应对内部失序状态；军队广泛参与国家的经济事务，形成独特的"经济帝国"。这些特征反映在阿拉伯变局中，并且对阿拉伯政治变局具有重要作用和影响。

第一，军队作为重要的利益集团，加剧了国家的经济社会危机，影响阿拉伯剧变过程。阿拉伯剧变的爆发受到新技术革命、美国的"民主计划"和金融危机等外部因素的影响，但其深层原因在于内部的经济社会问题积弊成习，政治威权主义引起青年人的严重不满。[①] 阿拉伯共和制国家的军队几乎都或多或少地卷入国家经济生活，并且对国家的经济发展造成不良影响。军队的经济活动具有严重的腐败性，军官通常侵吞国家资产；军队卷入诸多经济领域，对于民营企业具有不对称的竞争优势，阻碍了民间私营经济的整体发展；由于军队优先从与自己相关的企业中采购，因而这些企业往往缺乏活力和竞争力，影响整个国民经济的发展；军人在政府的庇护下享有高于社会平均水平的福利，这增加了政府的财政负担；长期以来，政府的国防开支

---

① 李绍先：《当前中东剧变的内生性和阿拉伯性》，《现代国际关系》2011 年第 3 期，第 5 页。

都占据国家预算的重要部分，减弱了政府发展整个国家社会经济的能力。虽然军队卷入经济事务在特定时期有其积极意义，例如有利于国家高效利用资源，建立民族经济体系，降低对外依附水平等，但是，随着时间推移，军队卷入经济事务的弊端愈发严重，这是影响这些国家社会经济危机的重要因素。因而，军队广泛参与经济是阿拉伯剧变的深层原因之一。

第二，军队在阿拉伯国家政权更迭中是具有重要作用的行为体，与这些国家的政权存亡有着直接关系。中下层民众由于对长期的经济不公和政治压迫不满，从 2010 年底开始，发起了要求阿拉伯威权主义领导人下台的民众抗议运动。然而，共和制国家的总统具有不同的命运，军队的行动显著影响威权主义政权的生存。在本·阿里和穆巴拉克政府的倒台中，反对他们的活动既不是由军队发起的，也不是军队充当先锋，但是军队最终无力或不愿支持总统，这是政府倒台的重要原因。在利比亚和也门，如果不是一部分军队支持反对政权的力量，反对卡扎菲和萨利赫的民众抗议活动就不可能成功。相反，叙利亚的巴沙尔政权正是由于军队中精英力量的支持，统治才得以延续。军队对于民众抗议活动的不同回应主要取决于以下两个因素：军队的利益对于政府的依赖程度、军队的内部团结程度。军队的利益依赖政府，往往使军官愿意镇压民众抗议；军队的利益不依赖政府，军官则会选择观望。当高级军官下令进行镇压时，如果军队团结度高，那么军队往往能成功平息民众抗议；如果军队团结度低，那么军队往往发生分裂。而观望的军官会根据政权的生存前景，选择镇压或政变接管政权。可见，在民众抗议阶段，军队对于威权主义政府的生存具有重要作用。

第三，在威权主义政府倒台之后，阿拉伯共和制国家普遍面临政治转型问题，军队在不同国家的转型过程中具有不同作用。政治转型期间，突尼斯的军队延续了其专业主义特征，没有表现出显著的政治倾向。在也门，军队丧失暴力垄断权，形成了多重武装力量崛起的态势，国家深陷内战泥潭。在埃及，军队政治意识浓厚，拥有重要的团体利益，作为埃及国内最强大的政治行为体，致力于主导政治转型进程。军队先是通过最高军事委员会进行统治，在 2012 年总统大选后和穆尔西政府既合作又竞争，又在 2013 年进行干预迫使穆尔西下台，然后进行间接统治。在利比亚，军队在推翻卡扎菲的过程中发生分裂，并且部落武装力量在内战中实力激增，军队不再是合法暴力使用的垄断者。由于卡扎菲时期的军队解体，残存下的政府军实力相对弱小，因而军队无法有效履行维护国家秩序的功能，利比亚安全形势不断恶化。目前来看，利比亚军队的重建成为国家关注的核心问题之一。为了实现国家稳定，利比亚政府必须在外部力量的支持下建立一支负责、有力、包容性的国民军。

三　阿拉伯国家军政关系变化走向和前景

阿拉伯共和制国家的军政关系在 20 世纪 50 年代之后经历了几个阶段：50~60 年代，军队是封建旧政权的主要挑战，并且是国家现代化建设的领导者；70 年代之后，军队变成威权主义政府的保护者，成为政权内部的利益集团；阿拉伯剧变之后，这些国家的军政关系走向如何，值得进一步思考。

剧变之后，阿拉伯共和制国家军政关系尚未完全定型，其发展受到以下一些要素的影响。第一，教俗关系可能对军政关系的发展产生影响。通常来说，作为世俗主义者的军队确实对伊斯兰主义者有着天然的疑虑，然而这并不意味着军队视伊斯兰主义者为现代国家和政治秩序的威胁，关键是伊斯兰主义者谋求权力的方式和对待国家世俗原则的态度。如果伊斯兰主义者过于激进，那么军队可能对其进行打压。第二，国家内外安全形势可能影响军队干政的机会和动机。中东地区面临“基地”组织、伊朗核问题、阿以冲突等威胁，这些国家内部往往遭受分裂主义、恐怖主义等力量的挑战，一旦内外安全形势急剧恶化，军队的作用将可能重新增加。第三，经济发展状况将影响军政关系的走向。大多数阿拉伯共和制国家面临经济结构不平衡，常年高外债、高赤字、高通胀、高失业率，然而，解决经济危机不是一朝一夕之功。一旦民选政府不能有效解决经济社会问题，民众抗议和不满将加剧，一旦国家步入失序状态，由于军队具有偏好秩序的组织文化，其有可能趁机干预政治。

虽然阿拉伯共和制国家军政关系的未来发展受到诸多因素制约，但我们仍能窥测出一些整体的走向。第一，从整体来看，文官控制军队将得以维持。20 世纪 70 年代以来，阿拉伯共和制国家的军队在政治事务中的作用普遍减小，这主要是因为政府的统治基础扩大，制度能力增强，经济持续发展，强制在治理中的重要性减弱。然而，这并不意味着强制在治理中不再重要，仅仅是其作用更加有限，实行更加间接，不是最终手段的首选。政治体系越成熟，强制的作用将越小，军队的作用也将更小。在民主转型过程中，军队试图颠覆民主体系,必然遭到其他政治力量和公民社会力量的反对。随着国家的政治、经济和社会管理更加专业化、复杂化,军队参与的控制和管理越来越难以适应相应的要求。

第二,文官控制军队的能力增强,并不意味着产生唯一模式的军政关系制度。在可预见的将来,阿拉伯共和制国家仍将存在多种文官控制军队的模式。在多族群国家中,如伊拉克、也门、利比亚、叙利亚等国,基于教派和部落的军政关系仍将持续,但其民主特征将凸显。由于伊拉克复兴党政府的垮台以及叙利亚复兴党政权仍处在困境之中,在阿拉伯共和制国家,政党控制军队的模式很可能发生变化。在一些国家中,未来的趋势可能是民主制的文官控制军队,军队将逐渐退出政治领域;在有些国家,军队虽然在形式上退出政治,但仍拥有实际影响力——维持其自主性、控制军队团体议题、参与安全政策制定等。与此同时,文官领导也将逐步控制军队权限。最终,这些国家的军政关系显示出混合的面向。

第三,军队依旧在国家政治事务中具有重要作用,甚至可能会在某些国家逆转文官控制模式。目前,大多数阿拉伯共和制国家的军队在国家政治事务中的作用减小。然而,国家建设和政治体系构建是长期和艰难的进程,很可能出现挫折和反复。由于这些国家依旧面临诸多争议议题,强制在内外治理中仍旧会发挥作用。然而,相较于之前,强制在获取国家权力和实施国家治理过程中的作用将减小。因而,军队在政治事务中的权限将逐渐减少,活动领域也将逐渐缩小。然而,军队在不同国家的作用的下降程度是不一样的。在一些国家,文官控制体系可能相对脆弱。军方将经历有限的军队作用扩张,甚至军政关系的反复。然而,无限制的军队统治几乎是不可能的。短期内军政领导人可能共享权力,最终将过渡到文官控制军队模式。

参考文献

英文著作

Abdul – Jabar, Faleh, Dawod Hosham, eds., *Tribes and Power: Nationalism and Ethnicity in the Middle East* (London: Saqi, 2003).

Alagappa, Muthiah, *Coercion and Governance: The Declining Political Role of the Military in Asia* (Stanford: Stanford University Press, 2001).

Albrecht, Holger, Aurel Croissant, Fred H. Lawson, eds., *Armies and Insurgencies in the Arab Spring* (Philadelphia, Pennsylvania: University of Pennsylvania Press, 2016).

Almadhagi, Ahmed Noman Kassim, *Yemen and the United States: The Study of a Small Power and Super – State Relationship 1962 – 1994* (London: I. B. Tauris, 1996).

Al – Marashi, Ibrahim, Salama, Sammy, *Iraq's Armed Forces: An Analytical History* (New York: Routledge, 2008).

Alterman, Jon B., *Sadat and His Legacy: Egypt and the World, 1977 – 1997* (Washington D. C.: Washington Institute for Near East Policy, 1998).

Ayoob, Mohammod, ed., *Regional Security in the Third World: Case Studies from Southeast Asia and the Middle East* (London: Routledge, 1986).

Ayubi, Nazih N., *Over – Stating the Arab State: Politics and Society in the Middle East* (London: I. B. Tauris, 1995).

Barak, Oren, *The Lebanese Army: A National Institution in a Divided Society* (Albany: State University of New York Press, 2009).

Baram, Amatzia, *Culture, History and Ideology in the Formation of Ba'thist Iraq, 1968 – 89* (London: MacMillan, 1991).

Baram, Amatzia, Rubin Barry, eds., *Iraq's Road to War* (New York:

St. Martins Press, 1994).

Barany, Zoltan, *How Armies Respond to Revolutions and Why* (Princeton: Princeton University Press, 2016).

Botany, Zoltan, *The Challenges of Building a National Army in Yemen* (Washington, D. C. : CSIS, 2016).

Barnett, Michael, *Dialogues in Arab Politics: Negotiations in Regional Order* (New York: Columbia University Press, 1998).

Barrett, Roby C. , *Yemen: A Different Political Paradigm in Context* (MacDill Air Force Base: JSOU Press, 2011).

Beattie, Kirk, *Egypt During the Nasser Years* (Boulder: Westview Press, 1994).

Beattie, Kirk, *Egypt During the Sadat Years* (New York: Palgrave, 2000).

Be'eri, Eliezer, *Army Officers in Arab Politics and Society* (New York: Praeger, 1970).

Beeson, Mark, Bellamy, Alex J. , *Securing Southeast Asia: The Politics of Security Sector Reform* (New York: Routledge, 2007).

Bengio, Ofra, *Saddam's Word: Political Discourse in Iraq* (Oxford: Oxford University Press, 1998).

Binder, Leonard, eds. , *Politics in Lebanon* (New York: John Wiley & Sons, 1966).

Blumi, Isa, *Destroying Yemen : What Chaos in Arabia Tells Us about the World* (Oakland, California: University of California Press, 2018).

Booth, Ken, Wheeler, Nicholas, *The Security Dilemma: Fear, Cooperation and Trust in World Politics* (New York: Palgrave Macmillan, 2008).

Boyne, Walter J. , *The Two O'clock War: The 1973 Yom Kippur Conflict and the Airlift That Saved Israel* (New York: St. Martin Press, 2002).

Brandt, Marieke. , *Tribes and Politics in Yemen: A History of the Houthi Conflict* (London: C. Hurst & Co. , 2017).

Brehony, Noel, *Yemen Divided: The Story of a Failed State in South Arabia* (London: I. B. Tauris, 2011).

Brichs, Ferran Izquierdo, eds. , *Political Regimes in the Arab World: Society and the Exercise of Power* (New York: Routledge, 2013).

Brommelhorster, Jorn, Paes, Wolf – Christian, eds. , *The Military as an E-conomic Actor: Soldiers in Business* (New York: Palgrave Macmillan, 2003).

Brooks, Risa A. , *Political – Military Relations and the Stability of Arab Regimes* (Oxford & New York: Oxford University Press, 1998).

Brooks, Risa A. , *Shaping Strategy: The Civil – military Politics of Strategic Assessment* (Princeton: Princeton University Press, 2008).

Bruneau, Tomas C. , Matei, Florina C. , eds. , *The Routledge Handbook of Civil – Military Relations* (London: Routledge, 2013).

Bryden, Alan, Hänggi Heine, eds. , *Reform and Reconstruction of the Security Sector* (Münster: Lit, 2004).

Burns, Sean, *Revolts and the Military in the Arab Spring: Popular Uprisings and the Politics of Repressions* (London: I. B. Tauris & Co. Ltd. , 2018).

Burrowes, Robert D. , *The Yemen Arab Republic: The Politics of Development, 1962 – 1986* (Boulder, Colorado: Westview, 1987).

Cawthra, G. , Luckham R. , eds. , *Governing Insecurity: Democratic Control of Military and Security Establishments in Transitional Democracies* (New York: Zed Books, 2003).

Chaudhry, Kiren Aziz, *The Price of Wealth: Economies and Institutions in the Middle East* (Ithaca: Cornell University Press, 1997).

Chubin, Shahram, Tripp, Charles, *Iran and Iraq at War* (Boulder: Westview, 1988).

Clark, Victoria, *Yemen: Dancing on the Heads of Snakes* (New Haven: Yale University Press, 2010).

Cleveland, William L. , Bunton, Martin, *A History of the Modern Middle East*, fourth edition (Boulder: Westview Press, 2009).

Collier, Ruth Berins, Collier, David, *Shaping the Political Arena: Critical Junctures, the Labor Movement, and Regime Dynamics in Latin America* (Princeton: Princeton University Press, 1991).

Cook, Steven, *Ruling But Not Governing: The Military and Political Development in Egypt, Algeria, and Turkey* (Baltimore: Johns Hopkins University Press, 2007).

Cook, Steven, *The Struggle for Egypt: From Nasser to Tahrir Square* (Oxford:

Oxford University Press, 2011).

Copeland, Miles, *The Game of Nations: The Amorality of Power Politics* (London: Weidenfeld and Nicolson, 1970).

Cordesman, Anthony H., *Arab – Israeli Military Forces in an Era of Asymmetric Wars* (Westpoint: Praeger Security International, 2006).

Cordesman, Anthony H., *The Military Balance and Arms Sales in Yemen and the Red Sea States* (London: CSIS, 1993).

Cordesman, Anthony, Wagner, Abraham Wagnerand, *The Lessons of Modern War, Volume II: The Iran – Iraq War* (Boulder C. O. : Westview, 1990).

Crocker, Chester A., Hampson Fen Osler, Aall Pamela, eds., *Managing Global Chaos: Sources of and Responses to International Conflict* (Washington D. C. : United States Institute of Peace Press, 1996).

Cronin, Stephanie, *Armies and State – Building in the Modern Middle East: Politics, Nationalism and Military Reform* (London: I. B. Tauris, 2014).

Davis, Eric, Gavrielides Nicolas, eds., *Statecraft in the Middle East: Oil, Historical Memory, and Popular Culture* (Miami : Florida International University Press, 1991).

Dawisha, Adeed, *Arab Nationalism in the Twentieth Century: From Triumph to Despair* (Princeton: Princeton University Press, 2003).

Day, Stephen W., *Regionalism and Rebellion in Yemen* (Cambridge: Cambridge University Press, 2012).

Deeb, Marius, *The Lebanese Civil War* (New York: Praeger, 1980).

Desch, Michael C., *Civilian Control of the Military: The Changing Security Environment* (Baltimore: The Johns Hopkins University Press, 2001).

Dodge, Toby, Simon, Steven, eds., *Iraq at the Crossroads: State and Society in the Shadow of Regime Change* (Oxford: Oxford University Press, 2003).

Dresch, Paul, *A History of Modern Yemen* (Cambridge: Cambridge University Press, 2000).

Droz – Vincent, Philippe, "The Role of the Military in Arab Transition," *IEMed*, 2012.

Edmonds, Martin, *Armed Services and Society* (Leicester: Leicester University Press, 1988).

Farid, Abdel Majid, *Nasser: The First Years* (Reading: Ithaca Press, 1994).

Farouk – Sluglett, Marion, Sluglett, Peter, *Iraq since 1958: From Dictatorship to Revolution* (London and New York: I. B. Tauris, 1987).

Feaver, Peter D. , *Armed Servants: Agency, Oversight, and Civil – Military Relations* (Cambridge: Harvard University Press, 2003).

Finer, Samuel E. , *The Man on Horseback: The Role of the Military in Politics* (Boulder, Colorado: Westview Press, 1962).

Fisher, Sydney, ed. , *The Military in the Middle East: Problems in Society and Government* (Columbus: Ohio State University Press, 1963).

Foran, John, ed. , *Theorizing Revolutions* (London: Routledge, 1997).

Forster, Anthony, *Armed Forces and Society in Europe* (New York: Palgrave Macmillan, 2005).

Frisch, Hillel, *The Palestinian Military: Between Militias and Armies* (New York: Routledge, 2009).

Gaspard, Toufic K. , *A Political Economy of Lebanon, 1948 – 2002: The Limits of Laissez – Faire* (Leiden: Brill, 2004).

Gaub, Florence, *Guardians of the Arab States: When Militaries Intervene in Politics, from Iraq to Mauritania* (New York: Oxford University Press, 2017).

Ghanim, David, *Iraq's Dysfunctional Democracy* (California: Praege, 2011).

Giddens, Anthony, *A Contemporary Critique of Historical Materialism: Power, Property and the State* (London: Macmillan, 1981).

Goodwin, Jeff, *No Other Way out: States and Revolutionary Movements, 1945 – 1991* (Cambridge : Cambridge University Press, 2001).

Haddad, George M. , *Revolutions and Military Rule in the Middle East: The Northern Tier* (New York : R. Speller, 1965).

Hale, William, *Turkish Politics and the Military* (London: Routledge, 1994).

Halliday, Fred, *Revolution and Foreign Policy: The Case of South Yemen, 1967 – 1987* (New York: Cambridge University Press, 2002).

Halpern, Manfred, *The Politics of Social Change in the Middle East and North Africa* (Princeton, New Jersey: Princeton University Press, 1963).

Hänggi, Heiner, ed. , *Reform and Reconstruction of the Security Sector* (Münster: Lit. , 2004).

Heinze, Marie – Christine, ed. , *Addressing Security Sector Reform in Yemen, Challenges and Opportunities for Intervention During and Post – Conflict* (Bonn: CARPO, 2017).

Henderson, Darryl, *Cohesion: The Human Element in Combat* (Washington D. C. : National Defense University, 1985).

Hewedy, Amin, *Militarization and Security in the Middle East: Its Impact on Development and Democracy* (New York: St. Martin's Press, 1989).

Hinnebusch, Raymond A. , *Egyptian Politics under Sadat: The Post – Populist Development of an Authoritarian – modernizing State* (Cambridge: Cambridge University Press, 1985).

Hudson, Michael, *The Precarious Republic* (New York: Random House, 1968).

Huntington, Samuel P. , *The Soldier and the State: The Theory and Politics of Civil – Military Relations* (Cambridge: Belknap Press of Harvard University Press, 1957).

Hurewitz, J. C. , *Middle East politics: The Military Dimension* (New York: Praeger, 1969).

Ingrams, William Harold, *The Yemen: Imams, Rulers and Revolutions* (London: John Murray, 1963).

Ghaleb, Mohamed Anam, *Government Organization as a Barrier to Economic Development* (Bochum: Ruhr University Institute for Development Research and Development Policy, 1979) .

Grawert, lke, Zeinab Abul – Magd, eds. , *Businessmen in Arms: How the Military and Other Armed Groups Profit in the MENA Region* (Lanham, Maryland: Rowman & Littlefield Publishers, 2016).

Janowitz, Morris, *The Professional Soldier: A Social and Political Portrait* (Glencoe, Illinois: Free Press, 1960).

Jensen Carsten, ed. , *Developments in Civil – Military Relations in the Middle East* (Copenhagen: Royal Danish Defence College, 2008).

Kandil, Hazem, *Soldiers, Spies and Statesmen: Egypt's Road to Revolt* (London: Verso, 2012).

Kerr, Malcolm, *The Arab Cold War*, *1958 – 1964*, *A Study of Ideology in Politics* (London: Oxford University Press, 1965).

Khadduri, Majid, *Republican Iraq: A Study in Iraqi Politics since the Revolution of 1958* (London: Oxford University Press, 1969).

Khadduri, Majid, *Socialist Iraq: A Study in Iraqi Politics since 1968* (Washington D. C. : Middle East Institute, 1978).

Khalili, Laleh, Schwedler, Jillian, eds. , *Politics and Prisons in the Middle East: Formations of Coercion* (New York: Columbia University Press, 2010).

King, Gary, Keohane, Robert, Verba, Sidney, *Designing Social Inquiry: Scientific Inference in Qualitative Research* (Princeton: Princeton University Press, 1994).

Koekenbier, Pieter, *A New Model Army? The Reconstruction of the Military in Post – War Lebanon* (Master's Thesis, University of Amsterdam, Amsterdam, 2005).

Koonings, Kees, Kruijt, Dirk, eds. , *Political Armies: The Military and Nation Building in the Age of Democracy* (New York: Zed Books, 2002).

Korany, Bahgat, Dessouki, Ali E. Hillal, eds. , *The Foreign Policies of Arab States: The Challenge of Globalization* (*New Revised Edition*) (New York: Cairo University Press, 2008).

Kostiner, Joseph, Philip Shukry Khoury, eds. , *Tribes and State Formation in the Middle East* (Los Angeles: University of California Press, 1990).

Knudsen, Are John, Tine Gade, eds. , *Civil – Military Relations in Lebanon: Conflict, Cohesion and Confessionalism in a Divided Society* (Cham, Switzerland: Palgrave Macmillan, 2017).

Lackner, Helen, eds. , *Why Yemen Matters: A Society in Transition* (London: Saqi Books, 2014).

Lambeth, Benjamin S. , *Air Operations in Israel's War against Hezbollah: Learning from Lebanon and Getting It Right in Gaza* (Santa Monica, CA: RAND Corporation, 2011).

Makdisi, Samir, Richard Sadaka, *The Lebanese Civil War*, *1975 – 1990* (Beirut: American University, 2003) .

McDermott, Anthony, *Egypt from Nasser to Mubarak: A Flawed Revolution* (London: Croom Helm, 1988).

Mumford, Andrew, *Proxy Warfare* (Cambridge: Polity Press, 2013).

Najem, Tom, *Lebanon: The Politics of a Penetrated Society* (New York: Routledge, 2012).

Nisan, Mordechai, *The Syrian Occupation of Lebanon* (Coalition for Responsible Peace in the Middle East, 2000).

Nordlinger, Eric A., *Soldiers in Politics* (Engelwood Cliffs: Prentice – Hall, 1977).

Norton, Augustus Richard, Hezbollah: A Short History (Princeton: Princeton University Press, 2007).

O' Driscoll, Dylan, *Violent Extremism and Terrorism in Yemen* (Helpdesk Report, 2017).

Oren, Michael, *Six Days of War: June 1967 and the Making of the Modern Middle East* (New York: Oxford University Press, 2002).

Orkaby, Asher, *Beyond the Arab Cold War: The International History of the Yemen civil War, 1962 – 68* (New York : Oxford University Press, 2017).

Owen, Roger, *Essays on the Crisis in Lebanon* (London : Ithaca Press, 1976).

Owen, Roger, *State, Power and Politics in the Making of the Modern Middle East* (third edition) (London: Routledge, 2006) .

Owen, Roger, *The Rise and Fall of Arab Presidents for Life* (Cambridge: Harvard University Press, 2012).

Pelletiere, Stephen C., *The Iran – Iraq War: Chaos in a Vacuum* (New York: Praeger, 1992).

Perlmutter, Amos, *Modern Authoritarianism* (New Haven: Yale University Press, 1981).

Perlmutter, Amos, *Political Roles and Military Rulers* (London ; Totowa N. J. : F. Cass, 1981).

Perlmutter, Amos, *The Military in Politics in Modern Times* (New Haven: Yale University Press, 1977).

Perlmutter, Amos, Bennett, Valerie Plave, eds. , *The Political Influence of the Military* (New Haven: Yale University Press, 1980).

Perthes, Volke, *The Political Economy of Syria under Asad* (London: I. B. Tauris, 1995).

Peterson, J. E. , *Yemen: The Search for a Modern State* (London: Croom Helm Ltd. , 1982).

Phillips, Sarah, *Yemen's Democracy Experiment in Regional Perspective: Patronage and Pluralized Authoritarianism* (New York: Palgrave Macmillan, 2008).

Picard, Elizabeth, *Prospects for Lebanon: The Demobilization of the Lebanese Militias* (Centre for Lebanese Studies, 1999).

Poggi, Gianfranco, *Forms of Power* (Cambridge: Polity Press, 2001).

Pollack, Kenneth M. , *Arabs at War: Military Effectiveness, 1948 – 1991* (Lincoln and London: University of Nebraska Press, 2002).

Qubain, Fahim, *Crisis in Lebanon* (Washington: Middle East Institute, 1961).

Reiter, Dan, *How Wars End* (Princeton: Princeton University Press, 2009).

Riad, Mahmoud, *The Struggle for Peace in the Middle East* (London: Quartet Books, 1981).

Rubin, Barry, Keaney, Thomas, eds. , *Armed Forces in the Middle East: Politics and Strategy* (London: Frank Cass Publishers, 2001).

Rubin, Barry, eds. , *Lebanon: Liberation, Conflict, and Crisis* (New York: Palgrave Macmillan, 2009).

Salamey, Imad, *The Government and Politics of Lebanon* (London and New York: Routledge, 2014).

Salibi, Kamal, *Crossroads to Civil War* (New York: Caravan, 1976).

Sassoon, Joseph, *Saddam Hussein's Ba'th Party: Inside an Authoritarian Regime* (New York: Cambridge University Press, 2012).

Schiff, Rebecca L. , *The Military and Domestic Politics: A Concordance Theory of Civil – Military Relation* (New York: Routledge, 2009).

Shehabi, Ala'a, Marc Owen Jones, eds. , *Bahrain's Uprising: Resistance and Repression in the Gulf* (London: Zed Books, 2015).

Siddiqa, Ayesha, *Military Inc. : Inside Pakistan's Military Economy* (Oxford: Oxford University Press, 2007).

Springborg, Robert, *Mubarak's Egypt*: *Fragmentation of the Political Order* (Boulder, C. O. : Westview Press, 1989).

Stepan, Alfred, ed. , *Authoritarian Brazil*: *Origins*, *Policies and Future* (New Haven: Yale University Press, 1973).

Stepan, Alfred, ed. , *Rethinking Military Politics* (Princeton: Princeton University Press, 1988).

Stookey, Robert W. , *Yemen*: *The Politics of the Yemen Arab Republic* (Boulder: Westview, 1978).

Svolik, Milan W. , *The Politics of Authoritarian Rule* (Cambridge: Cambridge University Press, 2012).

Tachau, Frank, ed. , *Political Parties of the Middle East and North Africa* (Westport: Greenwood Press, 1994).

Tang Shiping, *A General Theory of Institutional Change* (New York: Routledge, 2011).

Taylor, William C. , *Military Responses to the Arab Uprisings and the Future of Civil – military Relations in the Middle East* (New York: Palgrave, 2014).

Telhami, Shibley, Barnett, Michael, eds. , *National Identity and Foreign Policy in the Middle East* (Ithaca: Cornell University Press, 2002).

Tibi, Bassam, *Islam's Predicament with Modernity*: *Religious Reform and Culture Change* (New York: Routledge, 2009).

Traboulsi, Fawwaz, *A History of Modern Lebanon* (London: Pluto Press, 2007).

Tripp, Charles, *A History of Iraq* (Cambridge: Cambridge University Press, 2000).

Vatikiotis, Panayiotis J. , *Nasser and His Generation* (London: Croom Helm, 1978).

Rahmy, Ali Abdel Rahman, *The Egyptian Policy in the Arab World*: *Intervention in Yemen*, *1962 – 1967* (Washington DC: University Press of America, 1983).

Welch, Claude E. , eds. , *Civilian Control of the Military*: *Theory and Cases from Developing Countries* (Albany: State University of New York Press, 1976).

Welch, Claude E. , *Soldiers and State in Africa* (Evanston: Northwestern University Press, 1970).

Willis, John M. , *Unmaking North and South: Cartographies of the Yemeni Past, 1857 – 1934* (New York: Columbia University Press, 2012).

Woods, Kevin et al. , *Saddam's Generals: Perspectives of the Iran – Iraq War* (Alexandria, VA: Institute for Defense Analyses, 2011).

Zaazaa, Nadim, *Structural Limitations to Modernization in Lebanon: The Experience of Chehab and Hariri* (*Master Thesis*) (Lebanese American University, 2010).

Zabarah, Mohammed Ahmad, *Yemen: Traditionalism vs. Modernity* (New York: Praeger, 1982).

Yin, Robert K. , *Case Study Research: Design and Methods: 3rd Edition* (Thousand Oaks: Sage, 2003).

英文论文

Aboultaif, Eduardo W. , "The Lebanese Army: Saviour of the Republic?" *The RUSI Journal*, Vol. 161, No. 1, March 2016.

Albrecht, Holger, "Does Coup – Proofing Work? Political – Military Relations in Authoritarian Regimes amid the Arab Uprisings," *Mediterranean Politics*, Vol. 20, No. 1, January 2015.

Albrecht, Holger, Dina Bishara, "Back on Horseback: The Military and Political Transformation in Egypt," *Middle East Law and Governance*, Vol. 3, Iss. 1 – 2, 2011.

Albrecht, Holger, Dorothy Ohl, "Exit, Resistance, Loyalty: Military Behavior during Unrest in Authoritarian Regimes," *Perspectives on Politics*, Vol. 14, No. 1, March 2016.

Alley, April Longley, "Assessing (In) security after the Arab Spring: The Case of Yemen," *Political Science and Politics*, Vol. 46, No. 4, April 2013.

Al – Marashi, Ibrahim, Salama, Sammy, "The Family, Clan, and Tribal Dynamics of Saddam's Security and Intelligence Network," *International Journal of Intelligence and CounterIntelligence*, Vol. 12, No. 2, 2003.

Allison, Graham T. , "Conceptual Models and the Cuban Missile Crisis," *American Political Science Review*, Vol. 63, No. 3, September 1969.

Anderson, Lisa, "The State in the Middle East and North Africa," *Compar-

ative Politics, Vol. 20, No. 1, October 1987.

Atkine, Norvell De, "Why Arabs Lose Wars," *Middle East Quarterly*, Vol. 6, No. 4, December 1999.

Barak, Oren, "Towards a Representative Military? The Transformation of the Lebanese Officer Corps since 1945," *The Middle East Journal*, Vol. 60, No. 1, Winter 2006.

Barak, Oren, David, Assaf, "The Arab Security Sector: A New Research Agenda for a Neglected Topic," *Armed Forces & Society*, Vol. 36, No. 5, October 2010.

Baram, Amatzia, "Neo – Tribalism in Iraq: Saddam Hussein's Tribal Policies, 1991 – 96," *International Journal of Middle East Studies*, Vol. 29, No. 1, February 1997.

Baram, Amatzia, "The Ruling Political Elite in Bathi Iraq, 1968 – 1986: The Changing Features of a Collective Profile," *International Journal of Middle East Studies*, Vol. 21, No. 4, November 1989.

Battera, Federico, "Perspectives for Change in Tunisia, Egypt and Syria: The Military Factor and Implications of Previous Authoritarian Regimes," *Contemporary Arab Affairs*, Vol. 7, No. 4, October 2014.

Be'eri, Eliezer, "The Waning of the Military Coup in Arab Politics," *Middle East Studies*, Vol. 18, No. 1, January 1982.

Bellin, Eva, "The Robustness of Authoritarianism in the Middle East: Exceptionalism in Comparative Perspective," *Comparative Politics*, Vol. 36, No. 2, January 2004.

Bellin, Eva, "Reconsidering the Robustness of Authoritarianism in the Middle East: Lessons from the Arab Spring," *Comparative Politics*, Vol. 44, No. 2, January 2012.

Brooks, Risa A. , "Making Military Might: Why Do States Fail and Succeed? —A Review Essay," *International Security*, Vol. 28, No. 2, Fall 2003.

Brooks, Risa A. , "Abandoned at the Palace: Why the Tunisian Military Defected from the Ben Ali Regime in January 2011," *Journal of Strategic Studies*, Vol. 36, No. 2, 2013.

Brooks, Risa A. , "Military Defection and the Arab Spring," *Oxford Re-*

search *Encyclopedia of Politics*, 2017.

Bruneau, Tomas C. , Matei, Florina C. , "Towards a New Conceptualization of Democratization and Civil – Military Relations," *Democratization*, Vol. 15, No. 5, December 2008.

Burrowes, Robert D. , "The Famous Forty and Their Companions: North Yemen's First – Generation Modernists and Educational Emigrants," *Middle East Journal*, Vol. 59, No. 1, Winter 2005.

Cigar, Norman, "South Yemen and the USSR: Prospects for the Relationship," *Middle East Journal*, Vol. 39, No. 4, Autumn 1985.

Croissant, Aurel, Kuehn, David, Chambers, Paul W. , Völkel Philip, Wolf, Siegfried O. , "Theorizing Civilian Control in New Democracies: Agency, Structure and Institutional Change," *Zeitschrift für Vergleichende Politikwissenschaft*, Vol. 5, No. 1, 2011.

Croissant, Aurel, Kuehn, David, Chambers, Paul, Wolf, Siegfried O. , "Beyond the Fallacy of Coupism: Conceptualizing Civilian Control of the Military in Emerging Democracies," *Democratization*, Vol. 17, No. 5, October 2010.

Croissant, Aurel, Kuehn, David, Tanja Eschenauer, "The 'Dictator's endgame': Explaining Military Behavior in Nonviolent Anti – incumbent Mass Protests," *Democracy and Security*, Vol. 14, No. 2, 2018.

Dessler, David. , "What's at Stake in the Agent – structure Debate?" *International Organization*, Vol. 43, No. 3, Summer 1989.

Droz – Vincent, Philippe, "State of Barbary (Take Two): From the Arab Spring to the Return of Violence in Syria," *Middle East Journal*, Vol. 68, No. 1, 2014.

Durac, Vincent, "Yemen's Arab Spring: Democratic Opening or Regime Endurance?" *Mediterranean Politics*, Vol. 17, No. 2, July 2012.

El – Battahani, Atta, "The Sudan Armed Forces and Prospects of Change," *CMI Insight*, No. 3, 2016.

Fattah, Khaled, "Political History of Civil – Military Relations in Yemen," *Alternative Politics*, Special Issue 1, November 2010.

Feaver, Peter D. , "The Civil – Military Problematique: Huntington, Janowitz and the Question of Civilian Control," *Armed Forces & Society*, Vol. 23,

No. 2，Winter 1996.

Frazer，Jendayi，"Conceptualizing Civil – military Relations During Demo-cratic Transition," *Africa Today*，Vol. 42，No. 1 – 2，March 1995.

Frisch，Hillel，"Guns and Butter in the Egyptian Army," *Middle East Review of International Affairs*，Vol. 5，No. 2，Summer 2001.

Frisch，Hillel，"The Egyptian Army and Egypt's 'Spring'," *Journal of Strategic Studies*，Vol. 36，No. 2，April 2013.

Gaub，Florence，"Multi – Ethnic Armies in the Afermath of Civil War: Lessons Learned from Lebanon," *Defence Studies*，Vol. 7，No. 1，2007.

Gaub，Florence，"The Libyan Armed Forces between Coup – proofing and Repression," *Journal of Strategic Studies*，Vol. 36，No. 2，2013.

Gaub，Florence，"Like Father like Son: Libyan Civil – Military Relations Before and after 2011," *Mediterranean Politics*，Vol. 24，No. 2，2019.

Gawrych，George W.，"Egyptian Military Defeat of 1967," *Journal of Contemporary History*，Vol. 26，No. 2，April 1991.

Gemayel，Amine，"The Price and the Promise," *Foreign Affairs*，Vol. 63，No. 4，Spring 1985.

Halliday，Fred，"Counter – Revolution in the Yemen," *New Left Review*，No. 63，Sep. – Oct. 1970.

Harb，Imad，"The Egyptian Military in Politics: Disengagement or Accommodation," *Middle East Journal*，Vol. 57，No. 2，Spring 2003.

Harris，Alistair，"The Role of Tribes in the Stabilisation of Yemen," *Maghreb Review*，Vol. 36，No. 3 – 4，November 2011.

Harris，George S.，"Military Coups and Turkish Democracy，1960 – 1980," *Turkish Studies*，Vol. 12，No. 2，June 2011.

Hashim，Ahmed，"Military Power and State Formation in Modern Iraq," *Middle East Policy*，Vol. 10，No. 4，2003.

Hashim，Ahmed，"Saddam Husayn and Civil – Military Relations in Iraq: The Quest for Legitimacy and Power," *Middle East Journal*，Vol. 57，No. 1，Winter 2003.

Hashim，Ahmed，"The Egyptian Military，Part One: From the Ottomans through Sadat"，*Middle East Policy*，Vol. XVIII，No. 3，Fall 2011.

Holmes, Amy Austin, "There Are Weeks When Decades Happen: Structure and Strategy in the Egyptian Revolution," *Mobilization: An International Quarterly*, Vol. 17, No. 4, 2012.

Hunter, Wendy, "Politicians against Soldiers: Contesting the Military in Postauthorization Brazil," *Comparative Politics*, Vol. 27, No. 4, July 1995.

Inbar, Efraim, "Great Power Mediation: The USA and the May 1983 Israeli – Lebanese Agreement," *Journal of Peace Research*, Vol. 18, No. 1, February 1991.

Jebnoun, Noureddine, "In the Shadow of Power: Civil – Military Relations and the Tunisian Popular Uprising," *The Journal of North African Studies*, Vol. 19, No. 3, 2014.

Kamrava, Mehran, "Military Professionalization and Civil – Military Relations in the Middle East," *Political Science Quarterly*, Vol. 115, No. 1, Spring 2000.

Kota, Suechika, "Undemocratic Lebanon: The Power – Sharing Arrangements after the 2005," *Journal of Ritsumeikan Social Sciences and Humanities*, March 2012.

Kechichian, Joseph A., "The Lebanese Army: Capabilities and Challenges in the 1980s," *Conflict Quarterly*, Vol. 5, No. 1, Winter 1985.

Khadduri, Majid, "Coup and Counter – Coup in the Yaman 1948," *International Affairs*, Vol. 28, No. 1, January 1952.

King, Anthony, "The Word of Command: Communication and Cohesion in the Military," *Armed Forces & Society*, Vol. 32, No. 4, July 2006.

Knights, Michael, "The Military Role in Yemen's Protests: Civil – Military Relations in the Tribal Republic," *Journal of Strategic Studies*, Vol. 36, No. 2, 2013.

Knudsen, Are J., "Lebanese Armed Forces: A United Army for a Divided Country?" *CMI Insight*, November 2014.

Kramer, Martin, "Arab Nationalism: Mistaken Identity," *Daedalu*, Summer 1993.

Krebs, Ronald R., "A School for the Nation? How Military Service Does Not Build Nations, and How It Might," *International Security*, Vol. 28, No. 4, Spring 2004.

Kurt, Veysel, "The Role of the Military in Syrian Politics and the 2011 Uprising," *Insight Turkey*, Vol. 18, No. 2, 2016.

Legro, Jeffrey W. , "Military Culture and Inadvertent Escalation in World War Ⅱ ," *International Security*, Vol. 18, No. 4, Spring 1994.

Louër, Laurence, "Sectarianism and Coup – Proofing Strategies in Bahrain," *Journal of Strategic Studies*, Vol. 36, No. 2, 2013.

Lounici, Raba, "The Relation between the Military and the Political in Contemporary Algerian History," *Contemporary Arab Affairs*, Vol. 4, No. 3, 2011.

Luckham Robin, Tom Kirk, "Understanding Security in the Vernacular in Hybrid Political Contexts: A Critical Survey," *Conflict, Security & Development*, Vol. 13, No. 3, 2013.

Lustick, Ian S. , "The Absence of Middle East Great Powers: Political 'Backwardness' in Historical Perspective," *International Organization*, Vol. 51, No. 4, September 1997.

Lutterbeck, Derek, "Arab Uprisings, Armed Forces, and Civil – Military Relations," *Armed Forces & Society*, Vol. 39, No. 1, 2013.

Makara, Michael, "Coup – Proofing, Military Defection, and the Arab Spring," *Democracy and Security*, Vol. 9, No. 4, September 2013.

Makara, Michael, "Rethinking Military Behavior During the Arab Spring," *Defense & Security Analysis*, Vol. 32, No. 3, June 2016.

Mahoney, James, Snyder, Richard, "Rethinking Agency and Structure in the Study of Regime Change," *Studies in Comparative International Development*, Vol. 34, No. 2, Summer 1999.

Nassif, Hicham Bou, "Wedded to Mubarak: The Second Careers and Financial Rewards of Egypt's Military Elite, 1981 – 2011," *Middle East Journal*, Vol. 67, No. 4, Autumn 2013.

Nassif, Hicham Bou, " 'Second – Class': The Grievances of Sunni Officers in the Syrian Armed Forces," *Journal of Strategic Studies*, Vol. 38, No. 5, 2015.

Nepstad, Sharon Erickson, "Mutiny and Nonviolence in the Arab Spring: Exploring Military Defections and Loyalty in Egypt, Bahrain, and Syria," *Journal of Peace Research*, Vol. 50, No. 3, 2013.

Pachon, Alejandro, "Loyalty and Defection: Misunderstanding Civil – Military Relations in Tunisia During the 'Arab Spring'," *Journal of Strategic Studies*,

Vol. 37, No. 4, 2014.

Parasiliti, Andrew T., "The Causes and Timing of Iraq's Wars: A Power Cycle Assessment," *International Political Science Review*, Vol. 24, No. 1, January 2003.

Pion - Berlin David, Harold Trinkunas, "Civilian Praetorianism and Military Shirking during Constitutional Crises in Latin America," *Comparative Politics*, Vol. 42, No. 4, 2010.

Powell, Jonathan, Thyne, Clayton, "Global Instances of Coups from 1950 to 2010 : A New Dataset," *Journal of Peace Research*, Vol. 48, No. 2, March 2011.

Quinlivan, James T., "Coup - proofing: Its Practice and Consequences in the Middle East," *International Security*, Vol. 24, No. 2, Fall 1999.

Roll, Stephan, "Managing Change: How Egypt's Military Leadership Shaped the Transformation," *Mediterranean Politics*, Vol. 21, No. 1, 2016.

Rowayheb, Marwan George, "Lebanese Militias: A New Perspective," *Middle Eastern Studies*, Vol. 42, No. 2, March 2006.

Rugh, William A., "Problems in Yemen, Domestic and Foreign," *Middle East Policy*, Vol. XXII, No. 4, Winter 2015.

Salibi, Kamal, "Lebanon under Fuad Chehab, 1958 - 1964," *Middle Eastern Studies*, Vol. 2, No. 3, April 1966.

Salisbury, Peter, "Yemen and the Business of War," *The World Today*, August & September 2017.

Segell, Glen, "The Arab Spring and Civil - Military Relations: A Preliminary Assessment," *Scientia Militaria: South African Journal of Military Studies*, Vol. 41, No. 2, 2013.

Sela, Avraham, "Civil Society, the Military, and National Security: The Case of Israel's Security Zone in South Lebanon," *Israel Studies*, Vol. 13, No. 1, Spring 2007.

Springborg, Robert, "The President and the Field Marshall: Civil - Military Relations in Egypt Today," *Middle East Report*, Vol. 17, No. 4, July 1987.

Stoakes, Frank, "The Super Vigilantes: the Lebanese Kataeb Party as a Builder, Surrogate and Defender of the State," *Middle Eastern Studies*, Vol. 11,

No. 3 ， October 1975.

Talmadge， Caitlin，"The Puzzle of Personalist Performance：Iraqi Battlefield Effectiveness in the Iran－Iraq War," *Security Studies*， Vol. 22， No. 2， 2013.

Tang Shiping， "Security Dilemma and Ethnic Conflict：Toward a Dynamic and Integrative Theory of Ethnic Conflict," *Review of International Studies*， Vol. 37， No. 2， March 2011.

Thompson， William R.， "Organizational Cohesion and Military Coup Outcomes," *Comparative Political Studies*， Vol. 9， No. 3， October 1976.

Visoka， Gëzim， "Three Levels of Hybridisation Practices in Post－Conflict Kosovo," *Journal of Peacebuilding & Development*， Vol. 7， No. 2， 2012.

Wilkinson， Toby， "The Army and Politics in Ancient Egypt," *Historically Speaking*， Vol. 12， No. 3， June 2011.

Ya'ari， Ehud， "Sadat's Pyramid of Power," *Jerusalem Quarterly*， No. 14， Winter 1980.

中文著作

《马克思恩格斯选集》，第 1 ~ 4 卷，人民出版社，1995。

毕健康：《埃及现代化与政治稳定》，社会科学文献出版社，2005。

陈明明：《所有的子弹都有归宿—发展中国家军人政治研究》，天津人民出版社，2003。

陈万里等：《二战后中东伊斯兰国家发展道路案例研究》，宁夏人民出版社，2015。

戴晓琦：《阿拉伯社会分层研究：以埃及为例》，宁夏人民出版社，2013。

冯璐璐、惠庆编著《中东地区经济发展模式与比较》，宁夏人民出版社，2016。

高民政等：《军事政治学导论》，时事出版社，2010。

郭宝华：《中东国家通史：也门卷》，商务印书馆，2004。

哈全安：《中东史（610 – 2000）》（下），天津人民出版社，2010。

韩志斌等：《阿拉伯社会主义国家治理的历史考察》，中国社会科学出版社，2019。

韩志斌：《伊拉克复兴党民族主义理论和实践研究》，中国社会科学出版社，2011。

黄民兴：《中东国家通史：伊拉克卷》，商务印书馆，2002。

贾英健：《全球化背景下的民族国家研究》，中国社会科学出版社，2005。

姜士林等主编《世界宪法全书》，青岛出版社，1997。

金宜久主编《伊斯兰教辞典》，上海辞书出版社，1997。

李福泉：《从边缘到中心：黎巴嫩什叶派政治发展研究》，中国社会科学出版社，2016。

李绍先：《李绍先眼中的阿拉伯人》，中国书籍出版社，2015。

李伟建：《伊斯兰文化与阿拉伯国家对外关系》，时事出版社，2007。

李艳枝：《中东政党政治的演变》，中国社会科学出版社，2015。

廖百智：《埃及穆斯林兄弟会的历史与现实——把脉中东政治伊斯兰走向》，世界知识出版社，2015。

刘竞主编《中东手册》，宁夏人民出版社，1989。

刘月琴编著《伊拉克》，社会科学文献出版社，2007。

刘中民：《中东政治专题研究》，时事出版社，2013。

刘中民等编《中东地区发展报告》（2012～2018），时事出版社，2013～2019。

马晓霖编《阿拉伯剧变：西亚、北非大动荡深层观察》，新华出版社，2012。

孙德刚：《危机管理中的国家安全战略》，上海人民出版社，2010。

唐志超：《中东库尔德民族问题透视》，社会科学文献出版社，2013。

田文林：《困顿与突围：变化世界中的中东政治》，社会科学文献出版社，2016。

王光远：《沙特与伊朗关系研究》，时事出版社，2018。

王金岩：《利比亚部落问题的历史考察》，社会科学文献出版社，2018。

王林聪：《中东国家民主化问题研究》，中国社会科学出版社，2007。

王浦劬主编《政治学基础》，北京大学出版社，1995。

王泰：《埃及的政治发展与民主化进程研究：1952～2014》，人民出版社，2014。

王泰、陈小迁：《追寻政治可持续发展之路：中东现代威权政治与民主化问题研究》，社会科学文献出版社，2016。

王铁铮编《世界现代化历程：中东卷》，江苏人民出版社，2010。

王铁铮主编《全球化与当代中东社会思潮》，人民出版社，2013。

王彤主编《当代中东政治制度》，中国社会科学出版社，2005。

王新刚：《中东国家通史：叙利亚和黎巴嫩卷》，商务印书馆，2003。

杨光主编《中东非洲发展报告》（2009～2017），社会科学文献出版社，2010～2018。

杨灏城、江淳：《纳赛尔和萨达特时代的埃及》，商务印书馆，1997。

杨灏城、许林根编著《埃及》，社会科学文献出版社，2006。

杨灏城、朱克柔主编《当代中东热点问题的历史探索——宗教与世俗》，人民出版社，2000。

余国庆：《大国中东战略的比较研究》，中国社会科学出版社，2013。

余建华主编《中东变局研究》，社会科学文献出版社，2018。

张燕军：《二战后中东地区军备竞赛与军备控制研究》，科学出版社，2017。

张宏：《当代阿拉伯问题研究》，人民出版社，2006。

张宏：《当代阿拉伯问题研究》（第2辑），宁夏人民出版社，2009。

赵国忠主编《简明西亚北非百科全书》，中国社会科学出版社，2000。

〔德〕马克斯·韦伯：《学术与政治》，钱永祥等译，广西师范大学出版社，2004。

〔俄〕叶·普里马科夫：《揭秘：中东的台前与幕后（20世纪后半叶–21世纪初）》，李成滋译，中国对外翻译出版公司，2014。

〔法〕古斯塔夫·勒庞：《乌合之众：大众心理研究》，冯克利译，民主与建设出版社，2017。

〔英〕安德鲁·海伍德：《政治学》（第2版），张立鹏译，中国人民大学出版社，2006。

〔美〕芭芭拉·格迪斯：《范式与沙堡：比较政治中的理论构建和研究设计》，陈子恪、刘骥等译，重庆大学出版社，2012。

〔美〕本尼迪克特·安德森：《想象的共同体：民族主义的起源与散布》，吴叡人译，上海人民出版社，2016。

〔美〕查尔斯·蒂利：《强制、资本和欧洲国家（公元990—1992年）》，魏洪钟译，上海世纪出版集团，2007。

〔美〕菲利普·克·希蒂：《黎巴嫩简史》，北京师范学院《黎巴嫩简史》翻译小组，人民出版社，1974。

〔美〕弗朗西斯·福山：《政治秩序的起源：从前人类时代到法国大革命》，毛俊杰译，广西师范大学出版社，2014。

〔美〕吉列尔莫·奥康奈、〔意〕菲利普·施密特：《威权统治的转型：关于不确定民主的试探性结论》，景威、柴绍锦译，新星出版社，2012。

〔美〕肯尼思·华尔兹：《国际政治理论》，信强译，上海人民出版社，2003。

〔美〕孔华润等主编《剑桥美国对外关系史（下）》，王琛等译，新华出版社，2004。

〔美〕迈克尔·罗斯金等：《政治科学（第九版）》，林震等译，中国人民大学出版社2009。

〔美〕尼考劳斯·扎哈里亚迪斯主编《比较政治学：理论、案例与方法》，宁骚等译，北京大学出版社，2008。

〔美〕塞缪尔·P. 亨廷顿：《变化社会中的政治秩序》，王冠华等译，生活·读书·新知三联书店，1989。

〔美〕詹森·汤普森：《埃及史：从原初时代至当下》，郭子林译，商务印书馆，2012。

〔意〕尼科洛·马基雅维里：《君主论》，潘汉典译，商务印书馆，1985。

〔英〕安东尼·吉登斯：《民族－国家与暴力》，胡宗泽等译，生活·读书·新知三联书店，1998。

〔英〕戴维·米勒、韦农·波格丹诺主编《布莱克维尔政治学百科全书》，邓正来中译本主编，中国政法大学出版社，1992。

〔英〕霍布斯：《利维坦》，黎思复、黎廷弼译，商务印书馆，1985。

中文论文

包澄章、刘中民：《对中东变局以来中东教派主义的多维透视》，《西亚非洲》2015年第5期。

毕健康、陈勇：《论当代埃及的社会结构与发展困境》，《阿拉伯世界研究》2019年第2期。

陈沫：《苏丹经济发展道路的探索及启示》，《西亚非洲》2018 年第 2 期。

陈琪、段九州：《埃及政商关系演变的原因和影响（1974—2011）》，《清华大学学报》（哲学社会科学版）2018 年第 5 期。

陈天社：《穆巴拉克时期埃及的发展及其局限性》，《外国问题研究》2017 年第 4 期。

慈志刚：《浅析阿尔及利亚的军政体制》，《内蒙古民族大学学报》（社会科学版）2006 年第 3 期。

董漫远：《黎巴嫩局势演变及影响》，《国际问题研究》2006 年第 6 期。

董漫远：《也门乱局：影响及走向》，《国际问题研究》2015 年第 5 期。

范若兰：《试论土耳其军队干预政治的原因》，《西亚非洲》1991 年第 3 期。

方金英：《叙利亚内战的根源及其前景》，《现代国际关系》2013 年第 6 期。

〔美〕F. 格里高利·高斯三世：《中东研究缘何错失阿拉伯之春》，闫伟译，《国外理论动态》2012 年第 7 期。

哈全安、张楚楚：《从选举政治到广场政治：埃及穆巴拉克时代的民众政治参与》，《西亚非洲》2013 年第 3 期。

贺文萍：《非洲军事政变：老问题引发新关注》，《西亚非洲》2005 年第 3 期。

黄前明、李荣建：《当代埃及军队的职能演变与军政关系调整》，《武汉大学学报》（人文科学版）2014 年第 1 期。

李荣、田文林：《伊拉克什叶派因素突起的影响》，《现代国际关系》2004 年第 5 期。

李睿恒：《普力夺社会视角下的当代埃及军人干政》，《亚非纵横》2015 年第 2 期。

李绍先：《当前中东剧变的内生性和阿拉伯性》，《现代国际关系》2011 年第 3 期。

李伟建：《中东安全局势演变特征及其发展趋势》，《西亚非洲》2015 年第 3 期。

李意：《阿拉伯国家的抗争政治：动因及结果》，《外交评论》（外交学院学报）2012 年第 4 期。

李月军：《新文武关系理论：范式替代抑或理论补充》，《军事历史研究》2010 年第 2 期。

刘月琴：《伊拉克共和制的建立及其特点》，《西亚非洲》1992 年第 4 期。

刘云：《土耳其的军队与政治现代化的关系》，《宁夏社会科学》2002 年第 3 期。

刘中民：《中东变局与阿拉伯国家的民主转型》，《当代世界与社会主义》2014 年第 4 期。

刘中民、任华：《也门极端组织的演变、成因及其影响》，《阿拉伯世界研究》2017 年第 2 期。

牛新春：《中东政治的基本特点与发展趋势》，《现代国际关系》2012 年第 12 期。

苏瑛、黄民兴：《国家治理视阈下的也门地方主义探究》，《西亚非洲》2017 年第 2 期。

孙德刚：《中国的中东研究：1949～2010 年》，《西亚非洲》2011 年第 6 期。

唐志超：《失序的时代与中东权力新格局》，《西亚非洲》2018 年第 1 期。

田文林、李荣：《浅析美国的伊拉克"退出战略"》，《现代国际关系》2009 年第 10 期。

田文林：《军队干政：中东非典型政治中的典型现象》，《世界知识》2012 年第 3 期。

王凤：《中东剧变与伊斯兰主义发展趋势初探——以埃及穆斯林兄弟会和突尼斯伊斯兰复兴党为例》，《国际政治研究》2011 年第 4 期。

王建：《军队在埃及政治和经济秩序重建中的作用》，《阿拉伯世界研究》2016 年第 6 期。

王林聪：《民主化还是美国化——解析美国对中东地区的政治整合与"民主改造"》，《世界经济与政治》2004 年第 9 期。

王林聪：《中东安全问题及其治理》，《世界经济与政治》2017 年第 12 期。

王猛：《后威权时代的埃及民主政治建构：回顾、反思与展望》，《西亚非洲》2013 年第 3 期。

王锁劳：《政治伊斯兰激进抑或温和：埃及伊斯兰政党同爱资哈尔的斗争》，《西亚非洲》2013 年第 3 期。

王泰：《埃及现代化进程中的世俗政权与宗教政治》，《世界历史》2011 年第 6 期。

王新刚：《叙利亚与黎巴嫩全面内战》，《西北大学学报》（哲学社会科学版）1997 年第 3 期。

魏本立：《试论土耳其军队在国家政治和社会经济生活中的地位与作用》，《西亚非洲》1989 年第 6 期。

魏亮、李绍先：《伊拉克重建之路剖析》，《现代国际关系》2009 年第 2 期。

吴冰冰：《中东地区的大国博弈、地缘战略竞争与战略格局》，《外交评论》（外交学院学报）2018 年第 5 期。

吴期扬：《非洲军队、军事政变与军政权》，《西亚非洲资料》1995 年第 2 期。

肖凌：《从总统长期缺位现象透视黎巴嫩政治生态》，《西亚非洲》2016 年第 6 期。

薛庆国：《阿拉伯巨变的文化审视》，《国际论坛》2011 年第 5 期。

闫伟、韩志斌：《部落政治与利比亚民族国家重构》，《西亚非洲》2013 年第 2 期。

詹晋洁：《埃及现代化进程中的军人干政与政治稳定》，《陕西师范大学学报》（哲学社会科学版）2018 年第 6 期。

赵军：《埃及发展战略与"一带一路"建设》，《阿拉伯世界研究》2016 年第 3 期。

邹志强：《中东地缘政治经济新格局及其对"一带一路"的影响》，《当代世界与社会主义》2018 年第 6 期。

朱泉钢：《埃及军政分歧与第三次中东战争》，《军事政治学研究》2015 年第 1 期。

朱泉钢：《论伊拉克国家重建中的军队问题》，《阿拉伯世界研究》2016 年第 4 期。

朱泉钢：《也门多重武装力量的崛起及其治理困境》，《阿拉伯世界研究》2019 年第 4 期。

朱泉钢、王林聪：《论军队在埃及变局及其政治转型中的作用》，《西亚非洲》2014 年第 3 期。

后 记

本书是中国社会科学院"登峰战略"优势学科"当代中东研究"项目（王林聪主持）有关中东政治发展问题的阶段性研究成果。军政关系是国内外学术界长期关注的重大课题。2011年正值中东剧变潮高浪急之际，我考入中国社会科学院研究生院西亚非洲研究系，攻读国际政治专业中东政治方向博士学位。在观察中东剧变方面，我当时疑惑的问题是，为什么有些阿拉伯国家出现了政权更迭，而另外一些阿拉伯国家的政权依旧能够延续？我认为军队的态度和作用至关重要。随即，我在导师王林聪研究员的指导下，以阿拉伯国家军政关系问题为切入点，进行系统的研读和思考，并将其确定为博士学位论文的选题，我以埃及、伊拉克、黎巴嫩等国军政关系变化为案例，深入分析阿拉伯共和制国家的军政关系的演变情况及特征。当真正深入研究之后，我既发现研究这一问题有重大意义和价值，又感受到这一问题非常棘手和复杂，顿生"吾生也有涯，而知也无涯"之感，只能抱定"路漫漫其修远兮，吾将上下而求索"的决心，保持"行到水穷处，坐看云起时"的状态。

2014年博士毕业之后，我前往中国社会科学院世界历史研究所博士后流动站继续进行该议题的探索，并将研究主题确立为"土耳其与埃及军政关系比较分析"。2017年博士后出站之后，我就职于中国社会科学院西亚非洲研究所，加入中国社会科学院"登峰战略"优势学科"当代中东研究"项目，从学科建设和专题研究角度，继续探究中东地区军政关系问题。可以说，本书是在我的博士学位论文的基础上进行的专题研究，虽然其中有诸多不成熟的地方，但也算是对我近8年来进行的阿拉伯共和制国家军政关系问题的思考和研究的一个交代。

此书付梓之际，感谢我的博士生导师，中国社会科学院西亚非洲研究所王林聪研究员。王老师治学严谨，博学睿智，和蔼可亲，是我学习的榜样。他在学术上对我言传身教，在生活上对我关怀有加，我的书稿凝聚了王老师大量的心血。感谢我的博士后合作导师，中国社会科学院世界历史研究所毕健康研究员。毕老师做事认真，思维活跃，为人幽默，跟随他工作的两年，他经常教导我在学术上要做到看问题有"透视感"，在生活上要保持乐观豁达的态度。

同时，我要感谢参加我博士学位论文开题报告会和答辩会的杨光、牛新春、唐志超、李春放、殷罡、刘月琴、李荣等诸位老师，他们的建议中肯恰当，使我受益匪浅。中国社会科学院西亚非洲研究所的李新烽、郭红、王凤、安春英、余国庆、王金岩等老师，也对我的研究给予了较多的帮助，在此予以感谢。感谢学友雷昌伟、高松林、王石山、李睿恒、段九州、史谢虹、董晨、田光强、李文靖、许亮、陈丽蓉、陈勇，他们使我的学术之路不感寂寞。

此外，本书的出版也承蒙其他前辈学者的指导和鼓励。感谢我的硕士指导老师南京大学吕磊副教授，他引领我走上学术研究之路，并一直给予我鼓励。感谢国内军事政治学研究的著名专家国防大学高民政教授应邀为本书作序。感谢荷兰乌得勒支大学吉斯（Kees Koonings）教授在2018年对我的访学邀请，这让我有机会与他面对面交流军政关系问题。本书写作过程中受到了众多国内外学者相关研究成果的启发，在此一并表示感谢。本人水平所限，错误疏漏在所难免，敬请批评指正。

感谢社会科学文献出版社高明秀女士的支持，本书从计划出版到修改定稿，都离不开她的帮助。此外，感谢中国社会科学院"登峰战略"优势学科"当代中东研究"项目对本书出版给予的资助。

最后，我还要特别感谢我的亲人。父母和姐姐是我求学多年最坚强的后盾，他们的鼓励和信任是我进步的重要动力。感谢我的妻子吴素伟，她的陪伴见证了这本书的完成。

图书在版编目（CIP）数据

阿拉伯国家军政关系研究：以埃及、伊拉克、也门
、黎巴嫩等共和制国家为例 / 朱泉钢著. -- 北京：社
会科学文献出版社，2020.6
（中国非洲研究院文库）
ISBN 978 - 7 - 5201 - 6276 - 0

Ⅰ.①阿…　Ⅱ.①朱…　Ⅲ.①军事 - 政治学 - 研究 -
阿拉伯半岛地区　Ⅳ.①E371.42

中国版本图书馆 CIP 数据核字（2020）第 028855 号

·中国非洲研究院文库·

阿拉伯国家军政关系研究
——以埃及、伊拉克、也门、黎巴嫩等共和制国家为例

著　　者／朱泉钢

出 版 人／谢寿光
组稿编辑／高明秀
责任编辑／刘同辉
文稿编辑／王春梅

出　　版／社会科学文献出版社　（010）59366556
　　　　　　地址：北京市北三环中路甲 29 号院华龙大厦　邮编：100029
　　　　　　网址：www. ssap. com. cn
发　　行／市场营销中心（010）59367081　59367083
印　　装／三河市尚艺印装有限公司

规　　格／开　本：787mm × 1092mm　1/16
　　　　　　印　张：19.75　字　数：343 千字
版　　次／2020 年 6 月第 1 版　2020 年 6 月第 1 次印刷
书　　号／ISBN 978 - 7 - 5201 - 6276 - 0
定　　价／128.00 元

本书如有印装质量问题，请与读者服务中心（010 - 59367028）联系